Loredana Chiappini
Nuccia De Filippo

un giorno in italia

corso di italiano
per stranieri

• intermedio
• avanzato

libro dello studente con esercizi

final on 27th
of July
4pm

Bonacci editore
L'italiano per stranieri

Progetto grafico e d.t.p. interno**zero**

Illustrazioni:
Maurizio Ribichini
Marina Gallo

Per le voci si ringraziano:
Alessandro Bianchini, Caterina Caracausi, Michele Devito, Davide Di Pietro, Stefano Lugli, Francesco Paladini, Ulisse Rotondo, Imanuel Rozenberg, Caterina Sinibaldi, Paola Spano, Guido Tufariello, Monica Turello.

La foto in quarta di copertina e la foto a pagina 123 sono di Sara De Berardinis

Bonacci editore
Via Paolo Mercuri, 8
00193 ROMA (Italia)
tel:(++39) 06.68.30.00.04
fax:(++39) 06.68.80.63.82
e-mail: info@bonacci.it
http://www.bonacci.it

1 1ª edizione
(edizione speciale senza cd audio allegato)

Printed in Italy
© Bonacci editore, Roma 2005
ISBN 88-7573-394-5

Cari lettori, studenti, insegnanti, amanti dell'Italia e dell'italiano,

vi ringraziamo per averci seguito nel lungo itinerario di "Un giorno in Italia 1" e ci auguriamo di potervi accompagnare ancora per un po' nel vostro percorso di apprendimento di questa lingua, di questa cultura.

Forse vi chiederete come mai nel secondo volume il nostro protagonista, Piero Ferrari, non guardi più così tanto all'umanità che affolla il presente ma si rivolga piuttosto col pensiero e con la memoria al passato.

Ebbene, Piero Ferrari ha smesso di fare il ferroviere e, attraverso un incontro fortunato, si è avvicinato alla scrittura, sua grande passione. Dovrà scrivere una guida che descriva luoghi suggestivi e densi di significato per la cultura italiana. Nell'isolamento che sempre la scrittura porta con sé, Piero si sottrae all'interazione quotidiana diretta con gli altri e si pone piuttosto ad osservare e riflettere. Il suo sguardo e il suo pensiero spaziano per associazione dal panorama contemporaneo a quello storico, artistico e letterario, più legato al passato.

Ci siamo concesse queste incursioni nella cultura classica italiana consce che il presente si arricchisce del passato e in esso trova ragioni e scopi per proiettarsi verso il futuro. Molta parte del successo dell'italiano è dovuto alla grande ricchezza culturale che la nostra lingua veicola.

Perché dunque non aprire finestre su questi scenari culturali, dove poi ognuno potrà addentrarsi a suo piacimento?

Un giorno in Italia 2, destinato a studenti di **livello intermedio** ed **avanzato**, rappresenta la continuazione del viaggio attraverso l'italiano già proposto con **Un giorno in Italia 1**.

Oltre ad essere un viaggio attraverso la lingua, questo manuale è anche un percorso attraverso la società e la cultura italiana che si snoda in **18 episodi tematici**.

Piero Ferrari accompagnerà lo studente verso **itinerari culturali** che gli consentiranno di attraversare l'Italia seguendo i passi di artisti, poeti, figure rilevanti della cultura del paese.

Recanati e le sue atmosfere leopardiane, Roma sempre magica tra centro e periferia, Alberobello con i suoi fiabeschi trulli, la Basilicata di Carlo Levi, Venezia con una prospettiva sull'arte contemporanea e la Biennale, il Lago di Como e i luoghi manzoniani, il castello di Gradara e i dannati amori danteschi.

E poi l'Italia di oggi, presentata mediante una **molteplice varietà di testi autentici**: articoli giornalistici, interviste, pubblicità, vignette, brani letterari.

Un giorno in Italia 2 è infatti un manuale dove il "**testo**" è presentato come un **territorio di ricerca e conoscenza** sia sul piano dei contenuti che della forma. Esso è infatti occasione di arricchimento e terreno per scoprire elementi linguistici e grammaticali che si vuole rendere oggetto di riflessione linguistica.

La grammatica è presentata con modalità induttive, lo studente sotto la guida dell'insegnante sarà condotto ad orientarsi nel testo, osservare fatti linguistici e ricavarne norme generalizzabili.

Ampie sezioni di lavoro sono inoltre dedicate al **lessico**, la cui espansione ci sembra un obiettivo fondamentale per apprendenti giunti a questo livello di competenza. Attraverso le **attività di tipo comunicativo** ci si pone l'obiettivo di stimolare gli studenti verso **tappe sempre crescenti della competenza comunicativa** e verso il possesso sempre più sicuro delle abilità linguistiche ricettive e produttive. Lo studente è portato ad **agire** e ad **esprimersi** con la lingua, ad **affinare le sue capacità di descrivere, narrare ed argomentare.**

Loredana Chiappini   *Nuccia De Filippo*

LA STORIA	GRAMMATICA	LESSICO E AREE TEMATICHE	FUNZIONI
Episodio 1 *Roma, via Cicerone - 14 agosto*	Preposizioni semplici e articolate	Estate in città Esodo estivo Black-out Emergenze in città	Esprimere gusti e preferenze rispetto ai luoghi in cui si vive o si vorrebbe vivere argomentandone le ragioni Descrivere ambienti urbani Raccontare un sogno Riferire un episodio di emergenza
	MATERIALI AUTENTICI: Estratto da "Le città invisibili" di Italo Calvino *Gli italiani sono partiti per le vacanze,* da "City" Ascolto: notizia dal radiogiornale		
Episodio 2 *Il sogno nel cassetto*	Verbi che reggono preposizioni Forme del condizionale composto dei verbi delle tre coniugazioni Usi del condizionale composto per esprimere il futuro nel passato	Aspirazioni professionali Brevi di cronaca Figure femminili di rilievo nella storia e nell'attualità Giovani, lavoro, studi e famiglia	Esprimere aspirazioni e desideri non realizzati nel passato Riferire eventi che sarebbero dovuti accadere in un tempo passato Dare consigli per evitare errori e comportamenti inadeguati Esprimere eventi futuri nel passato Parlare dei propri rimpianti Scoraggiare, incoraggiare, esortare, dissuadere
	MATERIALI AUTENTICI: *Brevi di cronaca* *Avrei voluto essere Anna Kuliscioff, la pasionaria del socialismo italiano,* da "Sette" *Sempre più duro staccarsi dalla famiglia,* da "Il Messaggero" Ascolto: Intervista a Caterina Sinibaldi		
Episodio 3 *A che servono i giornali?*	Forme del trapassato prossimo dei verbi ausiliari e dei verbi delle tre coniugazioni	Giornalismo, mezzi di informazione Cronaca La professione del giornalista in Italia	Esprimere opinioni e gusti sui diversi mezzi di informazioni
	MATERIALI AUTENTICI: Estratto da "Seta" di Alessandro Baricco Estratto da "Le parole sono pietre" di Carlo Levi *Brevi di cronaca* da "Metro" e "Corriere della Sera" Ascolto: Intervista a Stefano Lugli		
Episodio 4 *Se potessi viaggerei di più*	Periodo ipotetico del primo e del secondo tipo Forme del congiuntivo imperfetto dei verbi ausiliari e dei verbi delle tre coniugazioni *Purtroppo, quindi* Connettivi testuali	Scrittura, editoria, la stampa, consigli professionali Sviluppo economico e demografico e sue problematiche	Esprimere ipotesi reali, possibili Dare consigli professionali Esprimere limiti e conseguenze Ipotizzare scenari fantastici
	MATERIALI AUTENTICI: *Blue tango*, di Sergio Staino, dal "Corriere della Sera Magazine" Estratto da "Cinque scritti morali", di Umberto Eco Intervista a Enzo Biagi, da "Voci che contano" di Alfredo Barberis *Il lessico di Alberoni*, da "Io Donna" *Se il frigo potesse parlare*, da "Donna Moderna" Ascolto: Intervista a Fabrizio Paladini		

LA STORIA	GRAMMATICA	LESSICO E AREE TEMATICHE	FUNZIONI
Episodio 5 *Se... se... se...*	Periodo ipotetico del terzo tipo Forme del congiuntivo trapassato dei verbi ausiliari e dei verbi delle tre coniugazioni Uso dell'imperfetto indicativo nella costruzione di un'ipotesi di tipo impossibile	Cambiamenti nella vita e nel lavoro Ipotesi controfattuali	Esprimere ipotesi irreali che riguardano il passato Parlare di qualcosa che avrebbe modificato il corso della propria vita
	MATERIALI AUTENTICI: *Se avessi scelto una vita diversa,* dal "Corriere della Sera Magazine" *Se mia nonna avesse le ruote... i paradossi dell'intelligenza,* dal "Corriere della Sera" Ascolto: Interviste a Monica Turello, Caterina Caracausi, Guido Tufariello		
Episodio 6 *Villa Borghese*	Pronomi combinati *ci, ne* Posizione del pronome con i verbi all'infinito e all'imperativo Verbi monosillabici all'imperativo seguiti da pronomi Formazione degli avverbi di modo con il suffisso *-mente*	Bambini, giochi e luoghi di svago Bullismo infantile	Esprimere e motivare i propri comportamenti relativamente a situazioni problematiche Chiedere chiarimenti e spiegazioni ad una informazione ricevuta Chiedere un favore Chiedere di fare qualcosa Descrivere il modo in cui si fa qualcosa Esprimere opinioni e punti di vista sui comportamenti infantili Proporre soluzioni
	MATERIALI AUTENTICI: Estratto da "Caro Michele" di Natalia Ginzburg *Forse è la volta buona che le «bulle» non si fanno fregare,* da "Sette" *Questa casa è un albergo,* da "Donna Moderna" Ascolto: Un racconto Ascolto: Intervista a Imanuel Rozenberg		
Episodio 7 *Ferragosto*	Formazione degli aggettivi in *-oso* Formazione degli aggettivi in *-abile* e *-ibile* *Cosa c'è di meglio di...* *Non c'è niente di meglio che...*	Vacanze, Ferragosto Solitudine in città Natura e città Luoghi e atmosfere romane Opera: *La Tosca* L'Italia multietnica	Esprimere opinioni su cose, persone e luoghi Descrivere le qualità di cose, persone e luoghi Ricostruire un racconto Ipotizzare il finale di una storia Proporre qualcosa di particolarmente piacevole Riscrivere un racconto assumendo un diverso punto di vista Dare cosigli
	MATERIALI AUTENTICI: Estratto da "Marcovaldo" di Italo Calvino *Una domenica a Castel Sant'Angelo,* da "Corriere della Sera" *Tosca, la passione tradita,* da "Chi" *Ostia: stessa spiaggia, nuove lingue,* da "Corriere della Sera"		

LA STORIA	GRAMMATICA	LESSICO E AREE TEMATICHE	FUNZIONI
Episodio 8 *Quel ramo del lago di Como*	Congiunzioni e connettivi *(mentre, anzi, ebbene, appunto, intanto, tanto che, infatti, dunque)* Il presente storico Marcatori temporali	Personaggi, luoghi, autori e opere della letteratura italiana dell'800 (Manzoni, Verga) Invenzione della radio (Guglielmo Marconi) Letteratura in TV Dialetti e musica rock Sentimenti e stati d'animo Evoluzioni della lingua italiana I giovani e le dipendenze tecnologiche	Raccontare la trama di un film, di un'opera letteraria o altro Descrivere luoghi legati ad opere letterarie o cinematografiche Raccontare un evento storico

MATERIALI AUTENTICI: *Quel triangolo del lago di Como*, da "TV Sette"
Quando Verga tacque per dar voce ai vinti, da "Il Venerdì di Repubblica"
La TV compie 50 anni, da "Sette"
Quel dialetto incomprensibile musica per le nostre orecchie, da "Il Venerdì di Repubblica"
Estratto da "I Promessi Sposi" di Alessandro Manzoni
«Scaricare», «scannare», «processare»: così il computer cambia la nostra lingua, da "Corriere della Sera"
Ascolto: Servizio radiofonico

LA STORIA	GRAMMATICA	LESSICO E AREE TEMATICHE	FUNZIONI
Episodio 9 *Paolo e Francesca*	Forme del congiuntivo presente e passato dei verbi ausiliari, dei verbi delle tre coniugazioni regolari e dei principali verbi irregolari Usi del congiuntivo presente e passato in proposizioni dipendenti Uso della struttura **di** + infinito in sostituzione del congiuntivo	L'amore nella letteratura (Dante) Feste legate all'amore (S. Valentino) Problematiche sociali, associazionismo, volontariato Relazioni sociali attraverso la rete Ecologia, sviluppo sostenibile Pubblicità	Esprimere opinioni, speranze, timori, dubbi, desideri Esprimere aspettative Elaborare un programma e spiegare gli obiettivi

MATERIALI AUTENTICI: *La chance di un timido tra tanti «machi»*, da "Il Venerdì di Repubblica"
Sostieni Lunaria, da "Le attività di Lunaria"
Pubblicità *Autostrade per l'Italia*
Pubblicità *Divina Commedia di Dante Alighieri*, da "Corriere della Sera"
14 febbraio, S. Valentino, da "Corriere Adriatico"
Gli incontri nella rete, da "Mente e cervello"
Ascolto: Intervista a Davide Di Pietro

LA STORIA	GRAMMATICA	LESSICO E AREE TEMATICHE	FUNZIONI
Episodio 10 *Arte contemporanea a Venezia*	Usi del congiuntivo imperfetto e trapassato in proposizioni dipendenti Sostantivi il *-logo* e *-logia* **Come se** + congiuntivo	Arte contemporanea Venezia: la Biennale, Tiziano Figli d'arte Problematiche sociali Padri e figli, generazioni a confronto L'impegno politico Arte e mecenatismo	Ricostruire una biografia Esprimere auspici e desideri di cambiamento nella società Esprimere desideri e scenari utopici Discutere su tematiche politiche e sociali

MATERIALI AUTENTICI: *Olivia Magnani*, da "Io Donna"
Estratto da "Passaggio in ombra" di Maria Teresa Di Lascia
Un Tiziano firmato Zorzi, da "Il Venerdì di Repubblica"
Pensieri scaldacuore per il nuovo anno, da "Io Donna"
Editoriale, da Next Exit
L'uomo che lavorava il cioccolato ad arte, da "Il Venerdì di Repubblica"
Ascolto: Intervista a Caterina Sinibaldi

LA STORIA	GRAMMATICA	LESSICO E AREE TEMATICHE	FUNZIONI
Episodio 11 *Alberobello*	Forma passiva Usi dell'ausiliare *essere* e del verbo *venire* nella forma passiva Altre forme passivanti *Si* passivante, **andare** + *participio passato*, preposizione *da* con valore passivante	La Puglia, Alberobello, i Trulli Luoghi di svago nell'antichità Regole edioriali Regolamenti ferroviari Linguaggio burocratico Feste giovanili Comportamenti giovanili Legalità/illegalità	Parlare di cambiamenti di vita, lavoro, abitazione e abitudini Discutere, protestare, lamentarsi, reclamare Esprimere opinioni e discutere sui comportamenti giovanili Descrivere un luogo pubblico Dare istruzioni per fare qualcosa Riscrivere un testo in un diverso registro linguistico Scrivere una lettera di lamentela e richiesta di rimborso.
	MATERIALI AUTENTICI:	*Festa rave infinita. «Ce ne andremo domenica»*, da "Corriere della Sera" Estratti da "Circhi e stadi di Roma antica", di Luigi Devoti Estratto dal regolamento di Trenitalia Lettera di Trenitalia Estratto da "Cristo si è fermato a Eboli" di Carlo Levi *Case dell'altro mondo*, da "Bell'Italia" Ascolto: Conversazione	
Episodio 12 *I Sassi di Matera*	Infinito passato	La Basilicata, Matera Carlo Levi Trasporti: scioperi e agitazioni Ambienti urbani: ecologia, rifiuti, riciclaggio	Discutere ed esprimere opinioni su scioperi e agitazioni sindacali Descrivere abitudini e comportamenti sul tema dei rifiuti e del riciclaggio Descrivere un ambiente Raccontare eventi particolari della propria vita Confrontare e valutare articoli che trattano lo stesso argomento
	MATERIALI AUTENTICI:	*Torna a pulsare il cuore dei Sassi*, da "Bell'Italia" *Trasporti: dopo la rabbia si torna a trattare*, da "Corriere della Sera" *Da «Dovete morire» a «Hanno ragione»*, da "Corriere della Sera" Estratto da "Le città invisibili" di Italo Calvino Estratto da "L'Orologio" di Carlo Levi Ascolto: Conversazione	
Episodio 13 *I soliti ignoti*	**A** + *infinito* con valore ipotetico Verbi derivati da parti del corpo *(sgomitare, sgambettare, ecc.)*	Cronaca Furti, illegalità Criminalità, mafia, camorra Espressioni, modi di dire e proverbi legati agli animali e al corpo umano Parti e momenti del giorno	Ricostruire una notizia di cronaca Raccontare un avvenimento straordinario, particolare della propria vita
	MATERIALI AUTENTICI:	*Le ore delle donne*, da "Io Donna" *Il lupo perde il pelo ma non il vizio*, da "La Piazza di Cinecittà" *Sì, ho acceso io quelle fiamme. Mi piace giocare col fuoco*, da "Corriere della Sera" Ascolto: Servizio radiofonico	

LA STORIA	GRAMMATICA	LESSICO E AREE TEMATICHE	FUNZIONI
Episodio 14 *L'infinito*	Concordanza dei tempi e dei modi all'indicativo e al congiuntivo	Le Marche, Recanati Giacomo Leopardi La poesia Pubblicità Critica letteraria Letteratura e rete Lessico dell'informatica	Interpretare e scrivere un testo poetico Argomentare le ragioni per cui si legge o non si legge la poesia Comprendere messaggi pubblicitari radiofonici Esprimere valutazioni personali su testi pubblicitari e sulla loro efficacia

MATERIALI AUTENTICI: Estratto da "La coscienza di Zeno" di Italo Svevo
Estratto dallo "Zibaldone" di Giacomo Leopardi
Estratto da "Lezioni americane" di Italo Calvino
L'infinito, di Giacomo Leopardi
La letteratura ai tempi della rete, da "Famiglia Cristiana"
Attenti a quei dieci
Estratto da "Le notti difficili" di Dino Buzzati
Ascolto: Pubblicità radiofoniche

Episodio 15 *Settembre in città: ricomincia la scuola*	Discorso diretto e indiretto	La scuola Voti, test, valutazioni Pubblcità favola fumetti Uomini e donne nello studio	Riferire enunciati e discrosi altrui Comprendere un messaggio pubblicitario scritto Parlare delle proprie esperienze scolastiche Scrivere un racconto in terza persona Transcodificare un testo dal fumetto al racconto Riassumere i contenuti di un'intervista Scrivere una sintetica biografia Esprimere accordo o disaccordo con opinioni altrui

MATERIALI AUTENTICI: Pubblicità *Omino Bianco*
Estratto da "Registro di classe" di Sandro Onofri
Nei momenti duri meglio affidarsi alle battute, da "Corriere delle Sera Magazine"
Estratto da "Mi leggi un'altra storia?" di Roberto Piumini e Francesco Altan
Estratto da "Lupo Alberto. Ma questa è vita?" di Silver
Estratto da "Novecento" di Alessandro Baricco
Estratto da "La coscienza di Zeno" di Italo Svevo
Estratto da "La madre" di Grazia Deledda
Estratto da "La testa perduta di Damasceno Monteiro" di Antonio Tabucchi
Estratto da "L'anno dei gessetti maledetti" di Bruno D'Alfonso e Francesco Cascioli
Estratto da "Una barca nel bosco" di Paola Mastrocola
Perché la scuola è femmina da "Io Donna"
Ascolto: Intervista a Paola Spano

Episodio 16 *All'Auditorium*	Formazione del gerundio presente e passato Usi del gerundio con valore temporale, modale, causale, ipotetico e concessivo	Roma: l'Auditorium Quartieri e spazi architettonici Tematiche relative all'ambito della famiglia e della casa Classi e ceti sociali Roma tra centro e periferia spazi separati nei luoghi pubblici per uomini e donne	Suggerire soluzioni e modalità per risolvere problemi Riscostruire i contenuti di testi letterari a partire da tracce sensoriali e mnemoniche Ricostruire un'intervista Scrivere un articolo a partire da un'intervista

MATERIALI AUTENTICI: Estratto da "Ragazzi di vita" di Pier Paolo Pasolini
Estratto da "L'armonia del mondo" di Pietro Citati
Maschi di qua, femmine di là, da "D, la Repubblica delle Donne"
Ascolto: Intervista ad Alessandro Bianchini

LA STORIA	GRAMMATICA	LESSICO E AREE TEMATICHE	FUNZIONI
Episodio 17 *Autunno*	Usi del participio passato Trasformazione dei verbi dalla forma implicita alla forma esplicita	Le stagioni: atmosfere autunnali Vini e dolci italiani Il Piemonte e le Langhe Design interattivo Andrea De Carlo Pubblicità La Sardegna	Delineare il profilo di un personaggio Intervistare qualcuno sui suoi gusti letterari, cinematografici e sulle sue abitudini in merito alla scrittura e alla lettura Scrivere un testo pubblicitario su modello testuale argomenare ed esprimere opinioni sulla caccia Intervistare qualcuno secondo uno schema dato

MATERIALI AUTENTICI: Estratto da "La luna e i falò" di Cesare Pavese
San Martino, di Giosuè Carducci
Comunque vada sarà un successo. di vino, da "Il Venerdì di Repubblica"
Tra un Vin Santo e un Sauternes, ecco come allietare il momento del dessert, da "Delizie"
La bacchetta magica? A Ivrea la fanno, da "Io Donna"
E mentre tutti sognavano la California, De Carlo ci andò, da "Sette"
Estratto da "A che punto è la notte" di Fruttero e Lucentini
Pubblicità *Ente Sardo Industrie Turistiche*
Risponde Andrea De Carlo, da "Io Donna"
Ascolto: Pubblicità radiofonica

LA STORIA	GRAMMATICA	LESSICO E AREE TEMATICHE	FUNZIONI
Episodio 18 *Ultimo capitolo*	Sostantivi in *-ione* derivati da verbi Veri e falsi alterati Forma impersonale di verbi riflessivi, reciproci e pronominali	Inverno: atmosfere natalizie in città Antichi mezzi di trasporto Il Natale negli spot pubblicitari Oggetti di design italiano del passato e del presente Acquisti in libreria	Confrontare abitudini sociali del passto e del presente Descrivere ed analizzare uno spot pubblicitario televisivo Argomentare le proprie preferenze rispetto ad oggetti posseduti o desiderati Parlare delle proprie abitudini e preferenze rispetto ai libri e alle librerie

MATERIALI AUTENTICI: *Attenti a quel pannolone*, da "Io Donna"
Estratto da "Roma in botticella" di Massimo Antonelli
A Natale la nostalgia del torroncino vince sul take away *cinese*, da "Economy"
Elogio alla perfezione degli oggetti quotidiani, da "Io Donna"
La furia per i libri, da "Corriere della Sera"
Ascolto: Brano radiofonico

LEGENDA DEI SIMBOLI

 Leggi per capire

 Ascolta per capire

 Leggi per analizzare

 Ascolta per analizzare

TRACKLIST DEL CD

episodio	attività	track	episodio	attività	track
credits	-	1	10	16	11
1	12	2	11	30	12
2	17	3	12	5	13
3	11	4	13	19-20	14
4	7-8	5	14	18-19	15
5	11	6	15	17	16
6	15-16	7	16	11-12	17
6	20-21	8	17	20	18
8	21	9	18	23-24	19
9	16-17	10			

La maggior parte delle fabbriche e degli uffici in Italia sono chiusi, le autostrade pullulano di autoveicoli in fila ai caselli. Alcuni, i più previdenti, sono già arrivati a destinazione il giorno prima o durante la notte.

[handwritten notes: pullulare: to swarm w/; previdenti = foresighted]

Altri invece pensano che non valga la pena ammazzarsi per trascorrere il Ferragosto chissà dove e restano a casa, vanno a lavorare come sempre e, mentre iniziano a sentire la tristezza del "chiuso per ferie" sulle saracinesche abbassate, si confortano con piccole cose: un parcheggio facile, una prospettiva architettonica liberata dall'ingombro del traffico, i marciapiedi solitari, il semisilenzio della città che va in ferie.

[handwritten notes: valere = to be worth, non vale nulla = its worthless; pena = the pain; ammazzare = kill; the sadness; closing bars; abbassare = to lower]

Gli androni dei palazzi sono i rifugi più freschi ed è un piacere sentire la differenza termica arrivando dall'asfalto rovente.

Non tutti gli uffici hanno l'aria condizionata.

Al primo piano di un palazzo semivuoto
un ventilatore da tavolo muove l'aria polverosa,
il computer è acceso sulla pagina della posta elettronica.
Non è rimasto nessuno, solo Piero Ferrari,
addormentato su una pila di libri che sta sognando
che un vento forte lo trascina col surf lontano
dalla riva verso l'orizzonte in cui compare
una città tutta fatta di pinnacoli e torri.
Non assomiglia affatto ad una città conosciuta
ma è molto luminosa,
ha cupole dorate
ed è circondata
dal mare.

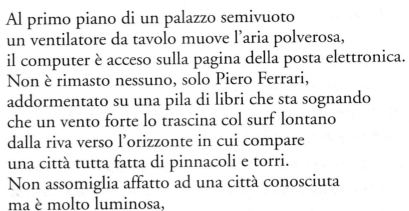

Cosa lo trascina verso quel
luogo che sembra così antico,
così fiabesco, così sconosciuto
e, al tempo stesso, familiare?
E perché si ritrova lì,
da solo in alto mare, dove
voleva andare? Quale vento
improvviso lo ha spinto così
lontano dalla sua riva?

È in questo momento di crescente batticuore
che Piero si sveglia dal sogno, si guarda intorno,
si stropiccia gli occhi e spegne il ventilatore.
"Per oggi basta – pensa – sono già usciti tutti,
la posta può attendere, domani è Ferragosto".
Chiude le finestre, spegne il computer e prende
con sé il libro che stava leggendo:
"Le città invisibili" di Italo Calvino.
Uscendo si chiude alle spalle la porta
della casa editrice "Emisfero" che,
insieme a lui, va in ferie per una settimana.

1 **A.** *Dopo aver letto il testo "Roma, via Cicerone - 14 agosto" segna le risposte corrette.*

1. Il 14 agosto tutte le attività funzionano a pieno ritmo. ⊙ vero ⊙ falso
2. C'è poco traffico sulle autostrade. ⊙ vero ⊙ falso
3. Alcune persone preferiscono evitare la fatica dei viaggi. ⊙ vero ⊙ falso
4. Molti negozi sono chiusi per ferie. ⊙ vero ⊙ falso
5. In città a Ferragosto ci sono alcuni vantaggi. Quali fra questi:
   ⊙ è più facile trovare parcheggio ⊙ i negozi sono più forniti ⊙ c'è meno gente per strada
   ⊙ tutti sono più gentili ⊙ la città è più silenziosa ⊙ i monumenti sono più visibili
6. Piero è solo in un ufficio caldo e deserto. ⊙ vero ⊙ falso
7. Piero sogna una strana città. ⊙ vero ⊙ falso
8. Piero sogna di andare in barca. ⊙ vero ⊙ falso
9. Piero stava leggendo un libro di ⊙ Italo Calvino ⊙ un autore sconosciuto
10. Dopo essersi svegliato Piero continua a lavorare ancora. ⊙ vero ⊙ falso
11. La casa editrice Emisfero sarà chiusa per ferie per un mese. ⊙ vero ⊙ falso

B. *Rispondi alle domande:*

1. In che periodo dell'anno siamo?
2. Perché c'è tanto traffico sulle autostrade?
3. Perché alcune persone decidono di non partire?
4. Cosa fanno quelli che restano in città a Ferragosto?
5. Descrivi l'ambiente in cui si trova Piero.
6. Cosa sogna Piero?
7. Cosa fa Piero dopo essersi svegliato?

2 Lessico

Cerca nel testo tutte le parole o espressioni equivalenti.

Sono piene di ....

Pensano che sia inutile fare tanta fatica ....

Si consolano ....

Uno scorcio della città non occupato dalle macchine ....

Parte di un palazzo in cui si arriva entrando dal portone ....

Molto, molto caldo ....

Un mucchio (di libri) ....

(Si sveglia) in uno stato di agitazione ....

3    *Facendo riferimento al testo che hai letto associa le parole e concordale con i sostantivi.*

Saracinesche	architettonico
Asfalto	dorato
Marciapiedi	termico
Prospettiva	rovente
Cupole	abbassato
Differenza	solitario

4 Cloze

Completa il testo "Roma, via Cicerone - 14 agosto" con le preposizioni mancanti.

La maggior parte ....delle.... fabbriche e degli uffici in Italia sono chiusi, le autostrade pullulano ....di.... autoveicoli ....in....... fila ai caselli. Alcuni, i più previdenti, sono già arrivati a destinazione il giorno prima o durante la notte.

Altri invece pensano che non valga la pena ammazzarsi per trascorrere il Ferragosto chissà dove e restano ....a....... casa, vanno ....a....... lavorare come sempre e, mentre iniziano ....a....... sentire la tristezza del "chiuso ....per....... ferie" sulle saracinesche abbassate, si confortano ....con....... piccole cose: un parcheggio facile, una prospettiva architettonica liberata ....dall'...ingombro del traffico, i marciapiedi solitari, il semisilenzio della città che va ....in....... ferie.

Gli androni dei palazzi sono i rifugi più freschi ed è un piacere sentire la differenza termica arrivando ....dall'....... asfalto rovente.

Non tutti gli uffici hanno l'aria condizionata. ....Al.... primo piano di un palazzo semivuoto un ventilatore da tavolo muove l'aria polverosa, il computer è acceso sulla pagina ....della... posta elettronica. Non è rimasto nessuno, solo Piero Ferrari, addormentato ....su....... una pila di libri che sta sognando che un vento forte lo trascina col surf lontano ....dalla....... riva verso l'orizzonte in cui compare una città tutta fatta ....di.... pinnacoli e torri. Non assomiglia affatto ....a.... una città conosciuta ma è molto luminosa, ha cupole dorate ed è circondata ....dal.... mare.

Cosa lo trascina verso quel luogo che sembra così antico, così fiabesco, così sconosciuto e, al tempo stesso, familiare?

E perché si ritrova lì, ...da.... solo ....in.... alto mare, dove voleva andare? Quale vento improvviso lo ha spinto così lontano ....dalla....... sua riva?

È ....in....... questo momento di crescente batticuore che Piero si sveglia dal sogno, si guarda intorno, si stropiccia gli occhi e spegne il ventilatore.

"Per oggi basta – pensa – sono già usciti tutti, la posta può attendere, domani è Ferragosto".

Chiude le finestre, spegne il computer e prende con sé il libro che stava leggendo: "Le città invisibili"

...*di*... Italo Calvino.

Uscendo si chiude ...*alle*... spalle la porta della casa editrice "Emisfero", che insieme ...*a*...

lui va in ferie ...*per*... una settimana.

5 Esercizio

Completa con le preposizioni mancanti.

1. Il sabato sera le discoteche pullulano .... giovani scatenati.

2. I bambini escono dalla scuola .... fila per due.

3. Insieme .... te mi sento sempre tranquilla.

4. La strada è interrotta .... lavori.

5. Il giardino è interamente circondato .... una siepe di alloro.

6. Non voglio più pensare a queste cose, preferisco lasciarmi .... spalle i ricordi spiacevoli.

7. Marco aveva un sonno terribile, si è addormentato .... scrivania mentre studiava.

8. Quando mi sento triste mi consolo .... una buona musica.

9. Per chi viene .... campagna, lo smog in città è veramente insopportabile.

10. Questo bimbo assomiglia in modo impressionante .... suo padre.

11. Carlo e Anna hanno appena comprato una piccola barca .... vela.

12. Il motoscafo è una barca .... motore.

13. Ti prego, non dire più queste cose davanti .... miei amici!

14. Arriveremo .... destinazione questa sera alle 9.00.

15. Questo museo da domani è chiuso .... restauro.

16. Vi sconsiglio di continuare .... questa direzione: c'è troppa neve sulla strada, è pericoloso.

6 **Attività orale** *Stagioni in città*

Qual è la stagione che preferisci vivere in città? Prova a pensare a vantaggi e svantaggi relativi alla vita quotidiana in città nei vari periodi dell'anno (servizi, lavoro, traffico, clima, relazioni umane ecc.). Discuti di questi argomenti con un compagno/a.

7 **Attività scritta**

Scegli alcune di queste parole per inventare un sogno di cui tu sei il protagonista.

- Lago, cascata, deserto, montagna, città, foresta

- Bicicletta, aereo, metropolitana, motorino, macchina

- Orologio, classe, ascia, cappuccio, lupo, videocassetta, tartaruga, dinosauri, castello, angelo

8 *Ricostruisci il testo che parla di Italo Calvino riordinando le sequenze.*

L'AVVENTURA DI UN ARTISTA

1. *in pace e in libertà sia una fragile fortuna".*
2. *La svolta è l'incontro*
3. *Nato a Cuba*
4. *La sua famiglia si trasferisce due*
5. *A Torino l'amore con*
6. *"Mi è rimasta l'idea che vivere*
7. *nel 1923.*
8. *Una carriera cominciata*
9. *anni dopo in italia.*
10. *e la grande mela,*
11. *l'attrice Elsa de' Giorgi e il sodalizio con Einaudi.*
12. *con gli scrittori americani*
13. *sua città ideale.*
14. *come disegnatore satirico.*

« *Forse ho scritto libri più belli, forse ho scritto libri più importanti, ma se ho avuto qualcosa di profondo da dire l'ho detto nel libro "Le città invisibili"* »

Italo Calvino

9　*Leggi il testo "La città e gli scambi" tratto dal libro "Le città invisibili" di Italo Calvino che descrive una città immaginaria di nome Eutropia.*

Le città e gli scambi.　3.

Entrato nel territorio che ha Eutropia per capitale, il viaggiatore vede non una città ma molte, di eguale grandezza e non dissimili tra loro, sparse per un vasto e ondulato altopiano. Eutropia è non una ma tutte queste città insieme; una sola è abitata, le altre vuote; e questo si fa a turno. Vi dirò ora come. Il giorno in cui gli abitanti di Eutropia si sentono assalire dalla stanchezza, e nessuno sopporta più il suo mestiere, i suoi parenti, la sua casa e la sua via, i debiti, la gente da salutare o che saluta, allora tutta la cittadinanza decide di spostarsi nella città vicina che è lì ad aspettarli, vuota e come nuova, dove ognuno prenderà un altro mestiere, un'altra moglie, vedrà un altro paesaggio aprendo la finestra, passerà le sere in altri passatempi amicizie maldicenze. Così la loro vita si rinnova di trasloco in trasloco, tra città che per l'esposizione o la pendenza o i corsi d'acqua o i venti si presentano ognuna con qualche differenza dalle altre. Essendo la loro società ordinata senza grandi differenze di ricchezza o di autorità, i passaggi da una funzione all'altra avvengono quasi senza scosse; la varietà è assicurata dalle molteplici incombenze, tali che nello spazio d'una vita raramente uno ritorna a un mestiere che già era stato il suo.

Così la città ripete la sua vita uguale spostandosi in su e in giù sulla sua scacchiera vuota. Gli abitanti tornano a recitare le stesse scene con attori cambiati; ridicono le stesse battute con accenti variamente combinati; spalancano bocche alternate in uguali sbadigli. Sola tra tutte le città dell'impero, Eutropia permane identica a se stessa. Mercurio, dio dei volubili, al quale la città è sacra, fece questo ambiguo miracolo.

Italo Calvino, "Le città invisibili"

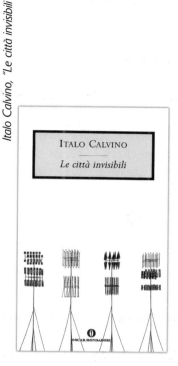

ITALO CALVINO
Le città invisibili

OSCAR MONDADORI

Dopo aver letto il testo "La città e gli scambi" descrivi Eutropia tenendo conto dei seguenti punti:

• **Il suo territorio** (disposizione nello spazio)

• **I suoi abitanti (consuetudini)**

• **Le trasformazioni che avvengono negli spostamenti**

• **L'ordinamento sociale: cosa resta immutato e cosa cambia ad ogni spostamento**

10　Attività orale

Ti piacerebbe vivere in una città come Eutropia?

Hai mai cambiato città? Cosa è cambiato durante questi spostamenti?

Immagina la tua città ideale: la città dove avresti voluto vivere.

11   *Rileggi il testo "La città e gli scambi" e nota l'uso di alcune preposizioni:*

*la preposizione "**per**" è usata:*
- *con valore equivalente a "come"*
- *con valore di causa*
- *con riferimento allo spazio*

Prova a distinguere questi usi e a fare altri esempi di uguale valore e significato.

*Prova a spiegare l'uso della preposizione "**da**" in questa frase:*
*"...la gente **da** salutare o che saluta"*

*Prova a spiegare il valore diverso della preposizione "**con**" in queste frasi del testo:*
*"...tornano a recitare le stesse scene **con** attori diversi"*
*"...ridicono le stesse battute **con** accenti variamente combinati"*

Osserva dal testo

• Identica **a**	*allo stesso modo si può dire:*	uguale **a**
		simile **a**
		somigliante **a**

Il contrario è:		
diversa **da**	*allo stesso modo si può dire:*	differente **da**
		dissimile **da**

• si rinnova			
di trasloco **in** trasloco	*allo stesso modo si può dire:*		
		(tutto cambia)	**di** anno **in** anno
			di giorno **in** giorno
			di mese **in** mese
			di ora **in** ora
			di minuto **in** minuto
			di tanto **in** tanto
		(viaggiavamo)	**di** città **in** città
		(le cose vanno)	**di** bene **in** meglio
			di male **in** peggio

FACCIAMO GRAMMATICA

Le preposizioni articolate

Le preposizioni semplici sono: **di, a, da, in, con, su, per, tra/fra**.
Queste preposizioni nell'incontro con un articolo determinativo si uniscono ad esso ad esclusione delle preposizioni **per** e **tra/fra** che restano separate dall'articolo. La preposizione **con** può avere sia la forma articolata (preposizione + articolo che formano un'unica parola) che però è piuttosto in disuso, che quella non articolata (preposizione + articolo che restano separati).

articolo

preposizione semplice	il	lo	l'	la	i	gli	le
di	del	dello	dell'	della	dei	degli	delle
a	al	allo	all'	alla	ai	agli	alle
da	dal	dallo	dall'	dalla	dai	dagli	dalle
in	nel	nello	nell'	nella	nei	negli	nelle
con	con il col	con lo collo	con l' coll'	con la colla	con i coi	con gli cogli	con le colle
su	sul	sullo	sull'	sulla	sui	sugli	sulle
per	per il	per lo	per l'	per la	per i	per gli	per le
tra/fra	tra il fra il	tra lo fra lo	tra l' fra l'	tra la fra la	tra i fra i	tra gli fra gli	tra le fra le

12 🔲 track 2

A. *Ascolta più volte la notizia radiofonica e segna le risposte corrette.*

1. A Roma è mancata la distribuzione di energia elettrica. ⊙ vero ⊙ falso
2. Questo provvedimento è stato adottato a causa delle forti piogge. ⊙ vero ⊙ falso
3. Questo black out ha causato problemi ai cittadini. ⊙ vero ⊙ falso
4. In quali di questi quartieri e zone di Roma è mancata l'energia elettrica:

   ⊙ Tuscolano ⊙ Centocelle ⊙ Casilino ⊙ Portonaccio

   ⊙ Prati ⊙ Talenti ⊙ Balduina ⊙ Bufalotta

   ⊙ Quartiere Africano ⊙ Parioli ⊙ Tor Vergata ⊙ Forte Bravetta

   ⊙ EUR ⊙ Castel di Decima ⊙ centro storico

5. I semafori hanno funzionato perfettamente. ⊙ vero ⊙ falso
6. Il black out non ha causato problemi in nessun ospedale. ⊙ vero ⊙ falso
7. L'interruzione è durata dalle 9.00 alle 18.00. ⊙ vero ⊙ falso
8. Nel quartiere Montesacro Talenti nessuno ha preso l'ascensore. ⊙ vero ⊙ falso
9. Ci sono stati anche altri quartieri coinvolti dal black out. ⊙ vero ⊙ falso
10. Circa 1000 pompieri sono al lavoro per evitare altri problemi. ⊙ vero ⊙ falso
11. Il prefetto Emilio Delmese pensa che il piano di sicurezza abbia funzionato bene. ⊙ vero ⊙ falso
12. La reazione dei cittadini romani all'emergenza black out è stata molto positiva e intelligente. ⊙ vero ⊙ falso
13. Le richieste di aiuto sono state molto superiori a quelle previste. ⊙ vero ⊙ falso
14. Secondo il prefetto la maggioranza degli ospedali e degli altri uffici pubblici importanti hanno funzionato normalmente. ⊙ vero ⊙ falso

B. **Lessico**

Prova a spiegare queste espressioni contenute nella notizia radiofonica che hai ascoltato.

1. Semafori in tilt
2. La corrente è stata interrotta a macchia di leopardo
3. Sulla carta il funzionamento di ospedali e altre strutture cosiddette sensibili dovrebbe essere garantito
4. Gruppo elettrogeno di emergenza
5. Altre zone coinvolte nei disagi
6. 400 pompieri sono al lavoro per scongiurare altri problemi
7. Tutti quelli che vengono considerati obiettivi sensibili

13 **Attività orale**

Ricostruisci la notizia che hai appena ascoltato tenendo conto dei seguenti punti:

- il fatto
- le cause
- le conseguenze (i disagi)

- le misure adottate
- il comportamento dei cittadini

> *Italo Calvino, a proposito del suo libro "Le città invisibili", scrive: "Le città invisibili sono un sogno che nasce dal cuore delle città invivibili"*

14 **Attività orale** *Una situazione di emergenza*

- *Ricordi una situazione di emergenza, più o meno recente, vissuta nella tua città, nel tuo paese?*
- *Quali sono state le reazioni dei cittadini? E le conseguenze?*
- *Quali sono state le misure adottate per far fronte alla situazione?*

15 **Attività orale** *Vivibilità*

A. *Quali, secondo te, fra queste cose rendono più vivibile una città?*

 Cultura (musei, cinema, teatri, librerie, biblioteche)

 Dintorni (mare, laghi, montagne, campagna)

 Pulizia nelle strade e nei luoghi pubblici

 Servizi (trasporti, sanità, scuole, asili nido, uffici pubblici, luoghi per lo sport)

 Possibilità di fare shopping (centri commerciali, piccoli negozi)

 Sicurezza nelle strade di giorno e di notte

 Spazi verdi

 Atmosfera e relazioni umane

 Collegamenti interni e con altre città

 Condizioni ecologiche e ambientali

B. *Valuta la vivibilità della tua città in base ai parametri descritti sopra. Come la definiresti:*

- invivibile
- poco vivibile
- abbastanza vivibile
- molto vivibile, piacevole
- ideale

Motiva la tua valutazione al resto della classe.

6 Cloze a scelta multipla

Completa l'articolo di giornale scegliendo la preposizione giusta.

Gli italiani sono partiti per le vacanze
A Milano, Roma e Torino il centro è vuoto

ROMA - Spossati **dal/per** caldo opprimente che sta imperversando **nell'/sull'** Italia ormai **da/per** mesi, gli italiani si stanno riversando **nei/ai** luoghi di villeggiatura. E mentre località **di/da** mare e **di/da** montagna si affollano sempre più, le città cominciano **ad/di** assumere l'aspetto del più classico **dai/dei** copioni estivi: poche persone in centro, magari **nella/alla** ricerca di bar e ristoranti aperti, mentre fiumi di turisti stranieri occupano le strade **sulle/delle** città d'arte.

A Milano, chi è rimasto **nella/in** città ha affollato giardini pubblici e piscine **per la/alla** ricerca di un po' di refrigerio. **In/A** molti hanno raggiunto le località lombarde di villeggiatura e le seconde case **in/nel** bergamasco, **in/nel** bresciano, in Valtellina e in Val Camonica. Molti tedeschi, come ogni anno, **sulla/nella** riviera bresciana del lago di Garda anche se secondo gli albergatori sono **nella/in** diminuzione rispetto **degli/agli** anni passati. Tutto esaurito **nelle/sulle** spiagge e **nei/sui** camping che si affacciano sul lago, soprattutto nel tratto **di/tra** Desenzano e Salò. Città vuote anche in Sicilia: pochi bar aperti, nessuna automobile **per/con** le strade, tutte le spiagge affollate. Roma, ieri pomeriggio, per la prima volta dall'inizio dell'estate, era deserta. Lo testimoniano le notizie fornite **per la/dalla** centrale operativa dei vigili urbani: gli incidenti sono stati un decimo del solito. Anche la Torino dell'ultima domenica di luglio è una città deserta e silenziosa: in centro non si sentivano automobili e le persone **a/nel** passeggio si potevano contare.

Napoli, svuotata solo per metà delle partenze di fine luglio, ha accolto i turisti. In città la folla si è concentrata **agli/negli** imbarchi **con/dei** traghetti e **con gli/degli** aliscafi **per le/alle** isole del Golfo, presi d'assalto dalla mattina, e all'aeroporto.

City Roma

Sono passati ormai due anni dal tempo in cui Piero Ferrari abitava a Milano, aveva ventinove anni e faceva il controllore sui treni.
Anche allora avrebbe voluto fare lo scrittore, il giornalista o il poeta ma capiva bene che con quel sogno non avrebbe potuto vivere e sarebbe rimasto a lungo in casa dei suoi, avrebbe litigato continuamente con il padre ed alla fine sarebbe finito in qualche ufficio o in qualche ditta, al massimo sarebbe diventato capo area o qualcosa del genere.

Invece a lui piaceva muoversi, viaggiare, ed il lavoro di controllore era un modo per cambiare scenario, di vagone in vagone, di città in città.
Amava del suo lavoro l'imprevedibilità e la varietà degli incontri quotidiani.
A volte dimenticava persino di essere il controllore e si chiudeva a scrivere nella sua cabina o si perdeva con lo sguardo su dei panni stesi su un balcone mentre il treno rallentava avvicinandosi alla periferia di una città.
Sono diverse le città viste dai binari di un treno, lo sguardo le sfiora e si allontana velocemente da quella riconoscibile quotidianità e dai nomi nei cartelli blu delle stazioni che il treno si lascia alle spalle.
Da una di quelle città, un giorno come tanti altri, era salita sul treno una persona un po' diversa da tutte le altre che era riuscita a trascinarlo verso un progetto comune:

una campagna giornalistica
contro le sofisticazioni
alimentari.
Grazie a quell'incontro
inaspettato Piero aveva smesso
di scrivere fantasiosi diari,
aveva iniziato a pensare
al suo futuro in modo diverso,
e aveva avuto il coraggio
di riaprire un cassetto in cui
aveva chiuso il suo sogno
di scrivere per il pubblico.

"Com'è strana la vita", pensava Piero alla vigilia
di Ferragosto mentre attraversava la città ormai semivuota
e ripercorreva col ritmo dei passi diretti verso casa la catena degli eventi che
lo avevano condotto a Roma.

Ripensava al suo ultimo giorno di lavoro come controllore,
al senso di smarrimento dei giorni successivi non diverso da
quello che ancora a volte provava guardandosi intorno come chi,
addormentatosi in un luogo, si risvegli improvvisamente in un altro.
Gli tornavano in mente, come un copione a lungo recitato, le frasi del colloquio
con il capo redattore del giornale a cui si era rivolto per iniziare la sua campagna
giornalistica e soprattutto una sua frase che tanto l'aveva colpito e che l'aveva dissuaso
dalla professione giornalistica.

1   **A.** *Dopo aver letto il testo "Il sogno nel cassetto" segna le risposte corrette.*

1. Due anni fa Piero abitava a Milano e faceva il controllore.   ⊙ vero   ⊙ falso

2. Allora Piero avrebbe voluto fare il musicista o il cantante.   ⊙ vero   ⊙ falso

3. Piero sapeva che i suoi sogni lo avrebbero portato ad avere
    conflitti in famiglia e ad un lavoro poco soddisfacente.   ⊙ vero   ⊙ falso

4. La cosa che più amava del suo lavoro di controllore
    era la ripetitività.   ⊙ vero   ⊙ falso

5. Quando faceva il controllore Piero amava guardare
    le città lungo la ferrovia.   ⊙ vero   ⊙ falso

6. Piero aveva incontrato un giorno in treno
    una persona decisiva per il suo futuro.   ⊙ vero   ⊙ falso

7. Il suo sogno nel cassetto era scrivere per il pubblico.   ⊙ vero   ⊙ falso

8. Il giorno prima di Ferragosto Piero si trovava a Roma.   ⊙ vero   ⊙ falso

9. Mentre tornava a casa Piero ripensava al suo primo
    giorno di lavoro come controllore.   ⊙ vero   ⊙ falso

10. A volte Piero si sentiva ancora smarrito a Roma.   ⊙ vero   ⊙ falso

11. Dopo che aveva smesso di fare il controllore
    Piero aveva cercato di fare il giornalista.   ⊙ vero   ⊙ falso

12. Piero aveva incontrato il capo redattore di un giornale
    che lo aveva molto incoraggiato a fare il giornalista.   ⊙ vero   ⊙ falso

B. *Rispondi alle domande:*

1. Che lavoro faceva Piero Ferrari due anni fa?
2. Che cosa avrebbe voluto fare invece?
3. Quali conseguenze negative avrebbe potuto avere la realizzazione del suo sogno?
4. Che cosa gli piaceva del lavoro di controllore?
5. La persona che un giorno aveva incontrato in treno, verso quale progetto lo aveva spinto?
6. Dove si trovava Piero alla vigilia di Ferragosto?
7. A che cosa ripensava Piero mentre tornava a casa?

2 Lessico

Cerca nel testo le espressioni di significato equivalente a quelle elencate sotto.

L'impossibilità di sapere prima   ....

Tocca appena   ....

Vita di tutti i giorni sempre uguale, senza novità   ....

Lascia dietro di sé   ....

Introduzione di sostanze nocive o non autorizzate nei cibi   ....

L'insieme di fatti collegati l'uno all'altro   ....

Lo avevano portato   ....

La sensazione di sentirsi perduti   ....

Testo con battute che gli attori imparano a memoria   ....

Il giornalista responsabile della redazione di un giornale   ....

Era andato a parlare con lui   ....

L'aveva convinto a non fare più (il giornalista)   ....

3 Esercizio

A. *Prova ad indicare la preposizione retta da ciascuno dei seguenti verbi presenti nel testo "Il sogno nel cassetto". Successivamente controlla sul testo se la preposizione da te indicata è quella giusta.*

ES   *Litigare* ___con___

1. Dimenticare _____

2. Avvicinarsi _____

3. Allontanarsi _____

4. Riuscire _____

5. Smettere _____

6. Iniziare _____

7. Avere il coraggio _____

8. Ripensare _____

9. Rivolgersi _____

10. Dissuadere _____

di   da   a

B. *Scrivi una frase usando ciascuno dei verbi elencati sopra.*

FACCIAMO GRAMMATICA

Verbi che reggono una preposizione

Nella maggior parte dei casi quando un verbo è seguito da un infinito le due preposizioni reggenti possibili sono **"di "** oppure **"a"**.
Vi diamo alcuni esempi dei verbi più usati con **"a"** e con **"di"**:

cominciare		finire	
iniziare		smettere	
provare		tentare	
aiutare		terminare	
incoraggiare		credere	
stimolare	*a fare qualcosa*	pensare	*di fare qualcosa*
continuare		ritenere	
abituarsi		immaginare	
convincere		ricordarsi	
obbligare		dimenticare	
		ordinare	

4  *Rileggi il testo "Il sogno nel cassetto", cerca tutti i verbi al condizionale composto e indica quale funzione esprimono tra le due indicate sotto.*

DESIDERIO NEL PASSATO

ES Avrei voluto fare l'attore.

....

....

....

....

FUTURO NEL PASSATO

ES Pensavo che da grande avrei fatto il pilota.

....

....

....

....

FACCIAMO GRAMMATICA

Il condizionale composto

Il condizionale composto si forma con il verbo ausiliare (essere o avere) al condizionale semplice + il participio passato del verbo da coniugare.

	condizionale semplice	condizionale composto
mangiare	mangerei	avrei mangiato
prendere	prenderei	avrei preso
partire	partirei	sarei partito

FACCIAMO
GRAMMATICA

Usi del condizionale composto

Come il condizionale semplice anche il condizionale composto può essere usato per:

1. esprimersi cortesemente o in forma attenuata:

presente	passato
• *vorrei parlare col direttore*	• *avrei voluto parlare col direttore*
• *sarebbe meglio telefonare per scusarsi*	• *sarebbe stato meglio telefonare per scusarsi*

2. dare una notizia come probabile ma non certa, prendendo le distanze da quello che si dice:

presente	passato
• *circa un milione di italiani partirebbero per le vacanze questo fine settimana*	• *lo scorso fine settimana sarebbero partiti per le vacanze circa un milione di italiani*

3. esprimere un desiderio:

presente	passato
• *vorrei cambiare lavoro*	• *avrei voluto cambiare lavoro*
• *mi piacerebbe fare una vacanza in Asia*	• *mi sarebbe piaciuto fare una vacanza in Asia*

N.B.: Anche un desiderio che riguarda il presente ma non è realizzabile si esprime con il condizionale composto:

- *Perché non resti a cena con noi?*
- *Sarei rimasto volentieri, ma mi aspettano a casa per cena.*

- *Vieni con me al cinema stasera?*
- *Sarei venuto molto volentieri, ma ho già un impegno.*

Questa forma nella lingua parlata, molto spesso viene sostituita dal condizionale semplice:

- *Perché non resti a cena con noi?*
- *Rimarrei volentieri, ma mi aspettano a casa per cena.*

- *Vieni con me al cinema stasera?*
- *Verrei molto volentieri, ma ho già un impegno.*

4. dare consigli:

presente	passato
Dovresti riposare di più!	*Avresti dovuto riposare di più!*

FACCIAMO GRAMMATICA

Condizionale composto usato per esprimere il futuro nel passato

Il condizionale composto si usa per esprimere un'azione posteriore ad un'altra azione passata ed esprime un'idea di futuro nel passato (futuro irreale).

 Futuro reale
*Credo che Marco **troverà** un buon lavoro grazie alle sue straordinarie capacità.*

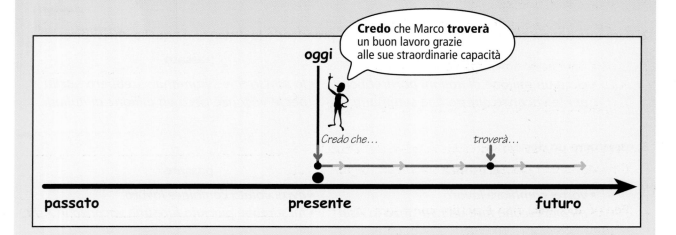

 Futuro nel passato (futuro irreale)
*Credevo che Marco **avrebbe trovato** un buon lavoro grazie alle sue straordinarie capacità.*

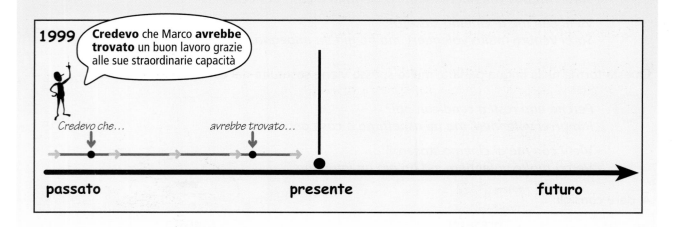

5 Esercizio

Costruisci delle risposte come nel modello.

 Perché non hai comprato quel vestito?
(Comprarlo volentieri / ma non avere soldi)

L'avrei comprato volentieri,
ma non avevo soldi.

1. Perché non siete andati a teatro ieri sera?
   (Andarci volentieri / ma la baby-sitter
   non essere disponibile)

2. Perché non hai finito quell'esercizio?
   (Volere finirlo / ma essere troppo difficile)

3. Perché Sabrina non ha organizzato una festa
   per il suo compleanno?
   (Organizzarla volentieri / ma non avere tempo)

4. Perché non avete preso l'aereo invece del treno?
   (Prenderlo con piacere / ma non trovare biglietti)

5. Perché tuo figlio non è partito con i suoi amici?
   (Partire volentieri / ma dovere preparare
   un esame di fisica)

6. Perché Luca non si è iscritto al corso di cucina?
   (Iscriversi volentieri / ma non esserci più posto)

7. Perché non sei andata alla festa di laurea di Livia?
   (Volere andarci / ma avere già un altro impegno)

8. Perché i bambini non hanno mangiato la torta?
   (Mangiarla / ma essere troppo impegnati a giocare)

6 Attività *Rileggiamo un vecchio giornale*

Rileggendo un vecchio giornale del 4 luglio 2004 possiamo vedere alcune notizie che annunciavano eventi futuri.
Prova a riscrivere in breve le parti evidenziate in giallo di ciascuna notizia usando il condizionale composto.

1.

S. MARIA DEGLI ANGELI

La Sydney Youth Orchestra suona Mozart

Nella Basilica di Santa Maria degli Angeli, martedì sera, la Sydney Youth Orchestra terrà un concerto insieme alla Schola Cantorum Aramus di Roma diretta da Osvaldo Guidotti. L'orchestra, che comprende 75 musicisti selezionati fra i migliori borsisti del Conservatorio del New South Wales in Australia, è diretta da Thomas Woods, giovane direttore australiano che si è formato nella scuola musicale russa a Mosca e che vanta già un curriculum internazionale di tutto rispetto.

Il momento più significativo sarà la Messa in do minore di Mozart. Solisti di canto Patrizia Polia (soprano), Carla Paryla (mezzo soprano) Suh Phill (tenore) Edgardo Rinaldi (basso). La Canzone a 4 Toni di Gabrieli e il Concerto a 4 Violini di Vivaldi faranno da preludio a questo capolavoro.

3.

Il «Circeo set»: attori scatenati giocano a tennis

Quattro giorno di sport, musica e risate all'ombra del promontorio del Circeo. Prenderà il via domani a San Felice l'ottava edizione della Circeo Tennis Cup, la manifestazione riservata ai personaggi del mondo dello spettacolo e dello sport. Il pretesto è un torneo a squadre sulla terra rossa del Master's tennis di Mezzomonte, ma le iniziative collegate alle partite sono infinite: sfide a beach soccer, al canestro da tre punti, a shot-out (una sorta di tie break, l'anno scorso si impose Igor Protti), vedranno impegnati quotidianamente gli ospiti della manifestazione, che si svolgerà tra il Circeo Park Hotel e La Stiva Beach Club. E ogni sera, al termine della giornata di gare, la cena diventerà occasione per fare baldoria con le improvvisazioni di cabaret e piano bar.

4.

IL 12 NOVEMBRE
La «Traviata» di Verdi apre la stagione della Fenice risorta

Sarà *La Traviata*, composta da Giuseppe Verdi proprio per questo teatro, a inaugurare la stagione lirica 2004/2005 della risorta Fenice, nel nuovo allestimento e con la regia di Robert Carsen. Il prossimo 12 novembre la bacchetta sarà affidata a Lorin Maazel e gli interpreti principali saranno Patrizia Ciofi, Roberto Saccà, Dmitri Hvorostovsky. La Rai trasmetterà nel circuito mondiale una delle repliche, fissate per il 13, 14, 16, 17, 18, 19 e 20 novembre.

5.

Previsto un congresso straordinario

Magistrati, nuovi scioperi Due giorni a settembre contro la riforma giudiziaria

ROMA — Torneranno a scioperare e, per la prima volta, convocheranno un congresso straordinario. I magistrati, compatti, si mobilitano contro la riforma dell'ordinamento giudiziario, approvata alla Camera giovedì scorso e attesa al Senato per la discussione finale.
Lo ha stabilito ieri il comitato direttivo dell'Anm, con l'unico no di Mario Cicala (Mi): («Sono contrario alla riforma ma lo sciopero rischia di esasperare gli animi».) Mercoledì e giovedì prossimo, in tutte le sedi giudiziarie, le toghe sospenderanno ogni attività per un'ora, animando assemblee di protesta. E, a settembre, quando finirà la tregua imposta dal codice di autoregolamentazione, si fermeranno per due intere giornate.

2.

Ballano dieci compagnie internazionali: da Mosca e Pechino, Stati Uniti e Brasile

«Invito alla Danza», la rassegna internazionale in programma all'Accademia Tedesca di Villa Massimo, si svolgerà da martedì al 28 luglio e proporrà 10 compagnie con importanti anteprime dall'Italia e dall'estero. In occasione dello spettacolo «DiversaMente», coprodotto con la compagnia ATON - Dino Verga Danza, che debutterà in prima mondiale l'8 e 9 luglio, sarà presentato il cd delle musiche originali, che sui temi della pace, dell'uguaglianza e della diversità raccoglie anche le voci dei protagonisti del secolo scorso, da Giovanni XXIII a Che Guevara, da Kennedy a Luther King.
Per la prima volta a Roma, DanceBrazil, dopo il debutto a Spoleto, aprirà all'insegna della gioiosità più genuina, su temi afro-contemporanei.

Il 4 luglio 2004 il giornale diceva che...

Nella Basilica di S. Maria degli Angeli

3.
Al Circeo

4. **Il 12 novembre alla Fenice (di Venezia)**

5. **A settembre i magistrati**

2. **All'Accademia Tedesca di Villa Massimo**

7 Esercizio *Cosa avrebbe dovuto fare?*

(ES)   *È troppo grasso!*   *Avrebbe dovuto mangiare meno*
       (mangiare / meno)

1. È troppo ignorante!
   (studiare / di più)   _____

2. È troppo in ritardo!
   (uscire / prima)   _____

3. È troppo stanco.
   (dormire / di più)   _____

4. È ubriaco!
   (bere / meno)   _____

5. Il vestito gli sta stretto.
   (prendere / una taglia più grande)   _____

6. Ha gli occhi troppo stanchi.
   (leggere / di meno)   _____

7. Non ha capito niente della lezione.
   (fare / più domande all'insegnante)   _____

8. Il viaggio è stato troppo lungo.
   (prendere / l'aereo)   _____

8 Esercizio

Trasforma le frasi usando il condizionale composto.

(ES)   *Credo che mia sorella arriverà col treno delle sette.*
       Credevo che mia sorella sarebbe arrivata col treno delle sette.

1. Franco dice che il vino lo porterai tu.

   Franco disse che _____

2. Luigi dice che smetterà di fumare.

   Luigi disse che _____

3. I bambini dicono sempre che ubbidiranno alla mamma.

   I bambini dicevano sempre che _____

4. Mi hanno detto che in estate partirete per gli Stati Uniti.

    Mi avevano detto che _____

5. Dicono che l'estate sarà meno calda.

    Dicevano che _____

6. Penso che il film inizierà alle 8.00.

    Pensavo che _____

7. Sono sicuro che la festa riuscirà benissimo.

    Ero sicuro che _____

8. Penso che le relazioni di tutti gli esperti presenti al convegno saranno di grande interesse.

    Pensavo che _____

9. Tutti gli amici pensano che Gianni e Marta si sposeranno presto.

    Tutti gli amici pensavano che _____

10. Penso che torneremo a trovarvi presto.

    Pensavo che _____

11. Credo che il concerto durerà più di due ore.

    Credevo che _____

12. I meteorologi dicono che le temperature scenderanno ancora sensibilmente.

    I meteorologi dicevano che _____

13. Dicono che i prezzi degli affitti saliranno ancora.

    Dicevano che _____

9 **Attività** *Desideri e rimpianti*

• Cosa avresti voluto fare ieri e non hai fatto?

• Dove saresti voluto andare in vacanza l'anno scorso
  oltre al luogo dove sei andato?

• Quale lavoro avresti voluto fare oltre a quello che fai?

• C'è qualcuno tra le persone che hai conosciuto
  che avresti voluto rincontrare e non hai mai rincontrato?

10 Attività *Errori: come avrebbero potuto evitarli?*

1. Ha condotto una vita sedentaria e ora è sovrappeso.   _____

    _____

2. Ha perso uno scontrino che gli serve per cambiare   _____

    un vestito al negozio.   _____

3. È arrivato a scuola con venti minuti di ritardo   _____

    ed ha trovato il cancello chiuso.   _____

4. Ha lasciato la bottiglia aperta e il bambino   _____

    l'ha rovesciata.   _____

5. Ha lasciato il cellulare sul tavolino del bar, è andato   _____

    a pagare ma, tornando, ha visto che il cellulare era sparito.   _____

6. È uscito senza ombrello e dopo un po' è scoppiato   _____

    un temporale… così si è bagnato dalla testa ai piedi.   _____

7. Ieri è stato allo stadio ed oggi non ha più la voce.   _____

    _____

8. Ha invitato dieci persone e dopo il primo brindisi   _____

    le due uniche bottiglie di vino sono finite.   _____

9. Voleva fare un viaggio in Sardegna ma all'agenzia   _____

    di viaggi gli hanno detto che non c'erano più posti   _____

    né in aereo né in traghetto.

10. Ha lasciato la frutta sul tavolo e dopo un paio   _____

    di giorni è tutta marcita.   _____

11 Attività *Parole, parole, parole...*

Il politico prima delle elezioni dice che:

ES *ridurre le tasse*   *ridurrà le tasse*

• incrementare l'occupazione   _____

• garantire la sicurezza   _____

• risanare l'economia   _____

• favorire l'occupazione giovanile   _____

• aumentare le pensioni di anzianità   _____

Un anno dopo i cittadini gli ricordano che lui aveva promesso che:

_____   _____

_____   _____

_____   _____

Il bambino dice alla madre:

ES *mangiare meno caramelle e dolci*   *mangerà meno caramelle e dolci*

• tenere in ordine la sua cameretta   _____

• impegnarsi di più nello studio   _____

• non litigare con gli amici   _____

• andare a letto presto   _____

• fare sempre i compiti   _____

Dopo una settimana la madre è di nuovo delusa perché il suo comportamento non è cambiato affatto e gli ricorda che le aveva promesso che:

_____   _____

_____   _____

_____   _____

Il fidanzato dice alla fidanzata che la ama molto e le promette che:

ES *presentarla alla famiglia*

La presenterà alla famiglia

_____

• andare a vivere insieme

_____

• cercare un lavoro migliore

_____

• fare dei figli

_____

• collaborare nei lavori di casa

_____

• occuparsi dei bambini

_____

• essere fedele

_____

Passano due anni e non succede niente, la sua ragazza gli ricorda che già due anni prima lui gli aveva promesso che:

_____

_____

_____

_____

_____

_____

Scoraggiare / incoraggiare / esortare / dissuadere

Pensaci su
Ripensaci
Considera bene
Non fare passi affrettati
Smetti di farti problemi
Considera, però, che...
Valuta bene
Non esser precipitoso
Guardati intorno
È arrivato il momento di voltare pagina
Lo so che non è facile ma...
Tentar non nuoce

Fai almeno una prova
Anzi...
Dopotutto, però...
Senta, ...
Va beh, insomma ...
D'altronde...
Vorrei farle presente che...
Se devo essere sincero/a ...
A dire il vero...
Tutto sommato...
Lascia perdere

12 Ora scrivi tu

*Immagina le battute del dialogo tra Piero e la donna
incontrata sul treno che lo incoraggia a cambiare lavoro,
gli dice che non vale la pena continuare a fare il
controllore e lo invita a collaborare con lei per una
campagna giornalistica.*

Lei: "Ma tu Piero, come sei finito a fare il controllore?"

Piero: _____

Lei: _____

Piero: _____

Lei: _____

Piero: _____

Lei: _____

Piero: _____

Lei: _____

Piero: _____

Lei: Pensaci bene, secondo me sei sprecato, comunque io ti lascio il mio numero di cellulare,
            fatti sentire!

Piero: _____

13 Role play *Ma su, dai…!!!*

*Preparate un role-play utilizzando alcune delle espressioni indicate precedentemente che vi sem-
brano utili ed appropriate per la situazione che avete scelto.*

1. Piero comunica al suo datore di lavoro la sua decisione di lasciare il lavoro ed il datore di lavoro
    cerca di scoraggiarlo dal suo proposito di licenziarsi.

2. Piero parla con un suo amico del suo proposito di licenziarsi.
    L'amico lo incoraggia a cambiare vita.

3. Piero torna a casa da sua madre e le comunica che vuole licenziarsi.

PERSONAGGI STORICI ▪ LA SCELTA DI BONIVER

Avrei voluto essere Anna Kuliscioff, la pasionaria del socialismo italiano

Avrebbe voluto essere la super pasionaria, pluri imprigionata, esule russa Anna Kuliscioff, animatrice, insieme con il suo compagno Filippo Turati, della rivista *Critica sociale* e madrina del socialismo italiano. Margherita Boniver, craxiana di ferro, oggi sottosegretario agli Esteri, non ha dubbi. «Certo, anche Caterina la Grande di Russia, malgrado la sua ferocia, è stata una grande modernizzatrice, ma Kuliscioff è un'altra cosa. In comune, oltre alla passione politica per il socialismo, abbiamo anche l'amore per la città di Milano. Lei era una raffinata intellettuale, bellissima, combattiva. Che all'inizio del Novecento mise i semi per molte conquiste delle donne (dal voto ai diritti delle madri). Ancora oggi ci vorrebbe una leader con quel carattere». E per descriverlo quel carattere basta un piccolo episodio. «Una volta, a un congresso internazionale un compagno la chiamò Madame Turati, lei gli rispose: "Non sono la signora di nessuno"».

Precorse il femminismo oltranzista, quello del «Tremate, tremate / le streghe son tornate»? «No», dice Boniver. «Il suo era un femminismo riformista. Scrisse un volumetto (*Il monopolio dell'uomo*) in cui spiegava la "meravigliosa tena-

COMPAGNE.
Margherita Boniver, sottosegretario agli Esteri, e l'esule russa Anna Michajlovna Kuliscioff (1827-1925).

cia" con cui gli uomini difendono i propri interessi e invitava le donne a essere più solidali tra loro. Be', ora di questa solidarietà non c'è più traccia».

Ce ne sarebbe ancora bisogno? «Sì. Le donne stanno sparendo dalla politica. E in Tv si vedono solo "veline". La battaglia per le quote femminili tra gli eletti nelle cariche pubbliche è un esempio di come si potrebbe riattualizzare la lezione kuliscioffiana. Ma ormai ci siamo addormentate sugli allori. Sulle grandi conquiste di venticinque anni fa.

Vittorio Zincone

---

14   **A.** *Dopo aver letto l'articolo rispondi alle domande:*

1. **Chi avrebbe voluto essere Margherita Boniver e perché?**

2. **Chi era Anna Kuliscioff?**

3. **Come vede Margherita Boniver la situazione delle donne oggi?**

B. *Cerca nell'articolo:*

• uno slogan ....

• una citazione della Kuliscioff ....

• il titolo di un libro ....

15 **Attività** *Chi avresti voluto essere?*

UN GRANDE SCIENZIATO COME...

UN GRANDE POLITICO COME...

UN GRANDE RIVOLUZIONARIO COME...

UN GRANDE ARTISTA COME...

AVREI VOLUTO ESSERE...

UN GRANDE SCRITTORE COME...

UN GRANDE POETA COME...

UN GRANDE... COME...

VISTO DAI GIOVANI

Sempre più duro staccarsi dalla famiglia

Precarietà del lavoro e reddito al minimo tagliano le gambe alla voglia di indipendenza

di ANNA MARIA SERSALE

ROMA - Lavorano oggi, ma non hanno un domani. Un esercito privo di diritti, con buste paga magre e contratti a singhiozzo. Sono i giovani dell'ultima generazione, quelli che non riescono a diventare autonomi, a sganciarsi da mamma e papà, ad avere una casa propria e una vita propria. La precarietà del lavoro ha tagliato le gambe alle speranze di migliaia di giovani, che in realtà non sono più tanto giovani. Restano aggrappati alla famiglia d'origine, come a uno scoglio. Pur volendo non riescono ad andarsene. Chi fa un atto di coraggio, dopo un po' torna indietro oppure vive con i "contributi" di genitori e parenti. E' il popolo dei "precari", degli "atipici", che ormai sono un terzo degli occupati, ovvero 6 milioni e 936.855. La loro bandiera è l'«incertezza».

La mancata indipendenza dei giovani è uno degli aspetti

La mancata indipendenza lavorativa dei giovani è uno degli aspetti della nuova povertà

della nuova povertà. I sociologi dicono che i genitori, nell'età in cui vorrebbero tirare i remi in barca, si trovano invece sul groppone delle responsabilità che pensavano di non dovere più avere. I Co.co.co sono un esercito. Anni 25-35. Titolo di studio: diploma o laurea. Reddito mensile: 500 euro, più o meno. Non hanno diritto ad ammalarsi, nè ad avere un figlio (malattia e maternità non sono tutelate). Vedono il futuro come una nuvola nera. E non programmano niente, perché non hanno prospettive. Però sperano, perché i genitori di questi giovani-adulti vengono dalla società del posto fisso. Una speranza che si scontra con le cifre nere della disoccupazione. La percentuale degli italiani alla ricerca di un lavoro tra i 20 e i 24 anni è del 29,5%, inferiore solo a quella della Polonia, che raggiunge il 37,5. E' la Lombardia la regione con il numero più alto di atipici (33,29%), ma anche nel Lazio non si scherza (31,74%).

In Italia la percentuale di disoccupazione giovanile è altissima. Ma la fragilità economica delle ultime generazioni si ripercuote sui nuclei familiari d'origine, che non solo devono fare i conti con gli aumenti del costo della vita, ma anche con la necessità di dover provvedere ai bisogni dei figli, che in certi casi restano in casa anche quando sono spuntati i primi capelli bianchi. Significa che la difficoltà di trovare un lavoro stabile accentua la dipendenza dalla famiglia.

16 **A.** *Dopo aver letto l'articolo rispondi alle domande.*

1. Come sarà il futuro dei giovani dell'ultima generazione?

2. Che cosa ha tagliato le gambe alle speranze dei giovani?

3. Perché i giovani restano "aggrappati alla famiglia d'origine"?

4. Quanti sono in Italia i lavoratori precari o atipici?

5. Che cosa dicono i sociologi a proposito dei genitori?

6. Qual è il profilo di un giovane precario tipico? (età / titolo di studio / reddito / diritti del lavoro)

7. Con che cosa si scontra la speranza dei giovani di poter avere un posto fisso?

8. Su che cosa incide la "fragilità economica" dei giovani?

B. *Collega le espressioni della colonna* **A** *con quelle di significato equivalente della colonna* **B**.

A

non hanno un domani

buste paga magre

sganciarsi da mamma e papà

precarietà del lavoro

ha tagliato le gambe alle speranze

i contributi di mamma e papà

(i genitori) vorrebbero tirare i remi in barca

si trovano (…) sul groppone delle responsabilità

reddito mensile

malattie e maternità non sono tutelate

giovani-adulti

società del posto fisso

le cifre nere della disoccupazione

la fragilità economica delle nuove generazioni

nuclei familiari di origine

fare i conti con gli aumenti del costo della vita

accentua la dipendenza dalla famiglia

B

renderi autonomi dai genitori

le famiglie da cui si proviene

stipendi molto bassi

quello che si guadagna ogni mese

l'aiuto economico dei genitori

aumenta la dipendenza dalla famiglia

non hanno un futuro, il loro futuro è incerto

affrontare il problema dell'aumento dei prezzi

vorrebbero smettere di occuparsi dei figli

ha tolto le speranze

l'alta percentuale di persone senza lavoro

le difficili condizioni economiche dei giovani

i periodi di malattia e di maternità
non sono pagati

persone adulte che vivono come giovani
per condizioni di vita e di lavoro

società in cui il lavoro stabile e sicuro
rappresenta un valore importante

hanno il carico di responsabilità,
hanno delle responsabilità sulle spalle

lavoro non sicuro e stabile

C. *Cerca nel testo tutte le parole o espressioni che fanno riferimento all'area del lavoro,
trascrivile nello spazio sottostante e confronta il risultato con un compagno/a.
Provate anche a spiegare insieme il significato di eventuali parole sconosciute.
Poi confrontate il lavoro con l'insegnante e con la classe.*

precarietà del lavoro

17 *Senti, Caterina…*

Dopo aver ascoltato il testo, segna le risposte corrette:

1. Caterina è una studentessa universitaria di 20 anni.   ⊙ vero   ⊙ falso

2. Caterina ha manifestato interesse per le lingue quando
   è andata all'università.   ⊙ vero   ⊙ falso

3. Caterina non vorrebbe fare un lavoro sedentario.   ⊙ vero   ⊙ falso

4. Le piacerebbe molto lavorare all'estero.   ⊙ vero   ⊙ falso

5. Caterina è stata delusa dall'impatto con Parigi.   ⊙ vero   ⊙ falso

6. Caterina vive ancora con i suoi genitori.   ⊙ vero   ⊙ falso

7. Ha cominciato a fare dei lavoretti quando aveva 14, 15 anni.   ⊙ vero   ⊙ falso

8. Segna i lavori che ha fatto Caterina:
   - ⊙ impiegata
   - ⊙ baby-sitter
   - ⊙ collaboratrice familiare
   - ⊙ segretaria part-time
   - ⊙ commessa
   - ⊙ lettrice per una casa editrice
   - ⊙ animatrice turistica

9. Caterina è una ragazza che ama essere libera e indipendente.   ⊙ vero   ⊙ falso

10. Vivere da sola per Caterina non presenta nessuna difficoltà.   ⊙ vero   ⊙ falso

"**S**a a che servono i giornali?… Ad incartare le uova!"
Così gli aveva detto il redattore capo del giornale milanese
a cui Piero si era presentato con un documentato servizio
sulle sofisticazioni alimentari. "È interessante, lo so, ma non
fa notizia. Lei mi parla di prodotti che hanno una copertura
pubblicitaria molto alta, sono su tutti i giornali, in TV,
e a meno che lei non ne riesca a provare la pericolosità l'articolo ci darà solo problemi.

Sono stato giornalista anch'io, ho iniziato col suo stesso entusiasmo
e col senno di poi le dirò che, in fondo in fondo,
i giornali servono solo… ad incartare le uova."
E si era ricordato, Piero, di qualche mese
prima quando, scartando un uovo fresco
di giornata, di quelli che non
si trovano negli appositi contenitori
di cartone o di plastica, aveva appreso
della morte di un suo amico d'infanzia.
Gliele aveva mandate sua nonna quelle uova,
incartate una per una con pezzi
di giornale, insieme ad una confezione
di olive all'ascolana fatte in casa.

Sua cugina, di passaggio a Milano, aveva accettato di malavoglia di portargliele, rifiutandosi fermamente di portare altre diecimila cose, tra cui un bottiglione d'olio, e aveva detto: "No, l'olio no, quello mi fa sentire come Totò, Peppino e la Malafemmina..."[1]

Qualche giorno dopo, mentre Piero scartava una di quelle uova gli saltò all'occhio la foto di un tipo che gli sembrava di conoscere e subito sotto lesse il suo nome ed il titolo dell'articolo: **"Tragica morte di un giovane alpinista: precipita in una scarpata. Inutili i soccorsi."**

L'articolo riassumeva brevemente la vita del ragazzo e descriveva dettagliatamente la dinamica dell'incidente, incolpando come al solito i ritardi nei soccorsi e la sicurezza di certe attrezzature sportive per gli scalatori.

Per Piero lo shock fu quello di vedersi tornare alla mente un'epoca della sua vita, in cui tra i tanti compagni di giochi durante le vacanze estive dai nonni c'era anche lui: Franco Tempesta.

Si bloccò un istante, appoggiò l'uovo sul tavolo e cercò di stiracchiare l'involucro che lo avvolgeva per cercare una data, una conferma di tutto ciò.

L'uovo intanto rotolò lentamente verso il bordo del tavolo e stava per cadere, se non fosse stato per quel gesto fulmineo col quale Piero lo afferrò per romperlo dentro un pentolino.

"Un uovo – pensò Piero – che coincidenza, senza quell'uovo forse non avrei mai letto quella notizia... com'è strana la vita!"

Ripensava a quella frase, a quell'episodio ed alla strana catena di eventi che lo aveva condotto a Roma, mentre una ventata di caldo scirocco sollevava per aria volantini e alcuni fogli di giornali abbandonati nella noncuranza metropolitana.

[1] *La citazione della cugina di Piero fa riferimento ad un famoso film, "Totò, Peppino e la Malafemmina", in cui i due grandi attori napoletani Totò e Peppino De Filippo interpretano il ruolo di due fratelli che vanno a Milano a trovare il nipote che studia all'università, portandosi dietro prodotti alimentari in grande quantità, spaghetti, salumi, olio d'oliva ed altro.*

1   **A.** *Dopo aver letto il testo "A che servono i giornali", segna le risposte corrette.*

1. Piero aveva incontrato il direttore di un giornale milanese.   ⊙ vero   ⊙ falso

2. Piero voleva mostrargli un servizio sull'inquinamento atmosferico.   ⊙ vero   ⊙ falso

3. Il capo redattore dice a Piero che il suo servizio potrà
    solo creare problemi.   ⊙ vero   ⊙ falso

4. Secondo il capo redattore i giornali non sono così importanti
    come crede Piero.   ⊙ vero   ⊙ falso

5. Piero ripensa a quando aveva saputo della morte di un suo amico
    scartando un uovo.   ⊙ vero   ⊙ falso

6. Piero aveva comprato quell'uovo al supermercato.   ⊙ vero   ⊙ falso

7. L'amico di Piero era morto in un incidente stradale.   ⊙ vero   ⊙ falso

8. In quella occasione, Piero aveva ripensato alle sue vacanze estive
    dai nonni, insieme al suo amico.   ⊙ vero   ⊙ falso

9. Dopo aver letto la notizia, Piero aveva messo l'uovo in frigorifero.   ⊙ vero   ⊙ falso

10. Piero ripensava alla frase del redattore capo mentre
    attraversava la città.   ⊙ vero   ⊙ falso

11. Quel giorno non tirava un filo d'aria.   ⊙ vero   ⊙ falso

B. *Rispondi alle domande:*

1. Perché Piero aveva incontrato
    il redattore capo di un giornale milanese?

2. Cosa gli aveva detto il redattore capo
    a proposito dei giornali?

3. Perché il servizio di Piero, secondo il giornalista,
    era destinato all'insuccesso?

4. Il redattore capo aveva ancora lo stesso entusiasmo
    che aveva avuto all'inizio della sua carriera?

5. Come aveva appreso Piero della morte del suo amico
    Franco Tempesta?

6. Quali ricordi aveva suscitato in Piero l'episodio dell'uovo
    e del suo involucro?

7. Quali riflessioni aveva fatto Piero a proposito di quell'uovo?

8. Dove si trovava Piero mentre ripensava a tutto questo?

2 Lessico

Scegli il significato corrispondente alle seguenti espressioni presenti nel testo "A che servono i giornali?".

1. Non fa notizia
   - ⊙ Non pubblica notizie
   - ⊙ È una notizia di poca importanza

2. Hanno una copertura pubblicitaria molto alta
   - ⊙ Sono prodotti molto pubblicizzati
   - ⊙ Hanno una pubblicità molto costosa

3. Col senno di poi
   - ⊙ Con l'esperienza che abbiamo acquisito
   - ⊙ Con un po' di intuizione

4. In fondo in fondo
   - ⊙ Dopotutto
   - ⊙ Alla fine della strada

5. Aveva appreso
   - ⊙ Era venuto a conoscenza
   - ⊙ Aveva imparato

6. Di malavoglia
   - ⊙ Malvolentieri, contro la propria volontà
   - ⊙ Con cattive intenzioni

7. Gli saltò all'occhio
   - ⊙ Gli capitò di notare
   - ⊙ Gli sfuggì

8. Una scarpata
   - ⊙ Un ripido pendio in montagna
   - ⊙ Un calcio

9. L'involucro
   - ⊙ La carta con cui era avvolto
   - ⊙ Il guscio dell'uovo

10. Gesto fulmineo
    - ⊙ Gesto abituale
    - ⊙ Gesto rapido, improvviso

11. Che coincidenza!
    - ⊙ Che collegamento di fatti, di eventi!
    - ⊙ Che banalità!

12. Noncuranza metropolitana
    - ⊙ Disattenzione, indifferenza tipica delle grandi città
    - ⊙ Treni sotterranei poco sorvegliati

3 Lessico

A proposito del verbo "incartare"

- incartare
- incollare
- imbiancare
- imbustare
- insaponare
- ingessare
- infangare
- invecchiare
- ingrassare
- infornare

A. *Spiega il significato di questi verbi usando: mettere, unire, diventare, avvolgere.*

ES   incartare: avvolgere con la carta un oggetto, un regalo.

B. *Scrivi il contrario dei seguenti verbi.*

1. Incartare   ....
2. Incollare   ....
3. Infornare   ....
4. Invecchiare   ....
5. Ingrassare   ....

4 Esercizio

Completa le seguenti frasi con uno dei verbi della lista sopra, opportunamente coniugato.

1. Ha nevicato tutta la notte, la neve .... la città.

2. Devi .... i francobolli su tutte le buste.

3. Io .... i piatti, e tu li risciacqui così facciamo prima.

4. Ho già comprato tutti i regali ma li devo ancora ....

5. È entrato in casa con le scarpe sporche e .... tutto il pavimento.

6. Non vedevo Silvestro da anni, ha tutti i capelli bianchi, come ....!

7. Ha avuto un incidente, e gli .... un braccio, perciò non può guidare.

8. È pronta la torta? No, l'................................... solo dieci minuti fa.

5   *Rileggi il testo "A che servono i giornali e sottolinea tutti i verbi al passato.*
Quanti tempi verbali hai trovato? Con quale tempo verbale si esprime nel testo un'a-
zione anteriore ad un'altra avvenuta nel passato?

Nota

Osserva le relazioni di tempo, sull'asse cronologico, tra le frasi degli esempi sotto e nota i tempi
verbali utilizzati.

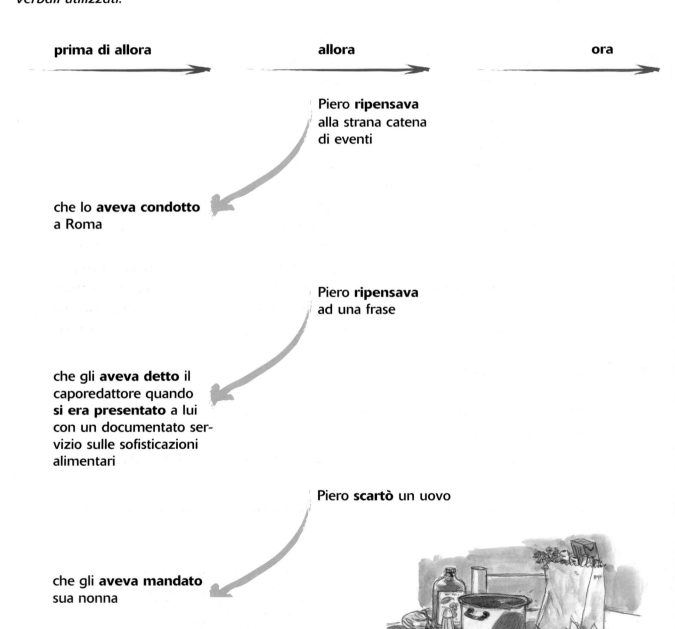

prima di allora   **allora**   **ora**

Piero **ripensava**
alla strana catena
di eventi

che lo **aveva condotto**
a Roma

Piero **ripensava**
ad una frase

che gli **aveva detto** il
caporedattore quando
si era presentato a lui
con un documentato ser-
vizio sulle sofisticazioni
alimentari

Piero **scartò** un uovo

che gli **aveva mandato**
sua nonna

FACCIAMO GRAMMATICA

Trapassato prossimo

Il trapassato prossimo si forma con i verbi ausiliari *essere* o *avere* all'imperfetto + il participio passato del verbo da coniugare.

	Essere	**Avere**
io	ero stato/a	avevo avuto
tu	eri stato/a	avevi avuto
lui/lei	era stato/a	aveva avuto
noi	eravamo stati/e	avevamo avuto
voi	eravate stati/e	avevate avuto
loro	erano stati/e	avevano avuto

	Parlare	**Credere**	**Dormire**
io	avevo parlato	avevo creduto	avevo dormito
tu	avevi parlato	avevi creduto	avevi dormito
lui/lei	aveva parlato	aveva creduto	aveva dormito
noi	avevamo parlato	avevamo creduto	avevamo dormito
voi	avevate parlato	avevate creduto	avevate dormito
loro	avevano parlato	avevano creduto	avevano dormito

Il trapassato prossimo esprime un'azione anteriore ad un'altra azione passata.

 Gli antichi romani **costruirono** *monumenti, strade, acquedotti in tutti i paesi che* **avevano conquistato**.

La settimana scorsa **ho letto** *un bellissimo romanzo che mi* **aveva regalato** *un'amica un anno fa.*

Guardavo *con ammirazione quel bel vestito che* **avevo ritrovato** *in un vecchio baule della nonna.*

6 Esercizio

Completa con i verbi al trapassato prossimo.

1. Gli ospiti dissero che non (bere) .... mai un vino così buono.

2. Rientrando ascoltò il messaggio che uno sconosciuto (lasciare) .... sulla segreteria telefonica.

3. Cappuccetto Rosso non ascoltò i consigli che la mamma (darle) ....

4. Alla festa si mise il vestito che (comprare) .... durante un viaggio a New York.

5. In vacanza non usò neanche la metà dei vestiti che (portare) ....

6. I testimoni non dissero tutta la verità sul fatto che (succedere) ....

7. Al primo esame all'università per l'emozione dimenticai tutto quello che (studiare) ....

8. Ripensammo con amarezza a tutte le occasioni che (perdere) ....

9. Mi arrivò un'e-mail di una ragazza che (conoscere) .... l'anno prima durante un corso di lingua.

10. Nella tasca di un cappotto ritrovai un libretto di assegni che (smarrire) ....

7 Cloze *Seta*

Questi due brevi testi sono tratti dal romanzo "Seta" di Alessandro Baricco. Completa il primo con i verbi al trapassato prossimo e il secondo con i verbi all'imperfetto o al trapassato prossimo:

Balbadiou era l'uomo che vent'anni prima (entrare) .... in paese, (puntare) .... all'ufficio del sindaco, (entrare) .... senza farsi annunciare, gli (appoggiare) .... sulla scrivania una sciarpa di seta color tramonto e gli (chiedere) .... :
- Sapete cos'è questa?
- Roba da donna.
- Sbagliato. Roba da uomini: denaro.

Cinque anni dopo Lavilledieu (avere) .... sette filande ed (diventare) .... uno dei principali centri di bachicoltura e filatura della seta. Non (essere) .... tutto proprietà di Balbadiou. Altri notabili e proprietari terrieri della zona l'(seguire) .... in quella curiosa avventura imprenditoriale.
A ciascuno, Balbadiou (svelare) .... , senza problemi, i segreti del mestiere. Questo lo (divertire) .... molto più che fare soldi a palate. Insegnare. E avere segreti da raccontare. (Essere) .... un uomo fatto così.

Alessandro Baricco, "Seta"

8 **Cloze** *Le parole sono pietre*

Questo brano è tratto dal libro "Le parole sono pietre" di Carlo Levi pubblicato negli anni '50.
Levi racconta in questo libro di un suo viaggio nella Sicilia del dopoguerra afflitta dalla miseria,
dalla mafia, dall'analfabetismo e dalle dure condizioni di minatori e contadini.
Di ritorno dalla Sicilia, Levi fa una sosta in Calabria perché interessato a verificare di persona gli
effetti della recente Riforma Agraria con la quale lo Stato intendeva espropriare le terre ai grandi
proprietari terrieri (latifondisti) del Sud e ridistribuirle ai braccianti e ai contadini.

Completa il testo con i verbi al trapassato prossimo.

(Noi-Proseguire) *Avevamo proseguito* .... per le terre abbandonate dei baroni e dei briganti, fermandoci alle case dei primi assegnatari, e la sera, e un diluvio di pioggia, (raggiungerci) .... a Santa Severina, alta sulla sua roccia. Di qui (noi-fuggire) .... per fermarci a dormire a Crotone, nell'aria tiepida dello Jonio; e il viaggio (ricominciare) .... l'indomani, portandoci a Isola di Capo Rizzuto, tra la folla contadina, agitata nell'alba davanti alla palazzina della direzione, in un'atmosfera di terre d'America colonizzate per la prima volta. Poi (noi-rivolgersi) .... al Nord, (noi-attraversare) .... la riserva di Rocca di Neto, e Strongoli, tra colline senza nome che si seguono come onde pietrificate di un mare pericoloso, fino alla solitaria Torre Melissa; ed (noi-salire) .... a Melissa, tra le viscide argille abbandonate nel silenzio.

A Melissa (noi-fermarsi) .... a lungo, (noi-discutere) .... coi contadini e coi funzionari, in quell'aria tesa.

Poi (noi-continuare) .... il viaggio sulla costa fino a Corigliano, ed (noi-tornare) .... a Cosenza traversando i paesi albanesi sotto il primo nevischio, nella notte.

Dappertutto (noi-trovare) ...., gli uni di fronte agli altri, contadini e funzionari: contadini diversamente atteggiati, in condizioni diverse, ma tutti seppure diversamente, diffidenti verso una situazione nuova che (loro-desiderare) .... per secoli, per cui (loro-combattere) ...., ma a cui, ora che essa pioveva dal cielo come una inaspettata elargizione paterna, non sapevano e non potevano credere.

Carlo Levi, "Le parole sono pietre"

9 Attività scritta *Notizie di cronaca*

Riscrivi le tre brevi notizie di cronaca riordinando le varie parti dei rispettivi testi.
Poi scegli il titolo adeguato ad ogni notizia tra quelli indicati sotto.

Trovata la galassia più lontana dalla terra

Preso lo scippatore con le scarpe rosse

Moschea chiusa ospiti del parroco

Banconote false per oltre 500 euro

Applausi dei tifosi Del Piero ringrazia

Notizia 1

Si tratta di E.P., un operaio
hanno identificato
di colore rosso.
I carabinieri di
Civitavecchia
di 18 anni civitavecchiese.
A tradirlo sono state
le sue scarpe
l'autore di alcuni scippi
avvenuti nei giorni scorsi
da ginnastica troppo
particolari
nel centro cittadino.
ovvero un paio di Nike

Hinterland.

Metro

Notizia 2

per i lavori
Il vescovo
ai musulmani
nel quale la moschea
cittadina resterà chiusa
ha offerto uno spazio
per il periodo
che si vogliono riunire
resterà chiusa
per pregare,

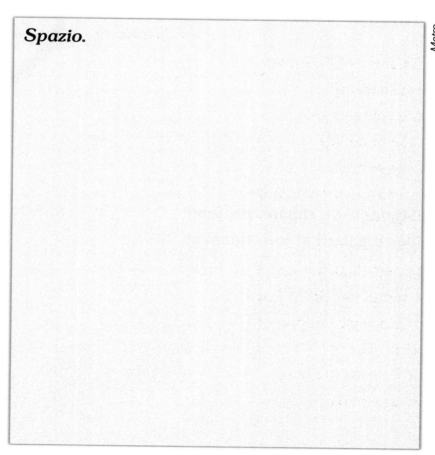

Cremona.

Metro

Notizia 3

I ricercatori si sono avvalsi
Dista 13 miliardi
di anni luce
Un gruppo
di due potenti telescopi,
dal nostro pianeta
ed è l'oggetto conosciuto
di astrofisici americani
tra cui lo Hubble
più lontano.
avrebbe individuato
una piccola galassia,
fotografandola

Spazio.

Metro

10 Attività scritta

Ricostruisci le tre brevi notizie di cronaca usando gli elementi dati.

Rapina una banca

Metro

Taglierino
pochi istanti
20.000 euro   bandito
Cassiere banca
nessuno dei presenti
a piedi

Pillola per non russare

Metro

Pillola
Ricercatori svedesi
riflessi positivi sulla salute pubblica
malattie cardiache
scomparsa delle apnee notturne
40 – 70 % dei pazienti

Studentesse rubano profumi per regalarli ai loro fidanzati

Corriere della Sera

Supermercato
Fidanzati   S. Valentino
Alcune confezioni di profumi
Carabinieri di Monteverde
Tre studentesse

11
track

Intervista a Stefano Lugli, capo redattore di "Metro"
Dopo aver ascoltato l'intervista a Stefano Lugli rispondi alle domande:

1. L'intervistatrice chiede a Stefano Lugli:

   ⊙ come si diventa giornalisti
   ⊙ se gli piace fare il giornalista
   ⊙ quando ha cominciato a fare il giornalista

2. Lugli dice che per diventare giornalisti bisogna avere molta voglia di farlo.

   ⊙ vero   ⊙ falso

3. In Italia la decisionalità degli editori è molto importante per aprire ai praticanti le possibilità di diventare giornalisti.

   ⊙ vero   ⊙ falso

4. Il praticantato deve durare almeno 2 anni.

   ⊙ vero   ⊙ falso

5. Dopo il praticantato non è necessario sostenere un esame per diventare giornalisti professionisti.

   ⊙ vero   ⊙ falso

6. In Italia, l'ordine dei giornalisti ha aperto delle scuole che preparano all'esame professionale.

   ⊙ vero   ⊙ falso

7. Lugli dice che quello del giornalista è ancora un mestiere.

   ⊙ affascinante
   ⊙ appassionante
   ⊙ appagante

8. Nella storia di ogni giornalista ci sono anni di tentativi, di lavori pagati poco o male, di promesse non mantenute prima di riuscire a trovare uno spazio in una redazione.

   ⊙ vero   ⊙ falso

9. Lugli pensa che tutto questo sia molto utile per arrivare più preparati ai rischi della professione.

   ⊙ vero   ⊙ falso

2 Attività orale

A. *Osserva le parole e le espressioni nello spazio sottostante; sono tutte tratte dall'intervista a Stefano Lugli. Usale come punti di riferimento per ricostruire il suo discorso su come si diventa giornalisti in Italia.*

18 mesi   Sostituzione   Molta voglia...
Disoccupati a tutti gli effetti...   Sistema molto discrezionale...
Esame professionale di stato   Gavetta utile
Il contratto   Editore   Anni di tentativi...
Ordine dei giornalisti   Redazione

B. *Stefano Lugli usa queste espressioni:*

• è un **sistema molto discrezionale**…
• per mettere **un po' di trasparenza** in questo settore…
• può **bussare alla porta giusta**
• **una gavetta** utile perché **mette al riparo** da quelle che sono **le insidie classiche di questo mestiere**

Spiega il significato delle espressioni evidenziate e prova a scrivere delle frasi che le contengano.

....

....

....

....

....

....

13   **Attività orale** *Mezzi di informazione*

Quali di queste cose in genere fai più spesso e per più tempo?

• leggere il giornale

• ascoltare la radio

• guardare la TV

• navigare in internet

Quale fra quelle elencate è per te la fonte di informazione preferita e perché?
Formate dei gruppi di 3 o 4 persone e discutete confrontando le diverse opinioni e motivazioni.

Quando vedeva una persona che gettava un giornale come fosse un involucro di pizza in un cestino, Piero aveva un moto di dispiacere. Le parole buttate, persino quelle dei volantini che gli distribuivano per strada, gli sembravano un oltraggio alla carta e alla parola scritta, ridotta ormai ad effimero volatile messaggio, accartocciato, cliccato e cancellato in un secondo. Eterei come angeli, gli scritti volavano da un capo all'altro del mondo, intangibili, vulnerabili, negando la secolare proverbialità del detto "verba volant, scripta manent".[1]

Spesso l'informazione precedeva la stampa, ed ogni notizia ne seppelliva un'altra appena nata senza far storia, solo scalpore. Può forse pensare di fare il giornalista un individuo che si perde dietro simili riflessioni alla sola vista di un giornale spaginato e calpestato dai passanti? No! Ma questo Piero non lo capiva.

Il redattore del giornale a cui Piero si era presentato – invece – che aveva lunga esperienza e aveva lavorato con decine e decine di giornalisti, se ne accorse subito e, dopo aver parlato un po' con lui del suo articolo e del fatto che non intendeva pubblicarlo, gli disse:

"Se vuole posso metterla in contatto con un editore. Non volevo scoraggiarla con la storia che i giornali servono solo ad incartare le uova e capisco che lei scrive bene, ma questo è un mestiere che richiede una certa aggressività, velocità, e lei mi sembra più adatto ad un tipo di scrittura rilassata.

---

[1] È un detto latino, molto usato in italiano. Significa: "le parole volano, ciò che è scritto resta".

Guardi, se proprio lei vuole scrivere, le do il numero di telefono di una mia amica, le telefoni e dica che la mando io e che lei sarebbe interessato a scrivere cronache di viaggi, saggi culturali… mi pare di aver capito che lei viaggia molto, no?"

"Se potessi viaggerei di più – rispose Piero – e a dire il vero io guardo la gente che viaggia, controllo se hanno fatto il biglietto. All'inizio mi piaceva molto, ma ora, se trovassi un lavoro più interessante scenderei volentieri da quel treno…"

"Perfetto, vede, Elena Cori era una delle nostre migliori giornaliste, ma un giorno come lei ha pensato: 'È stato bello, ma ora sono stanca di vedere le mie parole che finiscono ad incartare le uova. Forse se iniziassi a mettere insieme tutto quello che ho scritto negli anni potrei farne qualcosa di meno effimero'. Io sono certo che se lei incontrerà Elena ci saranno sviluppi interessanti per il suo futuro."

"D'altronde ci sono mille esempi di giornalisti che si sono messi a scrivere libri, come Buzzati, tanto per citarne uno famoso."

"Infatti… ed Elena ha iniziato a pensare: 'Se separassi gli articoli in ordine cronologico potrei farne dei piccoli volumi che raccontano la storia del nostro paese. E se li rielaborassi con un po' di fantasia ne verrebbe fuori almeno un romanzo, forse perché no, un film'… e pensa e ripensa alla fine se n'è andata, ha aperto una piccola casa editrice e adesso cerca collaboratori. Sono sicuro che se lei la incontrasse potrebbe venirne fuori qualcosa di interessante; al momento sta lavorando ad una collana di libri di viaggi, ma viaggi strani, non so esattamente, ma provi, dica che la mando io."

"Beh, la ringrazio, ma lei è sicuro che non sia il caso di pubblicare questo articolo?"

"Vede, se lei leggesse i giornali più spesso e più attentamente capirebbe perché… ma lo ha notato che anche noi, come altre testate d'altronde, abbiamo un'intera pagina fissa di pubblicità di una delle marche di cui lei parla. Ma è chiaro che lei non capisce, lei non conosce questo mestiere, se potessi fare a meno della pubblicità lo farei, ma c'è la concorrenza, nessuno se lo può permettere, nessuno, mi creda."

1   **A.** *Dopo aver letto il testo "Se potessi viaggerei di più" segna le risposte corrette.*

1. Piero aveva una grande considerazione della parola scritta.   ⊙ vero   ⊙ falso

2. Le riflessioni di Piero corrispondevano a quelle che farebbe
    qualunque giornalista.   ⊙ vero   ⊙ falso

3. Piero capiva perfettamente di non essere adatto a fare il giornalista.   ⊙ vero   ⊙ falso

    right fa

4. Piero aveva incontrato un redattore con una lunga esperienza
    che aveva capito subito che lui non era adatto a fare il giornalista.   ⊙ vero   ⊙ falso

5. Secondo il redattore a Piero mancava un po' di aggressività e velocità.   ⊙ vero   ⊙ falso

6. Il redattore dà a Piero il numero telefonico di un'amica
    che dirige un'importante quotidiano.   ⊙ vero   ⊙ falso

7. Piero dice che vorrebbe viaggiare di più.   ⊙ vero   ⊙ falso

8. Piero vorrebbe cambiare lavoro.   ⊙ vero   ⊙ falso

9. Elena Cori era una brava giornalista che ad un certo punto
    aveva deciso di cambiare lavoro.   ⊙ vero   ⊙ falso

10. Elena Cori cerca collaboratori per la sua casa editrice.   ⊙ vero   ⊙ falso

11. Elena Cori attualmente sta lavorando ad una collana
    di romanzi d'amore.   ⊙ vero   ⊙ falso

12. Il redattore non può pubblicare l'articolo perché contrasta
    con la pubblicità presente nel suo giornale.   ⊙ vero   ⊙ falso

B. *Rispondi alle domande:*

1. Perché a Piero dispiaceva veder buttare via un giornale?
2. Di che cosa si era subito accorto il redattore che Piero aveva incontrato?
3. Che cosa aveva consigliato a Piero il redattore e perché?
4. Chi è Elena Cori?
5. Perché Elena Cori aveva smesso di fare la giornalista e cosa fa attualmente?
6. Perché il redattore aveva deciso di non pubblicare l'articolo di Piero?

2 Cerca nel testo "Se potessi viaggerei di più" tutte le ipotesi introdotte dalla congiunzione "se" e scrivile negli spazi qui sotto separandole in parti diverse e cioè in **condizioni** e **conseguenze**, come nell'esempio.

CONDIZIONE	CONSEGUENZA
Se potessi...	viaggerei di più

Ora osserva le ipotesi che hai trascritto. Quali tempi e modi verbali vengono usati? I diversi verbi usati indicano, secondo te, una differenza di significato, un modo diverso di presentare l'ipotesi? Discuti in coppia le tue idee con quelle di un compagno/a e poi confrontale con la classe e con l'insegnante.

FACCIAMO GRAMMATICA

Il periodo ipotetico

Il periodo ipotetico è un'insieme di due o più frasi (periodo) introdotte da una congiunzione che esprime un'ipotesi come ad esempio "se".
La frase preceduta dalla congiunzione "**se**" esprime la condizione, la frase seguente esprime la conseguenza.
In termini più "grammaticali" la condizione si chiama **protasi**, la conseguenza **apodosi**.

Il periodo ipotetico si classifica in tre diversi tipi:

• 1° tipo - **periodo ipotetico della realtà**
   Se non prendi questa medicina, non guarisci!
   Se sarai buono, ti darò un premio.

• 2° tipo - **periodo ipotetico della possibilità**
   Se avessi più tempo, leggerei di più.

• 3° tipo - **periodo ipotetico della impossibilità o della irrealtà**
   Se avessi studiato di più, avresti superato l'esame.

Per il momento prendiamo in esame soltanto i primi due tipi, poiché il 3° tipo sarà trattato nel capitolo successivo.
Per formare un periodo ipotetico del 1° tipo si usano verbi all'**indicativo**:
presente e **futuro** sia nella condizione (protasi) che nella conseguenza (apodosi).
Questo appare logico se pensiamo che l'indicativo esprime in genere la certezza, la realtà.
Il periodo ipotetico del 2° tipo si forma invece con verbi al **congiuntivo imperfetto** nella condizione (protasi) e al **condizionale semplice** nella conseguenza (apodosi).

Congiuntivo imperfetto

Verbi ausiliari

	Essere	**Avere**
(io)	fossi	avessi
(tu)	fossi	avessi
(lui)	fosse	avesse
(noi)	fossimo	avessimo
(voi)	foste	aveste
(loro)	fossero	avessero

Vediamo ora come si forma il congiuntivo imperfetto dei verbi regolari delle tre coniugazioni:

	Parlare	**Prendere**	**Partire**
(io)	Parl-**assi**	prend-**essi**	part-**issi**
(tu)	Parl-**assi**	prend-**essi**	part-**issi**
(lui)	Parl-**asse**	prend-**esse**	part-**isse**
(noi)	Parl-**assimo**	prend-**essimo**	part-**issimo**
(voi)	Parl-**aste**	prend-**este**	part-**iste**
(loro)	Parl-**assero**	prend-**essero**	part-**issero**

Nota che, come nell'imperfetto indicativo, si mantiene la vocale tipica dell'infinito di ogni coniugazione.

3 Esercizio

Combina le frasi della colonna A con quelle della colonna B.

A

Se facesse meno caldo

Se ci fossero meno macchine

Se dovessi dare un consiglio a Donatella

Se la metropolitana passasse con più frequenza

Se ti esercitassi di più al pianoforte

Se i miei genitori avessero la possibilità

Se avessi meno impegni

Se tuo padre sapesse quello che hai fatto

Se ci fosse pace nel mondo

Se il mio orario di lavoro fosse più breve

Se tutti rispettassero le regole del codice stradale

B

avrei più tempo per le cose che mi interessano

si arrabbierebbe moltissimo

sapresti suonarlo meglio

sarei meno stressata

non accenderei l'aria condizionata

non sarebbe così affollata

l'aria sarebbe meno inquinata

si eviterebbero tante tragedie

le direi di cambiare mestiere

ci sarebbero meno incidenti

comprerebbero una casa in campagna

4 Esercizio

Trasforma le frasi come nel modello, modificando il grado di possibilità delle ipotesi presentate:

ES   *Se posso vengo subito.*   *Se potessi verrei subito*

1. Se vado spesso fuori dalla città, mi sento meglio.

     Se andassi spesso fuori dalla città, mi sentirei meglio

2. Se verrai a trovarmi, mi farà piacere.

3. Se arrivano alle 7.00, è già troppo tardi per uscire.

4. Se studi le lingue, hai più possibilità di lavoro.

5. Se accetterai questo regalo, ne sarò veramente felice!

6. Se vi impegnerete di più, otterrete risultati migliori!

7. Se mio marito non mi aiuta in casa, non riesco
   a stare dietro a tutti gli impegni!

8. Se Carla e Luca vengono con noi a Firenze,
   sono proprio contenta!   _____

   _____

9. Se continuerà questa situazione di crisi,
   il governo cadrà.   _____

   _____

10. Se so a che ora arriva, lo vado a prendere
    all'aeroporto.   _____

    _____

11. Se rifletti bene, capirai in che cosa hai sbagliato.   _____

    _____

12. Se esci più spesso, sarai meno annoiata!   _____

    _____

13. Se dormite un po', vi sentirete meglio.   _____

   dormite   _____

5 Esercizio

a + el = al

Completa le ipotesi in modo logico, inserendo nelle frasi il verbo al tempo e modo opportuni.

Se (cambiare) .... *cambierai* .... idea su questa questione, sarà meglio per tutti!

Se (potere) .... *potessi* .... fare tutto ciò che voglio, sarei la donna più felice del mondo!

1. Se (aprire) .... *apri* .... l'atlante geografico puoi vedere dove si trova il Madagascar.

2. Se la luce della segreteria telefonica (lampeggiare) .... *lampeggia* .... vuol dire
   che hai ricevuto un messaggio.

3. Se (partire) .... *parti* .... per un lungo viaggio devi staccare l'elettricità.

4. Se voi (comprare) .... *comprate* .... i pomodori, io preparerò un sugo veloce.

5. Se (arrivare) .... *arriveranno* .... di notte, non troveranno la metro e dovranno prendere un taxi.

6. Se stanotte (piovere) .... *piove* .... domani non dovrò innaffiare il prato del giardino.

7. Se (esserci) .... *ci ~~sarebbe~~ fosse* .... un bel film, resterei volentieri a casa a guardare la TV stasera.

8. Se (esercitarsi) .... *ti esercitassi* .... ogni giorno due ore riusciresti a suonare bene
   quel pezzo di Vivaldi.

9. Se (uscire) .... *uscissi* .... di casa alle 7.00 riusciresti ad arrivare alla stazione in orario.

10. Se loro mi (aspettare) .... *aspettassero* .... io li accompagnerei a casa.

11. Se voi (leggere) .... *leggeste* .... un capitolo al giorno finireste il libro in breve tempo.

12. Se io (abitare) .... *abitassi* .... al secondo piano, farei le scale a piedi
    e non prenderei l'ascensore.

6 Esercizio

Costruisci delle ipotesi come nell'esempio.

 Se / il computer funzionare / io potere /
mandarti / un'e-mail

Se il computer funzionasse,
potrei mandarti un'e-mail.

1. Se / questo libro / essere meno noioso /
   io continuare a leggerlo

   Se questo libro fosse meno noioso,
   io continuerei a leggerlo.

2. Se / io potere / andare dal parrucchiere /
   questo pomeriggio

   Se io potessi, andrei dal parrucchiere
   questo pomeriggio

3. Se / tu comprarti / un motorino / potere /
   arrivare in ufficio in quindici minuti

   Se tu ti comprassi un motorino,
   potrei arrivare in ufficio in 15 minuti.

4. Se / noi / incontrarci / un'ora prima / potere /
   andare / insieme a bere un aperitivo

   Se noi ci incontrassimo un'ora prima
   potremmo andare insieme a bere un aper

5. Se / Sabrina / sapere / che il suo amico /
   parlare male di lei / essere / molto dispiaciuta

   Se Sabrina sapesse che il suo amico
   parla male di lei, sarei molto dispiaciuta

6. Se / voi / sapere / tutta la verità su di lui /
   comprendere meglio / le sue ragioni

   Se voi sapeste tutta la verità su di
   comprendereste meglio le sue ragioni

7. Se / i suoi colleghi / non essere / invidiosi /
   non comportarsi così

   Se i suoi colleghi non fossero invidiosi
   non si comporterebbero così

7 *Intervista a Fabrizio Paladini, direttore di "Metro"*
track
Ascolta più volte il testo e segna le risposte corrette.

1. Fabrizio Paladini è direttore di
   - ⊙ un giornale quotidiano
   - ⊙ una rivista settimanale
   - ⊙ una rivista mensile

2. Fabrizio Paladini ha sempre desiderato fare il giornalista.   ⊙ vero   ⊙ falso

3. Fabrizio Paladini amava molto frequentare l'università.   ⊙ vero   ⊙ falso

4. Da giovane, aveva trovato un imbarco su una barca a vela
   che avrebbe dovuto raggiungere i Caraibi.   ⊙ vero   ⊙ falso

5. A quell'età sognava di fare l'avventuriero.   ⊙ vero   ⊙ falso

6. La barca non riuscì a partire per due ragioni. Quali fra queste?
   - ⊙ un problema tecnico
   - ⊙ la mancanza di un equipaggio adeguato all'impresa
   - ⊙ un litigio fra i proprietari
   - ⊙ una tempesta nel Mediterraneo

7. Dopo il mancato imbarco Paladini riprese
   gli studi universitari.   ⊙ vero   ⊙ falso

8. Se oggi Paladini dovesse consigliare a qualcuno
   di fare il giornalista, lo consiglierebbe con entusiasmo.   ⊙ vero   ⊙ falso

9. Se potesse dare più spazio a qualcosa nel giornale che dirige, Paladini lo darebbe
   - ⊙ alla cronaca
   - ⊙ ai commenti politici
   - ⊙ alla rubrica delle lettere
   - ⊙ allo sport

10. Paladini considera la rubrica delle lettere uno spazio molto
    importante perché permette ai lettori di interagire ed esprimersi.   ⊙ vero   ⊙ falso

11. Ad un giovane aspirante giornalista, oggi Paladini consiglierebbe
    di fare questo mestiere all'estero.   ⊙ vero   ⊙ falso

metro

8 **track**   *Ascolta più volte il testo e prova a completare.*

Intervistatrice:

Bene! E.... potendo, se .... di cui lei è direttore?

Paladini:

Se .... , ... – se non il triplo –

.... Purtroppo questa cosa ....

..............................., quindi ....

Ma se ....

.... alla gente che secondo me ....

.... ovvero ....

Perché .... che è ....

in cui i nostri lettori .... , ... ,

.... , ci attaccano, ... ,

....

.... , ma insomma è il segnale .... ,

del nostro successo.

Osserva

Nell'intervista che hai appena ascoltato, Fabrizio Paladini dice:

" **Se potessi darei** .... Vorrei avere il doppio – se non il triplo – dello spazio.

Purtroppo questa cosa costerebbe tanti soldi in più, **quindi non** ce lo potremmo permettere."

Come puoi osservare Paladini:

• esprime un desiderio (**se potessi darei...**)

• esprime una condizione ostacolante, cioè qualcosa che impedisce
  la realizzazione del desiderio (**purtroppo...**)

• enuncia una conseguenza (**quindi...**)

9 Attività

Sul modello osservato nel riquadro precedente costruisci ipotesi che non sono realizzabili esprimendo le ragioni e le conseguenze.

se potessi…	purtroppo…	e quindi…
viaggiare di più	volerci molti soldi	non potere farlo
suonare la batteria	i vicini lamentarsi	rinunciarci
lavorare meno ore al giorno	il direttore non accettare	essere inutile chiederlo
vivere in campagna	i miei figli non essere contenti	rassegnarmi a restare in città
fare a meno del cellulare	avere difficoltà con il mio lavoro	non potere eliminarlo
dirgli tutta la verità	il mio amico restarci molto male	non farlo mai
comprare quel meraviglioso casale in Umbria	dovere chiedere un mutuo enorme	non me lo potere permettere

10 Cloze

Questo è uno stralcio dell'intervista che hai ascoltato. Completa il testo inserendo questi connettivi testuali (parole che collegano parti di discorso):

e appunto • se • purtroppo • perché • e quindi • se • che • e quindi • che • perché • se non • che • ovvero • che • ma insomma • ma se

Mah, ... potessi, darei … vorrei avere il doppio – ....

il triplo – dello spazio. .... questa cosa costerebbe tanti soldi in più,

.... non ce lo potremmo permettere.

.... potessi io darei più spazio ancora – darei ancora più spazio alla parte

.... secondo me oggi ha più spazio di tutti su Metro,

.... la rubrica delle lettere. .... la rubrica

delle lettere .... è la parte più viva in cui i nostri lettori interagiscono,

ci chiedono, ci sgridano, ci attaccano, ci difendono, ci applaudono ....

è il segnale della nostra popolarità è il segnale del nostro successo.

.... io credo .... se è vero – come penso –

.... questo giornale appartenga soprattutto ai lettori ....

è un giornale .... si regge sul consenso del lettore.

.... mi piacerebbe potergli dare ancora più spazio nelle nostre rubriche.

11 Attività orale *Se potessi…*

A. *Costruisci le ipotesi indicate nello schema sotto.*

CAMBIARE IL MONDO   ABOLIRE LA PENA DI MORTE

RESTARE SEMPRE GIOVANE   FARE IL GIRO DEL MONDO

FARE UN VIAGGIO   TORNARE INDIETRO
NELLO SPAZIO   NEL TEMPO

SE POTESSI…

CAMBIARE QUALCOSA   ANDARE A VIVERE
NEL SISTEMA   IN UN'ISOLA DESERTA
POLITICO-SOCIALE
DEL MIO PAESE

....

B. *Scegli fra queste ipotesi o altre che esprimerai a piacere quelle che ti piacerebbe realizzare e che corrispondono ai tuoi sogni e desideri.*

C. *Lavora in coppia con un compagno/a e discutete le ipotesi che avete scelto o espresso. Poi confrontate le vostre idee con tutta la classe e l'insegnante.*

12 Attività orale *La fantasia al potere*

Che cosa succederebbe se si realizzasse il desiderio dei bambini e vietassero il voto ai maggiori di 18 anni? Come sarebbe la società se fosse governata da bambini e ragazzi?

Lavora in coppia con un compagno/a provando ad immaginare scenari e possibili conseguenze di questa ipotesi fantastica…

LA STAMPA

Con gli sviluppi della telematica e di una tv interattiva, presto ciascuno di noi potrebbe comporsi e persino stamparsi in casa, col telecomando, il proprio quotidiano essenziale, scegliendo da una miriade di fonti. Potrebbero morire i quotidiani – anche se non gli editori di giornali, che venderebbero informazione con costi ridotti. Ma il giornale fatto in casa potrebbe dire solo quello a cui l'utente è già interessato, e lo estranierebbe da un flusso di informazioni, giudizi, allarmi che avrebbero potuto sollecitarlo; gli sottrarrebbe la possibilità di cogliere, sfogliando il resto del giornale, la notizia inattesa o non desiderata. Avremmo una élite di utenti informatissimi, che sanno dove e quando cercare le notizie, e una massa di subproletari dell'informazione, paghi di sapere che nel circondario è nato un vitello con due teste, ignorando il resto del mondo. Che è quello che già accade coi giornali americani che non siano pubblicati a New York, San Francisco, Los Angeles, Washington e Boston.

Anche in questo caso sarebbe una iattura per i politici, costretti a ripiegare sulla sola televisione: si avrebbe un regime di repubblica plebiscitaria, dove gli elettori reagirebbero solo all'emozione del momento, trasmissione per trasmissione, ora per ora. A qualcuno potrà sembrare una situazione ideale: ma in tal caso non il singolo uomo politico, ma gli stessi gruppi, i movimenti, avrebbero la vita breve di una indossatrice.

Umberto Eco, "Cinque scritti morali"

13 Secondo Umberto Eco, cosa accadrebbe se, con gli sviluppi della telematica, ognuno potesse stamparsi in casa il proprio quotidiano?

14 Cerca nel testo di Umberto Eco le parole o espressioni di significato equivalente:

giornale quotidiano che riporta poche e sintetiche notizie ....

moltissime fonti ....

la/e persona/e che usa/no ....

avrebbero potuto stimolarlo, interessarlo ....

un grande numero di persone male informate ....

soddisfatti di sapere ....

nelle zone vicine ....

15 Attività *Cosa potrebbe accadere se…?*

• **Se ognuno potesse decidere il proprio orario di lavoro…**

• Se il solito tram che prendiamo ogni mattina ci portasse in una direzione diversa…

• **Se la città di Milano si spostasse in Sicilia…**

• **Se chiudessero per sempre le scuole…**

• Se si scoprisse un nuovo mondo in cui vivere nello spazio…

• **Se tutti gli orologi smettessero di funzionare…**

i consigli di Enzo Biagi

Alfredo Barberis, "Voci che contano"

Parlando di questo lavoro tu lo smitizzi sempre. Che cosa diresti a un giovane che ti chiedesse la "ricetta" per diventare giornalista?

Gli direi: caro ragazzo, caro amico, intanto ti invidio perché sei giovane, perché hai ancora tanti errori da fare, se vuoi buttarti in questo mestiere fallo, ma se proprio lo ritieni una cosa necessaria, non conta tanto quello che tu sei capace di fare: conta il carattere con il quale tu saprai affrontare le cose. Una volta un signore che dirigeva una grande azienda mi disse: un uomo senza carattere è come un martello senza manico, difficile da adoperare…

Se ti aspetti da questo mestiere la ricchezza, io di giornalisti ricchi non ne conosco: ci sono dei giornalisti che stanno piú o meno bene, ma sarebbero stati meglio se avessero fatto l'import-export, o altri tipi di professione per le quali non c'è neanche l'IVA. Potrai avere delle soddisfazioni ma le pagherai, ogni giorno, perché tutto ha un prezzo, anche in questo mestiere. Ed essendo un mestiere da vanitosi, in questo mestiere le invidie si sentono di piú, i fallimenti si sentono di piú, le sconfitte si sentono ancora di piú. E ancora devo dirti che è molto bello e molto drammatico trovarsi davanti a un foglio bianco da riempire: in quel momento sei con te stesso e con quella storia che hai dentro. Ricorda però che per un Indro Montanelli ci sono migliaia di giornalisti che nessuno conosce, non è che non siano bravi, ma la loro vita si consuma e si spegne nelle tipografie, dietro un tavolo a mettere delle virgole e a raddrizzare delle sintassi. In ogni caso ti auguro fin da adesso buona fortuna…

Questi sono stralci tratti da un'intervista a Enzo Biagi, figura autorevole del giornalismo italiano, che dà consigli a chi volesse diventare giornalista.

Cosa diresti ad una persona che ti chiedesse la ricetta per…

• Diventare ricco

• Diventare famoso

• Diventare un top-manager

• Fare il lavoro che fai tu

• Diventare un buon marito / una buona moglie

16 Esercizio

Costruisci delle ipotesi che siano collegate in modo logico a queste situazioni:

ES   *È un ragazzo molto testardo.*   *Se fosse meno testardo,*
          È impossibile dargli dei consigli.   *sarebbe possibile dargli dei consigli.*

1. È un vino troppo caro,

    non possiamo comprarlo spesso.   _____

2. È una musica così assordante!

    Non riesco ad ascoltarla.   _____

3. È un ragazzo veramente noioso.

    Non è un piacere starlo a sentire!   _____

4. Le istruzioni per l'uso della stampante

    sono scritte in modo poco chiaro.   _____

    Non ci capisco niente!

5. Questo insegnante non è competente.

    Nessuno lo apprezza.   _____

6. Mio figlio studia poco.

    I suoi insegnanti non sono soddisfatti   _____

    dei suoi risultati.

7. Mio padre non è molto comprensivo.

    Non ho un rapporto molto facile con lui.   _____

8. Questo testo è troppo difficile.

    Non riesco a capirlo.   _____

9. Sono stanca, mi bruciano gli occhi!

    Non posso continuare a lavorare al computer.   _____

10. Siete troppo esigenti con voi stessi!

    Non riuscirete mai a finire questo lavoro.   _____

17   Attività

Ecco una previsione del sociologo Francesco Alberoni sulle future condizioni ambientali della Terra. Leggila e rispondi successivamente alle domande.

IL LESSICO DI ALBERONI
rifiuti

Se la popolazione e lo sviluppo economico dovessero continuare ad aumentare, entro un secolo la terra sarebbe un'immensa discarica in cui, al posto dei gabbiani, si aggirerebbero gli ultimi sopravvissuti. Non sarà così perché entrambi gli indici diminuiranno e troveremo il modo di fare raccolte differenziate, di riciclare cellulosa, metalli, silicio eccetera e, infine, di ricavare energia dalla combustione. Per ora però queste cose non si fanno o si fanno solo in pochi paesi, in pochi centri urbani. In parte per un problema di costo, in parte di delinquenza, in parte per ignoranza. Ma, spesso, anche per stupidità.

Io Donna

Che cosa succederebbe, secondo Alberoni, se la popolazione e lo sviluppo economico continuassero ad aumentare?

Come si potrà evitare, secondo Alberoni, che questa previsione catastrofica si realizzi?

Che cosa succede in realtà attualmente, secondo Alberoni?

18   Attività orale *Cosa potrebbe accadere se...?*

Lavorate in piccoli gruppi. Provate a dire, secondo voi, che cosa succederebbe se la popolazione e lo sviluppo economico del mondo continuassero ad aumentare. Siete o no d'accordo con le idee di Francesco Alberoni? Provate a immaginare le conseguenze di uno sviluppo incontrollato tenendo conto di alcuni riferimenti:

• la fame nel mondo

• la mortalità infantile

• le ingiustizie sociali

• il rapporto fra Paesi sviluppati e Paesi meno sviluppati

• l'istruzione/l'analfabetismo

• l'ambiente

• ecc...

19 *Dopo aver letto il messaggio pubblicitario, rispondi alle domande.*

GRANDE CONCORSO DONNA MODERNA - MIELE

Se il frigo potesse parlare

...chissà che cosa racconterebbe.
Forse l'eccitazione di quella notte che hai aperto il suo
sportello cercando qualcosa di buono
per festeggiare. O il vizio, che proprio
non riesci a toglierti, di saccheggiarlo per
vincere un attacco di fame. Il frigo, per noi donne,
è uno degli elettrodomestici più amati.
Non solo: è "uno di casa", che conosce i nostri gusti,
le nostre manie, i nostri piccoli segreti.
Vuoi scrivere un racconto sul legame
che vi unisce? Prendi carta e penna o mettiti
al computer e diventa scrittrice. Poi mandaci quello
che hai realizzato e partecipa al nostro concorso.
Puoi vincere 10 bellissimi frigoriferi Miele
carichi di surgelati. Il primo premio è il modello
supertecnologico che vedi qui a destra.
Un vero oggetto del desiderio!

PUOI VINCERE QUESTO FRIGORIFERO DA SOGNO
Che cosa chiedi a un frigo? Che abbia un bel design. Che sia capace di
contenere il maggior numero di cose possibili nel minor spazio possibile. Ma,
soprattutto, che abbia un cuore... freddissimo. Il modello KFNS 8508 SDE
ED in acciaio di Miele ha il congelatore, il frigorifero climatizzato per i vini,
il comparto per i cibi freschi e prepara in fretta tanti cubetti di ghiaccio.

1. L'oggetto pubblicizzato è un concorso letterario.   ⊙ vero   ⊙ falso

2. Indirettamente il messaggio pubblicizza anche
   una ditta produttrice di frigoriferi.   ⊙ vero   ⊙ falso

3. Il messaggio pubblicitario si rivolge a   ⊙ tutti
                                               ⊙ solo uomini
                                               ⊙ solo donne

4. Il concorso letterario è proposto dalla rivista femminile
   "Donna Moderna" e da una istituzione pubblica.   ⊙ vero   ⊙ falso

3. Chi partecipa al concorso deve scrivere ⊙ un racconto
                                            ⊙ un romanzo
                                            ⊙ una poesia

6. Il tema del racconto deve essere il frigorifero.   ⊙ vero   ⊙ falso

7. Il frigorifero è presentato nel messaggio pubblicitario
   come un oggetto distante da chi lo possiede.   ⊙ vero   ⊙ falso

8. Il primo premio del concorso letterario sarà un frigorifero
   dal modello piuttosto semplice.   ⊙ vero   ⊙ falso

3. Indica quali fra queste sono qualità del frigo messo in palio:

   ⊙ consuma poca energia   ⊙ è disponibile in un'ampia gamma di colori
   ⊙ ha un bel design   ⊙ ha spazi con temperature differenziate
   ⊙ è molto capiente   per i diversi elementi

20 Attività scritta

 *Così come proposto nel testo pubblicitario che hai appena letto, immagina di essere tu a partecipare al concorso letterario presentato.*

Scrivi un breve racconto partendo dall'ipotesi "Se il mio frigo potesse parlare…". Pensa a quante cose questo oggetto inanimato sa di te e costruisci una narrazione attraverso la sua "voce"…

Se, invece, non vuoi parlare di te in questo racconto, prova ad immaginare:

- Se il frigo di una famiglia numerosa con tanti bambini potesse parlare…
- Se il frigo di un/a single potesse parlare…
- Se il frigo di una casa abitata da tre ragazzi universitari potesse parlare…

Se poi il frigorifero non è un oggetto che ti ispira a scrivere, scegli tra queste altre possibilità:

- Se l'ascensore del mio palazzo potesse parlare…
- Se le strade del mio quartiere potessero parlare…
- Se le pareti del mio ufficio potessero parlare…
- Se i monumenti della mia città potessero parlare…

Se Piero non avesse incontrato su un treno una persona speciale, avrebbe continuato forse a fare il controllore.
Se tornando al lavoro il giorno dopo non ci fosse stato uno sciopero dei treni, forse avrebbe ricominciato il suo tran tran e non avrebbe avuto il tempo di dedicarsi a scrivere un articolo da consegnare al giornale.
Ma soprattutto se al giornale non avesse incontrato un redattore capo così lungimirante e comprensivo, non avrebbe mai conosciuto Elena Cori, proprietaria della piccola casa editrice Emisfero.

Era stata lei a convincerlo a trasferirsi a Roma per curare una nuova collana dal titolo: "Un giorno in Italia: piccoli e grandi viaggi d'autore".

Non era stato facile pensare di lasciare la sua città definitivamente, fidarsi di un lavoro non troppo sicuro, in fondo la casa editrice aveva aperto da poco.

Ma Elena Cori, ex giornalista, aveva visto in lui un collaboratore ideale. Aveva incontrato molte persone che si erano presentate dopo che lei aveva messo un annuncio per la posizione richiesta, si erano presentati decine e decine di aspiranti della tipologia più svariata: scrittori o sedicenti tali, insegnanti, capireparto di libreria, commessi, impiegati postali.
Nessuno, però, le aveva fatto quella buona impressione a prima vista che le aveva fatto Piero Ferrari.
Era certa che se pure avesse continuato a cercare, a intervistare persone su persone non avrebbe trovato il tipo ideale per il suo progetto.

Lui invece aveva la sensibilità giusta per poter leggere, giudicare, scrivere, e integrare
con tutto quello (ed erano già montagne di parole) che arrivava in casa editrice.
Tuttavia se Elena Cori gli avesse proposto solo un lavoro editoriale, forse Piero
non avrebbe accettato con tanto entusiasmo, ci avrebbe pensato su più a lungo,
visto lo stipendio iniziale e le spese che doveva sostenere trasferendosi a Roma.

Ciò che più l'aveva attratto infatti era la parte creativa. L'editrice gli aveva detto:
"Credo che lei debba inaugurare la collana con un testo modello per far capire
ad eventuali autori il genere a cui devono ispirarsi, la nostra linea editoriale.
Sarebbe opportuno che prima decidesse i temi del volume e poi potrebbe iniziare
a viaggiare, a muoversi, a raccogliere immagini ed emozioni".
Sembrava così bello, se qualcuno gli avesse detto tempo fa che avrebbe trovato
una tale occasione di combinare viaggi, scrittura e lavoro non ci avrebbe creduto
e invece sì, si era avverato.
Sembrava anche facile non dover far altro che scrivere e viaggiare ed aveva lavorato
con passione, di getto, ma poi ad un certo punto gli era venuto un blocco, una crisi,
proprio verso la fine.

Se fosse stato meno
esigente con se stesso,
forse avrebbe già
concluso questo suo
primo volumetto
ed ora non si
troverebbe per strada
tormentato dal caldo
e dal pensiero degli
ultimi due capitoli
in sospeso.

Sono le cinque
del 14 agosto, la vigilia
di Ferragosto.

Un barista si affretta a passare lo straccio prima di abbassare
la saracinesca con il cartello: "Chiuso per ferie dal 15 al 30 agosto".
Piero lo guarda con una certa invidia, sa bene che fra una settimana, quando la città sarà
ancora nel torpore del dopo Ferragosto, lui dovrà mandare in stampa il volume, il barista
invece ha finito, chiude la saracinesca e s'incammina beato verso le sue ferie, chissà dove.

1   **A.** *Dopo aver letto più volte il testo "Se... se... se...", segna le risposte corrette.*

1. L'incontro con una persona speciale aveva spinto Piero
   a smettere di fare il controllore.   ⊙ vero   ⊙ falso

2. Elena Cori aveva convinto Piero a trasferirsi a Roma
   per curare una collana di libri di viaggio.   ⊙ vero   ⊙ falso

3. Piero aveva deciso di lasciare la sua città e cambiare lavoro
   senza alcun problema.   ⊙ vero   ⊙ falso

4. Elena Cori non aveva avuto nessun altro colloquio di lavoro
   oltre a quello con Piero Ferrari.   ⊙ vero   ⊙ falso

5. Elena Cori credeva molto in Piero e nella sua collaborazione
   professionale.   ⊙ vero   ⊙ falso

6. Piero aveva accettato quel lavoro soprattutto per lo stipendio.   ⊙ vero   ⊙ falso

7. Piero non doveva scrivere alcun libro per la collana.   ⊙ vero   ⊙ falso

8. Con quel lavoro Piero realizzava finalmente un suo sogno.   ⊙ vero   ⊙ falso

9. Piero aveva concluso la scrittura del primo libro
   senza alcun problema.   ⊙ vero   ⊙ falso

10. Il 14 agosto Piero passa davanti ad un bar che sta
    per chiudere per ferie.   ⊙ vero   ⊙ falso

11. Piero ha solo 3 giorni di tempo per finire di scrivere il suo libro. ⊙ vero   ⊙ falso

12. Piero prova una certa invidia per un barista che sta
    per andare in vacanza.   ⊙ vero   ⊙ falso

B. *Rispondi alle domande:*

1. Cosa sarebbe accaduto se Piero non avesse incontrato una persona speciale?

2. In quale occasione Piero aveva scritto il suo articolo?

3. Chi aveva messo in contatto Piero con Elena Cori?

4. Che tipo di collaborazione doveva realizzare Piero per la casa editrice Emisfero?

5. Perché Elena Cori aveva scelto proprio Piero Ferrari?

6. Che cosa piaceva particolarmente a Piero del suo nuovo lavoro?

2   *Cerca nel testo tutti i periodi ipotetici che fanno riferimento a questi elementi e
trascrivili:*

Persona speciale   Se _____

_____

Sciopero dei treni   Se _____

_____

Redattore capo   Se _____

_____

*Il tipo ideale per il suo
progetto*   Se _____

_____

Solo un lavoro editoriale   Se _____

_____

**Occasione per combinare
viaggi, scrittura e lavoro**   Se _____

_____

Meno esigente con se stesso   Se _____

_____

*Le ipotesi che hai trascritto fanno riferimento al presente, al passato o al futuro?
Ti sembrano ipotesi reali, possibili o impossibili?
Quali sono i tempi e i modi verbali utilizzati in questi periodi ipotetici?
Prova a ricavare una regola, discutila con gli altri studenti e con l'insegnante.*

FACCIAMO GRAMMATICA

Periodo ipotetico del 3° tipo o dell'irrealtà

Questo tipo di periodo ipotetico esprime una ipotesi impossibile che non si può realizzare perché situata nel passato:

*10 anni fa, se **fossi stato** più ricco, **avrei comprato** una casa molto più grande.*
*Se ieri non **fosse piovuto, saremmo andati** a fare un pic-nic in campagna.*

Il periodo ipotetico del 3° tipo si costruisce con il trapassato congiuntivo nella condizione (protasi) e il condizionale composto nella conseguenza (apodosi).

Il ***trapassato congiuntivo*** si forma con l'ausiliare *essere* o *avere* al congiuntivo imperfetto + il participio passato del verbo da coniugare.

	Congiuntivo imperfetto	**Congiuntivo trapassato**
Andare	(io) andassi	(io) fossi andato
Credere	(io) credessi	(io) avessi creduto
Dormire	(io) dormissi	(io) avessi dormito

Verbi ausiliari

	Congiuntivo imperfetto	**Congiuntivo trapassato**
	Essere	**Avere**
(io)	fossi stato/a	avessi avuto
(tu)	fossi stato/a	avessi avuto
(lui/lei)	fosse stato/a	avesse avuto
(noi)	fossimo stati/e	avessimo avuto
(voi)	foste stati/e	aveste avuto
(loro)	fossero stati/e	avessero avuto

Nella lingua parlata spesso può accadere che l'ipotesi dell'irrealtà sia espressa con l'imperfetto indicativo sia nella protasi che nell'apodosi.

*Se me lo **dicevi** ci **venivo** anch'io al cinema ieri sera.*
*(Se me l'**avessi detto**, ci **sarei venuto** anch'io al cinema ieri sera.)*

*Se **potevo, venivo** anch'io al cinema ieri sera.*
*(Se **avessi potuto, sarei venuto** anch'io al cinema ieri sera.)*

Naturalmente, la prima forma si considera accettabile in una comunicazione di tipo familiare e colloquiale. Quando ci si esprime in uno stile più formale e controllato, è sicuramente preferibile la seconda forma.

Per riassumere diciamo che esistono 3 tipi di periodo ipotetico:

1° tipo (realtà)
L'ipotesi è presentata come concreta, reale.

2° tipo (possibilità)
L'ipotesi è presentata come potenzialmente possibile, realizzabile.

3° tipo (impossibilità)
L'ipotesi è presentata come non realizzabile, impossibile.

Osserva questa ipotesi tratta dal testo che hai già letto:

*"(Piero) Se **fosse stato** meno esigente con se stesso, forse **avrebbe** già **concluso** questo suo primo volumetto e ora non **si troverebbe** per strada tormentato dal caldo."*

L'ipotesi introdotta da "se" è di tipo irreale (l'azione espressa si riferisce al passato), le due conseguenze espresse appaiono di tipo diverso e sono rese con due diverse forme verbali: condizionale composto nella prima (3° tipo), condizionale semplice nella seconda (2° tipo).
Infatti le due conseguenze si situano in momenti diversi del tempo:

*"forse **avrebbe** già **concluso**"* (si riferisce al passato)

*"e **ora non si troverebbe**"* (si riferisce al presente).

Si tratta di un periodo ipotetico di tipo misto come in questi altri due esempi:

*Se ieri sera non **avessi bevuto** così tanto, ora non **avrei** questo terribile mal di testa.*

*Se **fosse stata** meno spendacciona, ora Luisa non **avrebbe** tutti questi problemi economici.*

3 Esercizio

Costruisci ipotesi consequenziali alle situazioni date come nell'esempio.

Elvira è andata a fare un'escursione in montagna e si è slogata una caviglia.
Se non fosse andata in montagna non si sarebbe slogata la caviglia.
Se avesse camminato con più attenzione non si sarebbe slogata la caviglia.
Se avesse indossato delle scarpe migliori non si sarebbe slogata una caviglia.
ecc.

1. Luigi non ha preso le medicine consigliate dal medico e non è guarito.
2. Quel vestito costava troppo e non l'ho comprato.
3. Ieri c'era uno sciopero degli autobus e non sono riuscita ad andare al lavoro.
4. Eravamo troppo stanchi e non siamo più partiti per il fine settimana.

5. Siamo usciti in ritardo e non siamo arrivati in tempo all'appuntamento con il nostro amico.

6. L'agenzia di viaggi era già chiusa e non hanno potuto comprare il biglietto.

7. Sono arrivati in ritardo e hanno perso il treno.

8. Hai mangiato troppo e hai avuto una brutta indigestione.

9. Ieri sera ho passato troppo tempo al computer e avevo mal di testa.

10. Ieri sera c'era un bel documentario in tv. Siamo rientrati troppo tardi
    e non l'abbiamo potuto vedere.

4 Esercizio

Trasforma le frasi modificando le ipotesi possibili in ipotesi impossibili.

ES *Se mi ascoltassi, mi capiresti meglio.*   *Se mi avessi ascoltato, mi avresti capito meglio.*

1. Se ti tagliassi i capelli,
    saresti più carina.
    _____
    _____

2. Se venissi più spesso a trovarci,
    ci farebbe piacere.
    _____
    _____

3. Se cadesse questo governo, la situazione
    del paese potrebbe migliorare.
    _____
    _____

4. Se mi parlassi più gentilmente,
    sarebbe meglio.
    _____
    _____

5. Se incontrassi un uomo veramente colto
    e intelligente, potrei anche sposarlo.
    _____
    _____

6. Se avessero più tempo, potrebbero dedicarsi
    di più a tutti i loro interessi.
    _____
    _____

7. Se discuteste con più calma,
    riuscireste a capirvi meglio.
    _____
    _____

8. Se avessi la possibilità,
    cambierei totalmente vita.
    _____
    _____

Se avessi scelto una vita diversa...

Un grande avvenire dietro le spalle: occasioni perse, scelte sbagliate, errori, mosse azzardate. O, semplicemente, un dubbio: se avessimo preso un'altra strada, la nostra vita sarebbe stata migliore? Ripensandoci, forse ci è mancato il coraggio, o la determinazione. O... cos'altro?

È un meccanismo perverso e inarrestabile. Pericoloso, a volte: il gioco dei rimpianti è una strada senza uscita, un vortice di cui non si vede la fine; che, in un momento di depressione, può anche trascinarci a fondo e farci annegare in un mare di domande senza risposta. Chi può dire come sarebbe la nostra vita se...

Se Marina non avesse scelto, vent'anni fa, di lasciare l'università per fare «la mamma», oggi, dice, sarebbe una donna forte, realizzata, più felice. Avrebbe in mano la propria vita. Non si sentirebbe annientata dalla dipendenza da suo marito e dall'angoscia dei figli che crescono, e che, tra poco, se ne andranno di casa. Una storia comune, la sua, persino banale.

Ma non lo è anche quella di Flavia? 42 anni, un ottimo lavoro, due cani e un bell'appartamento. Un fidanzato attento e premuroso. «Eppure», si lamenta, «mi sorprendo spesso a pensare che la mia vita sarebbe più piena e felice se, tanti anni fa, non avessi lasciato in malo modo un uomo che, semplicemente, voleva una famiglia e dei figli. Quella che mi era parsa una scelta tagliata su misura per me, forse è stata influenzata dai valori di allora: l'indipendenza, l'autonomia, il rifiuto per una vita all'ombra di un uomo. Oggi ho il dubbio, insopportabile, di aver vissuto la vita di un'altra...».

Io Donna

5 *Leggi il testo e prova a dire che cosa sarebbe successo se Marina e Flavia avessero scelto una vita diversa.*

6 Lessico

A. *Dopo aver letto il testo prova ad associare correttamente i sostantivi e gli aggettivi.*

Grande	lavoro
Occasioni	premuroso
Mosse	perverso
Scelte	appartamento
Meccanismo	realizzata
Storia	sbagliate
Una donna	insopportabile
Ottimo	perse
Bell'	comune
Fidanzato	avvenire
Il dubbio	azzardate

B. *Prova a spiegare il senso delle seguenti espressioni metaforiche o figurate presenti nel testo.*

- dietro le spalle
- il gioco dei rimpianti
- una strada senza uscita
- un vortice di cui non si vede la fine

- trascinarci a fondo
- farci annegare in un mare di domande senza risposta
- avrebbe in mano la propria vita
- una scelta tagliata su misura per me

7 Attività *Una questione di scelte*

*Lavora in coppia
con un compagno.*

*Uno di voi leggerà
l'intervista a Dario Fo
e l'altro quella
di Natalia Aspesi.*

*Scambiatevi
informazioni
su ciò che ciascun
personaggio racconta
della sua vita:
le scelte fatte
e quelle che avrebbe
potuto fare ma non
ha fatto.*

Ero un bravo falsario: potevo finire in galera

Dario Fo

Se non avessi fatto l'attore? Probabilmente mi troverei in carcere...

Da giovane ero un abilissimo «falsario»: amo e ho sempre amato la pittura, la scultura e il restauro. Purtroppo, però, l'attività che mi affascinava di più era copiare grandi opere. E, senza falsa modestia, devo dire che mi venivano proprio bene, tentavo di copiare anche i capolavori della storia dell'arte... per il piacere del gioco, naturalmente e non per amore della truffa.

Ma proprio per questa «innocente» passione, una volta ho rischiato davvero la galera. Avevo copiato con molta attenzione una famosa tela impressionista *La liseuse*, che è esposta al Jeu de Paume. Mi ci sono appassionato in modo esagerato: sono stato attentissimo alla scelta dei colori e ho studiato per notti intere i più piccoli dettagli. Insomma: ne è venuto fuori un buon lavoro; cioè un'ottima copia...

Alcuni mesi dopo, sono stato citato in giudizio: un mio amico, a cui avevo regalato il quadro, l'aveva venduto per 150 milioni. Non contento di averlo spacciato per un'autentica tela impressionista, si era fatto fare un'expertise, con tanto di certificato di autenticità... Tutto falso. Come il quadro. Quella volta, l'ho scampata. Eppure la passione per i falsi non mi è passata: ne ho la casa piena. Per fortuna, mi sono salvato da questa insana passione scegliendo un mestiere in cui la finzione non è illegale...

Non ho rimpianti: sarei stata una casalinga:

Natalia Aspesi

Se non avessi cominciato a scrivere, un po' per caso e un po' per gioco, credo che avrei finito per fare la mamma e la moglie. Ma non è una prospettiva che mi sento di rimpiangere: in fondo la vita mi ha riservato sorprese e colpi di scena. Come quello, assolutamente straordinario, che ha trasformato il mio destino.

Avevo 28 anni e quel che si dice un «buon impiego» come corrispondente in lingue estere. In pratica, facevo la segretaria. No, non aspiravo al successo e non avevo grandi ambizioni. E neppure il progetto di cambiare lavoro. E, invece, eccomi qui. Tutta colpa di un caro amico, un giornalista, al quale mandavo lunghe lettere, che lo divertivano molto. Così, ha avuto l'idea: dovevo provare a scrivere per un giornale. Quando è cominciata la mia collaborazione con *Il Giorno* ho capito subito che dovevo scegliere: mi sono licenziata e per due anni ho fatto la fame. Certo, mi sono giocata tutto. Ho rischiato. Ma, comunque fosse andata, l'altra vita, quella che non ho vissuto, sarebbe stata sicuramente molto più carica di rimpianti. A conti fatti, posso dirmi felice... ●

Io Donna

Corriere della Sera

ELZEVIRO *Psicologia e alternative immaginarie*
Se mia nonna avesse le ruote... I paradossi dell'intelligenza

di **MASSIMO PIATTELLI PALMARINI**

I proverbi di molti Paesi ci mettono in guardia contro la tentazione di pensare cosa sarebbe successo, se non fosse successo quello che, di fatto, è successo. A un estremo, si predica la concretezza («la storia non si fa con i se»), all'altro, si denuncia l'assurdo di certe elucubrazioni («se mia nonna avesse avute le ruote...»). Eppure, scagli la prima pietra chi non ha mai pensato: «Se avessi preso la metropolitana, sarei arrivato in tempo»; «Se tu avessi studiato di più, saresti stato promosso»; «Se solo avessi rinnovato l'assicurazione, ora potrei essere rimborsato». Nel gergo accademico, queste speculazioni si chiamano «controfattuali» e il loro attento studio da parte dei logici, filosofi e psicologi ha una lunga storia e occupa pagine e pagine di pubblicazioni. Tali ragionamenti spontanei offrono, infatti, una preziosa finestra sul modo di operare della nostra mente. Una vasta sintesi delle ricerche psicologiche in questo settore, è stata appena pubblicata sul *Psychological Bulletin* da Neil J. Roese della Northwestern University. Vi si apprendono dati curiosi e molto interessanti. Per esempio, si è attentamente sondato il livello di soddisfazione e di orgoglio dei campioni olimpionici, sia al momento stesso della premiazione che dopo qualche anno. Il risultato, a prima vista sorpren-dente, è che coloro che hanno vinto una medaglia di bronzo sono, in media, molto più soddisfatti di coloro che hanno vinto una medaglia d'argento. Infatti, mentre chi arriva secondo sente lo smacco di non avercela fatta, per un pelo, a vincere la medaglia d'oro, chi arriva terzo è, invece, molto soddisfatto di avercela fatta, sempre per un pelo a non essere quarto. In cuor loro, i terzi si dicono: «Pensa, avrei potuto essere quarto, e allora niente podio, niente inno nazionale, nessun ingresso nel medagliere ufficiale». Un perfetto esempio, questo, della forza del ragionamento per controfattuali, e delle sue durature conseguenze emotive. All'estremo opposto, ogniqualvolta succede una catastrofe (un incidente aereo, il crollo di uno stabile, l'incendio di un albergo, un attentato terroristico) i giornalisti ben sanno d'istinto quello che ora gli psicologi hanno verificato. Giustamente intervistano qualcuno che, per puro caso, ha perso quel volo, non si è recato in quel luogo, o ha cancellato la prenotazione all'ultimo momento. Interviste «simmetriche» vengono fatte con i parenti stretti e gli amici di chi non doveva esserci e invece, per sfortuna, c'era. Non c'è film centrato su una catastrofe che non elabori con dovizia questi casi-limite. La lezione, di perenne forza emotiva, è: «Bastava un niente e...».

Corriere della Sera

8 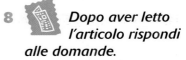 Dopo aver letto l'articolo rispondi alle domande.

1. Cosa dicono i proverbi di molti paesi rispetto al "se"?

2. Come si chiamano le ipotesi che si fanno rispetto ad un evento passato pensando a cosa avremmo potuto fare e non abbiamo fatto?

3. Chi si occupa di analizzare questo tipo di ipotesi?

4. Cosa dicono le ricerche sui campioni olimpionici?

5. Cosa fanno di solito i giornalisti quando trattano un fatto tragico o catastrofico?

6. Qual è il legame tra le ricerche degli psicologi e il cinema?

9 Lessico

Prova a spiegare il senso delle seguenti espressioni contenute nel testo.

- Mettere in guardia
- Scagliare la prima pietra
- Gergo accademico
- Sentire lo smacco

- Non avercela fatta per un pelo
- In cuor loro
- Per puro caso
- Bastava un niente

10   Attività *Il signor Rossi*

Leggi questa piccola storiella e prova ad elencare tutte le varianti dell'accaduto che avrebbero potuto evitare la triste fine.

Rossi esce dal suo ufficio venti minuti prima del solito e, per recarsi a casa, prende una strada diversa da quella usuale. Trova un passaggio a livello chiuso, poi un gregge di pecore che attraversano la strada, poi un ingorgo dovuto ad un incidente, infine si ferma a bere un bicchiere di vino in un bar di paese. A sua insaputa, la signora Rossi, notoriamente afflitta da malattia coronarica, nel frattempo, ha avuto un infarto. Rossi quando infine arriva a casa, la trova morta.

Se il signor Rossi …

Se …

Se …

Se …

Se …

Se …

Se …

Se …

11   *Che cosa avrebbe potuto cambiare il corso della tua vita?*

track **A.** *Dopo aver ascoltato le tre interviste completa la griglia:*

	Monica	Caterina	Guido
1. Ha cambiato città.	⊙	⊙	⊙
2. Ha cambiato Paese.	⊙	⊙	⊙
3. Ha studiato all'università.	⊙	⊙	⊙
4. Ha incontrato un uomo.	⊙	⊙	⊙
5. Ha lasciato una donna.	⊙	⊙	⊙
6. Praticava uno sport.	⊙	⊙	⊙
7. È contento/a del cambiamento di vita.	⊙	⊙	⊙
8. Ha qualche rimpianto.	⊙	⊙	⊙
9. Ha avuto un amore impossibile.	⊙	⊙	⊙
10. Fa fotografia.	⊙	⊙	⊙
11. Lavora con i bambini.	⊙	⊙	⊙

B. *Ora prova a raccontare le esperienze dei tre intervistati:*

12 **Attività** *Se... se... se...*

Prova a riscrivere la tua vita facendo delle ipotesi controfattuali.

Pensa a vari settori in cui le scelte sono state condizionate dai tuoi desideri, dalla necessità o dal caso: famiglia, casa, studi, amicizie, lavoro, luoghi, amore.

 "Se mio padre non fosse stato invitato a quella festa non avrebbe incontrato mia madre ed io non sarei nato..."

Dove si può andare quando non si ha voglia di tornare in una casa troppo calda e non si ha intenzione di infilarsi in un centro commerciale solo perché c'è l'aria condizionata? Probabilmente in un parco, si cerca un albero ombroso e se c'è un po' di venticello e l'erba non è ancora tutta bruciata si può anche aspettare il tramonto. A Roma il parco più vicino al centro è Villa Borghese, c'è il laghetto, il museo con le statue del Canova e la terrazza del Pincio, da cui si vedono le cupole e i monumenti della capitale. Anche per i bambini costretti ad agosto in città, il tardo pomeriggio è l'ora ideale per cercare compagnia in un parco. A pochi metri da una panchina sulla quale Piero si è seduto a leggere il giornale, un piccolo gruppetto di bambini gioca con dei mostri alati, emettendo suoni di ogni genere.

Una bambina appoggia la bicicletta sullo steccato mentre la nonna le dice: "Riportagliela al bambino, ché dobbiamo andare via, digli grazie e ridagliela, oppure digli che gliela lasci qui, ché lui sta giocando."

In quel momento arriva di corsa un bambino e le chiede:
"Posso prendere la bicicletta per fare un giretto?"
"Non è mia, me l'ha prestata quel bambino con la maglietta arancione, però se gliela chiedi te la presta, tanto lui adesso non la usa."
Il bambino si avvicina timidamente a quello con la maglia arancione che intanto

è impegnato con altri due bambini in scontri e battaglie tra mostri alati trasformabili.
"Attacco mortale… no, ora usa il potere magico, meteore oscure, pugno reazione,
neutralizza il nemico…"
Il bambino non sembra più molto interessato alla bicicletta ma piuttosto
al combattimento in corso.
I mostri di plastica cambiano aspetto ad ogni attacco, come sotto l'effetto
di una trasformazione, o una evoluzione, come dicono loro. I bambini velocemente
gli staccano le braccia e gliene riattaccano altre munite di spade, uncini e altre armi
incorporate, gli mettono maschere e gliele tolgono, poi gliele sostituiscono con altre
sempre più spaventose ed emettono grida di battaglia copiate dai cartoni animati
del pomeriggio. I tre bambini si rivolgono al nuovo arrivato che osserva in silenzio:

"Tu ce li hai i Bionimon?"
"Ce ne ho solo uno."
"Quale, quale, ce lo fai vedere?"
"Non ce l'ho qui, l'ho lasciato
a casa… però è Angelomon."
"Bellooo, io ce l'avevo pure, però
me l'hanno rotto, ma tu ci torni
qui domani?"
"Non lo so se ci vengo, domani no,
forse dopodomani."
"Vabbe', tanto noi ci veniamo
tutti i giorni, e se vieni
te lo porti?"
"Eh, vediamo, mia madre non
me lo vuole fare portare perché
uno me l'hanno rotto certi bambini a
scuola e allora lei poi non me li ricompra, dice
che se li rompe qualcuno è colpa mia che l'ho portato."
"Eh ma perché non dici a quei bambini che te l'hanno rotto di ricomprartelo?"
"Perché ci giocavano tutti insieme e tutti dicono che è colpa di quell'altro, così
non lo so di preciso chi l'ha rotto."
"Lo sai che pure a me uno mi ha rotto la maschera, però io gliel'ho rincollata
con l'attaccatutto."
"Pure a me, al mio gli si è rotta un'ala, un bambino l'ha lanciato da un muretto
troppo alto e gliel'ha spezzata, però non si può riattaccare, perché è proprio dove
si infila nella spalla."

Un altro angelo… pensa Piero, che ascolta la conversazione, invidiando un po'
quei bambini che, così presi dai loro giochi, non sentono il caldo e la tristezza sottile
della vigilia di Ferragosto in città.

1 **A.** *Dopo aver letto il testo "Villa Borghese", rispondi alle domande:*

1. Andare in un centro commerciale è la soluzione
   ideale per sfuggire al caldo estivo in città.   ⊙ vero   ⊙ falso

2. Dalla terrazza del Pincio si gode una bella vista su Roma.   ⊙ vero   ⊙ falso

3. Nel parco vicino a Piero c'è un gruppo di bambini
   che giocano a pallone.   ⊙ vero   ⊙ falso

4. Una bambina fa un giro con la sua bicicletta.   ⊙ vero   ⊙ falso

5. La bicicletta appartiene a un bambino con la maglietta arancione. ⊙ vero   ⊙ falso

6. Un altro bambino si avvicina con molta sicurezza al proprietario
   della bicicletta e gliela chiede in prestito.   ⊙ vero   ⊙ falso

7. I bambini sono impegnati in giochi in cui simulano battaglie. ⊙ vero   ⊙ falso

8. I bambini usano giocattoli piuttosto tradizionali.   ⊙ vero   ⊙ falso

9. Due bambini si lamentano del fatto che alcuni compagni
   di gioco gli hanno rotto dei giocattoli.   ⊙ vero   ⊙ falso

10. Guardando questi bambini giocare Piero prova
    un sentimento di allegria.   ⊙ vero   ⊙ falso

B. *Rispondi alle domande:*

1. Perché Piero è a Villa Borghese?
2. Chi c'è vicino a lui?
3. Che cosa fanno i bambini? Di che parlano? Che cosa dicono?
4. Che emozioni prova Piero guardandoli e ascoltandoli?

2  *Cerca ed evidenzia nel testo tutti i pronomi combinati e trascrivili negli spazi sotto secondo gli elementi che li compongono.*

Pronome indiretto + pronome diretto	**Pronome indiretto + pronome "ne"**

**Particella "ci"+ pronome diretto
o pronome "ne"**

FACCIAMO GRAMMATICA

Pronomi combinati

I pronomi combinati sono formati da **un pronome indiretto + un pronome diretto** o il pronome "**ne**".

• Nella combinazione con un pronome diretto i **pronomi indiretti** cambiano la vocale "**i**" in "**e**":

mi → me		*Mi dai la penna?*		**Me la** *dai?*
ti → te		*Ti regalo un libro*		**Te lo** *regalo*
ci → ce	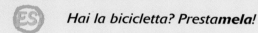	*Ci dai l'indirizzo?*		**Ce lo** *dai?*
vi → ve		*Vi do la chiave.*		**Ve la** *do.*

• I pronomi indiretti della **terza persona singolare e plurale (gli, le, gli)** si trasformano
  tutti in **glie-** e formano un'unica parola insieme al pronome diretto con il quale si combinano:

le → **glie**
gli → **glie**

Glielo *regalo* (io regalo questo a lei, a lui, a loro)

• Se il verbo è all'imperativo (ad eccezione della 3ª persona), infinito, participio o gerundio,
  i pronomi combinati come tutti gli altri pronomi si uniscono al verbo formando un'unica parola:

*Hai la bicicletta? Presta**mela**!*

Il pronome indiretto (**a chi?**) precede sempre il pronome diretto (**che cosa?**)
o partitivo (**di che cosa?**) a cui si combina.

A CHI?   + CHE COSA?
Me   lo / la / le / li / ne
Te   lo / la / le / li / ne
Glielo / gliela / glieli / glielo / gliene
Ce   lo / la / le / li / ne
Ve   lo / la / le / li / ne
Glielo / gliela / glieli / gliele / gliene

N.B. La particella "ci", quando precede un pronome diretto o "ne", segue la stessa modalità
di combinazione dei pronomi indiretti, cioè trasforma la "i" in "e". Nel testo precedente erano
contenute molte forme del verbo "averci" composto dal verbo avere + "ci".

  Ce l'ho (ci + lo + ho)

3 *Completa la tabella con tutte le combinazioni tra pronomi diretti, indiretti e pronome* **ne**.

	lo	**la**	**li**	**le**	**ne**
mi	me lo				
ti	te lo				
gli	glielo				
le	glielo				
ci	ce lo				
vi	ve lo				
gli	glielo				

4 Esercizio

Trasforma le domande come nell'esempio.

ES. *Mi dai* **le chiavi?**   *Me le dai?*

1. Mi dai **l'acqua?**   _____

2. Ci dai **un consiglio?**   _____

3. Le dai **un libro?**   _____

4. Le dai **un bacio?**   _____

5. Gli dai **una caramella?**   _____

6. Mi dai **i fiammiferi?**   _____

7. Ci dai **il numero di telefono?**   _____

8. Gli dai **una penna rossa?**   _____

9. Le dai **la minestra?**   _____

10. Mi dai **uno stuzzicadenti?**   _____

11. Ci dai **le lenzuola?**   _____

12. Mi dai **un asciugamano?**   _____

13. Le dai **i soldi?**   _____

5 Esercizio

Rispondi alle domande come nell'esempio.

ES *Mi presti la gomma?*   *Sì, te la presto.*

1. Mi presti **la penna?**   Sì, _____

2. Mi presti **l'accendino?**   Sì, _____

3. Mi presti **le tue ciabatte?**   Sì, _____

4. Mi presti **i tuoi dischi?**   Sì, _____

5. Gli dai **il tuo numero di telefono?**   Sì, _____

6. Gli dai **i soldi per il biglietto?**   Sì, _____

7. Gli dai **le fotocopie?**   Sì, _____

8. Gli dai **la medicina?**   Sì, _____

9. Le lasci **il tuo indirizzo?**   Sì, _____

10. Le lasci **le chiavi di casa?**   Sì, _____

11. Le lasci **la carta di credito?**   Sì, _____

12. Le lasci **un tuo documento?**   Sì, _____

13. Ci porti **un regalo?**   Sì, _____

14. Ci porti **una foto dei tuoi bambini?** Sì, _____

15. Ci porti **due bicchieri d'acqua?**   Sì, _____

16. Ci porti **due pizze al pomodoro?**   Sì, _____

6 Esercizio

Rispondi alle domande come nell'esempio.

ES   *Hai detto a Maurizio che c'è un messaggio per lui?*   *Sì, gliel'ho detto.*

1. Hai detto a Laura che l'aspettiamo per cena?   _____

2. Avete spedito le foto ai vostri amici?   _____

3. Ti hanno comunicato l'orario delle tue lezioni?   _____

4. Vi hanno dato la mappa della città?   _____

5. Vi hanno detto che domani ci sarà uno sciopero
    dei trasporti?   _____

6. Vi hanno già portato il menù?   _____

7. Hai raccontato al tuo compagno quello
    che ti è successo?   _____

8. Hai comprato il gelato alla bambina?   _____

9. Hai cambiato l'acqua ai fiori?   _____

10. Ci hai messo da parte una pezzo di torta?   _____

11. Ci avete prenotato i biglietti per il teatro?   _____

12. Franco ti ha dato le chiavi di casa?   _____

13. Il tuo amico ti ha restituito i soldi?   _____

14. Hai chiesto a quel ragazzo come si chiama?   _____

15. Avete presentato agli ospiti i vostri genitori?   _____

7 Esercizio

Rispondi alle domande come nell'esempio.

ES *Chi dà l'acqua ai fiori? (noi)*   *Gliela diamo noi.*

1. Chi mi porta un bicchiere d'acqua? (io)   _____

2. Chi mi può offrire una sigaretta? (io)   _____

3. Chi mi può prestare dieci euro? (Renato)   _____

4. Chi ci può cambiare i soldi? (il negoziante)   _____

5. Chi le può spiegare questa regola? (il suo insegnante)   _____

6. Chi ti pulisce la casa? (la donna delle pulizie)   _____

7. Chi ti prepara questi bei panini? (mia madre)   _____

8. Chi le regala tutti quegli orecchini? (il suo ragazzo)   _____

9. Chi gli va a prendere i bambini a scuola? (la baby sitter)   _____

10. Chi ti ha scritto tutte queste e-mail? (i miei amici)   _____

8 **Attività** *Che fare?*

Intervista i tuoi compagni sui seguenti argomenti. Discuti con loro sul perché delle loro scelte.

- *Un tuo amico ti ha chiesto dei soldi. Tu sai che per te sarà difficile riavere quei soldi. Che fai?*
  (dare/non dare e perché)

- *Hai visto il ragazzo di una tua amica abbracciato da un'altra. Che fai?*
  (dire/non dire e perché)

- *Una persona che ha appena smesso di bere viene a casa tua e ti chiede di offrirgli un whisky, poi un altro. Che fai?*
  (offrire/non offrire e perché)

- *Ti regalano un cucciolo di doberman per il tuo compleanno. Che fai?*
  (tenere/non tenere e perché)

- *Ritrovi a casa tua un oggetto che apparteneva ad un tuo/una tua ex con il quale/la quale non sei più in contatto. Che fai?*
  (restituire/non restituire e perché)

- *Il bambino di una tua amica ti chiede per regalo una pistola giocattolo. Tu sai che sua madre non gli compra questo tipo di giocattoli ma lui ci tiene molto. Che fai?*
  (regalare/non regalare e perché)

9 **Esercizio**

Completa le frasi come nell'esempio.

Ieri sono andato in un piccolo ristorante di Trastevere. Era un ambiente molto piacevole.
Ah sì. Chi (consigliare / a te / il ristorante) ......*te l'ha consigliato*....?

1. Abbiamo saputo che Fausto si sposa.

   Ah sì, chi (dire / a voi / questo)......................................?

2. Finalmente ho capito come funzionano i pronomi combinati.

   Ah sì, chi (spiegare / a te / i pronomi)......................................?

3. Che bello questo vaso, dove l'hai comprato?

   Non l'ho comprato, è un regalo.

   Ah sì, chi (regalare / a te / il vaso)......................................?

4. I bambini hanno già fatto merenda.

   Ah sì, chi (preparare / a loro / la merenda)......................................?

5. Abbiamo già un esercizio da fare per casa.

   Ah sì, chi (assegnare / a voi / l'esercizio)......................................?

6. Hanno già corretto le frasi.

   Ah sì, (chi / correggere / a loro / le frasi) ....?

7. Abbiamo saputo che domani ci sarà uno sciopero dei trasporti.

   Ah sì, (chi / dire / questo a voi) ....?

8. Ho comprato questo orologio a metà prezzo.

   Ah sì, chi (vendere / a te / l'orologio) ....?

10 Esercizio

Completa le richieste con un verbo opportuno usando i pronomi combinati come nell'esempio.

ES *Ho comprato una macchina fotografica con le istruzioni in russo.*
   Tu sai il russo, me le traduci per favore ?

1. Non ho l'indirizzo del museo.

   Tu lo sai, ...?

2. Mi si è rotto il televisore.

   Tu te ne intendi, ...?

3. Non ho la penna.

   Tu ce l'hai, ...?

4. Mi serve un attimo il dizionario.

   Tu l'hai portato, ...?

5. Mi serve un cacciavite.

   Tu lo stai usando, ...?

6. Ho finito le sigarette.

   Se tu le hai, ...?

7. Oggi non ho comprato il giornale.

   Tu sì, ...?

8. Questi pantaloni sono troppo lunghi.

   Tu sai cucire, ...?

9. Mi servono delle monete da un euro.

   Io ho solo una banconota da cinque, ...?

Cara Angelica...

Londra, 3 dicembre '70

Cara Angelica,
Sono partito in fretta perché mi hanno telefonato di notte che avevano arrestato Anselmo. Ti ho telefonato dall'aeroporto, ma non ti ho trovato.

Consegno questa lettera a un ragazzo che te la porterà a mano. Si chiama Ray e io l'ho conosciuto qui. È un ragazzo di Ostenda. È fidato. Dagli da dormire se hai un letto. Dovrà fermarsi a Roma per qualche giorno.

Bisogna che tu vada subito in casa mia. Fatti dare la chiave da Osvaldo con una scusa. Digli che devi cercare un libro. Digli quello che vuoi. Mi dimenticavo di dirti che devi portare con te una valigia o una sacca. Dentro la mia stufa c'è un mitra smontato e involtolato in un asciugamano. Partendo me ne sono totalmente dimenticato. Ti sembrerà strano, ma è così. Un mio amico che si chiama Oliviero me l'ha portato una sera qualche settimana fa perché aveva paura che da lui capitasse la polizia. Gli ho detto di cacciarlo nella stufa. Non l'accendevo mai quella stufa. Va a legna. Non avevo mai legna. In seguito dell'esistenza di questo mitra nascosto nella mia stufa mi sono dimenticato. Me ne sono ricordato sull'aereo improvvisamente. Ero in pieno cielo. Mi sono sentito a un tratto coperto di un sudore bollente. Dicono che è freddo il sudore della paura. Non è vero. Certe volte è bollente. Mi sono dovuto levare la maglia. Tu allora prendi questo mitra e caccialo nella sacca o valigia che avrai portato con te. Consegnalo a qualcuno di insospettabile. Per esempio a quella donna che viene da te a pulire. Oppure puoi restituirlo a quell'Oliviero. Si chiama Oliviero Marzullo. Il suo indirizzo non lo so, ma te lo fai dare da qualcuno. Pensandoci bene però quel mitra è così vecchio e rugginoso che forse potresti anche buttarlo nel Tevere. Questa incombenza non la do a Osvaldo. La do a te. Anzi Osvaldo preferirei non ne sapesse niente. Non voglio che mi giudichi un completo imbecille. Però se invece ti viene voglia di raccontarlo a Osvaldo, raccontaglielo. In fondo, che lui mi trovi un imbecille mi è indifferente.

Michele

---

11 *Dopo aver letto il brano prova a ricordare cosa dice Michele ad Angelica a proposito delle seguenti cose o persone. Rispondi con dei pronomi semplici o combinati senza ripetere le parole a cui si riferiscono.*

ES • **La lettera →** *Michele dice che* **la** *consegnerà a Ray e che lui* **gliela** *porterà a mano.*

- Le chiavi
- Il mitra
- La stufa
- Osvaldo

- La valigia
- Oliviero Marzullo
- La donna delle pulizie

12 *Rileggi il testo e trova tutti i verbi all'imperativo o all'infinito seguiti da un pronome semplice o combinato. Dopo averli trascritti negli spazi sotto, analizza la natura dei pronomi e spiega a quali elementi del testo (persone o cose) fanno riferimento.*

Verbo all'infinito + pronome	**Verbo all'imperativo + pronome**

3 Esercizio

Completa le frasi come nell'esempio.

ES *Hanno spiegato agli studenti dov'è il luogo dell'incontro?*   No, ...*spiegaglielo*..... tu!

1. Hai dato l'acqua ai fiori?   No, ... tu!

2. Hai dato da mangiare al cane?   No, ... tu!

3. Avete detto a Giulio che può dormire da noi?   No, ... voi!

4. Hai comprato l'uovo di pasqua al bambino?   No, ... tu!

5. Avete comunicato al personale la data della riunione?   No, ... voi!

6. Hai già mandato un'e-mail a Maria?   No, ... tu!

7. Hanno corretto il test agli studenti?   No, ... voi!

8. Hai sbucciato la mela al bambino?   No, ... tu!

9. Hai già raccontato a Lucia cosa ti è successo?   No, ... tu!

10. Hai già spiegato a Luisa come si usa questo programma?   No, ... voi!

FACCIAMO GRAMMATICA

Verbi monosillabici all'imperativo + pronomi

I verbi all'imperativo monosillabici seguiti da pronomi, raddoppiano la consonante del primo pronome.

Da'	Dammi	Dallo	Dammelo
Di'	Dimmi	Dillo	Dimmelo
Fa'	Fammi	Fallo	Fammelo
Va'	Vammi	Vallo	Vammelo
Sta'	Stammi	Stallo	-

  Dammi il tuo numero di telefono!

Fammi un favore, **vammi** a comprare un litro di latte.

Fallo con calma questo esercizio, altrimenti continui a sbagliare!

Che bella bici che hai! **Fammela** provare!

Dimmi che ci facevi a quell'ora di notte vicino alla stazione!

14 Esercizio

Riformula le frasi trasformando in modo adeguato gli elementi evidenziati.

1. **Da' a noi** subito quel giocattolo!   ....

2. **Di' a lei** che la sto cercando!   ....

3. **Sta'** a sentire **me** attentamente!   ....

4. **Fa' a me** vedere che cosa sai fare!   ....

5. **Da' a me** la penna, per favore!   ....

6. **Fa' a noi** sapere come vanno le cose!   ....

7. **Di' a me** tutta la verità!   ....

8. **Da' a me** un bacio!   ....

15 *Un pomeriggio al parco*

track   *Ascolta il racconto di un episodio accaduto al parco e rispondi alle domande.*

1. Quali di queste persone vengono nominate durante il racconto e chi sono:

    ⊙ Annalisa   ⊙ Gianna   ⊙ Lavinia

    ⊙ Marisabella   ⊙ Wanda   ⊙ Laura

2. La donna dice che è andata per la prima volta
    a prendere la figlia a scuola.   ⊙ vero   ⊙ falso

3. Lavinia si è fermata a giocare al parco con la sua amica
    e altre bambine.   ⊙ vero   ⊙ falso

4. I bambini giocavano con coriandoli e stelle filanti
    perché era Natale.   ⊙ vero   ⊙ falso

5. La madre ha comprato solo un pacchetto di coriandoli
    per sua figlia Lavinia.   ⊙ vero   ⊙ falso

6. I bambini hanno subito iniziato a litigare.   ⊙ vero   ⊙ falso

7. Una bambina si è avvicinata alla panchina dove
    la signora era seduta e le ha chiesto gentilmente
    se poteva prendere dei coriandoli.   ⊙ vero   ⊙ falso

8. La bambina ha preso una bomboletta spray da una busta
    attaccata al passeggino del fratello di Marisabella.   ⊙ vero   ⊙ falso

9. La signora ha visto il gesto della bambina che prendeva
    la bomboletta dalla busta e si è alzata per rimproverarla.   ⊙ vero   ⊙ falso

10. La bambina ha detto che aveva trovato la bomboletta per terra.   ⊙ vero   ⊙ falso

11. La signora ha creduto alla bambina e si è scusata con lei.   ⊙ vero   ⊙ falso

12. La signora dice che avrebbe avuto voglia di dare
    uno schiaffo educativo alla bambina ma non l'ha fatto.   ⊙ vero   ⊙ falso

*Riascolta più volte il testo e nota come vengono definiti alcuni modi di fare, alcune azioni.
Se non ci riesci riascolta il testo e scegli le risposte tra le espressioni sotto che denotano
un modo di fare una cosa.*
Poi prova a spiegare queste espressioni con altre parole o se vuoi con la mimica.

come?

1. Com'è andata la mamma al negozio?
2. Al parco, tra i bambini, come sembrava procedere il tutto?
3. La bambina si è avvicinata al passeggino con la busta, come?
4. La bambina ha preso la bomboletta dalla busta, come?
5. Com'era il gesto della bambina, cosa aveva?
6. La bambina ha risposto alla signora, in che modo?
7. Anche la signora ha risposto alla bambina, in che modo?

in che modo?

a. Con fare ladronesco
b. Aveva un non so che di non innocente
c. Con una gran faccia tosta e con prontezza
d. Un po' velocemente
e. Con aria furtiva
f. Tranquillamente
g. Con altrettanta prontezza

FACCIAMO GRAMMATICA

Avverbi di modo

Molti avverbi di modo, quelli cioè che rispondono alla domanda "come?", "in che modo?" derivano da aggettivi.

 in modo veloce, con velocità: **velocemente**
in modo tranquillo, con tranquillità: **tranquillamente**

L'avverbio si forma unendo all'aggettivo il suffiso **-mente**.
La desinenza viene aggiunta alla forma singolare femminile dell'aggettivo.

sicuro, sicura	**sicuramente**	precoce	**precocemente**
lento, lenta	**lentamente**	intelligente	**intelligentemente**
rapido, rapida	**rapidamente**		

In alcuni casi si elimina la vocale finale (se l'aggettivo termina in **-re** o **-le**)

regolare	**regolarmente**	individuale	**individualmente**
singolare	**singolarmente**	speciale	**specialmente**

Anche alcuni aggettivi in **-lo** e **-ro** seguono questa regola.

leggero	**leggermente**	benevolo	**benevolmente**

ma non tutti:

sincero, sincera	**sinceramente**	vero, vera	**veramente**

17 Esercizio

Forma gli avverbi dai seguenti aggettivi.

1.	Raro	....	11.	Affettuoso	....
2.	Frequente	....	12.	Discreto	....
3.	Dolce	....	13.	Attivo	....
4.	Volgare	....	14.	Prepotente	....
5.	Sportivo	....	15.	Personale	....
6.	Elegante	....	16.	Istintivo	....
7.	Semplice	....	17.	Piacevole	....
8.	Diverso	....	18.	Allegro	....
9.	Uguale	....	19.	Banale	....
10.	Certo	....			

Scrivi delle frasi che contengano alcuni degli avverbi formati dagli aggettivi sopra.

Sette

FORSE È LA VOLTA BUONA CHE LE «BULLE» NON SI FANNO FREGARE

di RITANNA ARMENI

Qualche settimana fa nel cortile di una scuola materna mi è capitato di assistere a un divertente episodio. Un gruppo di bambine, quattro o cinque anni, rincorrevano urlando e ridendo eccitate un loro coetaneo che cercava di fuggire e di nascondersi. Volevano baciarlo. Lui era il «bello» della scuola, loro erano tutte un po' innamorate di lui e volevano dimostrargli quest'amore, senza tanti complimenti. Le mamme e le insegnanti assistevano divertite.

Mi sono chiesta: avremmo mai visto una scena di questo tipo solo qualche anno fa? Essa mi è tornata in mente leggendo il vostro servizio sulle nuove tredicenni. Anch'esse disinibite e aggressive, pronte a un rapporto libero con l'altro sesso. Forse non si aspettano i tredici anni per trasformarsi, forse le bambine sono già diverse da prima, dalla primissima infanzia.

Basta guardarsi attorno e osservare. Sono cambiate: più aggressive sicuramente, prepotenti, sicure nei loro desideri. Più libere. Più simili ai maschi? Non è detto. A volte sì, ma non maschiacci. Rimangono femminili, non hanno alcuna remora a esercitare esplicitamente la seduzione, senza timidezze. Molte insegnanti di scuola materna confermano queste impressioni. Sono le bambine leader nei gruppi, sono loro che emergono nelle classi, nei rapporti con i coetanei e con gli insegnanti. I bambini rimangono in disparte, intimiditi, riservati. Alcune psicologhe che hanno notato il fenomeno oggi denunciano addirittura una sorta di «bullismo» di queste piccole donne impertinenti e aggressive.

Mi sono chiesta che cosa c'è all'origine di questi nuovi comportamenti. Se si può dire che qualcosa di profondo è cambiato.

Intanto essi appaiono tutti come forme di libertà. È come se le bambine rifiutassero fin dai primissimi anni ruoli e stereotipi a cui siamo abituati ed esercitassero dei comportamenti «liberati» da quelli. Esse non corrispondono più al nostro immaginario di «bambine» e neppure alla nostra esperienza. È come se sviluppassero la loro personalità in modo più diretto e autonomo. Azzardo un'ipotesi. Queste bambine hanno di fronte, o meglio dietro di loro, almeno due generazioni di donne che hanno esercitato una libertà. Per la prima volta nella storia i modelli femminili di riferimento, a cominciare dalla madre e dalla nonna, sono ben lontani da quei modelli di sottomissione femminile che altre generazioni hanno avuto. A pensarci bene è la prima volta che un'infanzia femminile si forma a contatto con modelli femminili, per quanto diversi e contraddittori, tutti permeati da un'idea di libertà: quella ormai indiscutibile di lavorare, quella sessuale, quella di studiare. Non era mai capitato a una generazione femminile di avere alle spalle tanta ricerca di libertà. Le ventenni o le trentenni di oggi avevano come modello al massimo le madri. Queste hanno anche le nonne.

È possibile che questa nuova situazione, effettivamente inedita, le abbia in qualche modo liberate? O almeno abbia impedito il formarsi inevitabile di quegli schemi di comportamento, di quelle piccole e gran-

Qualche numero fa, «Sette» ha dedicato la copertina alle nuove teenager. Da lì è partita la discussione. Sulle «ragazzine lolite». Su come le vedono i coetani. E ora, sulla domanda: ma non è che finalmente hanno deciso di sorpassare i maschi?

di oppressioni che hanno tanto pesato nella formazione di altre generazioni femminili. Alcuni anni fa Elena Gianini Belotti scrisse un libro, *Dalla parte delle bambine*, che ebbe una grande importanza per le donne degli anni '70. Si raccontavano dei cento modi in cui si formavano fin dalla prima infanzia le donne e si accusava la società di reprimerle e di formarle secondo un modello di sottomissione e debolezza fin dai primi anni. Si mettevano sotto accusa i giocattoli e i giochi, la scuola, la famiglia, la società tutta. È possibile che le cose siano cambiate? Che queste piccole donne siano il primo frutto inaspettato di libertà faticosamente conquistate. So bene che molte psicologhe dicono che in genere le bambine, più pronte e più sveglie dei loro coetanei, subiscono poi un repentino cambiamento con la pubertà. Che nell'adolescenza avviene una specie di sorpasso e il sesso femminile deve cedere il timone a quello maschile che, da quell'età in poi, sviluppa invece aggressività, intelligenza, capacità di leadership. Non so se un fenomeno del genere possa verificarsi anche con le bambine di oggi. Non ne sono sicura. Ma mi piacerebbe sapere il parere degli esperti. Mi piacerebbe, per esempio, sentire ancora il parere di Elena Gianini Belotti. ■

 Dopo aver letto l'articolo rispondi alle domande.

1. **Cosa è successo nel cortile di una scuola materna?**
2. **Quali riflessioni ha fatto la giornalista rispetto a questo episodio?**
3. **Cosa hanno in comune le tredicenni e le bambine protagoniste dell'episodio avvenuto nel cortile?**
4. **Come appaiono le bambine delle scuole materne agli occhi delle loro maestre?**
5. **Cosa pensano alcune psicologhe a proposito di questo fenomeno?**

19 **Attività scritta**

L'articolo precedente termina con una domanda, l'autrice si chiede "cosa c'è all'origine di questi comportamenti?".
Prova a continuare tu l'articolo fornendo la tua interpretazione rispetto alla tua esperienza e alle tue convinzioni.

• Ti è capitato di osservare comportamenti simili tra i bambini e le bambine?

• Ti sembra che le cose siano cambiate rispetto al tempo in cui tu eri piccolo/a?

• Secondo te quali sono le cause di questi cambiamenti?

• Quali fattori secondo te hanno un ruolo importante nel determinare i comportamenti dei bambini?

> • la famiglia
>
> • la televisione
>
> • i compagni di scuola

> • la scuola e gli insegnanti
>
> • la pubblicità
>
> • l'ambiente sociale in cui vivono

20 *Bullismo a scuola*
track   *Dopo aver ascoltato più volte l'intervista, rispondi alle domande:*

1. Chi è l'intervistato?
2. Com'è, secondo Imanuel, un bullo?
3. Cosa può fare un bullo?
4. Quali reazioni provoca la presenza di un bullo in un gruppo?
5. Imanuel racconta un episodio di bullismo avvenuto nella sua scuola. Prova a ripeterlo.
6. Come ci si deve comportare in presenza di un bullo, secondo Imanuel?

21 *Ascolta più volte il testo e prova a completare.*
track

D.: Come si riconosce un bullo, cosa fa un bullo?

R.: Ecco, il bullo è un bambino che si sente che non viene molto... ascoltato dagli altri, si sente insomma .... e ....
.... e un po' più tutto. E allora in questa cosa che lui vuole dimostrare agli altri .... Allora bullo significa un bambino o una persona qualsiasi che... possono partire da semplici cose tipo dire o...
.... , anche da dire del-
le... anche da .... Per esempio, insomma, per
.... , fino a partire a fare delle cose non tanto belle.
I bulli, i bambini .... , e per questo gli altri
bambini delle classi dove si trova un bullo ....
quindi .... Per... allora, se vogliamo, se si
vuole che il bullo non sia più bullo o che non si senta più così tanto forte...

22 Attività orale *Bullismo*

Conosci il senso della parola "bullismo"?
Sei mai stato vittima di questo fenomeno? Ne hai parlato con qualcuno?
Hai mai assistito ad episodi di "bullismo" nella tua infanzia o adolescenza? Hai provato a intervenire?
Come pensi che si possa fare per prevenire o per combattere questo fenomeno?

23 Attività *Te lo diciamo noi!*

Crea una pubblicità per un tipo di servizio seguendo il modello testuale dell'articolo in cui si danno consigli su come fare qualcosa.

(soluzioni)
un lavoro che piace
Donna Moderna

Questa casa è un albergo

Oggi aprire un bed & breakfast è facilissimo.
La legge ti aiuta e alcune Regioni ti finanziano.
E i trucchi del mestiere? Te li insegniamo noi

ES Vuoi comprare casa ma i soldi non ti bastano?

Niente paura, ...*te li prestiamo noi*..

1. Vuoi cambiare lavoro ma non sai come scrivere un buon curriculum?

   Niente paura, ...

2. Vuoi conoscere nuove persone per fare amicizia senza correre rischi?

   Niente paura, ...

3. Vuoi imparare i segreti della cucina italiana in poche lezioni?

   Niente paura, ...

4. Vuoi sapere se il tuo partner ti tradisce?

   Niente paura, ...

5. Vuoi fare la spesa senza muoverti da casa e portare inutili pesi?

   Niente paura, ...

6. Vuoi organizzare una cena a casa tua senza passare ore ai fornelli?

   Niente paura, ...

7. Vuoi conoscere il tuo futuro?

   Niente paura, ...

L'esodo di Ferragosto è una notizia fotocopiata di anno in anno, con le stesse immagini di chilometri di coda in autostrada, gli stessi inviti alla prudenza, le cifre degli incidenti confrontati con quelli dell'anno precedente, le spiagge affollate, i consigli alimentari su cosa bere e cosa mangiare, le spiagge bagnate da gruppi di baldanzosi giovani che celebrano l'estate con gavettoni d'acqua e gli inevitabili annegamenti.

Poi cè la montagna, il tutto esaurito e i laghi per gli alternativi, le città con i musei chiusi, quelle con i musei aperti e le file di turisti che si bagnano i piedi alle fontane.

La preghiera del Papa per non far dimenticare alle masse che il Ferragosto pur avendo origini pagane viene celebrato per via di una festività religiosa: l'Assunzione.

Piero è rimasto a Roma, rifiutando inviti di amici e richiami familiari per non unirsi all'esodo di massa.

Svegliandosi sorpreso da un insolito silenzio ha sperimentato la tristezza del chiuso per ferie e potendo avrebbe voluto cambiar piano, unirsi alle folle marittime, montane e persino a quelle in fila ai caselli.

Accendendo il telefonino vede che nessuno fino a quel momento l'ha cercato.

Dovè finita tutta la sua convinta decisione di restare in città?

Svanita, ora si sente come quel tipo nel film di Carlo Verdone che si ritrova solo a Roma a Ferragosto e chiama tutti gli amici segnati nell'agendina.

Questo almeno non lo avrebbe fatto, in fondo è rimasto in città proprio per godersi quel momentaneo vuoto necessario per finire gli ultimi capitoli del suo libro.

Pensa che potrebbe tornare a Castel Sant'Angelo, uno dei luoghi dell'opera La Tosca
e lì, seduto su una panchina, iniziare a scrivere il penultimo capitolo.
Il ponte di fronte a Castel Sant'Angelo è già tappezzato di borse, dischi in copia pirata
e artigianato africano, quando Piero
arriva verso mezzogiorno.
Gli extracomunitari appoggiati
ai parapetti ascoltano la musica
dalle loro radio, musiche diverse
a pochi metri l'uno dall'altro.
Pochi turisti attraversano il ponte
pacatamente, un uomo passa
in bicicletta col figlio
sul seggiolino.
Da un lato svetta
il cupolone, il Tevere
sotto è immobile come
se avesse anche lui
rallentato per ferie.
Gli angeli del Bernini,
scolpiti in volo lanciano sguardi senza tempo dall'alto al selciato e ai suoi avventori.

"Ma perché, perché nessuno di loro, quel giorno in cui la Tosca si è buttata dal castello
è volato a salvarla?" – si chiede Piero che sta scrivendo un capitolo che vede protagonisti
angeli e castelli.
Piero riassume nella sua mente tutti gli angeli che ha già incontrato nelle sue letture
e nell'arte. Rivede i quadri di Raffaello, tutti angeli protettivi, angeli che annunciano,
angeli che vegliano, angeli che suggeriscono, che
indicano, che aleggiano.
Come contrastano questi angeli così delicati
contro quel castello che pure porta
il nome di un angelo ma resta tomba
dell'imperatore Adriano e della
Tosca. E di castello in castello
la sua mente viaggia verso
nord e si ferma su un lago
dove ora avrebbe voluto
essere, a godersi il fresco
sulla riva, a guardare
l'acqua calma, svuotando
la sua mente da ogni incombenza:
il lago di Como.

1   **A.** *Dopo aver letto il testo, segna la risposta corretta:*

1. Le cronache di Ferragosto riportano notizie
   molto diverse di anno in anno.   ⊙ vero   ⊙ falso

2. Il Ferragosto è solo una festività religiosa.   ⊙ vero   ⊙ falso

3. Piero non aveva ricevuto nessuna proposta
   di vacanze comuni da amici e parenti.   ⊙ vero   ⊙ falso

4. Ora Piero si sente un po' triste nella città
   svuotata dall'esodo estivo.   ⊙ vero   ⊙ falso

5. Piero telefona a tutti gli amici elencati
   nella sua agendina telefonica.   ⊙ vero   ⊙ falso

6. Piero è rimasto in città per finire un lavoro.   ⊙ vero   ⊙ falso

7. Il ponte di fronte a Castel Sant'Angelo è deserto
   quando Piero arriva.   ⊙ vero   ⊙ falso

8. Le acque del Tevere scorrono impetuose.   ⊙ vero   ⊙ falso

9. Piero guarda gli angeli scolpiti dal Bernini e si chiede
   come mai non abbiano cercato di salvare Tosca dal suicidio.   ⊙ vero   ⊙ falso

10. Piero rivede nella sua mente immagini di angeli.   ⊙ vero   ⊙ falso

11. Castel S. Angelo è la tomba dell'imperatore Adriano. ⊙ vero   ⊙ falso

12. Piero avrebbe voluto trovarsi al mare.   ⊙ vero   ⊙ falso

B. *Rispondi alle domande:*

1. Di che cosa parlano le notizie sul Ferragosto?

2. Perché il Papa interviene a proposito del Ferragosto?

3. Perché Piero è rimasto a Roma e quali sono le sue emozioni ora?

4. Dove pensa di andare Piero?

5. Descrivi lo scenario che Piero vede arrivando a Castel Sant'Angelo.

6. Quali sono i pensieri di Piero mentre guarda gli angeli del Bernini?

7. Dove avrebbe voluto essere Piero?

2 Lessico

A. *Prova a riformulare queste frasi con altre parole:*

1. L'esodo di Ferragosto è una notizia fotocopiata di anno in anno.

2. Piero è rimasto a Roma rifiutando inviti di amici e richiami familiari per non unirsi all'esodo di massa.

3. (Piero) ha sperimentato la tristezza del chiuso per ferie.

4. Il ponte di fronte a Castel Sant'Angelo è già tappezzato di borse, dischi in copia pirata e artigianato africano.

B. *Ricordi i sostantivi associati a questi aggettivi nel testo? Prova a riscriverli. Poi controlla il risultato con i tuoi compagni:*

1. .... affollate

2. .... alimentari

3. baldanzosi ....

4. inevitabili ....

5. .... pagane

6. .... religiosa

7. insolito ....

8. convinta ....

9. momentaneo ....

10. ultimi ....

FACCIAMO GRAMMATICA

Aggettivi in *-oso*

Osserva gli aggettivi "baldanzoso" e "religioso". Come puoi notare terminano entrambi col suffisso "-oso" e derivano dai sostantivi "baldanza" e "religione". Questo meccanismo di derivazione da sostantivi riguarda molti altri aggettivi in italiano che si formano allo stesso modo:

noia   noioso/a
paura   pauroso/a

In genere, questi aggettivi indicano il possesso di una certa qualità o caratteristica.

3 Esercizio

A. *Ora prova tu a derivare aggettivi da questi sostantivi, provando anche a spiegarne il significato se lo conosci:*

1.	speranza	....	11.	rispetto	....

1. speranza .... 11. rispetto ....

2. chiasso .... 12. rissa ....

3. rumore .... 13. difetto ....

4. scrupolo .... 14. orgoglio ....

5. studio .... 15. coraggio ....

6. meraviglia .... 16. dignità ....

7. favola .... 17. malizia ....

8. rabbia .... 18. delizia ....

9. dubbio .... 19. dolore ....

10. dispetto .... 20. vanità ....

B. *Ora osserva gli aggettivi che hai formato e prova a classificarli negli spazi sotto dividendoli in aggettivi con significato di valore positivo e aggettivi con significato di valore negativo.*

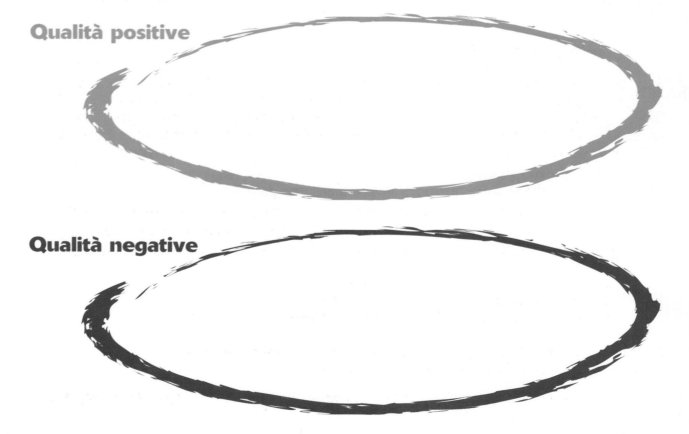

Qualità positive

Qualità negative

4 Attività *Com'è secondo te?*

• un bambino che rompe i giocattoli dei suoi compagni

• una persona che non ha paura di nulla

• qualcuno che litiga con molta facilità

• il motore di una macchina che non funziona

• qualcuno che è molto fiero delle sue origini

• una granita comprata nella migliore gelateria di Palermo

• un ragazzo che si rivolge a persone più anziane sempre con il giusto tono

• una persona eccessivamente attenta all'abbigliamento, all'aspetto estetico

• un gruppo di persone che parlano tutte insieme a voce troppo alta

• un bellissimo tramonto estivo sul mare

• una discoteca il sabato sera

• un intervento chirurgico

FACCIAMO
GRAMMATICA

Aggettivi in *-abile, -ibile*

Nel testo che hai letto precedentemente c'è anche l'aggettivo "inevitabili" (singolare: inevitabile). Se osservi l'aggettivo puoi notare che è formato dal prefisso "in" + "evit" (dal verbo evitare) + il suffisso "-abile". Questi aggettivi derivano generalmente da verbi e si formano con due suffissi diversi: "-abile" per i verbi che terminano in "-are" e "-ibile" per i verbi che terminano in "-ere" o "-ire". Il prefisso "in-" indica il contrario.

VERBO	AGGETTIVO	CONTRARIO	SIGNIFICATO
Spiegare	spieg-abile	in-spieg-abile	(che può/non può essere spiegato)
Credere	cred-ibile	in-cred-ibile	(che può/non può essere creduto)
Sostituire	sostitu-ibile	in-sostitu-ibile	(che può/non può essere sostituito)

  *Questo mistero non è **spiegabile** facilmente.*
*Cerca di raccontarmi una storia più **credibile**!*
*Questo pezzo del motore è facilmente **sostituibile**.*

Nota: il prefisso **in-**, quando precede le consonanti **b** o **p**, si trasforma in **imb-**.
Quando precede le consonanti **r, l** o **m** si assimila ad esse.

  in + bevibile ➔ ***imb**evibile*   *in + ripetibile* ➔ ***irr**ipetibile*   *in + leggibile* ➔ ***ill**eggibile*

5 Esercizio

Forma aggettivi da questi verbi aggiungendo "-abile" o "-ibile", e scrivi i contrari dove indicato:

	VERBO	AGGETTIVO	CONTRARIO
1.	Pensare	_____	_____
2.	Attaccare	_____	_____
3.	Modificare	_____	_____
4.	Rimborsare	_____	_____
5.	Leggere	_____	_____
6.	Estrarre	_____	
7.	Vivere	_____	_____
8.	Comparare	_____	_____
9.	Ricostruire	_____	
10.	Colmare	_____	_____
11.	Risolvere	_____	_____
12.	Reperire	_____	_____
13.	Realizzare	_____	_____
14.	Amare	_____	
15.	Prevedere	_____	_____
16.	Sopportare	_____	_____
17.	Accettare	_____	_____
18.	Trattare	_____	_____
19.	Preferire	_____	

6 Esercizio

Inserisci gli aggettivi in "-abile" e "-ibile" o il loro contrario in modo appropriato nelle frasi seguenti, scegliendo tra quelli dati nella lista e negli esempi precedenti:

1. Non fare drammi! Il tuo problema è .... più facilmente di quanto

    tu non creda!

2. La scrittura al computer rende un testo .... all'infinito.

3. Signora, purtroppo ha rinunciato troppo tardi al suo viaggio, ora il suo biglietto non è più

    ....!

4. Ma chi ha scritto questa lettera? Non ci capisco niente, è veramente ....!

5. Con la sua partenza Giorgio ha lasciato un vuoto .... fra i suoi amici.

6. Il tuo lavoro non è .... con il mio, è molto meno stressante.

7. Il traffico, lo smog, l'inquinamento acustico rendono le grandi città veramente

    ....

8. Avete visto Marcello? Lo cerco da una settimana, ma è assolutamente ....

9. Andrea Lorusso è un collaboratore .... per la nostra azienda:

    nessuno farebbe il suo lavoro meglio di lui.

10. Complimenti! Il suo progetto è .... con poca spesa e in tempi brevi.

11. Roma è una città di .... bellezza e che non si può non amare.

12. Basta! Smettetela! State facendo un chiasso .... !

13. Ho rifiutato quel lavoro perché le condizioni erano veramente ....

7 Attività

Lavorate in piccoli gruppi, ognuno di voi sceglierà per parlarne con gli altri, gli argomenti che preferisce tra quelli della lista:

• la persona più imprevedibile
• il libro più illeggibile
• il quartiere più invivibile della tua città
• la storia più incredibile
• la persona più intrattabile
• la persona più insopportabile
• il sogno più irrealizzabile
• l'amico/a più insostituibile
• un viaggio indimenticabile

va farlo, e poteva anche passare i semafori col rosso, e attraversare in diagonale, e fermarsi nel centro delle piazze. Ma capì che il piacere non era tanto il fare queste cose insolite, quanto il vedere tutto in un altro modo: le vie come fondovalli, o letti di fiumi in secca, le case come blocchi di montagne scoscese, o pareti di scogliera.

Certo, la mancanza di qualcosa saltava agli occhi: ma non della fila di macchine parcheggiate, o dell'ingorgo ai crocevia, o del flusso di folla sulla porta del grande magazzino, o dell'isolotto di gente ferma in attesa del tram; ciò che mancava per colmare gli spazi vuoti e incurvare le superfici squadrate, era magari un'alluvione per lo scoppio delle condutture dell'acqua, o un'invasione di radici degli alberi del viale che spaccassero la pavimentazione. Lo sguardo di Marcovaldo scrutava intorno cercando l'affiorare d'una città diversa, una città di cortecce e squame e grumi e nervature sotto la città di vernice e catrame e vetro e intonaco. Ed ecco che il caseggiato davanti al quale passava tutti i giorni gli si rivelava essere in realtà una pietraia di grigia arenaria porosa; la staccionata d'un cantiere era d'assi di pino ancora fresco con nodi che parevano gemme; sull'insegna del grande negozio di tessuti riposava una schiera di farfalline di tarme, addormentate.

Si sarebbe detto che, appena disertata dagli uomini, la città fosse caduta in balia d'abitatori fino a ieri nascosti, che ora prendevano il sopravvento: la passeggiata di Marcovaldo seguiva per un poco l'itinerario d'una fila di formiche, poi si lasciava sviare dal volo d'uno scarabeo smarrito, poi indugiava accompagnando il sinuoso incedere d'un lombrico. Non erano solo gli animali a invadere il campo: Marcovaldo scopriva che alle edicole dei giornali, sulla la

Estate

18. La città tutta per lui

La popolazione per undici mesi all'anno amava la città che guai toccargliela: i grattacieli, i distributori di sigarette, i cinema a schermo panoramico, tutti motivi indiscutibili di continua attrattiva. L'unico abitante cui non si poteva attribuire questo sentimento con certezza era Marcovaldo; ma quel che pensava lui – primo – era difficile saperlo data la scarsa sua comunicativa, e – secondo – contava così poco che comunque era lo stesso.

A un certo punto dell'anno, cominciava il mese d'agosto. Ed ecco: s'assisteva a un cambiamento di sentimenti generale. Alla città non voleva bene più nessuno: gli stessi grattacieli e sottopassaggi pedonali e autoparcheggi fino a ieri tanto amati erano diventati antipatici e irritanti. La popolazione non desiderava altro che andarsene al più presto: e così a furia di riempire treni e ingorgare autostrade, al 15 del mese se ne erano andati proprio tutti. Tranne uno. Marcovaldo era l'unico abitante a non lasciare la città.

Uscì a camminare per il centro, la mattina. S'aprivano larghe e interminabili le vie, vuote di macchine e deserte; le facciate delle case, dalla siepe grigia delle saracinesche abbassate alle infinite stecche delle persiane, erano chiuse come spalti. Per tutto l'anno Marcovaldo aveva sognato di poter usare le strade come strade, cioè camminandoci nel mezzo: ora pote-

Italo Calvino
Marcovaldo

nord, si forma un sottile strato di muffa, che gli alberelli in vaso davanti ai ristoranti si sforzano di spingere le loro foglie fuori dalla cornice d'ombra del marciapiede. Ma esisteva ancora la città? Quell'agglomerato di materie sintetiche che rinserrava le giornate di Marcovaldo, ora si rivelava un mosaico di pietre disparate, ognuna ben distinta dalle altre alla vista e al contatto, per durezza e calore e consistenza.

Così, dimenticando la funzione dei marciapiedi e delle strisce bianche, Marcovaldo percorreva le vie con zig-zag da farfalla, quand'ecco che il radiatore d'una « spider » lanciata a cento all'ora gli arrivò a un millimetro da un'anca. Metà per lo spavento, metà per lo spostamento d'aria, Marcovaldo balzò su e ricadde tramortito.

La macchina, con un gran gnaulio, frenò girando quasi su se stessa. Ne saltò fuori un gruppo di giovanotti scamiciati. « Qui mi prendono a botte, – pensò Marcovaldo, – perché camminavo in mezzo alla via! »

I giovanotti erano armati di strani arnesi. – Finalmente l'abbiamo trovato! Finalmente! – dicevano, circondando Marcovaldo.

110

Italo Calvino, "Marcovaldo"

8   **A.** *Dopo aver letto il racconto rispondi alle domande:*

1. Che cosa succedeva per undici mesi all'anno?
2. Marcovaldo condivideva il sentimento di amore per la città con gli altri?
3. Come cambiava in agosto il rapporto degli abitanti con la città?
4. Come apparve la città a Marcovaldo il giorno di Ferragosto? Che cosa faceva Marcovaldo nella città vuota?
5. Qual era il vero piacere per Marcovaldo?
6. Quali erano i nuovi abitanti della città fino a ieri nascosti?
7. Cosa accadde mentre Marcovaldo percorreva le vie a zig-zag?

B. *Prova ricostruire il racconto che hai appena letto seguendo questo schema di riferimenti:*

Per undici mesi all'anno…

Marcovaldo…

Ad un certo punto dell'anno, cominciava il Ferragosto…

Tranne uno…

Marcovaldo uscì a camminare per il centro…

Ma capì che il piacere…

Lo sguardo di Marcovaldo…

Si sarebbe detto che la città…

Marcovaldo percorreva le vie…

La macchina…

9      *Rileggi il testo e cerca tutte le parole o espressioni che riguardano questi due ambiti di significato: la città / la natura. Poi trascrivili negli spazi sotto.*

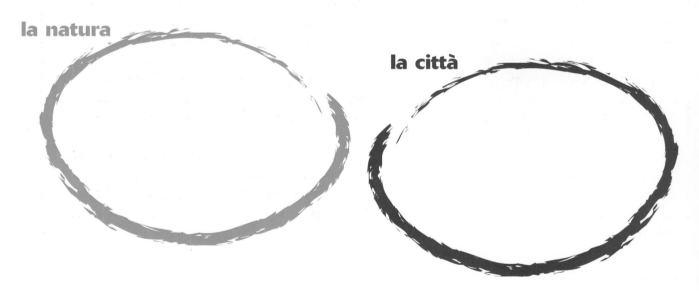

la natura

la città

10 Lessico

*Associa in modo appropriato gli elementi della colonna **A** con quelli della colonna **B**.*

A	B
fila	sulla porta del grande magazzino
ingorgo	ferma in attesa del tram
flusso di folla	di macchine parcheggiate
isolotto di gente	ai crocevia

11 Attività orale *Immagina il finale*

Il racconto che hai appena letto manca del finale. Lavora in coppia o in piccolo gruppo. Provate ad immaginarne uno. Poi confrontatelo con quelli degli altri gruppi.

12 Cloze *La città tutta per lui*

Completa il testo inserendo le seguenti parole:

vie • macchine • persiane • distributori • facciate • cambiamento • cinema autoparcheggi • saracinesche • popolazione • autostrade • treni • sottopassaggi città • grattacieli • città • abitante • cambiamento • centro

> La .... per undici mesi all'anno amava la ....
> che guai toccargliela: i ...., i ....
> di sigarette, i .... a schermo panoramico, tutti
> motivi indiscutibili di continua attrattiva. L'unico ....
> cui non si poteva attribuire questo sentimento con certezza era Marcovaldo; ma quel
> che pensava lui - primo - era difficile saperlo data la scarsa sua comunicativa, e -
> secondo - contava così poco che comunque era lo stesso.
> A un certo punto dell'anno, cominciava il mese d'agosto. Ed ecco s'assisteva ad un
> .... di sentimenti generale. Alla ....
> non voleva bene più nessuno: gli stessi grattacieli e ....
> pedonali e .... fino a ieri tanto amati erano
> diventati antipatici e irritanti.
> La popolazione non desiderava altro che andarsene al più presto: e così a furia di
> riempire .... e ingorgare ....,
> al 15 del mese se ne erano andati proprio tutti. Tranne uno. Marcovaldo era l'unico
> abitante a non lasciare la città.
> Uscì a camminare per il ...., la mattina. S'aprivano
> larghe e interminabili le ...., vuote di ....
> e deserte; le .... delle case, dalla siepe grigia delle
> .... abbassate alle infinite stecche delle ....,
> erano chiuse come spalti.

Italo Calvino, "Marcovaldo"

13 Attività orale

Prova a spiegare questa espressione tratta dal racconto che hai letto:

"Ma esisteva ancora la città? ***Quell'agglomerato di materie sintetiche che rinserrava le giornate di Marcovaldo?"***

Confronta la tua interpretazione con quella degli altri compagni e discutetene.
Poi continuate la vostra discussione su questi punti:

• Qual è il tuo rapporto con la città? E con la natura?
• Fra le due dimensioni qual è quella che preferisci? Perché?
• Ti è mai capitato di sentirti padrone della città? Quando? In che situazione?

14 **Attività scritta** *La città parlante*

*Pensa ai contenuti salienti
del racconto che hai appena letto
e che dovrai rispettare nel nuovo testo che
scriverai.
Prova, dunque, a riscrivere il racconto
dal punto di vista della città,
cioè come se l'io narrante del racconto
fosse la città.*

15  *Dopo aver letto l'articolo, rispondi alle domande:*

luoghi E MUSEI

di PAOLO CONTI

Una domenica a Castel S. Angelo

Cosa c'è di meglio di una visita domenicale a Castel Sant'Angelo? Il buon vecchio mausoleo di Adriano può attirare l'attenzione di un'intera famiglia: i genitori, per i più disparati motivi. Ma anche i bambini: il possente angelo settecentesco di bronzo che svetta in cima, la collezione di armi. E adesso anche la «mostra impossibile» dedicata alla riproduzione virtuale di tutte le opere del Caravaggio allestita (l'idea è di Renato Parancandolo, ex direttore di Rai Educational, la direzione scientifica di Ferdinando Bologna e Claudio Strinati) all'altezza della prima loggia. Una proposta affascinante che permette un viaggio nell'intera produzione caravaggesca.
Cosa dire del Castello? Che è meraviglioso, ovviamente. E che risente di tutte le inefficienze tipiche dei nostri beni culturali. Alla biglietteria attenti a non imbattervi nei momenti di nervosismo del personale. Potreste essere molto imperiosamente apostrofati quando chiederete notizie sulle tariffe per i minori e non sarete pronti a capire subito, all'istante, cosa vi sta dicendo l'annoiata signorina oltre il vetro. In quanto ai bambini, che rappresenterebbero in teoria il futuro pubblico da allevare, dovrete lasciare all'ingresso i passeggini ma non potrete utilizzare gli ascensori (riservati a chi ha svantaggi fisici). Ovviamente non vi presteranno, come avviene nei musei di Madrid o di Parigi, un marsupio per affrontare le lunghe rampe e le scale senza dover prendere il bimbo in braccio. Vi chiederete poi come fanno i non italofoni a comprendere le didascalie che illustrano le (polverosissime) vetrine che ospitano, all'ultima loggia, la collezione di armi e di divise militari pontificie e post-unitarie. Ma sono dettagli. Tanta inerzia non è riuscita a intaccare lo splendore del monumento né del panorama mozzafiato. Ed è il risultato che conta.

CASTEL SANT'ANGELO,
lungotevere di Castello, aperto
dal martedì alla domenica dalle 9
alle 20, lunedì chiuso

Corriere della Sera

1. Perché è consigliabile una domenica a Castel S. Angelo?

2. Quali sono le inefficienze che si possono rilevare durante una visita?

   • alla biglietteria
   • se avete bambini
   • se non parlate bene l'italiano

3. Perché l'articolo si chiude con questa frase: "Ed è il risultato che conta"?

Osserva *Cosa c'è di meglio...*

Per proporre qualcosa di bello da fare, da vedere, da mangiare, ecc..., si usa spesso l'espressione "Cosa c'è di meglio...?" seguita da "di" se dopo c'è un sostantivo, da "che" se dopo c'è un verbo.

*Cosa c'è di meglio **di** una visita domenicale a Castel S. Angelo?*
*Cosa c'è di meglio **che** andare di domenica a Castel S. Angelo?*

16 Esercizio

Trasforma le frasi usando "di + un sostantivo".

1. Cosa c'è di meglio <u>che andare a passeggio</u> nei boschi in autunno?
2. Cosa c'è di meglio <u>che abbronzarsi</u> sugli scogli?
3. Cosa c'è di meglio <u>che cenare</u> in buona compagnia?
4. Cosa c'è di meglio <u>che bere qualcosa di ghiacciato</u> quando fa veramente caldo?
5. Cosa c'è di meglio <u>che chiacchierare</u> con gli amici al tavolino di un caffé?
6. Cosa c'è di meglio <u>che leggere</u> un buon libro?
7. Cosa c'è di meglio <u>che attendere</u> l'alba sul mare?

Osserva *Non c'è niente di meglio...*

Possiamo esprimere lo stesso concetto non con una domanda ma con una frase negativa:

Non c'è niente di meglio che *fare una visita domenicale a Castel S. Angelo.*
Non c'è niente di meglio di *una visita a Castel S. Angelo.*

17 Attività

Ora prova a dare consigli adeguati per le seguenti situazioni usando la struttura "non c'è niente di meglio":

• quando sei troppo nervoso
• quando hai voglia di trascorrere un fine-settimana tranquillo
• quando ti senti solo/a
• quando sei stufo della solita vita
• quando ti senti in piena forma fisica
• **quando niente va per il verso giusto**
• quando litighi troppo in famiglia
• quando nessuno ti capisce
• **quando scoppi di felicità**
• quando sei stressato e stanco per il lavoro
• quando hai una sete terribile

TOSCA LA PASSIONE TRADITA

Castel S. Angelo è uno dei luoghi principali in cui si svolge la tragica storia d'amore della Tosca, musicata da Giacomo Puccini con libretto di Luigi Illica e Giuseppe Giacosa.
Da Castel S. Angelo, dove era prigioniero, fugge il patriota rivoluzionario Angelotti. A Castel S. Angelo Cavaradossi finisce prigioniero e lì viene giustiziato.
Sempre a Castel S. Angelo giunge Tosca e, davanti al cadavere di Cavaradossi, disperata, decide di gettarsi nel vuoto, maledicendo il perfido Scarpia.

La storia, ambientata nella Roma ottocentesca, durante la discesa napoleonica, racconta le vicende del pittore Cavaradossi – innamorato della cantante Floria Tosca – che, mentre dipinge un quadro nella chiesa di S. Andrea della Valle, si ritrova in una situazione delicata.
In quel momento infatti arriva un suo amico – Angelotti – evaso dalla prigione di Castel S. Angelo.
Contemporaneamente arriva anche Floria Tosca che, avendo sentito delle voci, pensa che Cavaradossi stesse intrattenendo un'altra donna e si ingelosisce.
Intanto, il barone Scarpia, capo della polizia, scopre l'evasione di Angelotti ed incolpa Cavaradossi di complicità.
Per scoprire dove Cavaradossi e Angelotti si nascondono usa perfidamente la gelosia di Tosca e, preso Cavaradossi, lo fa torturare.
Tosca per mettere fine alle torture accetta di concedersi a Scarpia come pegno per la liberazione del suo amato.
In cambio Scarpia promette che Cavaradossi sarà fucilato a salve.
Tosca disgustata uccide con un coltello Scarpia e corre a Castel S. Angelo per dire a Cavaradossi che la sua fucilazione sarà fittizia e che presto sarà libero.
Ma la felicità dura poco perché la fucilazione sarà reale e Tosca, dopo aver abbracciato il cadavere dell'amante, si getterà nel vuoto dai bastioni di Castel S. Angelo.

18 Cloze

Completa il testo con queste parole:

carezze • vittima • atto • confronto • lettera • vita • corpo • amata
soldati • sogno • esecuzione • gendarmi • vuoto • cadavere • baci

TOSCA

LA PASSIONE TRADITA

È l'alba. Sui bastioni di Castel S. Angelo – è l'inizio del terzo .... – Cavaradossi
sta scrivendo una .... d'addio all'................................. Floria:

"O dolci ...., o languide ...., mentr'io fremente
le dolci forme disciogliea dai veli! Svanì per sempre il .... mio d'amor...
L'ora è fuggita e muoio disperato!... e non ho amato mai la ....!".

Ma è proprio Tosca a interromperlo. Viene ad avvisarlo che l' .... sarà fittizia:

"Al colpo... cadi. I .... sen vanno e noi siam salvi".

Ma invece, poco dopo, si trova davanti al .... senza vita di Mario,
.... dell'ennesimo raggiro di Scarpia.
Disperata abbraccia il .... dell'amato; poi, mentre accorrono
i .... che hanno trovato il corpo del barone, si getta
nel .... invocando un nuovo ....
con Scarpia " avanti a Dio!".

LETTINI MULTIETNICI Turismo internazionale per il primo giorno di assalto alle spiagge del Lido di Ostia (Foto Proto)

Ostia: stessa spiaggia, nuove lingue
Al mare tra filippini e polacchi

di ERALDO AFFINATI

Erano anni che non andavo al Lido di Ostia d'estate, forse dai tempi ancestrali in cui Maurizio Vandelli dell'Equipe 84 cantava «Una giornata al mare, solo e con mille lire». Sarà stato per questo motivo che, seduto in metropolitana, dalla basilica di San Paolo a Casal Bernocchi, da Acilia a Castel Fusano, osservando la gente intorno a me, ascoltandola parlare, per qualche attimo ho temuto di aver sbagliato città, nazione o pianeta. Due grassone in calzoncini corti a vita bassa, sandali e canottiera con righe multicolori, discutono in russo. I loro grandiosi avambracci cellulitici si agitano senza sosta nella carrozza lanciata verso la costa. Immagino chissà quali beghe familiari fra Odessa, Sebastopoli e Batumi. Accanto a noi un sudamericano sonnecchia, testa china sul vetro del finestrino, incurante del frastuono. Poco più in là alcuni ragazzi con la tavola da surf appoggiata in terra ridono e scherzano in slavo: occhiali da sole a specchio, basettoni nuovi di zecca, maglietta sdrucita con scritta d'ordinanza: Mamma Cocaina.

Scendo alla stazione e mi avvio verso la spiaggia. Al tempo del fascismo i bagni di Roma erano i più grandi d'Europa. Nella sala d'attesa c'è una fotografia in bianco e nero scattata nel 1924 all'inaugurazione delle prime strutture ricettive. La didascalia recita: «Sullo sfondo si erge maestosa la chiesa di Regina Pacis». Procedo in mezzo ai venditori senegalesi che mi guidano festosi verso il lungomare Toscanelli. Uno di loro, Armand, riesce a vendermi perfino un libro di versi: «Poeti africani anti-apartheid». Edizioni dell'Arco. Basta poco per fare amicizia. Alla fine mi batte la mano sulle spalle prima di andare a lavorare. Sul pontile del molo alcuni pensionati girano smarriti col giornale piegato sulla testa per ripararsi dal sole che non lascia scampo. Da una parte

---

I corpi distesi per terra raccontano un Paese multietnico: quei lineamenti provengono dall'altra parte del globo

---

spiccano le insegne di Mc Donald's e Gelofantasy; dall'altra quelle dello stabilimento Battistini. L'unica zona d'ombra è il capannone di libri semideserto. Quando raggiungo il mare ho l'impressione di rivedere un vecchio film che avevo dimenticato. Gli adulti sotto l'ombrellone. L'aereo che transita in lontananza con lo striscione pubblicitario sventolante. Il barcone pronto ad accostare per la classica gita al largo annunciata al microfono. Il bagnino sul trespolo battuto dal vento. Gli asciugamani, lo sdraio, la radio. Le voci, le grida, gli odori della crema abbronzante. Il rumore del tamburello. Muscoli scolpiti in palestra e pance al sole. Uomini e donne. Grassi e magri. Belli e brutti. Giovani e vecchi. I bambini col secchiello impegnati a costruire castelli di sabbia sono passati da una generazione all'altra senza soluzione di continuità. Anche questa folla non mi è nuova. Chi legge. Chi litiga. Chi s'abbraccia. Chi si tuffa in acqua.

Non fosse che per la miriade di tatuaggi sulle spalle, sulle caviglie e sopra il sedere, il tempo sembrerebbe essersi fermato. I draghi a tre teste, i Che Guevara di china, le sciabole fiammeggianti, i cavalli alati rimettono in funzione le lancette. Mi fanno capire che sono stato vittima di un'illusione ottica. Cammino sul bagnasciuga a piedi scalzi, coi pantaloni arrotolati, come il nostromo monologante di un'armata sommersa. Supero transenne, attraverso spiagge libere e chiuse. Il Tirreno batte cocciuto i suoi eterni colpi di schiuma. I corpi distesi in terra illustrano la cronaca, prefigurano la storia: quella pelle è più bianca del solito, mi avvicino e sento un idioma straniero, forse polacco; quei lineamenti provengono dall'altra parte del globo, Filippine, azzardo; e quella zazzera scura mi sembra di averla già vista. Sì, è proprio Armand, il carico di chincaglieria sulle spalle. Ci incrociamo al volo, in un giro di giostra. «Hai sfogliato il libro?». Mentre torno indietro verso la metropolitana, Ostia mi sembra il centro del mondo.

19 *Dopo aver letto l'articolo prova a ricordare cosa fanno questi personaggi e come sono descritte le situazioni.*

IN METROPOLITANA
- due grassone
- alcuni ragazzi
- un sudamericano

VERSO LA SPIAGGIA
- i venditori senegalesi
- Armand
- alcuni pensionati

SULLA SPIAGGIA
- cose
- persone

20 **Attività** *Un Paese multietnico*

Confronta il tuo paese con altri che hai visitato o conosciuto attraverso i mezzi di comunicazione. Il tuo è un paese multietnico? Lo è da sempre o lo è diventato recentemente? Da quali paesi provengono i suoi abitanti?
Come si manifesta l'elemento multietnico nella vita sociale e culturale?
Quali cambiamenti e trasformazioni sono avvenuti o stanno avvenendo nel tuo paese rispetto all'immigrazione di persone da altri paesi?

Ci sono angeli e angeli, ma anche ci sono scrittori e scrittori.
Non che uno voglia paragonare l'autore di un'opera a quella del romanzo
storico più famoso d'Italia ma è questione di tenacia, di ottimismo,
pensava Piero mentre passava per associazione da un castello all'altro.
Alessandro Manzoni e "I Promessi Sposi", non siamo a Roma, siamo
a nord, qualche secolo fa, al tempo della dominazione spagnola,
non più sopra un fiume ma su un lago, anzi "quel ramo del lago di Como che volge
a mezzogiorno fra due catene non interrotte di monti…"

Non c'è lago letterario più famoso in Italia dove un tempo vivevano umili tessitori
ed oggi spiccano favolose ville e belle case di piccoli industriali e stranieri facoltosi.
Ebbene su quel lago inizia una storia che sarebbe potuta andare a finire in modo
più tragico della Tosca.
Si tratta di due sposi, Renzo e Lucia, promessi, appunto, ma eternamente ostacolati
nel loro progetto matrimoniale da un signorotto, un certo Don Rodrigo, dominatore
spagnolo che vive nel suo castello con la sua corte di bravi, bulli mafiosi secenteschi
che rapiscono la sposa e minacciano Don Abbondio, il prete che doveva sposarli, con la
famosa frase: "questo matrimonio non s'ha da fare!"

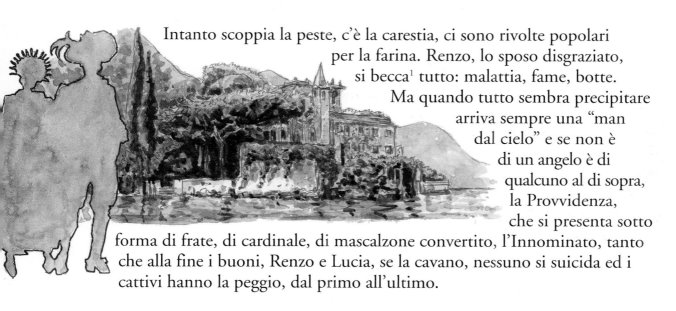

Intanto scoppia la peste, c'è la carestia, ci sono rivolte popolari per la farina. Renzo, lo sposo disgraziato, si becca[1] tutto: malattia, fame, botte. Ma quando tutto sembra precipitare arriva sempre una "man dal cielo" e se non è di un angelo è di qualcuno al di sopra, la Provvidenza, che si presenta sotto forma di frate, di cardinale, di mascalzone convertito, l'Innominato, tanto che alla fine i buoni, Renzo e Lucia, se la cavano, nessuno si suicida ed i cattivi hanno la peggio, dal primo all'ultimo.

Tutto questo sempre intorno a quel lago di Como oggi affollato di ville e di surfisti, e di turisti che comprano bottiglie di vino con nomi di dittatori italiani e stranieri come souvenir e non sanno neppure chi fosse Alessandro Manzoni e quante pene avessero patito quei due poveri ingenui di Renzo e Lucia e quante Manzoni, che dovette tradurre tutto il romanzo dal lombardo all'italiano con dizionario a fronte. Era il 1827 quando usciva la prima versione del romanzo con il titolo "Fermo e Lucia".
Molti anni dopo, nel 1840, fu pubblicata la nuova versione col titolo "I Promessi Sposi".
Manzoni infatti oltre ad essere scrittore aveva incarichi politici, tra cui quello di presidente della Commissione per l'Unificazione della Lingua. Era il 1862, da un anno l'Italia era stata unificata, per quanto riguarda la lingua si era ancora agli inizi.

Lì, su quello stesso lago, molti secoli prima dimorava Plinio il Giovane in una splendida villa con porticato affacciata sul lago.
In una lettera ad un amico (Rufo Caninio) Plinio gli consigliava di prendere la vita con equilibrio, tra ciò che l'esistenza impone e ciò che la natura offre. "Otia et negotia" diceva Plinio il Giovane: guarda il lago e lavora.

Perché dunque anche lui – Piero – non poteva concedersi qualche giorno di sano ozio mentre mezza Italia se lo concedeva?
Il punto era che proprio quando cercava di riposare non riusciva a potare i troppi pensieri che ramificavano nella sua mente. Spesso pur non volendo divagava intorno a eterni temi esistenziali.

[1] termine colloquiale, slang per prende, riceve.

1   **A.** *Dopo aver letto il testo segna le risposte corrette.*

1. Piero ripensava per associazione ad un castello.   ⊙ vero   ⊙ falso

2. Piero pensava ad una storia ambientata sul lago
    di Garda qualche secolo fa.   ⊙ vero   ⊙ falso

3. La storia di cui parla Piero si intitola "I promessi sposi"
    e parla di Renzo e Lucia.   ⊙ vero   ⊙ falso

4. Don Rodrigo era un signore spagnolo
    che non voleva far sposare Renzo e Lucia.   ⊙ vero   ⊙ falso

5. Don Abbondio pronunciò la famosa frase
    "questo matrimonio non s'ha da fare".   ⊙ vero   ⊙ falso

6. Nel romanzo "I Promessi Sposi" si parla di   ⊙ guerre   ⊙ peste
                                                     ⊙ fame   ⊙ rivolte popolari
                                                     ⊙ crimini   ⊙ spionaggio

7. Renzo, lo sposo, è molto fortunato e non incontra grosse difficoltà.   ⊙ vero   ⊙ falso

8. Nel romanzo Renzo e Lucia vengono aiutati dalla Provvidenza.   ⊙ vero   ⊙ falso

9. Il romanzo "I Promessi Sposi" è un romanzo a lieto fine.   ⊙ vero   ⊙ falso

10. Il lago di Como oggi è come al tempo dei "Promessi Sposi".   ⊙ vero   ⊙ falso

11. Tutti i turisti vanno al lago di Como per saperne di più
    su Alessandro Manzoni.   ⊙ vero   ⊙ falso

12. Alessandro Manzoni tradusse il suo romanzo
    dal lombardo all'italiano.   ⊙ vero   ⊙ falso

13. Il romanzo dal titolo "I Promessi Sposi" fu pubblicato nel 1927.   ⊙ vero   ⊙ falso

14. Sul lago di Como molti secoli prima era vissuto
    anche Plinio il Giovane.   ⊙ vero   ⊙ falso

15. Piero avrebbe voluto prendersi qualche giorno di riposo
    ma non riusciva a fermare la sua mente.   ⊙ vero   ⊙ falso

B. *Rispondi alle domande.*

1. Nel testo si parla di alcuni personaggi. Scrivi il loro nome o soprannome:

   • un autore letterario ....

   • un romanzo ....

   • uno sposo ....

   • una sposa ....

   • un prete ....

   • un signorotto spagnolo ....

   • gli aiutanti mafiosi del signorotto spagnolo ....

   • una persona che si converte ....

   • un autore latino ....

   • l'amico di un autore latino ....

2. Perché Piero pensa al romanzo di Alessandro Manzoni?

3. Dove e quando si svolge la storia dei Promessi Sposi?

4. Com'era il lago al tempo del romanzo e come è oggi?

5. Cosa ricordi della storia dei Promessi Sposi?

6. Alessandro Manzoni aveva incarichi pubblici, quali?

7. Perché Piero pensa a Plinio il Giovane?

  Cerca nel testo e sottolinea tutti i marcatori temporali, parole o gruppi di parole che indicano "quando", "in che momento".

ES *Mentre...*

3 Cloze

Reinserisci nel testo i seguenti marcatori temporali.

oggi • alla fine • un tempo • da • qualche secolo fa • Intanto • mentre • quando
oggi • al tempo • quando • molti anni dopo • agli inizi • molti secoli prima

Quel ramo del lago di Como

Ci sono angeli e angeli, ma anche ci sono scrittori e scrittori.

Non che uno voglia paragonare l'autore di un'opera a quella del romanzo storico più famoso d'Italia ma è questione di tenacia, di ottimismo, pensava Piero .... passava per associazione da un castello all'altro paragonando il destino della Tosca a quello di Lucia, la protagonista de "I Promessi Sposi" di Alessandro Manzoni.

Non siamo a Roma, siamo a nord .... esattamente .... della dominazione spagnola, non più sopra un fiume ma su un lago, anzi "quel ramo del lago di Como che volge a mezzogiorno fra due catene non interrotte di monti..."

Non c'è lago letterario più famoso in Italia dove .... vivevano umili tessitori ed .... spiccano favolose ville e belle case di piccoli industriali, e stranieri facoltosi.

Ebbene su quel lago inizia una storia che sarebbe potuta andare a finire in modo più tragico della Tosca.

Si tratta di due sposi, Renzo e Lucia promessi appunto ma eternamente ostacolati nel loro progetto matrimoniale da un signorotto, un certo Don Rodrigo, dominatore spagnolo che vive nel suo castello con la sua corte di "bravi", bulli mafiosi secenteschi che rapiscono la sposa e minacciano Don Abbondio, il prete che doveva sposarli, con la famosa frase: "questo matrimonio non s'ha da fare!"

.... scoppia la peste, c'è la carestia, ci sono rivolte popolari per la farina. Renzo, lo sposo disgraziato, si becca tutto: malattia, fame, botte. Ma .... tutto sembra precipitare arriva sempre una "man dal cielo" e se non è di un angelo è di qualcuno al di sopra, la Provvidenza, che si presenta sotto forma di frate, di cardinale, di mascalzone convertito, "l'Innominato", tanto che .... i buoni, Renzo e Lucia se la cavano, nessuno si suicida ed i cattivi hanno la peggio, dal primo all'ultimo.

Tutto questo sempre intorno a quel lago di Como .... affollato di ville e di surfisti, e di turisti che comprano bottiglie di vino con nomi di dittatori italiani e stranieri come souvenir e non sanno neppure chi fosse Alessandro Manzoni e quante pene avessero patito quei due poveri ingenui di Renzo e Lucia e quante Manzoni, che dovette tradurre tutto il romanzo dal lombardo all'italiano con dizionario a fronte. Era il 1827 .... usciva la prima versione del romanzo con il titolo "Fermo e Lucia". .... nel 1840 fu pubblicata la nuova versione col titolo "I Promessi Sposi". Manzoni infatti oltre ad essere scrittore aveva incarichi politici, tra cui quello di presidente della Commissione per l'Unificazione della Lingua. Era il 1862, ... un anno l'Italia era stata unificata, per quanto riguarda la lingua si era ancora ....

Lì, su quello stesso lago, ... dimorava Plinio il Giovane in una splendida villa con porticato affacciata sul lago.

FACCIAMO GRAMMATICA

Congiunzioni e connettivi testuali

Osserva le seguenti congiunzioni e connettivi testuali presenti nel testo:

Mentre   indica che due azioni accadono contemporaneamente

Anzi   al contrario, diversamente da quanto detto / o meglio (può esprimere contrasto o rinforzo rispetto all'idea enunciata prima)

Ebbene   dunque (si usa per collegarsi a quanto detto prima e riprendere il discorso)

Appunto   proprio, per questo motivo, (spiega la ragione di quanto detto prima)

Intanto   nello stesso tempo, contemporaneamente

Tanto che   al punto che, in modo che (congiunge due frasi ed esprime una conseguenza)

Infatti   conferma e spiega quanto detto o pensato prima

Dunque   allora, (serve a concludere un riassunto mentale ed iniziare un discorso).

Nota i significati che queste parole assumono nel testo

• *...pensava Piero **mentre** passava per associazione...*

Mentre indica che le due azioni accadono contemporaneamente.

• *Su un lago **anzi** "quel ramo del lago di Como..."*

Anzi indica che non si tratta di un semplice lago, si vuole aggiungere una informazione importante

• ***Ebbene** su quel lago...*

Nel periodo precedente si descrive un lago, con **ebbene** ci si ricollega a quanto detto.

• *Si tratta di due sposi, Renzo e Lucia, promessi **appunto***

Appunto si riferisce al fatto che gli sposi sono "promessi" proprio come si dice nel titolo del libro ma ostacolati nel loro matrimonio.

• ***Intanto** scoppia la peste...*

Nella frase precedente si parla di alcune vicende, **intanto** significa mentre tutto ciò succedeva, nello stesso tempo...

• ***Tanto che** alla fine...*

significa *in modo che, così che*

• *Manzoni, **infatti**, oltre ad essere uno scrittore aveva incarichi politici*

Infatti spiega perché Manzoni tradusse il suo romanzo, perché si interessava di lingua italiana

• *Perché **dunque** anche lui, Piero, non poteva concedersi qualche giorno di sano ozio?*

Dunque significa *allora* e lega la frase alla situazione descritta precedentemente.
Se Plinio consigliava a tutti di riposare, allora perché lui, Piero, non ci riusciva?

4 Esercizio

Inserisci nelle seguenti frasi una delle congiunzioni descritte prima.

1. Ci vediamo davanti al cinema alle 8.00, ... è meglio se ci incontriamo dieci minuti prima, c'e sempre una lunga fila per i biglietti.

2. Sei stata a Roma tre volte, ... la conosci bene.

3. Io preparo la cena, tu .... controlla se i bambini hanno finito di fare i compiti.

4. Laura si è trovata benissimo in Tunisia; .... ha pensato di trasferirsi lì e cercare un lavoro per la prossima estate.

5. Marco deve aver litigato con Enrica, ... non è venuto al cinema con lei per non incontrarla.

6. - Smettetela di suonare, è tardi.
   - Ma dai, siamo in estate!
   - ...., le finestre sono aperte, voi fate rumore e i vicini si lamentano.

7. - Ricordate l'episodio del romanzo che abbiamo letto ieri? ...., nello stesso episodio l'autore introduce anche un nuovo personaggio che ora cercheremo di analizzare.

8. Stasera vado al cinema, ... magari affitto una cassetta e mi guardo un film a casa.

9. Io esco un attimo, voi .... finite questo esercizio, poi lo correggiamo.

10. Era dimagrita moltissimo, ... Marco non la riconobbe a prima vista.

11. - Avete un giornale con gli spettacoli?
    - Sì.
    - ...., vediamo un po' cosa possiamo fare stasera.

FACCIAMO GRAMMATICA

Il presente storico

Nel testo "Quel ramo del lago di Como" le vicende dei Promessi Sposi vengono narrate al **presente storico**.
Il presente usato con funzione di passato si usa per attualizzare un fatto, per dare alla vicenda un ritmo più incalzante e coinvolgere maggiormente il lettore.

5 Esercizio

Riscrivi questa parte del testo usando i tempi passati

Si tratta di due sposi, Renzo e Lucia, promessi, appunto, ma eternamente ostacolati nel loro progetto matrimoniale da un signorotto, un certo Don Rodrigo, dominatore spagnolo che vive nel suo castello con la sua corte di "bravi", bulli mafiosi secenteschi che rapiscono la sposa e minacciano Don Abbondio, il prete che doveva sposarli, con la famosa frase: "Questo matrimonio non s'ha da fare!" Intanto scoppia la peste, c'è la carestia, ci sono rivolte popolari per la farina. Renzo, lo sposo disgraziato, si becca tutto: malattia, fame, botte. Ma quando tutto sembra precipitare arriva sempre una "man dal cielo" e se non è di un angelo è di qualcuno al di sopra, la Provvidenza che si presenta sotto forma di frate, di cardinale, di mascalzone convertito, "l'Innominato", tanto che alla fine i buoni, Renzo e Lucia, se la cavano, nessuno si suicida ed i cattivi hanno la peggio, dal primo all'ultimo.

....

....

....

....

....

....

....

....

....

....

....

....

....

....

6 Attività orale

- *Racconta un film, un'opera letteraria (romanzo, racconto, dramma)
  o una leggenda che contenga una storia d'amore difficile e contrastata.*

- *Descrivi un luogo del tuo paese legato ad un'opera letteraria o cinematografica.*

Quel triangolo del lago di Como

Tornano **I promessi sposi** in una nuova versione televisiva firmata da **Francesca Archibugi**. Che li affronta da una chiave insolita: Renzo e Lucia poveri ma belli innamorati, con lei non insensibile al fascino del potente Don Rodrigo. Piacerà?

A 36 anni dal celebre sceneggiato di Sandro Bolchi, e a 14 da quello di Salvatore Nocita, torna sul piccolo schermo *I promessi sposi* di Alessandro Manzoni. *Renzo e Lucia* si intitola il film Tv in due puntate, liberamente tratto dal romanzo, con la regia di Francesca Archibugi, il 13 e 14 gennaio su Canale 5. La diciannovenne debuttante Michela Macalli è Lucia, mentre il venticinquenne Stefano Scandaletti (al suo attivo qualche spettacolo teatrale e un paio di film) è Renzo. Con loro un cast reclutato da cinema e teatro: Stefano Dionisi (Don Rodrigo), Paolo Villaggio (Don Abbondio), Laura Morante (la monaca di Monza), Stefania Sandrelli (Agnese), Carlo Cecchi (Cardinale Federigo Borromeo), Toni Bertorelli (Padre Cristoforo), Laura Berti (Madre Superiora), Miriam Crotti (Perpetua), Gigio Alberti (Griso) e l'attore tedesco Gottfried John (L'Innominato). Una megaproduzione da 8 milioni di euro, realizzata da Guido e Maurizio De Angelis, quasi interamente girata nei luoghi manzoniani. Una fiction con piglio cinematografico, che però la regista ha pensato proprio per il piccolo schermo. Dice la Archibugi: «Ho fatto questo sceneggiato assolutamente per la Tv. In un primo momento si era ventilata l'ipotesi di destinare il progetto alle sale, ma non sono stata mai d'accordo: il pubblico del cinema è più settoriale, mentre io immaginavo che questo lavoro dovesse essere rivolto a una platea più eterogenea».

Non una semplice illustrazione dell'opera. Spiega la regista: «Per questo l'ho intitolato *Renzo e Lucia*: non mi interessava rifare una versione dei *Promessi sposi* per la Tv. La sceneggiatura mi ha subito appassionato, si basa su un'idea avvincente ed evocativa: parte da una specie di antefatto della storia, che tutta l'Italia conosce, cercando di estrapolare dal romanzo le motivazioni dei personaggi. Così la chiave è psicoanalitica, giocata sul triangolo amoroso tra i due giovani e Don Rodrigo».

La vera novità di questa rilettura sta proprio nel fatto che l'ingenua Lucia, pur amando il suo Renzo, si sente in certo modo attratta dalle prepotenti attenzioni del signorotto del paese. Riprende la Archibugi: «Mi sembrava impossibie che nella mente di una povera fanciulla, oggetto delle brame di un uomo piacente e potente, non ci fossero ripercussioni, turbamenti. Manzoni non lo svela, ma in fondo lei si sente ambiguamente tentata da Rodrigo, ricco e affascinante. Solo che Rodrigo è uno psicopatico, una sorta di Barbablù».

Michela Macalli racconta di non aver studiato a scuola con entusasmo il romanzo: «Lo trovavo noioso, Lucia mi sembrava scollata dalla realtà. Anch'io trovo normale che una ragazza giovanissima possa essere lusingata dalla corte di un uomo bello e potente». Ma la debuttante ha scoperto a scuola la sua vocazione d'attrice: «In una circolare si cercava la protagonista dello sceneggiato: per gioco ho partecipato ai provini. Tutto pensavo, fuorché di essere scelta».

Dice Stefano Scandaletti: «Renzo è il primo eroe contadino povero della letteratura. Lui sa qual è la differenza tra bene e male e si innamora di Lucia perché in lei vede il suo alter ego femminile. Capisce cosa sia la paura e sa affrontarla. Soprattutto è consapevole del fatto che i ricchi sono tutti matti ed è meglio starne alla larga». Anche nell'interpretazione di questo personaggio, è stata rintracciata una sua modernità. Riprende l'attore: «È un giovane coraggioso. Se lo dovessi collocare ai giorni nostri, lo vedrei tra quei ragazzi che, con determinazione, sono capaci di lasciare casa e affetti per avventurarsi in paesi stranieri. In fondo, per Renzo e Lucia, nell'Italia del Seicento, Milano doveva davvero apparire come un paese lontano e straniero».

---

7   *Dopo aver letto l'articolo, rispondi alle domande:*

1. Quanti sceneggiati televisivi su "I Promessi Sposi" vengono citati nell'articolo?
2. Quali sono le innovazioni importanti nello sceneggiato di Francesca Archibugi?
3. Michela Macalli interpreta il personaggio di Lucia: come ha ottenuto questa parte?
4. Cosa pensa la Macalli del personaggio di Lucia?
5. Cosa pensa Stefano Scandaletti di Renzo, il personaggio da lui interpretato?

8 *Biografia di un grande scrittore dell'Ottocento: Giovanni Verga*

Quando **Verga** tacque per dar voce ai vinti

Il Venerdì di Repubblica

Pubblicato nel 1881 dall'editore milanese Treves, *I Malavoglia* è il più importante romanzo italiano dell'Ottocento insieme ai *Promessi sposi*. E con la summa manzoniana condivide un immeritato destino: quello di venir esiliato spesso e volentieri fra quei libri fatti ingoiare a dosi forzate e in salse indigeste sui banchi di scuola.

Leggi il testo, come puoi osservare nella prima parte viene usato il presente storico e nell'ultima parte il passato remoto. Trasforma tutto il testo usando il passato remoto.

Giovanni Verga
Catania 1840 - 1922

Giovanni Verga nasce a Catania nel 1840 da una famiglia di origini nobili. La sua formazione avviene in ambiente liberale. Abbandonati gli studi di giurisprudenza si dedica alla scrittura, marcata inizialmente dagli ideali romantico-risorgimentali. Trasferitosi a Firenze inizia a pubblicare i primi romanzi. *Una peccatrice* esce nel 1866 a Torino, seguito da *Storia di una capinera,* che avvia la fama nazionale dello scrittore. Nel '72 Verga si trasferisce a Milano dove frequenta l'ambiente della Scapigliatura ed elabora una visione critica dell'universo aristocratico-borghese, come rivelano le opere *Eva* (1873), *Tigre Reale* (1873) ed *Eros* (1875).

Negli anni 80 sulle suggestioni del naturalismo francese matura la svolta verso il verismo con i racconti e romanzi che lo renderanno celebre: *Vita dei campi* del 1880, *I Malavoglia* del 1881, *Novelle rusticane* del 1883, *Mastro don Gesualdo* del 1889. Quest'ultimo, che riscosse grande successo, avrebbe dovuto far parte con *I Malavoglia* di un ciclo in cinque opere dedicato ai «vinti». Ma del romanzo successivo *La duchessa di Leyra* l'autore lasciò scritto solo un capitolo e mezzo. Morì a Catania nel '22. Da ricordare anche le versioni teatrali di *Cavalleria rusticana* (1884), *La lupa* (1884) e *In portineria* (1885).

Il genio. Una mostra a Bologna celebra Guglielmo Marconi, l'inventore della radio.

LA TV COMPIE 50 ANNI
Ma non dimentichiamoci della radio

ENZO BIAGI

Tre vecchi quaderni dalle pagine ingiallite sono stati esposti a Bologna, nel Palazzo Re Enzo: sono appunti e formule matematiche che Guglielmo Marconi aveva diligentemente annotati per partecipare a un concorso bandito dalla rivista *L'elettricità*. Mettevano in palio duemila lire per una pila elettrica. Di Marconi ricordo i funerali: è morto nel 1937 e io ero ancora un ragazzo. È sepolto a Sasso, il paese dove ho una casa: hanno aggiunto il suo nome a quello del Comune e la sua tomba, disegnata credo da Piacentini, ha l'aria di un garage. Sopra c'è la Villa Grifone, padronale.

Credo di essere l'unico giornalista che ha parlato col primo uomo che ha ascoltato e trasmesso via radio: era un contadino, padre di un sagrestano, che chiamava ancora l'inventore «il signorino». Io ero un cronista che stava imparando, e andai a trovare quel vecchietto che suonava le campane per dare una mano al figlio in una parrocchia di campagna.
Mi raccontò: «Il signorino mi disse: "Prendi la doppietta, va oltre il poggio, e se nell'apparecchio senti un segnale, spara"». Sparò.

Certo il vecchio si rendeva conto che quel giorno era accaduto un fatto importante, ma non pensava di avere una piccola parte, il testimone, nella storia. Guglielmo Marconi poi era andato via, tutti parlavano di lui, era diventato anche marchese, e dalle parti di Pontecchio, frazione di Sasso, non si vide che raramente.

In casa mia, debbo confessarlo, quella pareva quasi una invenzione superflua. I nostri redditi non ci consentivano l'acquisto di una Marelli che a me pareva bellissima anche come mobile e che vedevo nelle case di alcuni miei compagni di scuola. A dire il vero, anche il giornale, per le nostre finanze, era un acquisto saltuario.

Arrivai finalmente a possedere un apparecchio a galena, una cuffia, e un filo, l'antenna, applicato alla rete del letto; ogni volta che facevo un movimento un po' brusco, spariva la voce.

Siamo nel 1935: al calcio battiamo la Francia 2-1. Segna Meazza, detto «il balilla». Andiamo a occupare l'Etiopia. Il Duce ci informa che l'Impero è tornato «sui colli fatali di Roma».

Due orchestre sono famose: Angelini e Barzizza, Genina gira *Squadrone bianco*: siamo o no in Africa? La più grande trovata pubblicitaria è *I quattro moschettieri* di Nizza e Morbelli legata alle figurine del cioccolato Perugina. Il cantante più amato è Alberto Rabagliati. Nella lirica si esibiscono Beniamino Gigli, Toti Dal Monte, Mafalda Favero, Tito Schipa, Giacomo Lauri-Volpi e Ferruccio Tagliavini. I divi di Hollywood sono Clark Gable e Gary Cooper, Greta Garbo e Joan Crawford. Nasce la Fiat Topolino.

Quando muore Guglielmo Marconi la gente dice: «Ha lasciato una terribile invenzione: il raggio della morte». Una balla.

Ora gli apparecchi Marelli si trovano nei negozi di antiquariato, con le figurine Perugina e i dischi delle sorelle Lescano. E fu il «transistor».

---

9   Dopo aver letto il testo, rispondi alle domande:

1. Che cosa è esposto nel Palazzo Re Enzo a Bologna?
2. Che cosa ricorda il giornalista Enzo Biagi di Guglielmo Marconi?
3. Quale primato ha Enzo Biagi come giornalista?
4. Che cosa gli raccontò il sagrestano a proposito di Guglielmo Marconi?
5. Che genere di famiglia era quella di Enzo Biagi?
6. Ricordi qualcuno degli eventi sportivi, culturali, storici, citati nell'articolo?
7. Cosa diceva la gente quando morì Marconi?

10 Attività scritta

A. *Prova a riscrivere al passato la testimonianza del vecchietto che suonava le campane. Usa i simboli a fianco come stimolo mnemonico. Dai un titolo alla storia a piacere.*

B. *Prova a riscrivere al passato alcuni degli eventi d'epoca che il giornalista ricorda: fatti ed emozioni. Usa i simboli a fianco come stimolo mnemonico. Dai un titolo alla storia a piacere.*

11 Cloze *La TV compie 50 anni*

Completa il testo con i verbi coniugati ai tempi passati dell'indicativo (imperfetto, passato prossimo, trapassato prossimo, passato remoto):

Credo di essere l'unico giornalista che (parlare) .... col
primo uomo che (ascoltare) .... e (trasmettere)
.... via radio: (essere) .... un
contadino, padre di un sagrestano, che (chiamare) ....
ancora l'inventore "il signorino". Io (essere) .... un cronista
che stava imparando, e (andare) .... a trovare quel vecchietto
che (suonare) .... le campane per dare una mano al figlio in
una parrocchia di campagna. Mi (raccontare) ....: "Il signorino
mi disse: 'Prendi la doppietta, va' oltre il poggio, e se nell'apparecchio senti un segnale, spara'". (Lui-sparare) ....
Certo il vecchio (rendersi) .... conto che quel giorno
(accadere) .... un fatto importante, ma non (pensare)
.... di avere una piccola parte, il testimone, nella storia.
Guglielmo Marconi poi (andare) .... via, tutti (parlare)
.... di lui, (diventare) .... anche
marchese, e dalle parti di Pontecchio, frazione di Sasso, non si vide che raramente.

Sette, Corriere della Sera

Il Venerdì di Repubblica

SULLA PUNTA DELLA LINGUA

Quel **dialetto** incomprensibile musica per le nostre orecchie

Hanno messo su un Festival. E ora arrivano in tv: sono i gruppi, sempre di più, che fanno rock vernacolare. Non si capisce quel che dicono? Beh, come con i brani inglesi. Parola di Guccini / di **Carlotta Mismetti Capua**

Quando Francesco Guccini chiudeva i suoi concerti con una canzone in pavanese con quel suo solito fare un po' brusco diceva sempre: «Io ora vi canto questa canzone. Però voi non capirete un tubo. Ma chi se ne importa, tanto ascoltate sempre roba inglese che non capite lo stesso». Ora, ci sono decine di gruppi in giro per l'Italia che riempiono piazze da duemila persone cantando in dialetto camuno, palermitano o comasco.

«Percorrendo l'Italia», racconta Paolo Batocchi, direttore artistico del festival, «ci siano accorti che dopo tanti anni» (perché non è da oggi che questi gruppi si esibiscono in tutta Italia, nei club, nei festival, mica nelle sagre paesane), «c'erano ormai comaschi che conoscevano le canzoni siciliane, e sardi che facevano i cori ai concerti dei gruppi piemontesi». Che il dialetto sia ancora vivo e vegeto lo conferma l'Istat, che informa in una recente ricerca che lo parla ancora il 60 per cento della popolazione.

Timbro d'autore
Dall'alto: Francesco Guccini, Mauro Pagani, Fabrizio De Andrè e Pino Daniele, tutti cantautori di nome che hanno usato anche il dialetto

Ma c'è un'altra ragione per cui il rock si sposa bene col dialetto, e la spiega Sandro Portelli, docente di letteratura americana all'Università La Sapienza di Roma e studioso di culture popolari: «Come sanno tutti i musichieri scrivere canzoni rock o folk in italiano è impossibile. L'italiano ha tutte parole lunghe e piane, che si adattano male alla ritmica del rock. Il dialetto invece, come scoprirono agli inizi degli anni novanta i Sud Sound System o i 99Posse, è tutto parole brevi e tronche. Inoltre queste operazioni, che sono sempre un po' colte, così come lo erano quelle di Pino Daniele o di De Andrè, sono molto più vicine di quanto si pensi alla natura e alla storia del rock and roll. Elvis Presley ad esempio cantava in dialetto: soprattutto nei suoi primi dischi si sente fortissimo l'accento del Mississippi. Il rock è vernacolare, la sua lingua non è mai stata neutra». ■

---

12   *Dopo aver letto il testo, rispondi alle domande:*

1. **Qual è il rapporto tra dialetto e musica rock?**

2. **Qual è la ragione del successo del dialetto nella musica rock?**

3. **Nel testo vengono citati:**
   • cantanti e gruppi musicali, quali?
   • alcuni dialetti regionali, quali?

13 Cloze

L'Innominato, uno dei personaggi principali de "I Promessi Sposi", è un signorotto che vive in un castello ed ha al suo servizio i cosiddetti "bravi" che   terrorizzano e ricattano i suoi nemici, commettendo ogni genere di malefatte e cattiverie. L'ultima di queste cattive azioni è il rapimento di Lucia Mondella per impedirne il matrimonio con Renzo Tramaglino su ordine del malefico Don Rodrigo che ha messo gli occhi su questa ragazza.

Inserisci nel breve testo tratto da "I Promessi Sposi" queste parole mancanti:

parole • letto • scappato • nemici • ordine • camera • immagine • visita

Partito o quasi ……………………… da Lucia, dato l'……………………………

per la cena di lei, fatta una consueta …………………………… a certi posti del

castello, sempre con quell' ……………………………… viva nella mente, e con

quelle …………………………… risonanti all'orecchio, il signore s'era andato a

cacciare in ……………………………… , s'era chiuso dentro in fretta e in furia,

come se avesse avuto a trincerarsi contro una squadra di …………………………;

e spogliatosi pure in furia era andato a ……………………………… .

Alessandro Manzoni, "I Promessi Sposi"

14 Attività *Cosa succederà?*

Dopo aver completato il breve testo sopra e averlo letto con attenzione prova a rispondere alle domande esprimendo liberamente le tue impressioni e le tue previsioni su come continuerà il racconto. Poi discutine con gli altri compagni.

Secondo te…

1. ◉ a. L'Innominato trascorrerà una notte serena.

   ◉ b. Trascorrerà, invece, una notte difficile e tormentata.

2. ◉ a. Forse incontrerà qualcuno per parlare del suo stato d'animo.

   ◉ b. Starà da solo a ripensare a sé stesso, alla sua vita alle sue azioni.

3. ◉ a. Saprà con certezza cosa fare con Lucia.

   ◉ b. Vivrà una tormentata indecisione riguardo a cosa fare con Lucia.

15 **Attività** *La notte dell'innominato*

Ora leggi tutto il brano seguente:

Partito, o quasi scappato da Lucia, dato l'ordine per la cena di lei, fatta una consueta visita a certi posti (¹) del castello, sempre con quell'immagine viva (²) nella mente, e con quelle parole (³) risonanti all'orecchio, il signore s'era andato a cacciare in camera, s'era chiuso dentro in fretta e in furia, come se avesse avuto a trincerarsi contro una squadra di nemici; e spogliatosi, pure in furia, era andato a letto. Ma quell'immagine, piú che mai presente, parve che in quel momento gli dicesse: tu non dormirai. « Che sciocca curiosità da donnicciola », pensava, « m'è venuta di vederla? Ha ragione quel bestione del Nibbio (⁴): uno non è piú uomo; è vero, non è piú uomo!... Io?... io non son piú uomo, io? Cos'è stato? che diavolo m'è venuto addosso? che c'è di nuovo? Non lo sapevo io prima d'ora, che le donne strillano? Strillano anche gli uomini alle volte, quando non si possono rivoltare. Che diavolo! non ho mai sentito belar donne? ».

E qui, senza che s'affaticasse molto a rintracciare nella memoria, la memoria da sé gli rappresentò piú di un caso in cui né preghi né lamenti non l'avevano punto smosso dal compire le sue risoluzioni. Ma la rimembranza di tali imprese, non che gli ridonasse la fermezza, che già gli mancava, di compir questa; non che spegnesse nell'animo quella molesta pietà; vi destava in vece una specie di terrore, una non so qual rabbia di pentimento. Di maniera che gli parve un sollievo il tornare a quella prima immagine di Lucia, contro la quale aveva cercato di rinfrancare il suo coraggio. « È viva costei », pensava, « è qui; sono a tempo; le posso dire: andate, rallegratevi; posso veder quel viso cambiarsi, le posso anche dire: perdonatemi... Perdonatemi? io domandar perdono? a una donna? io...! Ah, eppure! se una parola, una parola tale mi potesse far bene, levarmi d'addosso un po' di questa diavoleria, la direi; eh! sento che la direi. A che cosa son ridotto! Non son piú uomo, non son piú uomo!... Via! », disse poi, rivoltandosi arrabbiatamente nel letto divenuto duro duro, sotto le coperte divenute pesanti pesanti: « via! sono sciocchezze che mi son passate per la testa altre volte. Passerà anche questa ».

(¹) **posti:** posti di guardia.
(²) **quell'immagine viva:** di Lucia, prostrata e dolorosa.
(³) **con quelle parole:** l'Innominato era rimasto profondamente turbato da una frase pronunciata da Lucia, che ora gli torna insistentemente all'orecchio: « *Dio perdona tante cose, per un'opera di misericordia* ».

(⁴) **del Nibbio:** il piú fidato dei bravi dell'Innominato. Per quanto duro di cuore e incallito nel male, anche lui era stato turbato dalla mite figura di Lucia.

Alessandro Manzoni, "I Promessi Sposi"

16 Lessico

*Dopo aver letto il testo, cerca di abbinare le parole o espressioni della colonna **A** ai sinonimi della colonna **B**.*

A	B
Consueta (visita)	sembrò
Cacciare (in camera)	preghiere e lamenti
In fretta e in furia	cosa mi è successo?
Trincerarsi	fastidioso sentimento di compassione
Parve	solita
Che diavolo m'è venuto addosso?	rinchiudere
Rivoltare	velocemente
Belar (donne)	in modo che
Preghi e lamenti	piangere, lamentarsi
Non l'avevano punto smosso	il ricordo
Dal compire le sue risoluzioni	nascondersi per proteggersi
La rimembranza	ribellare
La fermezza	questa donna
Molesta pietà	risvegliava
(Gli) destava	non l'avevano allontanato
Di maniera che	come sono diventato
Rinfrancare	la determinazione
Costei	rinforzare, rinvigorire
A che cosa son ridotto	dal portare a termine le sue decisioni, dal fare quello che aveva deciso

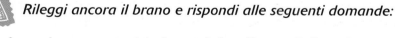

17

Rileggi ancora il brano e rispondi alle seguenti domande:

1. In quale momento del giorno si situa il racconto?
2. Quali elementi del testo ti fanno capire che l'Innominato è un uomo di potere?
3. Perché l'Innominato va a letto come se dovesse proteggersi da nemici? Perché è tormentato?
4. Quali immagini di Lucia gli tornano alla mente, provocandogli una crisi di coscienza?
5. In passato aveva già vissuto situazioni simili?
6. Il ricordo della sua "cattiveria" abituale lo aiuta ad accettare il sentimento di pietà e compassione che prova per Lucia?
7. Perché le sue coperte sono "pesanti pesanti" e il suo letto "duro duro"?

18

Evidenzia nel brano del Manzoni tutte le parole che fanno riferimento a sentimenti o stati d'animo; poi controlla i tuoi risultati con quelli degli altri compagni.

CONTAMINAZIONI

«Scaricare», «scannare», «processare»: così il computer cambia la nostra lingua

di **PAOLO CONTI**

La lingua italiana è vivissima, in continuo fermento, alimentata com'è dalla globalizzazione che impone nuovi vocaboli (o modifica il significato ad altri) e da un localismo geloso della tradizione, capace di sottrarre alla morte lessicale sia singole parole che modi di dire. A mantenere in buona salute l'italiano provvedono soprattutto i diecimila lemmi base che compongono il vocabolario più corrente e comprensibile dalla maggioranza dei nostri connazionali, vero garante della comunicazione tra generazioni.

Parte da questa tesi l'avventura linguistica dell'edizione 2004-2005 del dizionario Devoto-Oli edito da Le Monnier. Giacomo Devoto e Gian Carlo Oli sono ormai scomparsi e così l'edizione è curata da Luca Serianni, ordinario di Storia della lingua italiana a «La Sapienza» di Roma e accademico dei Lincei e della Crusca, e da Maurizio Trifone, professore di Lessicografia e lessicologia italiana all'Università per stranieri di Siena, esperto di linguaggi giovanili: da oggi (la prima tappa sarà a Trieste) il volume verrà presentato in otto città italiane, volutamente non tra le più grandi, proprio per sottolineare l'apporto di un territorio che da secoli produce lingua. Qualche cifra: tremila parole nuove, venticinquemila nuove accezioni, un totale di centocinquantamila definizioni, i famosi diecimila lemmi base segnalati con l'inchiostro azzurro (3190 pagine, completo di cd costa 68,50 euro)

Sgombriamo subito il campo da un luogo comune, cioè che l'italiano ceda sempre più spazio alla lingua anglo-americana: «La quota di anglicismi è certo alta, crescente ma si limita a invadere soprattutto determinati settori. Molte espressioni sono destinate a tramontare quando non si siano stabilmente inserite nella lingua» assicura Luca Serianni. Difficile immaginare un

mondo televisivo quotidiano senza gli atroci *reality show*. Impossibile proporre una traduzione per *work in progress*. In quanto al *web* e al mondo *on-line*, si spedirà sicuramente una *e-mail*, solo i più raffinati italofili ostentano l'elegante *posta elettronica*.

La globalizzazione dunque incide, ma solo in campi ben precisi. E produce pure il sovrapporsi di nuovi significati su parole che ne hanno da sempre altri. In un ufficio chi dice *chiocciola* indica sicuramente il segno necessario a spedire *e-mail*. E così *sito* o *portale* conducono le nuove generazioni all'universo di Internet più che a un luogo archeologico o a un ingresso di un'abbazia. Lo stesso avviene con *scaricare*. Addirit-

tura con *scannare*: da una parte l'orrore di una morte sanguinolenta, dall'altra la lettura con lo scanner. Identico fenomeno coinvolge *processare* che ormai indica anche l'elaborazione di dati (dall'inglese *to process*). Commenta Serianni: «Sono parole che derivano dall'inglese ma sono italianizzate a tutti gli effetti, magari non sono belle ma bisogna realisticamente abituarsi».

E mentre si celebra il funerale di neologismi prima sfruttatissimi e poi defunti (chi usa più *paninaro* dopo la fine degli anni 80? in quanti titoli appare *tangentaro* dopo Mani pulite? In quali incunaboli contemporanei è rintracciabile *matusa* dopo i primi anni 70?) resta durissimo lo zoccolo di chi non rinuncia alle

parole d'un tempo. Serianni e Trifone si rallegrano scoprendo che *carabattola* (masserizia di poco pregio), *posapiano* (pigrone), *ramerino* (rosmarino in toscano) siano ancora in circolazione, così come avviene con *si loca* (si affitta) a Napoli.

Spiega di nuovo Serianni: «Qui possiamo immaginare un discrimine legato all'età. Da una parte chi ha più di 40-45 anni e usa quelle espressioni perché le conosce e dall'altra i più giovani. Prendiamo *senza colpo ferire*: i meno giovani sanno che lì *ferire* è una forma arcaica che sta per *battere*. Lo stesso succede per molti detti derivati dalla civiltà agraria: *darsi la zappa sui piedi, menare il can per l'aia, chiudere la stalla quando i buoi sono scappati*. La differenza sta tra chi ha conosciuto quel mondo e chi lo ignora». Poi c'è la politica, come sempre sul banco degli imputati. Sostiene Luca Serianni: «Gli uomini pubblici dovrebbero ritenere l'uso del vocabolario fondamentale quasi un dovere sociale. Non immaginano neppure, come ha dimostrato Tullio De Mauro, quanto sia vasta e addirittura maggioritaria la fetta di italiani tagliata fuori dalla comprensione di espressioni come ministero del *Welfare*, *question time* in Parlamento e via dicendo».

Infine la scuola e l'università. Secondo lo studioso dovrebbero favorire lo studio del vocabolario e quindi la dilatazione delle capacità espressive con vere e proprie lezioni di «traduzione» delle parole più complesse: «L'ideale sarebbe ricorrere a letture e a commenti scritti, diciamo il metodo più tradizionale e consolidato. Non dimentichiamoci che l'uso maturo di una lingua facilita l'accesso ad altre conoscenze e lo stesso studio di altri idiomi. E tra gli strumenti positivi vedo anche il quotidiano in classe, ottimo veicolo di lingua viva».

Corriere della Sera

19   *Dopo aver letto il testo, segna le risposte corrette:*

1. A causa della globalizzazione la lingua italiana
   si arricchisce di nuove parole. ⊙ vero   ⊙ falso

2. Il localismo linguistico danneggia la ricchezza della lingua. ⊙ vero   ⊙ falso

3. Le parole di base della lingua italiana sono 15.000. ⊙ vero   ⊙ falso

4. L'edizione 2004/2005 del dizionario Devoto-Oli
   è stata curata da Maurizio Trifone e Luca Serianni. ⊙ vero   ⊙ falso

5. Il dizionario verrà presentato nelle più grandi città italiane. ⊙ vero   ⊙ falso

6. Le parole inglesi invadono tutti i settori della lingua italiana. ⊙ vero   ⊙ falso

7. Alcune parole italiane oggi assumono un doppio significato
   per effetto della globalizzazione. ⊙ vero   ⊙ falso

8. Alcune parole considerate neologismi nei decenni passati,
   sono scomparse o tendono a scomparire. ⊙ vero   ⊙ falso

9. Serianni e Trifone trovano positivo il fatto che resistano nell'uso
   parole legate alla società agricola di un tempo e alle lingue regionali. ⊙ vero   ⊙ falso

10. Il linguaggio dei politici è comprensibile da tutti i cittadini. ⊙ vero   ⊙ falso

11. La scuola e l'università devono stimolare di più la conoscenza
    del vocabolario. ⊙ vero   ⊙ falso

12. In classe è utile leggere solo testi letterari. ⊙ vero   ⊙ falso

20 Lessico

A. *Cerca nell'articolo che hai appena letto le parole o espressioni corrispondenti ai seguenti significati e trascrivile:*

nuove parole _____

che riguarda il lessico, le parole _____

parole fondamentali inserite in un dizionario _____

settore della linguistica che si occupa della redazione di dizionari _____

settore della linguistica che si occupa dello studio del lessico _____

nuovi significati _____

spiegazioni di un termine, di una parola _____

parole inglesi entrate nella lingua italiana _____

amanti della lingua italiana _____

parole derivanti da altre lingue, adattate all'italiano _____

nuove parole _____

parole o espressioni un po' antiche _____

modi di dire _____

insieme delle parole più usate di una lingua _____

altre lingue _____

lingua usata nella comunicazione corrente _____

B. *Nell'articolo che hai letto vengono citate parole o espressioni appartenenti alle categorie indicate sotto. Trovale e trascrivile negli spazi adeguati:*

Anglicismi

Parole già usate in italiano
ma che hanno assunto
un nuovo significato nel mondo informatico

Neologismi passati di moda

Modi di dire legati
alla vecchia civiltà agraria

C. *Prova ad associare alle definizioni indicate sotto, queste parole:*

paninaro • tangentaro • matusa.

Come puoi ricordare si tratta di "vecchi neologismi" citati nell'articolo che hai letto.

1. Persona adulta con una
   mentalità antiquata e retrograda   _____

2. Uomo politico o amministratore pubblico
   coinvolto in scandali e episodi di corruzione   _____

3. Giovane rappresentante della borghesia
   urbana milanese negli anni ottanta   _____

21 *Dipendenze tecnologiche*

track *Dopo aver ascoltato la trasmissione radiofonica, segna la risposta corretta:*

1. Il tema di questa trasmissione è:

   ⊙ i giochi d'azzardo e le lotterie
   ⊙ le dipendenze tecnologiche

2. Chi soffre di queste dipendenze ha un rapporto morboso

   e ossessivo con alcuni oggetti tecnologici di uso quotidiano.   ⊙ vero ⊙ falso

3. Ci sono persone che passano ore su internet per

   ⊙ giocare

   ⊙ fare ricerche e studi

   ⊙ scaricare materiale di ogni tipo
   ⊙ visitare siti di carattere scientifico
   ⊙ fare acquisti
   ⊙ cercare amici
   ⊙ cercare lavoro
   ⊙ cercare l'amore della propria vita

4. Molti usano il telefonino in modo eccessivo

   e mandano continuamente SMS.   ⊙ vero ⊙ falso

5. I videogiochi interessano solo ai bambini e ai ragazzi.   ⊙ vero ⊙ falso

6. La trasmissione si occuperà solo delle conseguenze fisiche

   e psicologiche di queste nuove mode.   ⊙ vero ⊙ falso

7. L'istituto di ricerca Demoskopea ha realizzato una ricerca

   sul fenomeno delle dipendenze tecnologiche.   ⊙ vero ⊙ falso

8. Il giornalista è in collegamento telefonico con la curatrice

   di questa indagine.   ⊙ vero ⊙ falso

9. Per condurre questa ricerca sono state intervistate

   13.400 persone di ogni età.   ⊙ vero ⊙ falso

10. Elisabetta Brambilla dice che i giovani non sono coscienti

    del problema delle dipendenze tecnologiche.   ⊙ vero ⊙ falso

11. Secondo i dati emersi dalla ricerca, al 1° posto tra

    gli oggetti che creano dipendenza ci sono i videogames.   ⊙ vero ⊙ falso

12. Il computer è citato dal 30% dei ragazzi intervistati.   ⊙ vero ⊙ falso

13. Il cellulare e la TV sono citati come causa di dipendenza

Qualcuno pensa che l'amore sia il tema principale della vita.
Altri credono che la ricerca della felicità sia al di sopra di tutto.
C'è chi sostiene che le due cose siano strettamente dipendenti ma allora
non si capisce come mai le migliori storie contengano accanto all'amore
ed alla felicità la loro antitesi: odio, infelicità e morte.
La Tosca senza il dolore non sarebbe mai divenuta famosa e
Cavaradossi senza persecuzione non sarebbe mai stato cantato
dai migliori tenori.
Anche Renzo e Lucia dei Promessi Sposi non sono diventati tanto famosi per la loro
storia d'amore ma per gli ostacoli al loro matrimonio.
Nelle più belle storie dell'antichità l'amore è condannato a morte.

A Gradara un paesetto su una collina nelle Marche una fila di turisti si arrampica su verso
un castello per rivivere l'atmosfera di un amore infernale, quello
di Paolo e Francesca.

Molti pensano che sia uno dei canti più belli della Divina
Commedia dantesca, la loro storia è più antica di Dante,
ma il grande poeta fiorentino scelse la loro tragica fine
per parlare dell'amore tra le passioni umane che portano
all'Inferno.
Piero si arrampica insieme alla folla di turisti sulle colline
del castello di Gradara ricordandosi questi versi letti a scuola:
"galeotto fu il libro e chi lo scrisse".
È una frase pronunciata da Francesca che racconta a Dante
come da un libro d'amore, che narrava la storia di Lancillotto
e Ginevra, letto insieme a Paolo, nacque il loro sfortunato amore.

Piero non ricorda neppure perché sia arrivato fino a Gradara.
Voleva scrivere di angeli e di castelli, poi ha iniziato a pensare all'amore e ora pensando
al suo libro non è più sicuro se debba mettere Gradara nel capitolo "Luoghi d'autore"
o nel capitolo "Angeli e castelli".
L'editrice gli aveva detto: "Voglio una scrittura leggera ma ricca di suggestione che prenda
il turista per mano e lo porti su quei luoghi dove si sente il segno di una mano poetica,
dove le pietre parlano. Voglio che le sue parole colpiscano anche il più tranquillo
dei viaggiatori. Spero che lei riesca a far rivivere con la sua penna la storia
che ha attraversato quei luoghi".

Era un progetto davvero ambizioso e Piero
aveva pensato a lungo a come organizzare
il lavoro: "Basta che io decida i capitoli
entro cui inserire i luoghi e tutto sarà più
facile, poi inizierò a viaggiare". Alla fine aveva
deciso di dividere il volume in tre parti.
La prima dal titolo "Luoghi d'autore",
la seconda "Luoghi dove il tempo si è fermato"
e la terza "Angeli e castelli".
"Si ispiri ai viaggi sentimentali
– gli aveva detto l'editrice – rilegga Goethe,
Stendhal, Byron, Gogol', legga cosa hanno
detto dell'Italia, benché siano passati molti
anni le loro pagine descrivono un'Italia
affascinante che resta ancora tale
nell'immaginazione di molti".

Piero aveva capito, perché in fondo
da sempre anche lui teneva diari
di viaggi, solo che i suoi diari erano
solo per lui.
D'altronde, se aveva accettato di lavorare a quel progetto, era solo perché sapeva
che l'editrice non voleva una guida turistica, uno di quei libri che parlano di alberghi
romantici, sentieri tra i boschi, panorami a cinque stelle. Doveva essere controtendenza,
neppure una foto, solo parole, e citazioni. A che servono quelle foto tutte uguali
di spiagge, di notturni, di fichi d'India quando poi la gente viaggia con lo stesso spirito
con cui va a fare la spesa al supermercato?

Mi chiedo perché si debba per forza viaggiare, se poi dai viaggi si torna immutati,
con qualche souvenir e un po' di esotica abbronzatura.
I viaggi arricchiscono purché si mantenga alto lo spirito della scoperta o della riscoperta,
purché non diventino solo un pretesto per fare shopping.

1   **A.** *Dopo aver letto il testo segna le risposte corrette.*

1. Piero pensa che l'amore e la felicità siano strettamente legati.   ⊙ vero   ⊙ falso

2. Piero pensa che Tosca e Cavaradossi siano diventati famosi
   per i problemi che hanno incontrato.   ⊙ vero   ⊙ falso

3. Nelle antiche storie d'amore non c'erano mai problemi ed ostacoli.   ⊙ vero   ⊙ falso

4. Le storia di Paolo e Francesca è legata al castello di Gradara.   ⊙ vero   ⊙ falso

5. Dante Alighieri descrisse l'amore di Paolo e Francesca
   nel Paradiso della Divina Commedia.   ⊙ vero   ⊙ falso

6. L'amore di Paolo e Francesca nacque intorno ad un libro
   letto insieme dai due amanti.   ⊙ vero   ⊙ falso

7. Piero vuole inserire Gradara nel suo libro nel capitolo
   "Angeli e castelli".   ⊙ vero   ⊙ falso

8. L'editrice voleva una guida poetica e suggestiva, ricca di citazioni,
   ispirata ai viaggi sentimentali di altri autori.   ⊙ vero   ⊙ falso

9. Piero aveva già pubblicato tutti i suoi diari di viaggi.   ⊙ vero   ⊙ falso

10. Piero doveva anche scattare molte foto per il suo libro.   ⊙ vero   ⊙ falso

11. Piero critica il modo di viaggiare superficiale della gente.   ⊙ vero   ⊙ falso

B. *Rispondi alle domande.*

1. Perché Piero va a Gradara?
2. Chi ha reso famosa la storia di Paolo e Francesca, in quale opera?
3. Qual era il progetto editoriale che l'editrice aveva affidato a Piero?
4. Cosa pensa Piero del modo di viaggiare di oggi?

2   *Rileggi il testo "Paolo e Francesca", trova tutti i verbi al congiuntivo ed evidenzia le frasi principali da cui dipendono. Trascrivi i verbi trovati a seconda della categoria a cui appartengono.*

Il congiuntivo...

è retto da un verbo che esprime opinione

è retto da una congiunzione che ne richiede l'uso obbligatorio

è retto da un verbo che esprime dubbio

è retto da un verbo che esprime volontà

è retto da un verbo che esprime una domanda in modo indiretto

è retto da un verbo alla forma impersonale

è retto da una frase relativa che esprime le qualità che la cosa di cui si parla dovrebbe avere

FACCIAMO
GRAMMATICA

Il congiuntivo presente e passato

Per parlare del congiuntivo in italiano pensiamo sia molto utile fare una premessa a proposito dell'uso di questo modo verbale. Troppe domande e affermazioni – non sempre legittime – ruotano su questo argomento: "Ma è vero che il congiuntivo non si usa più?" "Pochi italiani sanno usare il congiuntivo." "Usare il congiuntivo è solo difficile, ma non veramente utile." "Tutti mi capiscono benissimo anche se non uso il congiuntivo!". Ma come stanno veramente le cose? Con un po' di ironia, potremmo dire che in Italia sembrano esserci due parti contrapposte: quelli a favore del congiuntivo e quelli contro il congiuntivo. Diciamo subito che noi siamo dalla parte dei primi. Non per difendere a tutti i costi la tradizione linguistica ma per difendere le risorse e la ricchezza di una lingua che ci permettono di esprimere in modo più sottile e raffinato quello che pensiamo.

Osserviamo per esempio queste due frasi e immaginiamo che il contesto sia quello di una conversazione di argomento politico:

A e **B** discutono e **A** dice a **B**:

1. *Io penso che questo governo **sia** dannoso per il nostro Paese!*

2. *Io penso che questo governo **è** dannoso per il nostro Paese!*

Nel 1° caso l'uso del congiuntivo, nel rispetto peraltro delle regole grammaticali, segnala che l'idea è posta dal parlante con un carattere forte di soggettività (questa è la mia personale opinione), ma segnala anche una certa disponibilità al dialogo.

Nel 2° caso, apparentemente irrispettoso delle regole (indicativo dopo un verbo di opinione), si tratta in verità della scelta del parlante che vuole porre la sua opinione sul governo con un carattere di oggettività, segnalando una marcata chiusura verso altre opinioni.

Vediamo allora quali sono i casi in cui si usa il congiuntivo:

• **In dipendenza da verbi che esprimono volontà, desiderio, speranza, paura, dubbio, incertezza, opinione personale:**

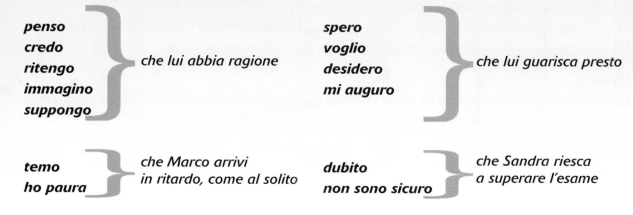

penso		*spero*	
credo		*voglio*	
ritengo	*che lui abbia ragione*	*desidero*	*che lui guarisca presto*
immagino		*mi auguro*	
suppongo			

| *temo* | *che Marco arrivi* | *dubito* | *che Sandra riesca* |
| *ho paura* | *in ritardo, come al solito* | *non sono sicuro* | *a superare l'esame* |

• In dipendenza da frasi impersonali

(generalmente costruite con il verbo *essere* + aggettivo:
è normale / è logico / è giusto / è necessario / è inutile / ecc.)

> *È inutile che voi vi lamentiate, tanto la situazione non cambia.*
> *È meglio che io prenoti il volo con un largo anticipo.*

• Spesso con frase negativa o che inizia con "non" e che esprime una causa irreale

> *Non è che lui sia antipatico, però non mi piace.*

• Con frasi interrogative indirette

> *Mi chiedo perché lui sia arrabbiato con me.*
> *Non capisco perché tu non mi abbia telefonato.*
> *Non so chi sia stato a combinare questo pasticcio!*
> *Non ricordo chi mi abbia dato questa informazione.*
> *Mi domando dove abbia messo le chiavi.*

• In una proposizione relativa quando la cosa di cui si parla e di cui si richiede che abbia una certa qualità non è data per certa

> *Cerco un libro che tratti la storia del design italiano.*
> (non ho informazioni precise sul libro che desidero)

• Con un superlativo relativo o quando si esprime un'idea di unicità

> *Lei è il miglior candidato che abbia incontrato.*
> *È l'unico uomo che mi abbia capito.*

• Con congiunzioni subordinanti:

benché, sebbene, malgrado, nonostante, purché, affinché, perché (con valore finale) senza che, prima che, a patto che, a condizione che, purché, a meno che, in modo che, qualora ed altre.

in the event that ..

> *Sebbene abbia poco tempo accetto volentieri la tua proposta.*
> *I viaggi arricchiscono purché si mantenga alto lo spirito della scoperta,*
> *purché non diventino solo un pretesto per fare shopping.*
> *Usciamo subito prima che cominci a piovere.*
> *Non posso venire al cinema stasera a meno che non trovi subito una baby-sitter*
> *Qualora ci siano delle difficoltà ce lo faccia sapere al più presto*

Nota:

Quando la congiunzione **perché** ha valore finale ed equivale ad **affinché**, richiede l'uso del congiuntivo.
Quando ha valore causale richiede l'uso dell'indicativo.

> *Faccio sempre molti esempi perché tutti i miei studenti possano capire.*
> ("Perché" esprime lo scopo, l'obiettivo e richiede il congiuntivo)

> *Mangio la cioccolata perché mi piace.*
> ("Perché" esprime la causa e non richiede il congiuntivo)

Congiuntivo presente

	Essere	**Avere**
Che io	sia	abbia
Che tu	sia	abbia
Che lui/lei	sia	abbia
Che noi	siamo	abbiamo
Che voi	siate	abbiate
Che loro	siano	abbiano

	Parlare	**Prendere**	**Partire**
Che io	parli	prenda	parta
Che tu	parli	prenda	parta
Che lui/lei	parli	prenda	parta
Che noi	parliamo	prendiamo	partiamo
Che voi	parliate	prendiate	partiate
Che loro	parlino	prendano	partano

Alcuni principali verbi irregolari al congiuntivo presente

Dare → **dia**
Stare → **stia**
Fare → **faccia**
Dire → **dica**
Bere → **beva**

Venire → **venga**
Andare → **vada**

Sapere → **sappia**
Potere → **possa**
Dovere → **debba**
Volere → **voglia**

Tenere → **tenga**
Salire → **salga**
Togliere → **tolga**
Scegliere → **scelga**

Tradurre → **traduca**   = translate
Produrre → **produca**
Estrarre → **estragga**   = to extract
Attrarre → **attragga**
Porre → **ponga**

Nota:
Quando il soggetto della frase principale è lo stesso della frase dipendente non si usa la struttura **che + congiuntivo** ma **di + infinito**

Sandra (soggetto) *pensa di essere* (Sandra = soggetto) *molto intelligente.*

Sandra (soggetto) *pensa che tu* (soggetto) *sia molto intelligente.*

Congiuntivo passato

Il congiuntivo passato si forma con l'ausiliare *essere* o *avere* al **congiuntivo presente** + il **participio passato** del verbo da coniugare.

	Parlare	**Prendere**	**Partire**
Che io	abbia parlato	abbia preso	sia partito

Il congiuntivo passato si usa per esprimere un'azione anteriore rispetto al tempo della frase principale.

Credo che Marco **abbia incontrato** Luca ieri sera.
↓   ↓
Ora   prima di ora

3 Esercizio

Completa le frasi con un verbo al congiuntivo presente.

1. Credo che voi (dovere) .... cercare di comprendere le sue ragioni.

2. Penso che questo progetto (potere) .... avere successo se voi lo appoggerete.

3. Non è vero che l'opposizione (avere) .... scarso potere decisionale.

4. Mi sembra che questo programma non (essere) .... adatto ai bambini.

5. Spero che tu (rimettersi) .... e (potere) .... venire a trovarci.

6. È difficile che tu (riuscire) .... a parlare col direttore, normalmente si fa filtrare dalle sue segretarie.

7. Lei è molto arrabbiata con te e vuole che tu le (chiedere) ....
   scusa personalmente.

8. I sindacati ritengono che l'accordo (potersi) .... concludere entro stasera.

9. Alcuni partiti sostengono che non (bastare) .... abbassare le tasse e che si (dovere) .... anche aumentare salari, stipendi e pensioni.

10. Non so chi (essere) ...., ma passa ogni giorno da queste parti e mi sorride.

11. Si dice che molti dirigenti di quella ditta (essere) .... agli arresti domiciliari.

4 Esercizio

Completa le frasi con un verbo al congiuntivo passato.

1. Mi sembra che il governo, in questi anni non (mantenere) ....
   le promesse fatte.

2. I giudici hanno l'impressione che, durante il processo, il testimone non (raccontare) .... tutta la verità.

3. Suppongo che Teresa e Gianni (partire) .... già .... per il loro viaggio in California.

4. I miei genitori pensano che io non (studiare) .... abbastanza e che per questo non ho superato l'esame.

5. È impossibile che voi (leggere) .... questo romanzo.
   In Italia è uscito solo ieri.

5 Attività

Completa a piacere e confronta con gli altri studenti le tue opinioni e i tuoi gusti.

- Desidero che tutti…
- Penso che il miglior ristorante…
- Credo che le persone che abitano nel mio quartiere…
- Spero che prima della fine dell'anno…
- Credo che la vera amicizia…
- Temo che in futuro…
- Dubito che la prossima estate…

6 Attività orale *Che ne pensi?*

Emergenza anziani

Durante l'estate molti anziani restano soli in città, soffrono il caldo e la solitudine.
Cosa pensi che sia possibile fare per loro?
Il comune di Roma, per affrontare l'emergenza, ha pensato di portare gli anziani
che rimangono soli d'estate e che soffrono il caldo nei luoghi freschi.
Tra questi sono stati scelti alcuni supermercati e centri commerciali.
Che ne pensi?

Animali abbandonati

Molte persone abbandonano i cani per strada quando vanno in vacanza. Cosa
pensi di questi
comportamenti? Cosa credi che si possa fare?

Lavoro minorile

Ci sono milioni di bambini nel mondo che sono sfruttati, lavorano come adulti,
senza riposo, non ricevono un'istruzione e non hanno nessuna tutela.
Cosa pensi che si debba fare?

Pubblicità invadente

La pubblicità entra nelle nostre vite da ogni angolo: TV, cinema, giornali, internet,
telefono, telefonino cellulare, cassetta postale, mezzi di trasporto ecc.
Cosa pensi di alcune forme di pubblicità "invadenti"?

7 Attività *Cosa ti aspetti?*

- Cosa ti aspetti da una buona automobile?

- Cosa ti aspetti da una brava insegnante?

- Cosa ti aspetti da un buon amico?

- Cosa ti aspetti da un fidanzato/una fidanzata?

- Cosa ti aspetti da un marito/una moglie?

- Cosa ti aspetti da una vacanza?

- Cosa ti aspetti dal governo?

8 Esercizio

Completa le frasi usando un verbo al congiuntivo e aggiungendo, se necessario, altri elementi per completarne il significato.

    Come vuoi che ....*lo sappia*........ se è un anno che non ci vediamo!

1. Cosa vuoi che .... se non ho una lira!

2. Dove vuoi che .... se ho paura di rientrare la sera da sola.

3. Perché vuoi che il bambino .... se non ha fame!

4. Perché vuoi che .... se non fa caldo!

5. Quando vuoi che .... se lavoro dal mattino alla sera!

6. Quando vuoi che .... se non ho mai un attimo di tempo!

7. Con chi vuoi che .... se non conosco nessuno!

8. Con chi vuoi che .... se nessuno parla la mia lingua!

9. Come vuoi che .... se oggi c'è sciopero!

10. Come vuoi che .... se mia madre cucina sempre per me!

11. Chi vuoi che .... se sono tutti occupati!

12. Chi vuoi che .... se abito così lontano dal centro!

13. A chi vuoi che .... se nessuno mi crede!

14. A chi vuoi che .... se ormai tutti hanno un computer!

9 Esercizio

Completa le frasi con un verbo al congiuntivo al tempo appropriato.

1. È il ragazzo più dolce che io (conoscere) ....!
2. Questi sono gli unici studenti che (capire) .... la lezione che ho spiegato oggi.
3. È il libro più bello che (leggere) .... in tutta la mia vita!
4. È l'amico più sincero che io (avere) .... attualmente.
5. È la storia d'amore più affascinante che (sentire) .... mai ....!
6. Ragazzi, questo è il gesto più bello che (fare) .... da quando vi conosco!
7. È il regalo più bello che i miei figli (ricevere) .... mai ....!
8. È il discorso più insensato che tu (fare) ....!
9. È l'unico quadro d'autore che io (appendere) .... in casa mia. Il resto sono tutte stampe o riproduzioni.
10. Non ricordo una sola volta che io (cercare) .... di parlargli e che lui non (cercare) .... di negare l'evidenza.
11. Il migliore albergo in cui io (essere) .... mai .... era un hotel a quattro stelle a Capri dove ero andata per un convegno.
12. Queste sono le migliori scarpe che io (portare) .... mai .... Sono comodissime.

10 Cloze

Completa la lettera con i verbi al congiuntivo presente o passato.

Le chance di un timido tra tanti «machi»

Che il ruolo sociale e economico della donna negli ultimi cinquant'anni (cambiare)........................... .... non può essere sfuggito neanche al più reazionario maschilista.
Che all'indipendenza economica (fare) .... seguito anche una diversa consapevolezza di sé mi pare altrettanto pacifico. Che tutto questo (sconvolgere) .... antichissimi equilibri psicologici di sottomissione all'uomo lo dicono appunto gli psicologi. Che nel contempo i modelli vincenti imposti dalla nostra società ignorante e spendacciona (costringere) .... sempre di più tutti noi ad essere più belli, più ricchi, più aggressivi, più competitivi non aspetto che (essere) .... la sociologia a dirmelo. E allora perché stupirsi se le donne, e anche gli uomini, continuano a inseguire inutilmente quei modelli così perfetti che non possono essere incarnati dal vicino di casa o dalla commessa del supermercato? Per conoscere persone nuove bisogna chattare, per trovare sesso e amore attraversare l'oceano, non si può parlare con la persona seduta di fianco al bar o in metropolitana. Non c'è più comunicazione umana.

A me, che guardo le cose con occhi da uomo, pare che (essere) .... soprattutto le donne a pretendere negli uomini una posizione adeguata alle loro aspettative commisurate al loro già elevato status. Ma ho più di un sospetto che (esserci) .... in giro anche donne che, non assomigliando alle veline si sentono escluse. Tuttavia non si ha il coraggio di gettare la maschera e tornare persone normali. E al timido, all'insicuro, o anche solo alla persona educata che non vuole imporre la propria presenza, non resta che rinunciare a qualsiasi possibilità di approccio. Immagino qualcuno dire che esagero, e poi che "gli sfigati che non hanno mai cuccato ci sono sempre stati". E io devo arrendermi e rispondere, avete ragione voi, sono io che con le donne non ci so fare, divento rosso, mi impappino, dico cose che non vorrei e non quelle che dovrei". Tutto il mio castello di teorie sociologiche con cui ho cercato di nascondermi va a farsi benedire.

Piero, Alessandria

Il Venerdì di Repubblica

11 Attività scritta

*Il testo che hai appena completato è una lettera apparsa nella rubrica "Questioni di cuore" curata dalla giornalista Natalia Aspesi sul **Venerdì** di Repubblica. Prova a metterti nei panni di chi l'ha ricevuta e scrivi una risposta.*

Cerca di esprimere il tuo parere personale rispetto alla situazione dell'autore della lettera e alle problematiche che ha esposto.

....

....

....

....

....

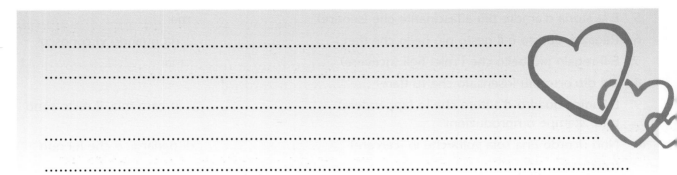

Le attività di Lunaria

Sostieni Lunaria

Democrazia, partecipazione attiva, impegno sociale e di solidarietà, valorizzazione dell'impegno volontario e delle differenze, a partire da quella di genere, garanzia dei diritti delle persone che lavorano nell'associazione, trasparenza nelle relazioni con i soggetti esterni: questi sono i principi che regolano la vita di Lunaria.

Per costruire un mondo più giusto in cui

- I diritti dell'uomo abbiano la priorità sugli interessi dei grandi poteri economici
- Beni, diritti e servizi fondamentali siano garantiti a tutti
- L'impegno sociale e la solidarietà non si trasformino in business
- L'informazione sia libera e indipendente
- I diritti di cittadinanza siano svincolati dalla nazionalità

ASSOCIATI

Lunaria è un'**associazione** laica, senza scopo di lucro, **indipendente** ed **autonoma** dai partiti. Finanzia le proprie attività con i contributi degli associati, delle istituzioni europee e degli enti locali.

Per aderire è sufficiente inviare un contributo di almeno 25 Euro per le persone fisiche o di 80 Euro per le organizzazioni. La tessera, *Lunacard*, ha validità annuale e scade ogni 31 dicembre.

12 *Dopo aver letto il testo "Sostieni Lunaria", rispondi alle domande.*

1. Che cos'è Lunaria?

2. Quali sono i principi che regolano la vita di Lunaria?

3. Quali scopi si prefigge Lunaria?

13 *Rileggi il testo riguardante l'associazione Lunaria, evidenzia la parte in cui si esplicitano gli obiettivi, gli scopi dell'associazione. Quale struttura viene usata?*
Perché viene usato il congiuntivo? Che cosa esprime l'uso di questo modo verbale?

14 Attività orale

Prendi in esame il programma di Lunaria "per costruire un mondo più giusto" e spiega con esempi cosa significa ogni punto per te. Discutine con i tuoi compagni.

> *I diritti dell'uomo abbiano la priorità sugli interessi dei grandi poteri economici.*
> *Questo per me significa…*

15 Attività scritta *E il tuo progetto per un mondo migliore?*

Lavorate in piccoli gruppi per redigere una sorta di manifesto programmatico per costruire un mondo migliore, che raccolga le idee di tutti. Pensate a questi ambiti: la natura e l'ambiente, l'alimentazione, la cultura, l'educazione, i servizi, i rapporti tra le persone o quello che a voi sembra più importante. Seguite il modello usato dall'associazione Lunaria:

Per costruire un mondo migliore in cui /dove /che…

16 *Intervista a Davide Di Pietro, dell'Associazione "Lunaria"*
Dopo aver ascoltato l'intervista, segna le risposte corrette:

1. Davide Di Pietro è:
   - ⊙ un volontario che lavora per una associazione culturale
   - ⊙ il coordinatore degli scambi internazionali di un'associazione di volontariato
   - ⊙ uno studente che partecipa ad uno scambio internazionale

2. L'associazione Lunaria è nata nel 1972. ⊙ vero ⊙ falso

3. Lunaria si occupa solo di volontariato. ⊙ vero ⊙ falso

4. L'associazione Lunaria è nata con il proposito di migliorare la realtà. ⊙ vero ⊙ falso

5. Ai campi di lavoro partecipano gruppi di giovani volontari italiani. ⊙ vero ⊙ falso

6. I campi di lavoro hanno una durata di due o tre settimane. ⊙ vero ⊙ falso

7. I volontari lavorano presso alcune comunità locali offrendo servizi utili a queste comunità. ⊙ vero ⊙ falso

8. Le attività dei campi di lavoro sono generalmente a carattere:
   - ⊙ politico
   - ⊙ ambientale
   - ⊙ sindacale
   - ⊙ culturale
   - ⊙ sociale

9. L'intervistatrice individua un contrasto tra un modello di società individualista e l'impegno dei giovani nel volontariato. ⊙ vero ⊙ falso

10. Secondo Davide Di Pietro le forme attuali dell'impegno collettivo sono le stesse che nel passato. ⊙ vero ⊙ falso

11. I volontari sono persone che vogliono fare qualcosa per gli altri impegnandosi in prima persona. ⊙ vero ⊙ falso

12. Il volontariato risponde anche a bisogni di socialità di cui la gente sente la mancanza. ⊙ vero ⊙ falso

17  *Ascolta più volte il testo e prova a completare:*

D.: Benissimo, Davide, qualcos'altro di più generale al di là ....

.... Negli ultimi anni, l'associazionismo, il volontariato, il cosid-

detto terzo settore hanno avuto uno sviluppo notevole in Italia. Quale pensi che ....

.... e perché ....

...., che... ....

....

Che cos'è che fa che la gente .... e ....

....

R.: Beh... secondo me, gente che ....

anche nel passato, però quello che .... e penso che

.... – diciamo – nella breve analisi che hai delineato è che

.... delle persone.

Laddove prima ci si... .... piuttosto che...

D.: Nei movimenti...

R.: ...nei sindacati, nei movimenti eccetera, adesso, diciamo, questo, l'impegno che ....

...., il voler fare qualche cosa per gli altri, che

...., ha assunto delle forme differenti e soprattutto quelle del

volersi ....

...., quindi facendo delle attività di volontariato, per gli altri ma anche io direi con

gli altri nel senso che poi, in questo momento effettivamente, tu parlavi giustamente dell'individuali-

smo imperante, ...

(molto grande) e io penso che questo... che .... naturalmente

insieme a moltissime altre associazioni ... .

UN QUARTO DELLE NOSTRE USCITE È VERSO LA NATURA.

Abbiamo a cuore lo sviluppo del nostro Paese e vogliamo che sia uno sviluppo sostenibile, in grado di fare dell'ambiente un patrimonio di tutti, dei viaggiatori di oggi e di quelli di domani. Per questo dedichiamo oltre un quarto dei nostri investimenti ad una mobilità sostenibile con progetti e opere che rispondano alle reali necessità del territorio, ne rispettino e ne valorizzino le risorse, contribuiscano a contenere i livelli di inquinamento acustico, atmosferico, idrico e del suolo. Perché anche il futuro della natura passa sulle nostre strade.

www.autostrade.it

autostrade per l'italia
IL FUTURO PASSA DA QUI.

---

18 *Leggi la pubblicità e rispondi alle domande.*

1. Che cosa pubblicizza il messaggio pubblicitario?

2. Il messaggio che la pubblicità vuole trasmettere è questo:

   ⊙ Le opere che noi costruiamo sono compatibili con il rispetto del territorio e le esigenze dei suoi abitanti.

   ⊙ È necessario costruire autostrade anche se ciò provoca inquinamento e danni al territorio.

3. Che cosa significa "sviluppo sostenibile"?

4. Che cosa significa "mobilità sostenibile"?

5. Di quali tipi di inquinamento si parla nel testo?

---

19 *Osserva nel testo pubblicitario tutti gli usi del congiuntivo, che cosa esprimono? Confronta le tue riflessioni con quelle dei compagni.*

1 4 F E B B R A I O
San Valentino

di **STEFANO FABRIZI**

"... AMOR, ch'a nullo amato amar perdona, mi prese del costui piacer sì forte, che, come vedi, ancor non m'abbandona..."

Così scrisse il poeta e meglio non avrebbe potuto descrivere lo stato d'animo della persona colpita dal dardo di Cupìdo. Una perdita totale del proprio io. Una inebriante sbornia di quella liquorosa essenza che va sotto il nome di amore. Oggi, grazie al business, ci ricordiamo anche di questo sentimento, lasciandoci alle spalle i 364 giorni di indifferenza per cogliere fiori e offrire edulcorate frasi. Una ricorrenza, che al pari delle altre, ci piace che esista: ogni qual volta diciamo "no" con la testa, ma, poi, ci gettiamo nel deliquio dei convenevoli, dello scontato e del "deja-vu". E allora? Va bene, va bene anche così.

Sono almeno 10 milioni gli italiani che festeggeranno S. Valentino e, in tono minore, il giorno dopo con S. Faustino continuano i festeggiamenti.

I regali più gettonati sono le rose, in testa quelle rosse, ma poi anche le gialle e le blu. Anche i cioccolatini e i dolci in genere riscuotono un grande successo per questa festa. Per non parlare della classica cenetta, possibilmente a lume di candela. Ma cosa proporre ai due piccioncini. Per cominciare ostriche limone e pepe accompagnate da una coppa di champagne o di spumante italiano. A seguire un primo piatto con gamberi, rucola e un'abbondante spolverata di peperoncino. Quindi un secondo a base di pesce, e per finire una buona mousse al cioccolato. Dall'antipasto al dessert, però, obbligatorie le mini-porzioni, per solleticare i sensi senza correre il rischio di addormentarsi sul più bello.

Corriere Adriatico

A. *Dopo aver letto l'articolo, rispondi alle domande:*

1. Che cosa pensa il giornalista della festività di S. Valentino?

2. Quali sono i regali più comuni?

3. Cosa suggerisce il giornalista per una cenetta romantica?

B. Lessico
Come vengono definiti nel testo?

- La persona innamorata
- L'innamoramento
- Il dire parole d'amore
- Una festa che si ripete ogni anno
- Facciamo e diciamo cose banali
- (I regali) più richiesti
- I due innamorati

21 Esercizio

Completa le frasi con i verbi al congiuntivo presente:

1. Benché le previsioni meteorologiche non (essere) .... rosee, credo che andremo ugualmente in campagna questo fine settimana.

2. Bambini, potete giocare tutti insieme quanto volete, purché non (fare) .... troppo disordine!

3. Prima che (arrivare) .... l'inverno, voglio rinnovare il mio guardaroba.

4. Sebbene non lo (conoscere) .... a fondo, il tuo amico mi sembra una persona interessante.

5. Lo sposerò soltanto a patto che (collaborare) .... con me nei lavori di casa e che (occuparsi) .... dei figli.

6. Sarà fatto il massimo affinché la manifestazione (potere) .... svolgersi pacificamente e senza incidenti.

7. Cercherò di esprimermi con molta chiarezza perché tutti (potere) .... capirmi.

8. Malgrado io non (avere) .... alcuna colpa, Marco è arrabbiatissimo con me.

9. Andrò a trovare Luigi a Venezia senza che lui lo (sapere) .... prima. Voglio fargli una sorpresa!

10. Nonostante (studiare) .... moltissimo, Andrea non riesce mai ad ottenere risultati brillanti.

11. Non intendo accettare quel lavoro a meno che il direttore non (decidere) .... di aumentarmi lo stipendio.

22 Esercizio

Completa le frasi inserendo la congiunzione appropriata fra queste:

senza che • purché • prima che • benché • affinché

1. .... lui lo veda, nascondete il vaso che avete rotto!

2. .... lui vada in pensione, i colleghi vogliono organizzargli una grande festa.

3. Ti aiuto a mettere in ordine la tua stanza .... tu poi mi dia una mano a finire questa lettera.

4. Vi dico queste cose non per scoraggiarvi, ma .... voi capiate che non è facile raggiungere certi obiettivi.

5. Vi do questi esercizi .... possiate praticare i verbi a casa da soli.

6. Organizziamo una festa per il compleanno di Valentino .... lui lo sappia. Sarà una bellissima sorpresa!

7. .... si lamenti sempre di non avere soldi, non fa altro che comprare vestiti.

8. Ti posso prestare 50 Euro .... tu me li restituisca prima di sabato.

9. Vi do in prestito il libro per fare delle fotocopie .... non lo roviniate.

10. .... abbia detto molte volte di voler cambiare lavoro, non ha mai fatto niente per trovarne un altro!

AVVISO AI NAVIGANTI

di Gabriella Pravettoni

Gli incontri nella Rete

Alcuni giorni fa mi è stato chiesto se le persone fragili nella vita siano le stesse che poi vengono catturate nella Rete in incontri con altre persone fragili. Domanda difficile, ma è certo che la Rete ha il potere di agevolare la comunicazione con esseri umani mai incontrati prima, liberando desideri e curiosità di conoscere persone che riescano in qualche modo a riempire uno spazio di vuoto e di solitudine percepito.

Nel paragone tra la realtà e il Web, diventa di primaria importanza la funzione del ruolo. Per cercare di risolvere attraverso Internet questioni che nella vita reale sembrano insormontabili, le persone che si incontrano nella Rete si presentano con una nuova identità. In questo senso, Internet permette di riscrivere almeno in forma virtuale la propria esistenza, assumendo il ruolo che più si desidera.

Farida Zamani/Corbis/Contrasto

Alla ricerca di un contatto

Ma perché le persone si affidano al mondo delle «chiacchiere in Rete»? Tre le voci emblematiche che sembra facciano presa sulla decisione di accedere a un nuovo mondo: la fuga dalla vita quotidiana, l'elaborazione di un lutto, la ricerca di un partner. Per quanto riguarda il lutto, alcuni studi hanno individuato nella solitudine esistenziale a seguito di eventi traumatici una possibile spiegazione per cui alcuni approdano nel mondo delle *chat*. Pare sia diventata una forma vicaria e additiva di socialità. Per ciò che concerne la ricerca di un partner, le chat hanno permesso ai loro fruitori di aumentare il numero di occasioni di vivere rapporti e relazioni in maniera semplice, portando un potenziamento dei possibili incontri per chiunque osi rischiare un minimo sulla propria persona, mettendo in discussione la propria esistenza e raccontandosi agli altri. L'offerta di nuovi contatti, duraturi e profondi, è sempre più frequente, data anche la predisposizione dei partecipanti.

È altresì centrale il fatto che il mondo delle *chat line* e i mondi virtuali in genere abbiano assunto il ruolo di veri e propri spazi sociali, nei quali riuscire a sviluppare meglio la propria autostima e ad accettare più liberamente e spontaneamente il proprio sé. Si tratta di una nuova dimensione sociale in cui le persone, per diverse ragioni, si sentono più reali, inserite e utili che nella realtà stessa. L'invisibilità reciproca ha un ruolo fondamentale, perché elimina i pregiudizi e fa sparire gli imbarazzi del momento. Il non vedersi costituisce una barriera protettiva che, oltre a rassicurare, garantisce una maggiore libertà espressiva rispetto alle interazioni faccia a faccia. Nello stesso tempo, una tale situazione permette un certo distacco dal possibile coinvolgimento nato da un incontro *on line*, utile a preservare l'individuo dalle eventuali e non rare delusioni di un'interazione insoddisfacente. Altro elemento di importanza cruciale è l'indubbia deresponsabilizzazione che le *chat* comportano: con esse non si corre alcun pericolo di essere scoperti, ed è possibile scomparire in qualsiasi momento, appena la comunicazione non ci aggrada più.

Concludendo, gli incontri nelle *chat* sono divenute per molti un modo per alleviare il proprio disagio. Non sono certo la soluzione al malessere, ma sicuramente, per dirla con Fromm, possono rispondere al «bisogno più profondo dell'uomo di fuggire dalla prigione della propria solitudine».

23 *Dopo aver letto il testo, rispondi alle domande.*

1. Quali sono i vantaggi della Rete rispetto alla comunicazione reale?

2. In quali casi le persone si affidano al mondo delle chiacchiere in rete e con quali scopi?

3. Quali sono i vantaggi dell'invisibilità reciproca?

4. Quale ruolo sociale hanno assunto le chat line?

24 *Cerca nel testo tutti i verbi al congiuntivo e motivane l'uso, evidenzia anche le frasi principali da cui dipendono.*
*Cerca inoltre tutti i casi in cui la struttura "**che + congiuntivo**" viene sostituita con la struttura "**di + infinito**".*

25 **Esercizio**

Collega gli elementi della colonna A con quelli della colonna B.

A

Ti dirò tutto

Benché l'abbia letto di recente

Bisogna partecipare di più alla vita politica

Ho già capito tutto

Ragazzi, potete uscire stasera

Cerca di affrontare il problema

B

a patto che finiate prima di studiare!

prima che sia troppo tardi!

senza che mi diciate nulla.

perché le cose cambino veramente

purché non ne parli con nessuno.

non ricordo quasi nulla di questo libro!

26 **Esercizio** *Indicativo o congiuntivo?*

Seleziona la forma corretta.

1. Anche se non **è/sia** troppo tardi, preferisco andare a letto: sono stanco!

2. Tutti sanno che Lucia **arrivi/arriva** la prossima settimana.

3. Non sappiamo chi **è/sia** quel ragazzo.

4. Perché dici che **sia/è** tutto inutile?

5. Si dice che i prezzi **sono/siano** aumentati considerevolmente.

6. Non sono sicuro che Marco **parta/parte** domani.

7. Dicono che il traffico **è/sia** aumentato a dismisura.

8. Vi racconto tutto questo perché voi **sappiate/sapete** con chi avete a che fare. Non fidatevi di quel tipo!

9. Sono sicura che il treno **è/sia** già partito.

10. Mi domando chi **è/sia** quel tipo che parla con Luisa.

11. Credo ciecamente in tutto quello che tu **dici/dica**.

12. Credo che tu non mi **dici/dica** la verità.

13. I testi burocratici devono essere scritti in modo chiaro perché tutti **possono/possano** capirli.

14. I testi burocratici devono essere scritti in modo più chiaro perché molti non li **capiscono/capiscano**.

15. Cerco un libro che **tratta/tratti** argomenti filosofici in maniera accessibile a ragazzi molto giovani. Mi può indicare un titolo?

16. Cerco un libro che **tratta/tratti** argomenti filosofici in modo accessibile a ragazzi molto giovani. È stato pubblicato l'anno scorso ma purtroppo non ricordo il titolo.

27 Esercizio

Completa le frasi con i verbi coniugati al tempo e modo opportuni.

1. La polizia dice che il ladro (entrare) .... dalla finestra.

2. La polizia ritiene che il ladro (entrare) .... dalla finestra.

3. Una signora dice di (vedere) .... il ladro entrare dalla finestra.

4. Non ricordo dove (mettere) .... la chiave.

5. Ricordo di (mettere) .... la chiave sul comodino.

6. Francesca dubita che tu (mettere) .... la chiave sul comodino.

7. So che il direttore li (autorizzare) .... ad uscire 20 minuti prima.

8. Non so chi li (autorizzare) .... ad uscire 20 minuti prima.

9. Il direttore pensa di non (autorizzare) .... più nessuno ad uscire prima.

10. Marcello dice che non (chiudere) .... la finestra uscendo di casa stamattina.

11. Marcello pensa di non (chiudere) .... la finestra stamattina.

12. Marcello pensa che il suo compagno di stanza non (chiudere) .... la finestra stamattina.

Un giorno Piero era andato a Venezia.
La città era stracolma di turismo tradizionale a cui si aggiungevano folle intellettuali attratte dall'evento artistico più importante dell'anno: La Biennale di Venezia.
Piero sapeva bene che in certi periodi dell'anno era impossibile trovare da dormire in laguna, ad esempio a febbraio o marzo, in coincidenza del Carnevale, e a settembre, durante il Festival del Cinema.

Non pensava che giugno fosse un mese critico, credeva di poter passeggiare per le calli[1] in un clima di bassa stagione, godersi angoli intatti della città e ritrovare la magia di un luogo che aveva ispirato l'Otello, Morte a Venezia, Hemingway e tanti altri artisti e scrittori.

La prima cosa in cui si imbatté fu una di quelle performance artistiche all'aperto che facevano da contorno alla Biennale.
Una ragazza orientale esaminava il corpo nudo di un modello steso a terra con una lente d'ingrandimento.
C'era una folla intorno che guardava con curiosità e con un certo sarcasmo.
Vide che una donna si avvicinava a varie persone, uomini soprattutto, e chiedeva qualcosa a cui tutti reagivano con un cenno negativo e a volte se ne andavano, a volte scoppiavano a ridere.
Piero non capiva cosa stesse succedendo, non riusciva a immaginare quale fosse la richiesta della donna e perché alcuni reagissero con un no ed altri addirittura se ne andassero.

[1] *nome delle vie di Venezia.*

La ragazza con la lente d'ingrandimento intanto continuava ad esaminare parti del corpo del modello. Finalmente la folla si diradò, restarono poche persone, la donna si avvicinò a Piero e gli chiese:

"Questa è un'opera d'arte vivente, all'artista è stata negata la visione del corpo maschile per tutta l'infanzia e ciò l'ha spinta ad una estrema curiosità, lei vorrebbe partecipare a questa opera d'arte?"

"Partecipare come?" chiese Piero.

"L'artista vorrebbe che lei si spogliasse e si lasciasse esaminare attentamente con la lente d'ingrandimento, se lei volesse entrar a far parte dell'opera d'arte noi la inviteremmo a spogliarsi e a stendersi sul materassino."

"Beh mi dispiace ma non me la sento, ma perché all'aperto poi, davanti a tutti?"

"Peccato, pensavo che lei fosse l'elemento giusto."

"Mi dispiace" disse Piero e se ne andò pensando che ormai non c'erano più limiti a ciò che si definiva arte. La gente veniva da tutto il mondo per vedere quelle cose… non era possibile, forse quella era l'opera d'arte più assurda che avesse mai visto, il meglio doveva essere altrove. Prima comunque doveva risolvere il problema della stanza, anche perché con tutti quei turisti in giro non sarebbe stato facile trovarne una.

1   **A.** *Dopo aver letto il testo segna le risposte corrette.*

1. Piero era andato a Venezia durante il periodo della Biennale. ⊙ vero ⊙ falso

2. I periodi dell'anno in cui Venezia è più affollata sono:
   ⊙ il Natale
   ⊙ il Festival del Cinema
   ⊙ il Carnevale

3. Piero sapeva che a giugno Venezia era molto affollata. ⊙ vero ⊙ falso

4. Piero vide una performance artistica con un uomo nudo disteso a terra. ⊙ vero ⊙ falso

5. Intorno all'opera d'arte non c'era nessuno. ⊙ vero ⊙ falso

6. Una ragazza orientale fotografava la persona distesa a terra. ⊙ vero ⊙ falso

7. Dopo un po' di tempo una donna chiese a Piero
   se voleva spogliarsi per partecipare all'opera d'arte. ⊙ vero ⊙ falso

8. Piero accettò l'invito di partecipare all'opera d'arte. ⊙ vero ⊙ falso

9. Piero trovava molto interessante quell'opera d'arte. ⊙ vero ⊙ falso

10. Piero aveva già prenotato una stanza a Venezia. ⊙ vero ⊙ falso

B. *Rispondi alle domande.*

1. In che periodo Piero era andato a Venezia e perché?

2. Quale rappresentazione artistica gli capitò di vedere?

3. Quale fu la richiesta che la donna fece a Piero?

4. Quali furono le considerazioni di Piero rispetto a quest'opera e rispetto all'arte contemporanea?

2 **Lessico**

Scegli il significato corrispondente.

1. un mese critico	⊙ un periodo dell'anno dove ci sono molti critici d'arte	
	⊙ un periodo dell'anno difficile	
2. angoli intatti	⊙ parti della città senza traffico e non affollati	
	⊙ luoghi che è vietato visitare	
3. si imbatté	⊙ incontrò casualmente	
	⊙ trovò quello che cercava	
4. un cenno negativo	⊙ un gesto che significa "no"	
	⊙ un saluto con la mano	
5. si diradò	⊙ andò via piano piano	
	⊙ arrivò sempre più numerosa	
6. non me la sento	⊙ non ho il coraggio, la forza	
	⊙ non riesco a sentire bene	
7. l'elemento giusto	⊙ la persona adatta	
	⊙ un uomo onesto	

3

A. *Rileggi il testo, cerca tutti i verbi al congiuntivo: quali tempi vengono usati?*
Osserva il tempo e il modo verbale delle frasi principali da cui dipendono e la loro natura. Spiega perché queste frasi richiedono l'uso del congiuntivo.

B. *Cerca nel testo un periodo ipotetico: qual è il tempo e modo nella condizione e nella conseguenza? Come si giustifica l'uso di questi tempi e modi? Come si può definire questo periodo ipotetico?*

FACCIAMO
GRAMMATICA

Congiuntivo imperfetto e trapassato

Il congiuntivo imperfetto e trapassato si usano quando la frase principale (che richieda un congiuntivo) contiene un verbo al passato.

Il **congiuntivo imperfetto** esprime **contemporaneità** rispetto al tempo della frase principale.[1]

Il **congiuntivo trapassato** esprime **anteriorità** rispetto al tempo della frase principale.

ES ***Credevo*** *che tu **parlassi** l'inglese.*
(Allora)   (allora)

Credevo *che tu **avessi** già **comprato** il vino.*
(Allora)   (prima di allora)

Congiuntivo imperfetto

	Essere	**Avere**	
(io)	fossi	avessi	
(tu)	fossi	avessi	
(lui)	fosse	avesse	
(noi)	fossimo	avessimo	
(voi)	foste	aveste	
(loro)	fossero	avessero	

	Parlare	**Prendere**	**Partire**
(io)	parl-**assi**	prend-**essi**	part-**issi**
(tu)	parl-**assi**	prend-**essi**	part-**issi**
(lui)	parl-**asse**	prend-**esse**	part-**isse**
(noi)	parl-**assimo**	prend-**essimo**	part-**issimo**
(voi)	parl-**aste**	prend-**este**	part-**iste**
(loro)	parl-**assero**	prend-**essero**	part-**issero**

[1] *Il congiuntivo imperfetto esprime anche il rapporto di posteriorità, ma questo argomento sarà trattato negli episodi successivi.*

Congiuntivo trapassato

Il congiuntivo trapassato si forma con l'ausiliare *essere* o *avere* al congiuntivo imperfetto più il participio passato del verbo da coniugare.

	congiuntivo imperfetto	congiuntivo trapassato
andare	(io) andassi	(io) fossi andato
credere	(io) credessi	(io) avessi creduto
dormire	(io) dormissi	(io) avessi dormito

Verbi ausiliari

	Essere	**Avere**
(io)	fossi stato/a	avessi avuto
(tu)	fossi stato/a	avessi avuto
(lui/lei)	fosse stato/a	avesse avuto
(noi)	fossimo stati	avessimo avuto
(voi)	foste stati	aveste avuto
(loro)	fossero stati	avessero avuto

4 Esercizio

Trasforma le seguenti frasi al passato.

ES *Non capisco perché non mi chiami.*   *Non capivo perché non mi chiamasse.*

1. Vuole che tu la inviti.   _____

2. Spera che tu la capisca.   _____

3. Credono che voi li prendiate in giro.   _____

4. Immagino che tu capisca.   _____

5. Ritiene che non ci sia tempo da perdere.   _____

6. Teme che tu non sappia tenere un segreto.   _____

7. Dubito che voi troviate quel tipo di formaggio.   _____

8. Benché dorma molto, si sente sempre stanca.   _____

9. Sebbene non sia il suo tipo ideale esce
   spesso con lui.

   _____

10. Fa di tutto purché lei non si lamenti.

    _____

11. Lavora da anni senza che la mettano
    in regola.

    _____

12. Vuole tornare a casa prima che cominci
    a piovere.

    _____

13. Mi pare che non siano molto soddisfatte.

    _____

    _____

5 Esercizio

Trasforma le seguenti frasi in interrogative indirette.

ES *Come mai non sei venuto?*
Mi chiesi come mai .*non fosse venuto.*....

1. Perché non ha telefonato?
   Mi domandavo perché ....

2. Da quando vi siete trasferiti?
   Gli chiese da quando ....

3. Perché tutti vanno in ferie ad agosto?
   Non capiva perché tutti ....

4. Chi ha scritto quel romanzo?
   Non ricordava chi ....

5. Da dove vengono quelle persone?
   Non sapeva da dove ....

6. Quale delle sorelle Brönte ha scritto "Cime tempestose"?
   Cercava di ricordare quale delle sorelle Brönte ....

7. A quale epoca risale il manoscritto?
   Gli chiese a quale epoca ....

8. Cosa avete da ridere tanto?
   Non capiva cosa ....

9. Di dove sono Giulietta e Romeo?
   Non sapeva di dove...

6 **Cloze** *Intervista a Olivia Magnani*

Questi sono stralci da un'intervista all'attrice Olivia Magnani, nipote della grandissima Anna Magnani. Completa il testo con i verbi coniugati al tempo e modo opportuno.

olivia
MAGNANI

HA IL CINEMA NELLE VENE, E INVECE STUDIAVA ARCHITETTURA. LA CERCAVA TORNATORE, MA LEI ERA A COPENHAGEN. A UN CERTO PUNTO, PERÒ, LA RAGAZZA CON IL COGNOME DELLA GRANDE ANNA HA DOVUTO CEDERE E SEGUIRNE LE ORME. SENZA SMETTERE DI ODIARE SOPRATTUTTO UNA COSA: IL NEPOTISMO

A sinistra, Olivia Magnani a cinque anni gioca con la statuetta dell'Oscar vinto dalla nonna, Anna Magnani, nel 1956 come miglior attrice per l'interpretazione di *La rosa tatuata*. Al centro, al Festival di Venezia in quello stesso anno e, a destra, in compagnia di Burt Lancaster.

Io Donna

Proprio perché c'è stato un salto di generazione, la decisione di lasciare l'università e seguire le orme di sua nonna come è stata accolta in famiglia?

"Credo che loro lo (sapere) .... da molto prima che lo (scoprire) .... io. Era chiaro che la mia sensibilità (essere) .... quella. Al liceo ero bravissima in latino e greco, scrivevo bene.

Mio padre era disperato a vedermi seguire, senza che (capirci) .... niente, le lezioni di analisi e geometria descrittiva. E lui è architetto…".

Latino, greco, i film del neorealismo. Cos'altro l'ha nutrita nell'infanzia, nell'adolescenza?

"Prima di tutto, in casa non si parlava solo di cinema. Mio fratello non è attore, è scrittore ed è laureato in letteratura. Io ho avuto un'infanzia normale, avevo le amiche con cui facevo danza, giocavo a tennis, andavamo alle feste in maschera. Un po' come tutti".

Una rivendicazione di normalità con una punta di rabbia.

"Mia nonna è morta prima che io (nascere) .... , la sua non è mai stata una figura incombente per me. In casa nessuno mi ha mai fatto il lavaggio del cervello sulla grande Nannarella. C'erano le sue foto in giro e, per molto tempo, semplicemente guardando i suoi film, sapevo che (trattarsi) .... di mia nonna. Ce l'ho dentro di me, ma in modo assolutamente naturale".

Cos'altro la fa arrabbiare oltre ai paragoni indebiti, al nepotismo e alla difficoltà di fare cinema in Italia?

"Mi fa arrabbiare vedere tante cose, attori che sarebbe meglio non (lavorare) .... , che non sono nemmeno attori, ma sono considerati buoni richiami per il pubblico. Non lo so che cos'è, forse la televisione che rimbecillisce, vai da Costanzo e ti arrivano proposte anche se non sai mettere due parole in fila".

7 Esercizio

A. *Trasforma le frasi da affermative in negative.*

(ES) *Sapevo che era in casa.*   ___Non sapevo che fosse in casa.___

1. Sapevo che era caro.   _____
2. Sapevo che viveva a Brescia.   _____
3. Sapevo che avevate cambiato casa. _____
4. Sapevo che Luigi si era sposato.   _____
5. Sapevo che tu partecipavi alla gara. _____
6. Sapevo che loro capivano il russo.   _____
7. Sapeva che noi abitavamo insieme.   _____
8. Sapeva che io l'avevo visto con lei. _____

B. *Ora completa tu le espressioni sotto a piacere (pensa ad alcune esperienze quotidiane o alle caratteristiche della lingua italiana o all'Italia in genere).*

(ES) *Sapevo che* ....Venezia era bella...., *ma non immaginavo che* ....fosse tanto affascinante......

Sapevo che .... ma non immaginavo che ....

Sapevo che .... ma non immaginavo che ....

Sapevo che .... ma non immaginavo che ....

Credevo fosse .... e invece era/è ....

Credevo fosse .... e invece era/è ....

Credevo fosse .... e invece era/è ....

8 **Cloze** *Passaggio in ombra*

Completa il brano con i verbi coniugati al tempo e modo opportuni.

In quei giorni mia madre era scontenta e le tracce del suo umor nero si spandevano come una polvere su tutte le cose. Quando lei era così sembrava che non (riuscire) .... a fare nulla, e anche le incombenze più semplici, quelle che svolgeva con la scioltezza dell'abitudine, svelavano il loro carattere di pesantezza. Io mi aggiravo per la casa con l'animo impacciato, attenta a non fare niente che (potere) .... aggiungerle fatica. Ogni tanto, nelle mie peregrinazioni intorno a lei, incontravo il suo sguardo assorto e ricevevo un sorriso distratto.

Allora giocavo un poco con la bambola e speravo che (arrivare) .... presto Francesco. Ma ormai, lo sapevo, non arrivava prima del pomeriggio, perché la mattina lavorava al consorzio agrario e non era più libero come una volta.

Sospiravo, pettinando la bambola e la sgridavo perché perdeva i capelli a causa del fatto che non voleva più mangiare.

Non avevo il coraggio di fare nessuna domanda perché, fin da piccola, ho sentito che Anita, qualunque cosa (accadere) .... nella nostra vita, non avrebbe mai accettato di discutere il suo ruolo primigenio. Lei era la madre, io la figlia. Perciò il compito di asciugarmi le lacrime spettava a lei sola; così pure quello di consolarmi, di nutrirmi, di guarirmi dalle malattie, di darmi ogni cosa le (sembrare) .... necessaria alla mia vita e alla mia felicità. Aspettai, come un animaletto vigile, che la pena che la occupava (dissolversi) .... , e ai primi segnali di sollievo pretesi le sue carezze e ogni genere di dolcezze.

Allora mi domandò se ero contenta che Francesco (diventare) .... mio padre e che mi sarei chiamata come lui: Chiara D'Auria.

Forse, disse, avremmo potuto fare una festa e invitare tutti i nostri amici.

Certamente fu a causa della mia ingenuità, madre cieca di ogni conformismo, se non chiesi mai, né ad altri né a me stessa, perché (apparire) .... improvvisamente nella mia vita qualcuno che diceva di essermi padre e perché, se questo era vero, io non ne (sentire) .... mai .... parlare prima di allora.

Un Tiziano firmato Zorzi

WEEKEND

La mia Babele
di **Corrado Augias**

QUESTA VOLTA ALVISE ZORZI, grande biografo di Venezia, ha affrontato il tema per lui abituale da un punto di vista eccentrico; non direttamente la città, le sue vicende politiche o i suoi palazzi; nemmeno uno dei suoi figli prediletti, quel Marco Polo che seppe aprire nuove strade alla conoscenza e ai commerci. Questa volta Zorzi ha trattato la vita e l'opera del più celebre cadorino di tutti i tempi: Tiziano Vecellio (*Il colore e la gloria*). Certo, anche Tiziano ebbe un rapporto intenso con la città lagunare dove visse ed ebbe casa e studio, i cui colori sgargianti (quei cieli, quei tramonti di porpora) seppe trasferire sulle tele, ma il suo orizzonte essendo il mondo e del mondo i grandi miti e i regnanti, re e pontefici, Venezia finisce per essere non la protagonista ma lo sfondo di questa appassionata biografia il cui sottotitolo infatti non a caso è: *Genio, passioni e fortuna di Tiziano Vecellio.*

Il racconto è affettuoso, intenso, gremito di aneddoti che non restano meno veri (a parte un paio che sono arrotondati in maniera confessa per ragioni narrative) per

**Il colore
e la gloria**
ALVISE ZORZI
Mondadori,
pp. 355, 18 euro

il fatto di essere riferiti con l'immediatezza di episodi di cronaca. Questa è anzi una delle ricchezze del libro, che dovendo narrare di tempi convulsi per accadimenti politici e guerreschi, si giova non poco dell'andamento confidenziale che l'autore gli ha impresso.

Tiziano era nato intorno al 1480 o 90, a Pieve di Cadore ma era sceso presto a Venezia a farsi la mano. A 18 anni lavorava già con Giorgione che ben presto supererà nel catturare, con la fisionomia, l'anima di un personaggio, dote che farà di lui il massimo ritrattista del suo tempo. Anche se frequenta le corti ed è ricevuto da imperatori e papi, se deve vedersela con i committenti, badare che gli paghino il giusto, assicurare lavoro alla «bottega» e poi star dietro alle minute necessità della vita e alle donne e al cibo, il sommo artista non ha in realtà altro pensiero che l'arte sua, dalla quale è come ossessionato. Poi c'è la sua terra, quelle montagne del Cadore, dove, tornato dopo trent'anni, riesce di nuovo a sentire, e se ne inebria, «l'odore dei tronchi discesi col Piave e col Boite, il sentore pungente dei pini tagliati nelle segherie». Questo essere totalmente immerso nella pittura fa di lui un artista capace di dedicarsi con uguale maestria alle raffigurazioni sacre e a quelle profane e sensuali, a cominciare dalla stupenda *Venere* del 1538 che non ha ancora cessato d'incantare chi indugia di fronte alla malia del suo corpo e del suo sguardo.

9   **A.** *Dopo aver letto il testo rispondi alle domande.*

1. Chi è Alvize Zorzi e cosa ha scritto recentemente?
2. Cosa accomuna Zorzi e Tiziano?
3. In che stile Zorzi racconta la vita di Tiziano?
4. Dove era nato Tiziano?
5. Chi è stato il suo maestro?
6. Quali erano le preoccupazioni di Tiziano?
7. Tiziano può essere considerato un maestro del sacro o del profano?

10   Lessico

Combina le seguenti espressioni presenti nel testo con il significato corrispondente.

A	B
Farsi la mano	incantesimo, fascino
Fisionomia	fare esperienza lavorando
Ritrattista	luogo dove lavorano artisti
Committenti	rappresentazione per mezzo di immagini sacre
Bottega	insieme di tratti somatici caratteristici del volto di una persona
Sommo (artista)	bravura, talento
Raffigurazioni profane	coloro che commissionano un prodotto o una prestazione
Raffigurazioni sacre	chi dipinge figure umane
Maestria	grandissimo, molto bravo
Malia (del corpo/ dello sguardo)	rappresentazioni senza immagini sacre

11   Attività scritta

Prova a ricostruire la vita di Tiziano usando i seguenti stimoli mnemonici, includendo i seguenti punti/elementi.

Pieve di Cadore 1480-90	Bottega
Venezia	Donne
Giorgione	Montagne del Cadore
Corti, imperatori, papi	Sacro - profano
Committenti	Venere

12 **Esercizio**

Trasforma le seguenti frasi al passato.

1. Penso che sia un quadro di Tiziano.

   _____

   _____

2. Credo che tutti lo conoscano.

   _____

   _____

3. Dicono che valga molto.

   _____

   _____

4. Temo che non riescano a restaurarlo.

   _____

   _____

5. Mi auguro che lo espongano in un museo
   della mia città.

   _____

6. Alcuni critici ritengono che si tratti di un falso.

   _____

   _____

lettera al direttore

Fiorenza Vallino
direttore di Io donna

Pensieri scaldacuore per il nuovo anno

Cara Fiorenza,

quanti desideri hai espresso per questo nuovo anno? Saggezza vorrebbe dire diminuire il numero dei desideri, desiderare ciò che si ha. Ma spesso noi siamo tutto il contrario di un saggio, e formuliamo un desiderio al minuto. Io per esempio desidererei che nevicasse davvero come ai tempi in cui nevicava davvero, che le città luccicassero non solo a Natale, che ci volesse una lente per trovare un mozzicone per terra, che ai poveri recapitassero l'agiatezza, che a un'oca offrissero un paté di chicchi di grano, che cento cacciatori inseguissero una volpe per dirle Buon Anno... Ma forse tu vuoi da me un desiderio solo, e serio.

Allora, poiché in Italia ci sono tre vecchi e mezzo per ogni bambino, e poiché sono più vicina alla vecchiaia che all'infanzia, desidererei che si spicciassero, si spicciassero davvero ad attrezzare la città a misura d'anziano: civettuole toilettes a ogni angolo di strada, tram e bus su cui salire e non da scalare; chilometri di panchine ovunque, perché mica staremo perennemente seduti ai giardini a chiacchierare con le zanzare; i nostri prediletti gatti e cani in ospedale con noi per farci guarire prima. E, non guasterebbe, pensioni dignitose se ci diamo arie da paese civile.

Un grazie alle badanti, se saranno loro le nostre ultime amiche, ma forse noi, contro ogni legge anagrafica, vorremmo tutti essere ancora portati a spasso da madri e padri come ai tempi, e che non avessero mai inventato i ponti e i week end risucchia-figli. Se le città fossero verdi e sane nessuno dovrebbe continuamente, faticosamente scapparne. Infine per i vecchini vorrei chilogrammi di gentilezze e pensieri scaldacuore, fa così freddo lontano dalla giovinezza.

Auguri a te e a tutti, allora!

Viviane Lamarque
poetessa e scrittrice

13 **A.** *Dopo aver letto il testo "Pensieri scaldacuore per il nuovo anno" rispondi:*

1. Nel primo paragrafo sono contenuti scenari utopici che riguardano alcuni tra i seguenti argomenti, quali:

   - ⊙ la città
   - ⊙ la scuola
   - ⊙ la povertà
   - ⊙ l'alimentazione
   - ⊙ gli abusi sugli animali
   - ⊙ lo sport

   - ⊙ il lavoro
   - ⊙ le feste
   - ⊙ le vacanze
   - ⊙ l'infanzia
   - ⊙ la vecchiaia
   - ⊙ il clima

2. A che proposito si parla di tali argomenti?

3. Nel secondo e terzo paragrafo la scrittrice riassume alcuni problemi della vecchiaia. Quali?

   ....

   ....

   ....

   ....

   ....

   ....

   ....

B *Ricostruisci alcuni dei desideri dell'autrice combinando le frasi delle colonne **A** e **B**.*

A

Desidererei che nevicasse davvero

Desidererei che le città

Desidererei che ci volesse una lente

Desidererei che cento cacciatori

Desidererei che a un'oca

Desidererei che si spicciassero

B

per trovare un mozzicone per terra

inseguissero una volpe per dirle buon anno

ad attrezzare la città a misura d'anziano

offrissero un paté di chicchi di grano

luccicassero non solo a Natale

come ai tempi in cui nevicava

14 **Lessico**

A. *Cerca nel testo sinonimi delle seguenti espressioni.*

- L'essere ricchi, benestanti ....
- Brillassero, fossero luminose ....
- Facessero in fretta, che si affrettassero ....
- Molto amati ....
- Sarebbe bello, opportuno ....
- Che invitano, che richiamano l'attenzione ....
- Andare via in fretta, fuggire da un luogo ....
- Che fanno bene all'anima, allo spirito ....

B. *Trasforma le seguenti espressioni con altre che abbiano le stesso significato.*

Saggezza vorrebbe dire diminuire il numero dei desideri.

Se fossimo..

E non guasterebbe, pensioni dignitose.

Sarebbe bene..

15 **Attività**

Esprimi desideri anche utopici che includano o riguardino le cose nel riquadro. Lavora in coppia con un compagno.

 Vorrei che tutti avessero un lavoro sicuro, piacevole e ben pagato.

Vorrei che

Desidererei che

Preferirei che

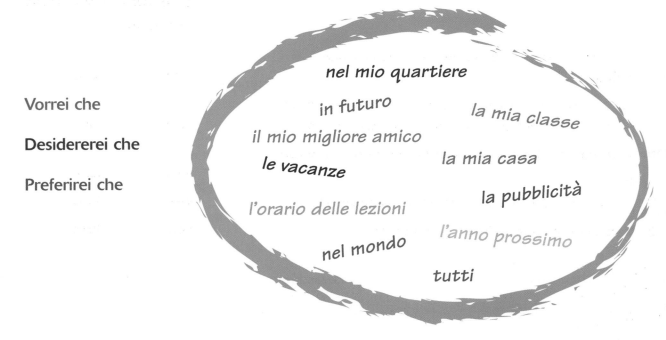

nel mio quartiere

in futuro

la mia classe

il mio migliore amico

le vacanze

la mia casa

la pubblicità

l'orario delle lezioni

l'anno prossimo

nel mondo

tutti

16 Generazioni a confronto

Caterina è una ragazza di 20 anni, studentessa universitaria, di Roma. Hai già ascoltato la prima parte della sua intervista nell'episodio 2.
Ascolta ora la seconda parte dell'intervista su tematiche che riguardano la sua generazione.

A. *Dopo aver ascoltato il testo segna le risposte corrette:*

1. La prima domanda dell'intervistatrice verte su

   ⊙ Il rapporto di Caterina con la sua generazione

   ⊙ I valori e le aspirazioni della generazione di Caterina

2. Caterina dice che i giovani come lei sono tutti diversi e non hanno veramente valori comuni.

   ⊙ vero   ⊙ falso

3. L'unica cosa in comune con i ragazzi della sua generazione è l'educazione libera e democratica ricevuta dai genitori.

   ⊙ vero   ⊙ falso

4. I genitori dei giovani come Caterina nutrivano l'utopia di cambiare il mondo.

   ⊙ vero   ⊙ falso

5. Gli ideali dei genitori dei ragazzi come Caterina, hanno contribuito a cambiare il mondo ma non si sono veramente realizzati.

   ⊙ vero   ⊙ falso

6. Caterina invidia l'esperienza dei suoi genitori.

   ⊙ vero   ⊙ falso

7. Caterina non condivide nei comportamenti della generazione dei suoi genitori:

   ⊙ l'impegno politico
   ⊙ il senso di rivolta
   ⊙ l'abuso di droghe
   ⊙ la libertà sessuale
   ⊙ la violenza e la lotta armata
   ⊙ l'estremismo

8. Secondo Caterina, il futuro della sua generazione è ricco solo di paure.

   ⊙ vero   ⊙ falso

9. L'intervistatrice domanda a Caterina se aspira a cambiare qualcosa nel presente e a costruire un futuro diverso.

   ⊙ vero   ⊙ falso

10. Caterina dice che lei e i suoi coetanei provano un senso di impotenza.

    ⊙ vero   ⊙ falso

11. Caterina non ha nessuna speranza di cambiamento.

    ⊙ vero   ⊙ falso

12. Caterina è impegnata in un partito politico.

    ⊙ vero   ⊙ falso

B. *Dopo aver ascoltato l'intervista a Caterina, prova a rispondere a queste domande:*

1. Perché Caterina pensa che sia difficile usare il termine "generazionale" in rapporto alla sua generazione?
2. Qual è la cosa che Caterina sente di avere in comune con i suoi coetanei?
3. Da quale tipo di esperienza provenivano i genitori dei ragazzi come lei?
4. Che cosa dice Caterina a proposito dell'utopia dei suoi genitori e della disillusione?
5. Quali cose Caterina trova criticabili nella generazione dei suoi genitori?
6. Com'è il futuro della sua generazione, secondo Caterina?
7. Perché Caterina parla di senso di impotenza?
8. Qual è il rapporto di Caterina con la politica?

17   Cloze

Questo è un estratto dell'intervista che hai ascoltato. Completa il testo inserendo queste parole:
anzi • mah • nel senso che • cioè • più che altro • forse anche
piuttosto • quindi • però • invece • cioè mentre

D.: Ma quando tu parli, parli sempre in prima persona, ... mi sembra che tu ti riferisca a delle cose che riguardano te come persona. Io pensavo .... te come... appunto persone che avranno di fronte anche la storia, ... potranno determinare dei cambiamenti. Tu aspiri a dei cambiamenti, partecipi ad azioni che potrebbero modificare lo stato di cose? Ti immagini un futuro diverso e in che senso? .... dove vorresti... cosa vorresti che cambiasse rispetto a quello che tu hai trovato, che ti è stato dato?

R.: ...., io in molti miei coetanei vedo che c'è un po' un senso di impotenza, ... i nostri genitori pensavano veramente di poter cambiare le cose, noi – .... per questa disillusione che c'è stata – pensiamo che, ..., più di tanto non possiamo fare e sentiamo che ci sono delle forze politiche molto più grandi di noi e che non ascoltano più di tanto l'opinione pubblica.

Questo è un forte sconforto per la mia generazione, è un forte senso di impotenza che da giovani non bisognerebbe provare, secondo me. Io personalmente, come membro appunto di una generazione, penso che, spero – .... – che ci siano dei cambiamenti grandi soprattutto riguardo i valori portanti della politica ...., più che... cioè rimane .... una speranza.

18 **Attività orale** *Generazioni a confronto*

Nell'intervista che hai ascoltato Caterina parla della sua generazione facendo un confronto con le generazioni precedenti. Caterina fa riferimento alla sua esperienza nella realtà italiana, ma forse alcune cose che lei ha detto sono riscontrabili anche nell'esperienza del tuo Paese.

Lavora in coppia o in piccoli gruppi con i tuoi compagni. Discutete di questi aspetti mettendo a confronto le esperienze e le conoscenze di ognuno intorno ai temi introdotti nell'intervista a Caterina:

- i giovani e i loro ideali
- il rapporto con la generazione di padri e madri
- gli ideali comuni
- la politica
- illusioni e disillusioni
- il futuro: speranze e paure

19   Attività orale

*"Il mecenate
è il contatto tra
l'idea che sonnecchia
nelle nostre stanze
e il mondo."*

*Spiegate il significato
di questa frase
ed esprimente la
vostra opinione
anche in base alla
vostra esperienza.*

20

*Cerca nel testo tutti
i verbi al congiuntivo,
analizzali
osservando anche
le frasi principali,
e motiva l'uso
dei diversi tempi.
Confronta i tuoi
risultati con quelli
degli altri
e discutetene.*

Editoriale

Ho conosciuto un mecenate nella mia vita.
A dire il vero anche più di uno. Anzi non so se oggi sarei qui (ma qui dove, poi?) se non avessi incontrato un certo numero di persone che hanno creduto in quello che dicevo o in quello che facevo. Adulti che – quando ancora tutto di me era da dimostrare – hanno sospeso per un attimo la loro incredulità, hanno incrinato la loro indifferenza per ascoltare, nella speranza che potessi dire qualcosa di nuovo. Eppure non basta questo per essere mecenati. Per molti un primo mecenate, sponsor in erba, è stato il professore dell'Accademia, il direttore della prima azienda dove si sono presentati come magazzinieri, il genitore della migliore amica. Ma non di quelli stiamo parlando. Allora chi è un MECE-NATE? Leggendo questo numero vi accorgerete che il mercato cerca in tutti i modi di delimitare, definire la figura del Mecenate moderno, uno che – caduto ogni regime feudale – deve seguire una logica di certo meno narcisistica di quella che forse animava Lorenzo il Magnifico. In effetti la nuova definizione sociale di Mecenate tra quelli che la stanno elaborando proprio in questi mesi, si basa sull'assunto che "investire nell'arte conviene". E questo è senz'altro vero e provato soprattutto nelle esperienze all'estero; l'Italia sconta un ritardo culturale dovuto forse a una frammentazione delle logiche di impresa ma anche noi forse ci stiamo allineando. Intanto, però, il tema resta. Perché se investire nell'arte fa bene, questo è senz'altro vero per l'immagine dell'azienda, il portafoglio della fondazione, la riconoscibilità dello sponsor. Allora il mecenate non è altro che un dirigente capace, un burocrate illuminato a cui è richiesta una buona cultura di base e un buon "fiuto" per investimenti più immateriali. Sorridiamo.
Il Mecenate che tutti pensiamo e di cui abbiamo nostalgia, non è un papà buono, ma non è neanche questo freddo acquisitore di risorse. Abbiamo una immagine nella testa, ma esattamente, in effetti, non sapremmo definirla. Ricorda qualcuno, almeno uno, che abbiamo incontrato sulla nostra strada, qualcuno di cui fidarsi, cimentando il talento o le idee che esponevamo. Qualcuno capace di rompere l'isolamento dell'artista che per definizione parla ai posteri, non a suon di dollari come Paperone, ma quasi per talento personale. Il mecenate è un rabdomante: le logiche che lo avvicinano a noi, in fondo, non le capiremo mai. L'investimento che fa invece – il richiamo alla responsabilità – è chiarissimo. Il mecenate è il contatto tra l'idea che sonnecchia nelle nostre stanze e il mondo. E rischia "in solido" come si dice. Potrei continuare ma ognuno di noi ha una sua idea di mecenate. E se chiude gli occhi lo vede nella memoria o nell'immaginazione: una figura alta, matura ma curiosa, intelligente ma formale. Per me è così. Per voi non so, vi auguro solo, ci auguriamo, che arrivi il giorno in cui nella tranquillità del proprio studio, ognuno di noi possa chiudere il computer, posare la matita e dirgli in silenzio "Però... grazie!".

Il Venerdì di Repubblica

cultura

OPERE DI GUSTO

LUDOVICO PRATESI ■

Bandiera, 2002 ▲

◄ Scultura
un corno,
1980

Le Sucre au Coeur, 1973 ▲   ▲ Bon bon seller, 2003

L'uomo che lavora il cioccolato ad arte

No, non è un modo di dire. Le sculture e i quadri di Aldo Mondino, da domani esposti a Ravenna, sono fatti
di zucchero e cacao. Le ragioni? Eccone un assaggio. Nei ricordi di un Natale di 58 anni fa / di **Ludovico Pratesi**

I dietologi ne esaltano le qualità nutritive, i gastronomi ne apprezzano
il sapore, gli scrittori sottolineano le
sue qualità afrodisiache. Ma nessuno
aveva mai pensato di lavorarla come
se fosse marmo, per creare delle
«sculture commestibili». Ci voleva un
artista spregiudicato come il torinese
Aldo Mondino per dare alla cioccolata
la dignità di opera d'arte, fuori dai vir-
tuosismi dei *maître chocolatier* che da
secoli confezionano delizie al cacao.
Mondino ha cominciato solo da dieci
anni, ma in grande stile e, visto che è
un torinese doc, ha scelto di lavorare
con la Peyrano, marca sabauda e tra
le più famose. Quindi, scalpello alla
mano, ha realizzato una serie di sculture, esposte ora in *Aldologica*, la mostra antologica di Mondino che si
inaugura domani, 15 novembre, al
Museo d'arte della città di Ravenna.

Ben centocinquanta opere, selezio-
nate dal curatore Claudio Spadoni,
documentano passo passo l'evoluzione della ricerca di questo mattatore
dell'arte dagli anni Sessanta a oggi,
caratterizzata da una vena di origina-
lità che lo ha portato a usare materiali
almeno insoliti. Con una particolare
predilezione per i cibi: dalle aringhe
affumicate allo zucchero fino, appunto, al cioccolato. Come mai?

«Forse la ragione sta nella mia infanzia», spiega l'artista. «Ricordo che
per festeggiare il primo Natale del dopoguerra la sera della vigilia accompagnai
mio padre a fare spese. Prima andam-
mo dal salumiere, dove assaggiai alcuni cibi per la prima volta, e poi al-
l'Upim, dove ebbi in regalo una scato-
la di colori e un album da disegno. La
mia carriera d'artista cominciò così».
Proseguì poi con gli studi all'Ecole des
Beaux Arts di Parigi, dove Mondino
ha seguito i corsi di Gino Severini, che
insegnava la tecnica del mosaico. «Venivo da una famiglia borghese e una
vita da bohémien mi spaventava non
poco. Pensavo che se mi fosse andata
male come pittore, come mosaicista
avrei sempre trovato una tomba da
decorare», scherza ora.

▲ Torero, 1999

LA MOSTRA

«ALDOLOGICA»
s'inaugura domani
e resterà aperta
fino al 15 febbraio
2004 nel Museo
d'arte della Città
di Ravenna,
in via di Roma 13
(tel. 0544-482775,
Catalogo Mazzotta)

Nella *ville lumière* Mondino non fre-
quentava però i cimiteri, bensì gallerie
e musei. Rimase incantato da una
grande mostra sul surrealismo, e tornò
in Italia con la voglia di trovare nuove
strade per la sua arte, al di là della pittura informale, che aveva invaso tutta
Europa. Le ha provate tutte, e ogni volta è stata una sorpresa. Cento chili di
acciughe disposte a forma di rosa su
un tavolo di design, tappeti turchi dipinti su truciolati industriali che imitano la trama dei fili, quadri realizza- ▸▸

ti con lo zucchero e il caffè al posto dei
colori, trentadue ritratti di tutti i sulta-
ni dell'Impero ottomano dal 1200 al
1938, l'anno di nascita dell'artista.

**All'inizio degli anni Ottanta Mondino
passa al cioccolato.** «Ho fatto una scelta
legata sia alle mie radici piemontesi sia
agli anni di studio a Parigi», racconta.
«Ricordo che tutti i giorni passavo attraverso i giardini del Louvre ed ero attratto dalle sculture in bronzo dell'Ottocento, patinate con un marrone che
sembrava cioccolato fondente». Nascono così *Gianduia*, un omaggio a
Torino, patria del gianduiotto, e *Scultura un corno*, ora esposta a Ravenna:
una zanna composta da cinque ele-
fanti di cioccolato Peyrano, che Mondino ha ottenuto grazie all'amicizia
con Giorgio e Bruna Peyrano, diventati
suoi fornitori ufficiali. «Quando chiesi
loro un blocco di cioccolato alto 60

centimetri e largo 50
non fecero una piega»,
dice. «Ma una volta
che il blocco è arrivato
allo studio, per tra-
sportarlo abbiamo do-
vuto usare una piccola
gru: pesava 120 chili».

Dopo le sculture so-
no arrivati i quadri,
composti da centinaia
di cioccolatini incar-
tati. «Sono mosaici
fatti di gianduiotti, cremini e cuorici-
ni, che compongono bandiere, figure
umane e architetture», spiega l'artista. Si chiamano *The bizantine world*,
Bon bon seller e *Delicatessen*, e nelle
sale del museo di Ravenna sfilano accanto a decine di altri quadri dolci,
tra cui spicca *Le sucre au coeur*, la basilica del Sacro Cuore di Parigi disegnata con lo zucchero.

**L'opera più grande, *Danaublau*, rap-
presenta l'intero corso del Danubio, dalla
Foresta nera al mare:** una mappa flu-
viale che attraversa dieci paesi euro-
pei, composta da centinaia di cioccolatini. Per conservarli l'artista ha chiesto ai Peyrano di creare una miscela
di cioccolato e altri materiali, che permette di mantenerli per sempre. La ricetta? Come ogni *maître chocolatier*
che si rispetti, Mondino non l'ha mai
rivelata. Così l'unico «cioccolato d'arte» mantiene il suo segreto.

▲ Dallah, 1992

21 *Dopo aver letto il testo rispondi alle domande:*

1. Nell'articolo sono citate alcune persone: chi sono?

   • Aldo Mondino
   • Claudio Spadoni
   • Ludovico Pratesi
   • Gino Severini
   • Giorgio e Bruna Peyrano

2. Quante e quali professioni, mestieri, arti vengono citati nel testo?

3. Perché vengono nominate le seguenti città?
   • Ravenna
   • Torino
   • Parigi

22 Lessico

Associa ad ogni sostantivo elencato la professione corrispondente.

Mosaico   ....

Quadro   ....

Restauro   ....

Scultura   ....

Ritratto   ....

Design   ....

Poesia   ....

Romanzo   ....

Saggio   ....

Novella   ....

Osserva dal testo

"Scalpello alla mano, ha realizzato una serie di sculture"
Ora completa inserendo il nome degli oggetti mancanti:

1. .... alla mano, ha cominciato a scrivere.

2. .... alla mano, ha cominciato a disegnare.

3. .... alla mano, ha cominciato a dipingere.

4. .... alla mano, ha cominciato ad affettare il pane.

5. .... alla mano, ha cominciato ad operare il paziente.

Osserva dal testo

"I dietologi ne esaltano le qualità nutritive."

La parola *dietologo* è costruita, come molte altre in italiano, con il suffisso **-logo** che viene dal greco antico e significa *studio*. Queste parole indicano professioni. Il suffisso **-logia** indica invece ambiti di studio e di ricerca. Per cui da "dieta" si avrà "dietologo" e "dietologia".

23 Esercizio

Associa i nomi di professione alle definizioni corrispondenti.

Astrologo	studia i diversi popoli ed etnie
Geologo	cura le malattie del cuore
Archeologo	studia la società
Cardiologo	studia antichi reperti
Biologo	studia concetti religiosi
Teologo	studia i meccanismi della vita
Antropologo	studia il pianeta Terra
Psicologo	studia la scrittura
Sociologo	studia gli astri
Grafologo	studia la mente e il comportamento umano

24 Esercizio

Forma i nomi delle professioni e degli ambiti di studio derivanti dai sostantivi elencati sopra.

Professioni	Ambiti di studio
astrologo	*astrologia*
....	....
....	....
....	....
....	....
....	....
....	....
....	....
....	....

I dietologi ne esaltano le qualità nutritive, i gastronomi ne apprezzano il sapore, gli scrittori sottolineano le sue qualità afrodisiache. Ma nessuno aveva mai pensato di lavorarla come se fosse marmo, per creare delle «sculture commestibili».

Osserva

Questo è un estratto del primo paragrafo dell'articolo che hai appena letto. Nota l'uso del congiuntivo imperfetto dopo la congiunzione "come se". In italiano questa congiunzione richiede sempre l'uso del congiuntivo imperfetto o trapassato, indipendentemente dal tempo della frase principale.

*Lo **guarda come se** lo **vedesse** per la prima volta.*

*Lo **guarda come se** non lo **avesse** mai **visto** prima.*

*Lo **guardava come se** lo **vedesse** per la prima volta.*

*Lo **guardava come se** non lo **avesse** mai **visto** prima.*

25   Esercizio

Trasforma le frasi secondo il modello.

 Il computer non rispondeva ai comandi. Era rotto.

Il computer non rispondeva ai comandi, come se fosse rotto.

1. Non gli rispondeva.

   Non capiva le sue domande.

   _____

   _____

2. Il cielo era diventato grigio.

   Stava per piovere.

   _____

   _____

3. Il bambino aveva gli occhi rossi.

   Voleva piangere.

   _____

   _____

4. Guardava intensamente l'orizzonte.

   Voleva raggiungerlo

   _____

   _____

5. Pensava a quella donna.

   Per lui era l'unica al mondo.

   _____

   _____

6. Mi fece un cenno.

   Voleva dirmi di spostarmi.

   _____

   _____

7. Mi accolse con una strana espressione.

   Aveva paura di vedermi.

   _____

   _____

26 Esercizio

Completa le frasi con i verbi al tempo e modo opportuni.

1. Mi ripeti sempre le stesse cose, come se io (essere) .... stupida!

2. La casa è immersa nel silenzio, come se non ci (abitare) .... nessuno.

3. I nostri amici indugiavano sulla porta, come se non (volere) .... andare via.

4. Il bambino guardava la minestra con disgusto, come se (avere) ....
    davanti a sé un intruglio schifoso.

5. Non guardarmi come se questo guaio lo (combinare) .... io!

6. Lavorava con incredibile maestria, come se (fare) .... da sempre quel
    mestiere.

7. Mentre lui gli diceva ti amo, lei lo guardò come se non (sentire) ....
    mai prima d'allora quelle parole.

Piero era stato interrotto più volte durante la scrittura del libro, prima dal caldo, poi da alcuni contrattempi con la famiglia, ed ora, infine, c'era anche il problema del grafico che non riusciva a rintracciare da giorni. La casa editrice aveva altri due o tre grafici free-lance ma in questo periodo erano stati tutti già contattati per altri lavori ed inoltre Piero voleva proprio lui, Augusto.
Un giorno finalmente Piero ricevette un SMS "Non cercarmi a Roma, sono ad Alberobello".
Dopo una lunga telefonata Piero fu convinto a prendere un autobus e partire per la Puglia.

D'altronde Alberobello era un luogo mitico dove non era mai stato, come non era mai stato in Puglia, il tacco d'Italia. Visto che per lui era urgentissimo parlare col grafico per la copertina del suo libro, avrebbe potuto cogliere l'occasione per un viaggetto di un paio di giorni.

Arrivato ad Alberobello, Piero fu colpito dal modo in cui i trulli erano raggruppati tra loro. Sembrava che fossero stati costruiti da qualche creatura fiabesca. Non sapeva che quelle strane case fossero abitate e soprattutto pensava che fossero più piccole, più concentrate in un punto. Invece gli spiegarono che costruzioni simili erano disseminate in tutto il territorio e che molti trulli erano stati venduti a famosi acquirenti d'oltralpe, specialmente inglesi.

Per questo la zona era stata ribattezzata "Trullishire" e si diceva che persino lo stesso
Carlo d'Inghilterra fosse stato attratto da quella strana moda e ne avesse acquistato uno.
Augusto non era lì in vacanza per qualche giorno, si era proprio trasferito
a vivere in un trullo e per prima cosa ci aveva piazzato un computer portatile,
in quanto alla corrente elettrica ancora non c'era, allora: computer e candele.
"Ma come ti è venuto in mente?" disse Piero ancora sciocccato.
"Così… mi è stato proposto da un tipo che già vive qui da qualche anno,
si era liberato un trullo vicino al suo e… insomma l'ho comprato,
con gli stessi soldi a Roma non ci compri neanche un posto auto".
"In effetti è un posto incredibile, solo che mi sembra fuori dalla realtà".
"Dipende da che cosa è per te la realtà… per me negli ultimi anni in città,
lì mi sembrava di essere fuori dalla realtà".
"Hai ragione però quando poi finisce l'estate, arriva l'autunno
e questi posti piccoli si svuotano, diventano tristi".
"Lo dici tu, ma dipende da quello che fai, io posso lavorare bene
anche qui e dipende anche da quanti anni hai e se sei abituato a parlare con le pietre".
"Sì, anch'io da bambino parlavo con le pietre, parlavo pure con le pentole della cucina,
col pentolino del latte che aveva il manico rotto, ogni mattina gli dicevo,
stai tranquillo sarai sempre mio amico, non sarai buttato via, io lo impedirò, poi però…"
"Poi però l'hai buttato, no?"
"Non lo so se l'ha buttato mia madre, non credo, solo che non lo usa più…"
"Ma io non mi riferivo a te, si vede che tu sei un tipo che parla con le pietre,
però hai paura della calma, tu devi muoverti… io devo fermarmi,
ma dimmi il libro l'hai finito?"
"Quasi, diciamo che mi manca la frase finale e tu?"
"Niente."
"Come niente, guarda che la direttrice ti ammazza, ti ha già dato l'anticipo".
"Sta' tranquillo, dammi una settimana e avrai la copertina che vuoi, però siediti, rilassati,
raccontami un po' i capitoli principali, cerca di mettere a fuoco il motivo dominante,
il colore dominante e vedrai che verrà fuori qualcosa di grande."
"Dunque c'è un ponte con un castello e c'è un angelo che sovrasta un ragazzo africano
che vende maglie Diesel false, siamo a Roma…"

1   *Dopo aver letto il testo segna la risposta corretta.*

1. Piero aveva scritto il libro senza interruzioni. ⊙ vero ⊙ falso
2. Il grafico che voleva Piero era stato contattato per altri lavori. ⊙ vero ⊙ falso
3. Un giorno Augusto mandò un SMS a Piero. ⊙ vero ⊙ falso
4. Piero fu convinto dal grafico ad andare a trovarlo in Puglia. ⊙ vero ⊙ falso
5. Piero era stato molte volte ad Alberobello. ⊙ vero ⊙ falso
6. I trulli sembravano costruzioni fiabesche. ⊙ vero ⊙ falso
7. Piero credeva che i trulli non fossero più abitabili
   e li immaginava di dimensioni più piccole. ⊙ vero ⊙ falso
8. Molti inglesi avevano comprato dei trulli. ⊙ vero ⊙ falso
9. In origine Alberobello si chiamava "Trullishire". ⊙ vero ⊙ falso
10. Augusto era andato in vacanza ad Alberobello. ⊙ vero ⊙ falso
11. Piero fu sorpreso del fatto che Augusto avesse acquistato un trullo. ⊙ vero ⊙ falso
12. Piero e Augusto discussero un po' sui vantaggi e gli svantaggi
    di vivere in un piccolo posto. ⊙ vero ⊙ falso
13. Augusto promise a Piero di finire la copertina per il suo libro
    in un mese. ⊙ vero ⊙ falso
14. Augusto pensava che avrebbe potuto fare una bella copertina. ⊙ vero ⊙ falso

2 Lessico

Scegli il significato giusto per ciascuna di queste espressioni presenti nel testo.

1.	Cogliere l'occasione	⊙ Approfittare dell'occasione
		⊙ Affidarsi al caso
2.	Acquirenti	⊙ Persone che acquistano
		⊙ Persone che si conoscono
3.	D'oltralpe	⊙ Nordeuropei
		⊙ Che vivono in montagna
4.	Lo impedirò	⊙ Farò in modo che non accada
		⊙ Lo dirò a tutti
5.	L'anticipo	⊙ Somma di denaro pagata prima
		⊙ Rimborso spese
6.	Mettere a fuoco	⊙ Focalizzare
		⊙ Incendiare
7.	Motivo dominante	⊙ Il tema più importante
		⊙ La parte più grande
8.	Sovrasta	⊙ Sta al di sopra
		⊙ È contrario

Cerca nel testo e tutti i verbi alla forma passiva, trascrivili e prova a dire qual è il tempo e il modo di ogni verbo. Confronta il risultato con gli altri compagni.

FACCIAMO GRAMMATICA

Forma passiva

Nel passaggio dalla frase attiva alla frase passiva l'**oggetto** assume la funzione di **soggetto** mentre il soggetto diventa **complemento d'agente** introdotto dalla preposizione *da*.

È possibile trasformare una frase attiva in passiva solo quando il verbo è **transitivo** e accompagnato da un **complemento oggetto**.

Nella forma passiva si usa l'**ausiliare *essere***.

Con i tempi semplici si può usare l'ausiliare *essere* oppure il verbo *venire* + **il participio passato**.

Nei tempi composti si usa solo l'ausiliare *essere* + **il participio passato**.

Spesso il verbo *venire* viene usato per mettere in evidenza **il movimento, l'azione in svolgimento** espressa dal verbo.

Marco **vende** la casa	La casa **è/viene venduta** da Marco
Marco **ha venduto** la casa	La casa **è stata venduta** da Marco
Marco **vendeva** la casa	La casa **era/veniva venduta** da Marco
Marco **aveva venduto** la casa	La casa **era stata venduta** da Marco
Marco **venderà** la casa	La casa **sarà venduta** da Marco
Marco **vendette** la casa	La casa **fu venduta** da Marco
Marco **avrà venduto** la casa	La casa **sarà stata venduta** da Marco
Marco **venderebbe** la casa	La casa **sarebbe venduta** da Marco
Marco **avrebbe venduto** la casa	La casa **sarebbe stata venduta** da Marco
Che Marco **venda** la casa	Che la casa **sia venduta** da Marco
Che Marco **abbia venduto** la casa	Che la casa **sia stata venduta** da Marco
Che Marco **vendesse** la casa	Che la casa **fosse venduta** da Marco
Che Marco **avesse venduto** la casa	Che la casa **fosse stata venduta** da Marco

4 Esercizio

Trasforma le seguenti frasi alla forma attiva.

1. Tutti e tre i grafici erano stati contattati da altri editori.
2. Piero fu convinto da Augusto a partire per la Puglia.
3. Piero fu colpito dal modo in cui i trulli erano raggruppati tra loro.
4. Molti trulli erano stati venduti da alcune agenzie immobiliari.
5. Ad Augusto è stato proposto di comprare un trullo da un tipo che lui conosceva.

5 Esercizio

Trasforma le seguenti frasi alla forma passiva.

1. Qualcuno ha abbandonato una valigia su un treno.
2. Molti hanno seguito il programma alla TV.
3. Lo hanno contattato per un'intervista alla radio.
4. Si dice che i tifosi abbiano insultato di continuo uno dei giocatori.
5. Pare che alcuni testimoni lo abbiano riconosciuto.
6. Non è certo che lo abbia affrescato Giotto.

6 Esercizio

Riscrivi le seguenti frasi al passivo.

1. Si pensava che avessero trafugato quei tesori durante la guerra. _____

2. Tradussero le canzoni di Mina in molte lingue. _____

3. Hanno venduto 20.000 copie di quel libro. _____

4. Tutti i suoi nipoti lo amavano molto. _____

5. Gli comunicarono la vincita per telefono. _____

6. Gilles De Tourette descrisse la sindrome che affliggeva Mozart nel 1885. _____

7. Marco Pirro scrisse negli anni '80 il libro "Mio figlio non sa leggere". _____

7 Esercizio

Trasforma le seguenti frasi alla forma passiva.

1. Il giudice lo assolse.
2. La corrente lo travolse.
3. Il pubblico lo accolse.
4. Un dubbio lo colse.
5. Il rimorso lo assalì.
6. Un amico lo tradì.

7. Un fulmine lo colpì.
8. La polizia lo inseguì.
9. Michelangelo la scolpì.
10. Un poeta lo tradusse.
11. Il terremoto la distrusse.
12. Una ditta la produsse.

8 Attività orale

Chiedi a piacere ai tuoi compagni alcune di queste cose:

• Hai mai pensato di rimanere a vivere in un luogo in cui sei andato in vacanza?
• Hai mai pensato di lasciare la città per andare a vivere in campagna?
• Hai mai pensato di vivere in un paese tropicale?
• Hai mai pensato di andare a vivere in un luogo isolato?
• Hai mai pensato di comprare una casa in un paese diverso dal tuo?
• Hai mai pensato di lasciare il lavoro o gli studi e partire senza meta?
• Hai mai pensato di fare a meno di alcuni elettrodomestici?
• Hai mai pensato di poter vivere senza elettricità, con le candele?
• Hai mai provato a convincere qualcuno a cambiare vita?
• Hai mai cambiato radicalmente la tua vita?

VICINO A RIETI

Festa rave infinita. «Ce ne andremo domenica»

Corriere della Sera

RIETI — Il tam tam ha tuonato su internet, appuntamento fissato per la notte di Capodanno a Corvaro di Borgorose, nella vecchia fabbrica Conforti, dove fino a qualche mese fa si producevano casseforti. Si sono ritrovati in tanti, un migliaio, hanno forzato le serrature, rotto i lucchetti per appropriarsi del capannone. E per la prima volta la provincia di Rieti ha scoperto cosa sia un «rave party», una festa che sboccia all'improvviso, con giovani che arrivano da ogni angolo d'Euro-

Tensione e danni nell'ex fabbrica: la polizia potrebbe sgomberare centinaia di giovani

pa (nell'occasione in maggioranza inglesi e francesi), una grande abilità nell'organizzare dal nulla una maxidiscoteca, nell'allestire gli allacci abusivi per l'elettricità, gli impianti di amplificazione, le strumentazioni. Gli abitanti del luogo si sono insospettiti, hanno capito che c'era qualcosa di strano in quella musica sparata a volumi impossibili, in quel viavai di gente sconosciu-

ta. Ed hanno avvertito le forze dell'ordine. La Polizia stradale ha fermato decine di autovetture al casello di Valle del Salto dell'A24, molti i verbali per guida in stato di ubriachezza o sotto l'effetto di stupefacénti.

Ma l'occupazione è andata avanti, qualcuno ha anche fatto esplodere un recipiente di gas propano liquido nelle vicinanze della vecchia fabbrica, qual-

cun altro ha danneggiato le vetrine del Mercatone Uno, il grande supermercato che si trova a due passi dal paese. Intanto la festa è proseguita, con una precisa volontà dei partecipanti: «Non ce ne andremo fino al 4 gennaio».

La Questura di Rieti ha adottato una strategia «soft», per ora il tentativo di persuasione dei ragazzi prevale sulla possibilità di intervento. Sono stati richiamati in servizio tutti gli agenti. Stamane nuove decisioni in vista.

V. Vecc.

9   **A.** *Dopo aver letto il testo riassumi brevemente l'accaduto tenendo conto dei seguenti punti:*

- cosa è successo
- dove
- quando
- come
- perché

B. *Completa le frasi coniugando i verbi al passato e usando la forma passiva.*

1. Le serrande ed i lucchetti del capannone (forzare) ....

2. Una maxi discoteca (organizzare) .... dal nulla.

3. Per far funzionare gli impianti di amplificazione e le strumentazioni (allestire) .... allacci abusivi.

4. Le forze dell'ordine (avvertire) .... dagli abitanti del luogo.

5. Decine di autovetture (fermare) .... al casello Valle del Salto e (fare) .... molti verbali per guida in stato di ubriachezza o sotto l'effetto di stupefacenti.

6. Un recipiente di gas propano (far esplodere) .... nelle vicinanze della vecchia fabbrica.

7. Le vetrine del Mercatone Uno (danneggiare) ....

10 Lessico

Cerca nel testo tutti i termini relativi all'ambito della festa e all'ambito della legge.

Festa	Legge
capodanno	*polizia*

11 Role-play *Discutere con i vicini*

*Immagina di essere in una delle seguenti situazioni (**A** o **B**).*

A. Tutte le sere gli inquilini del piano di sopra
organizzano feste con musica a tutto volume.
Tu non riesci a dormire e vai a protestare.

B. Ti piace fare festa, anche al tuo compagno di casa.
Avete una casa grande con pochi mobili, spesso hai
ospiti che restano fino a tardi, a volte si ubriacano e
non riesci a mandarli via prima dell'alba.
I vicini vengono a protestare.

12 Attività orale *Discoteche*

Discutete insieme sui seguenti argomenti:

- Fino a che ora dovrebbero restare aperte le discoteche?

- Si dovrebbero vendere o non vendere superalcolici e fino a che ora?

- Dove dovrebbero essere dislocate le discoteche (in città, fuori città, in centro, in
  periferia)?

- Cosa si dovrebbe fare per evitare le cosiddette stragi del sabato sera (incidenti stradali
  gravi provocati da giovani che tornano dalle discoteche e guidano in stato di ubriachezza
  e/o ad altissima velocità)?

13 Role-play *La febbre del sabato sera*

*Per risolvere il problema delle stragi del sabato sera si è deciso
di chiudere le discoteche alle due di notte e di non far vendere
superalcolici dopo mezzanotte.
Inoltre è vietato guidare dall'una di notte alle sei del mattino
per persone che abbiano un'età inferiore a 21 anni.
Discutete di questo provvedimento assumendo uno dei seguenti
punti di vista:*

A. Sei un giovane che ama andare in discoteca
tutta la notte.

B. Sei una mamma di due ragazzi di sedici
e diciotto anni.

C. Sei un medico del pronto soccorso di un ospedale.

D. Sei il barista di una discoteca.

lo stadio nella classicità

Luigi Devoti, "Circhi e stadi di Roma antica"

Lo stadio

Lo stadio è il luogo in cui vengono svolte le gare di atletica. La pista, dove hanno luogo le competizioni, ha una lunghezza di 600 piedi, misura che corrisponde a uno stadio, antica misura lineare, corrispondente a 178 metri. Tuttavia questa misura varia a seconda del valore che viene dato allo stadio nelle diverse regioni. Infatti a Delfi corrisponde a 178,35 metri, ad Atene a 184,46 metri e a Olimpia a 191,27 metri. Lo stadio ha la sua origine in Grecia e nei primi tempi è una semplice area pianeggiante, poi assume la forma quadrangolare con uno dei lati addossato alle pendici di un colle, finché in età ellenistica prende la forma di un rettangolo allungato con un lato corto rettilineo, da dove prendono il via le gare, e il lato opposto curvo. Nei primi stadi il posto per gli spettatori è costituito dal pendio naturale o artificiale presente intorno alla pista o da gradoni intagliati nella roccia. Successivamente vengono realizzate file di sedili in legno o in pietra, il più delle volte però limitatamente all'area occupata dai giudici di gara.

In età romana gli stadi vengono costruiti sempre su terreno pianeggiante e la pista viene circondata da gradinate sorrette da volte e arcate sui lati lunghi e sul lato breve curvo. La pista, sempre realizzata in terra battuta, è delimitata da una soglia di pietra o da un parapetto e può essere circondata da un canale (*euripus*) dove sono disposte vaschette distanti tra loro cinquanta piedi. La larghezza della pista varia, in media si aggira intorno ai trenta metri.

Il punto dal quale iniziano le gare di corsa è indicato da una linea tracciata sul terreno o da una serie di blocchi di pietra o da una soglia anche di pietra. Per indicare questo limite viene anche usato un meccanismo che consiste in un palo infisso nel terreno a cui è legato un filo che viene teso davanti agli atleti e lasciato cadere al momento del segnale di partenza.

Fra le gare di atletica che si svolgevano nello stadio quella più completa e più significativa è il *pentathlon*, dove ogni atleta deve affrontare cinque prove: il lancio del disco e del giavellotto, il salto in lungo da fermo, una gara di corsa sulla distanza di duecento metri e un incontro di lotta.

14   *Dopo aver letto il testo "Lo stadio" rispondi alle seguenti domande:*

1. Che cosa era uno stadio?
2. Che cosa significa in origine la parola stadio?
3. Qual era la forma originaria dello stadio e come si è evoluta la sua forma?
4. Dove sedevano in principio gli spettatori? E più tardi?
5. Quali sono le innovazioni degli stadi in età romana rispetto alla pista?
6. Come viene indicata la linea d'inizio delle gare?
7. Quante prove deve affrontare l'atleta di pentathlon?

15 *Rileggi il testo "Lo stadio" e sottolinea tutti i verbi alla forma passiva. Analizzali, dicendo qual è il loro tempo e modo e indicane l'infinito.*

CIRCHI E STADI DI ROMA ANTICA

Luigi Devoti, "Circhi e stadi di Roma antica"

Lo Stadio di Domiziano

Soltanto con l'elezione di Domiziano, nell'81 d.C., Roma finalmente può avere uno stadio permanente per le gare di atletica. È la struttura antica che la città medievale e moderna ha maggiormente fatto propria: la nostra piazza Navona.

Lo Stadio di Domiziano sorge in prossimità del *Gymnasium* neroniano, tra le Terme di Nerone e lo Stagno di Agrippa. Nella forma ricopia quelli di Olimpia e di Atene, mentre la struttura sostanzialmente ricalca quella di un circo, dal quale si differenzia per le dimensioni minori e per l'assenza della spina e dei *carceres*.

È di forma rettangolare allungata con il lato breve curvo orientato a nord e il lato corto rettilineo e moderatamente obliquo, orientato a sud.

Misura 276 metri di lunghezza e 106 metri di larghezza. La lunghezza dell'arena è di 192,87 metri, ossia è uguale a quella dello Stadio di Olimpia, e la larghezza è di 54 metri.

Può ospitare circa 30.000 spettatori.

Ricostruzione ideale dello Stadio di Domiziano (incisione del Seicento).

16 **Attività scritta** *Un greco allo stadio*

Immagina di descrivere dettagliatamente uno stadio moderno ad un antico greco che tornasse a vivere nella nostra epoca: funzioni dello stadio, dimensioni, collocazione, sport che vi si svolgono o altre attività, tipo di pubblico, pubblicità, tifosi, ecc. Puoi usare il modello descrittivo dei testi "Lo stadio" e "Lo stadio di Domiziano".

17 **Esercizio**

Trasforma le frasi dall'attivo al passivo.

ES In alcuni paesi considererebbero
questa cosa illegale.

In alcuni paesi questa cosa
sarebbe considerata illegale.

1. Trasmetteranno il film alle 22.30.

2. Vi rimborseremo se non sarete soddisfatti.

3. Ben presto diffonderanno la notizia.

4. Trasformeranno il centro in zona pedonale.

5. Hanno chiuso al traffico il centro storico.

6. I congiurati uccisero Giulio Cesare.

7. Marco Antonio tenne un discorso funebre
    per la morte di Cesare.

8. Hanno dipinto di azzurro la parete.

9. Vi hanno imbrogliati, questo quadro
    è una crosta.

10. Credo che tutti lo apprezzino come artista.

11. Penso che lo considerino il più celebre
    musicista del secolo.

12. Dicono che lo paghino più di ogni altro attore.

13. Sebbene lo apprezzassero tutti,
    lui non si dava delle arie.

14. Il prezzo non comprende la colazione.

15. La maggior parte degli italiani segue
    il calcio in tv.

16. Molti bambini praticano il nuoto.

17. La pasta al sugo è il piatto che gli italiani
    amano di più.

18. Se fosse più severa la rispetterebbero di più.

Lettura *Note editoriali*

Il testo che segue è un estratto di alcune note editoriali per la redazione di un dattiloscritto da presentare per un concorso letterario.

Il dattiloscritto va consegnato nella copia originale e nella versione definitiva, su cartella di 30 righe a spazio 2, di 60 battute l'una, non deve presentare troppe correzioni e, in ogni caso deve essere chiaramente leggibile.

Il testo deve essere completo di indice, introduzione, di eventuali note, tavole, grafici, appendici, ecc.

Le note vanno raccolte in cartelle a parte.

I capoversi vanno sempre indicati rientrando di 4-5 battute.

Il testo va redatto secondo le indicazioni dei punti seguenti.

Come regola generale si tenga presente che è essenziale l'omogeneità dei criteri redazionali usati.

Ci si può anche discostare, in casi particolari da segnalare e discutere con la redazione, dai criteri di seguito esposti; ma è assolutamente essenziale che, una volta adottato un criterio, lo si segua in tutto il libro.

• Le parole straniere non entrate nel linguaggio comune si indicano in corsivo.

• Gli accenti si usano solo in fine di parola, tranne quando l'uso dell'accento serva ad evitare equivoci (es. subito e subìto)

• Il trattino va usato per parole composte del tipo: *economico-sociali*, *giuridico-politico*. L'uso del trattino va evitato nel caso di parole composte che possano scriversi come parola unica. Es.: *vicepresidente*, *neocapitalismo*, *centrosinistra*.

• Va evitato un uso eccessivo delle maiuscole. In particolare, evitare le maiuscole di rispetto, per esempio nei nomi dei santi, si scriverà, dunque, *san Pietro* e non *San Pietro* (tranne nel caso ci si riferisca ad una chiesa). Allo stesso modo si scriveranno minuscoli i titoli (*prof., presidente, segretario*, ecc.), i mesi, ecc.

---

8 *Dopo aver letto il testo prova a ricordare cosa deve essere fatto e cosa non deve essere fatto nel redigere un dattiloscritto seguendo le regole indicate nel testo. Lavora in coppia con un compagno.*

9 *Rileggi il testo e cerca tutte le frasi che contengono una struttura verbale passiva o che esprimono un valore passivo. Quante e quali forme hai trovato? Confrontando i risultati con gli altri compagni provate a costruire delle ipotesi di regole sull'uso delle forme passivanti in italiano. Poi parlatene con l'insegnante.*

FACCIAMO GRAMMATICA

Altre forme passivanti

In italiano esistono vari modi per esprimere la forma passiva:

Si passivante

Si costruisce con la particella "si" + il verbo alla 3° persona singolare se il soggetto è singolare, alla 3° persona plurale se il soggetto è plurale. In questo costrutto, in genere il soggetto è espresso dopo il verbo.

> *A casa mia **si mangia la pasta** due o tre volte alla settimana.*
> (La pasta è/viene mangiata)
>
> *In questo ristorante **si usano** solo **prodotti biologici**.*
> (Sono/vengono usati solo prodotti biologici)

Talvolta il *si* passivante esprime un'idea di obbligo, necessità:

> *Questi dispetti non **si fanno**!* (non devono essere fatti)
>
> *Le parole straniere **si indicano** in corsivo.* (devono essere indicate)

Andare + participio passato

Si costruisce con il verbo "andare" + il participio passato del verbo da coniugare. Naturalmente il participio passato si accorda con il soggetto.
Questa forma esprime un'idea di necessità: "va fatto" equivale a "deve essere fatto".

> *Il brasato **va cotto** a fuoco lento e molto a lungo.* (deve essere cotto)
>
> *Questa pillola **va presa** a digiuno.* (deve essere presa)
>
> *I debiti **vanno** sempre **pagati**.* (devono essere pagati)
>
> *Queste decisioni **vanno prese** con molta calma.* (devono essere prese)

Preposizione *da* con valore passivante

Anche la preposizione "da" seguita da un verbo all'infinito può essere usata con valore passivante ed esprime l'idea che si deve / deve essere fatto qualcosa.

> *Quest'idea è **da scartare**.* (deve essere scartata)
>
> *È un film **da vedere** assolutamente!* (che deve essere assolutamente visto)

20 Esercizio

Completa le frasi come nell'esempio:

ES   Il vino rosso (bere) ......*va bevuto*.......... a temperatura ambiente.

1. La vita (prendere) .... con filosofia.

2. Questo tipo di latte non (fare bollire) .... altrimenti perde le migliori proprietà nutritive.

3. I legumi secchi (lasciare) .... in ammollo per qualche ora prima di cuocerli.

4. La pizza (infornare) .... ad una temperatura molto alta. La mozzarella (aggiungere) .... successivamente, quando la base è già ben cotta.

5. I sintomi dell'influenza, come stanchezza, mal di testa, raffreddore, non (trascurare) .... È meglio riposare qualche giorno in più per guarire completamente.

6. Lo yogurt (mangiare) .... a digiuno per trarne maggiori benefici.

7. La verdura (consumare) .... preferibilmente cruda.

8. Questo esercizio (fare) .... con molta attenzione perché è piuttosto difficile.

9. Le medicine (prendere) .... solo quando è strettamente necessario e sotto il controllo del medico.

10. Questa traduzione (rivedere) .... interamente perché non è stata fatta bene.

21 Esercizio

Completa le frasi con il "si" passivante.

ES   A casa mia (fare) ......*si fa*.......... la raccolta differenziata dei rifiuti.

1. Durante una lezione di lingua (fare) .... molte attività comunicative.

2. Alle manifestazioni (portare) .... cartelli e striscioni e (gridare) .... slogan.

3. Dalla mia finestra (vedere) .... un bel paesaggio.

4. In Italia (fabbricare) .... scarpe di ottima qualità.

5. Viaggiando (imparare) .... tante cose e (conoscere) .... gente nuova e diversa.

6. In quel negozio (vendere) .... prodotti alimentari provenienti da tutto il mondo.

7. In Puglia (produrre) .... molto grano.

8. In Italia (parlare) .... molti dialetti.

9. Al liceo classico (studiare) .... il greco.

10. In quella pasticceria (vendere) .... dolci squisiti!

22 **Attività**

Prova a scrivere delle frasi o dei piccoli testi che regolino le seguenti azioni usando la costruzione "andare + participio passato" con valore passivante.

• Preparare/servire un piatto di pasta

*La pasta **va cotta** in abbondante acqua bollente. Il sale **va aggiunto** all'acqua in ebollizione subito prima di mettere la pasta. Per ottenere un buon risultato la pasta **va scolata** al dente, cioè non **va lasciata cuocere** per più di sei/dodici minuti a seconda del formato. **Va condita** all'istante e servita subito in tavola.*
*La pasta condita con sughi di carne o pomodoro **va accompagnata** da un buon vino rosso.*

- Conservare/servire vino bianco/rosso
- Innaffiare/potare/trapiantare piante
- Lavare/stirare capi delicati

- Preparare/servire un buon tè
- Educare i bambini
- Raccogliere/separare/sbarazzarsi dei rifiuti

Lettura *Regolamento Trenitalia*

Il testo che segue è una normativa per coloro che chiedono un rimborso alle Ferrovie dello Stato.

BONUS
ESTRATTO DALLA NORMATIVA VIGENTE

BONUS EUROSTAR (ES*)

Nel caso in cui un treno ES* arrivi nella stazione per la quale è stato rilasciato il biglietto, con un ritardo ufficiale superiore a **25** minuti, o nel caso in cui nella vettura in cui il Cliente ha preso posto, l'impianto di climatizzazione sia totalmente non funzionante e non risulti possibile assegnare il posto in altra vettura, viene rilasciato al viaggiatore un bonus nominativo di importo pari al 50% del biglietto ES*. Ai fini del rilascio del bonus fa fede l'indicazione del treno prenotato riportato sul biglietto o l'assegnazione del posto effettuata dal personale di bordo. Nel caso di climatizzazione non funzionante il bonus viene rilasciato a condizione che sul biglietto sia riportata apposita annotazione da parte del personale di bordo.

REGOLE GENERALI

La richiesta di Bonus deve essere presentata entro e non oltre i 30 giorni dalla data di effettuazione del viaggio. Il Bonus è utilizzabile entro le ore 24 del giorno antecedente a quello corrispondente del sesto mese successivo alla data di emissione, (es. Emesso il 05/01/2002, utilizzabile fino alle 24.00 del 04/07/2002), per l'acquisto di un altro titolo di viaggio Trenitalia, senza diritto a resto. I biglietti emessi su presentazione Bonus non sono rimborsabili per la quota relativa al bonus stesso. Nel caso di ritardi superiori a quanto indicato per le singole tipologie di treno cumulati a mancato funzionamento dell'impianto di climatizzazione, si ha diritto ad un solo Bonus.

CAUSE DI ESCLUSIONE

Il diritto al Bonus è determinato da qualsiasi evento abbia causato un ritardo superiore a quanto indicato, con l'esclusione delle cause di forza maggiore. Nello specifico: scioperi, fatto determinato da terzi avente conseguenze sulla circolazione, occupazione dei binari da parte di estranei, incendi, calamità naturali (maltempo, allagamenti, smottamenti, etc.), o in conseguenza di un ordine dell'Autorità Pubblica (giudiziaria o di polizia).

Per ulteriori dettagli si rimanda alla consultazione delle Condizioni Generali di Trasporto sul sito www.trenitalia.it

Trenitalia

23 *Cerca nel testo i sinonimi delle seguenti espressioni. (Le parole sono indicate nell'ordine in cui compaiono nel testo).*

1. Treno, vagone ....

2. La stazione che è scritta sul biglietto ....

3. L'aria condizionata, il riscaldamento ....

4. Costo, somma di denaro ....

5. Si tiene conto di, si fa riferimento a ....

6. Fatta, eseguita ....

7. Persone che lavorano sul treno ....

8. Una nota scritta ....

9. Dal giorno in cui si fa ....

10. Del giorno prima ....

11. Che viene dopo ....

12. Alla data in cui è stato fatto ....

13. Biglietto ....

14. Si può ricevere denaro indietro ....

15. La somma di denaro ....

16. Aggiunti a, insieme a ....

17. Fatto, avvenimento ....

18. Cause imprevedibili ....

19. Avvenimento causato da altre persone ....

20. Disastri dovuti al cattivo tempo, alla natura ....

24 Attività scritta

Prova a riscrivere i piccoli testi del regolamento usando un registro stilistico più informale e meno burocratico. Nota nel testo tutte le frasi alla forma passiva, trasformale in forma attiva esplicitando dove necessario il soggetto (voi, i richiedenti, le persone che, ecc.).

UFFICIO BONUS BOLOGNA
Viale Pietramellara, 20
40121 Bologna

TRENITALIA S.p.A.
Divisione Passeggeri
Area Vendita Emilia Romagna

Pratica: 2004611845
 del   24/03/2004

Egr. sig.
SERGIO FALOMINI
VIA POPILIO LENATE 17
00175   ROMA

———

Oggetto: richiesta bonus.

Siamo spiacenti di doverle comunicare che, per il motivo di seguito indicato, non è possibile dar corso alla sua richiesta di Bonus presentata nella stazione di Bologna C.le, relativa al treno ES 9432 del 22/01/2004:

il treno da lei utilizzato ha subito un ritardo non superiore a 25 minuti

Ulteriori chiarimenti potranno essere richiesti, anche telefonicamente, al numero 0516303985 dalle 9 alle 12.30 dal lun. al ven..

Nell'esprimerle il nostro rammarico per il disservizio verificatosi nell'occasione, confidiamo di averla ancora come gradito cliente.

Distinti saluti.

———

IL RESPONSABILE

GIOVANNI LUIGINI

TRENITALIA S.p.A. Gruppo Ferrovie dello Stato - Sede legale 00161 Roma Piazza della Croce Rossa 1
Capitale sociale 2.289.255.500,0 Iscritta al Registro delle Imprese di Roma - Cod. Fisc. 05403151003
Società soggetta alla direzione e coordinamento di Ferrovie dello Stato

---

25   **A.** *Leggi la lettera di* Trenitalia *e rispondi alle domande.*

1. Che cosa si comunica al passeggero?

2. Cosa aveva chiesto il passeggero?

3. Cosa può fare il passeggero per saperne di più?

4. Con quale formula *Trenitalia* si scusa con il cliente?

B. Attività scritta

Prova a scrivere una lettera a Trenitalia *in cui esprimi la richiesta citata nella risposta che hai appena letto. Immagina di aver viaggiato con un treno arrivato in ritardo.*

26 **Attività orale** *Chi cerca trova*

Cerca qualcuno che almeno una volta nella vita:

• è stato derubato

• è stato rimborsato

• è stato discriminato

• è stato applaudito

• è stato premiato

• è stato multato

• è stato licenziato

• è stato insultato

• è stato bocciato ad un esame o a scuola

• è stato imbrogliato

27 **Role-paly** *Reclamare!*

Immagina di essere in una di queste situazioni:

A. Sei arrivato in ritardo alla stazione del posto dove dovevi arrivare ed hai perso l'aereo. Vai all'ufficio Bonus a reclamare.

B. Sei l'impiegato dell'ufficio Bonus e ricevi molte lamentele; cerca di convincere i clienti che non hanno diritto al rimborso basandoti sul regolamento a tua disposizione, oppure accetta di rimborsare i clienti nei casi in cui sia giusto farlo.

Don Cosimino stava dietro il suo sportello, alla Posta, tutto avvolto in una tunica di tela nera che gli copriva la gobba, e ascoltava i discorsi di tutti, guardava con i suoi occhi arguti e melanconici, e sorrideva col suo sorriso pieno di amara bontà. Aveva preso l'abitudine, di sua iniziativa, di consegnare di nascosto, a me e agli altri confinati, la posta in arrivo, prima che passasse censura. — C'è una lettera, dottore, — mi sussurrava dallo sportello; — venga piú tardi, quando non ci sia nessuno —. E mi passava la lettera, nascosta, per prudenza, sotto un giornale. Egli avrebbe dovuto prendere tutta la nostra posta in arrivo e spedirla a Matera, alla censura: di qui poi, dopo una settimana, sarebbe tornata per esserci distribuita. Io leggevo subito, grazie a don Cosimino, le cartoline, e gliele restituivo senz'altro, perché le mandasse alla questura: le lettere le portavo a casa, le aprivo con cura, e, se l'operazione era riuscita senza che la busta si rompesse o ne restassero tracce, le riportavo a don Cosimino l'indomani: cosí non si correva rischi che la censura si stupisse di restar senza lavoro. Nessuno aveva pregato quell'angelo gobbo di questo favore: l'aveva fatto spontaneamente, per naturale bontà. Le prime volte, mi spiaceva quasi di prendere le lettere, per timore di comprometterlo: era lui a mettermele in mano, e mi forzava ad accettarle, con una sorta di sorridente autorità. Le lettere in partenza dovevano passare anch'esse da Matera per essere censurate: anche qui c'era la noia dell'enorme ritardo; e don Cosimino non poteva, con la massima buona volontà, essere di alcun aiuto. In quei giorni avvenne nella censura un cambiamento. La questura, che forse aveva troppo lavoro, incaricò del controllo sulla posta in partenza, il podestà: il che accrebbe l'autorità e la gloria di don Luigino. Anziché consegnare le lettere chiuse a don Cosimino perché le mandasse a Matera, si dovevano ora portare, aperte, al podestà, che le leggeva e s'incaricava di spedirle direttamente a destinazione. Questa novità avrebbe dovuto portare una maggior rapidità nella posta, e forse era fatta proprio a questo scopo; ma il bene che ne derivava era minore della noia di essere controllati sul luogo, di dover far sapere tutti i fatti propri e intimi a un uomo curioso e infantile, e che si incontrava per strada dieci volte al giorno. Don Luigino avrebbe potuto esercitare il suo ufficio *pro forma*: dare

CARLO LEVI

CRISTO SI E' FERMATO A EBOLI

OSCAR
MONDADORI

un'occhiata alle lettere, e sbarazzarsene al piú presto; ma non c'era da sperarlo. La censura postale era per lui un nuovo onore, un nuovo e insperato mezzo di soddisfare il suo latente sadismo e la sua fantasia da romanzo giallo. Era in quei giorni arrivato un nuovo confinato; un grosso mercante d'olio di Genova, mandato qui non per ragioni politiche, ma piuttosto per gelosia di mestiere o per concorrenza in affari. Era un vecchio, abituato a una vita comoda, seriamente malato di cuore, un brav'uomo, insieme pratico e sentimentale, che i disagi e la lontananza dalla famiglia rendevano, in quei primi tempi, veramente angosciato. Egli aveva dovuto lasciare sospesi, da un momento all'altro, tutti i suoi affari, che erano molti e complicati, e doveva perciò dare un'infinità di disposizioni. Scrisse dunque delle lettere, col solito frasario e le solite abbreviazioni convenzionali dei commercianti: « *A preg. / vs. / del 7 corr. / ecc.* » e un'infinità di cifre, di date, di numeri di assegni e di scadenze. Erano le piú innocenti lettere del mondo; ma don Luigino non conosceva il gergo degli affari, ed era tutto caldo della sua nuova autorità. Egli immaginò subito che quelle frasi tronche e quei numeri fossero un cifrario segreto: pensò di essere sulle fila di chissà quale importantissimo complotto. Non spedí le lettere, e per molti giorni cercò invano di decifrarle, per scoprirne gli inesistenti significati reconditi, e intanto fece sorvegliare il buon mercante d'olio; mandò le lettere alla questura di Matera, e infine non poté piú trattenersi, e fece al vecchio genovese una scenataccia violenta, piena di oscure minacce. Soltanto dopo molti giorni si calmò, ma non credo si sia mai del tutto persuaso che i suoi sospetti erano infondati. Per me, la cosa era molto diversa. Gli consegnavo le mie lettere; don Luigino le portava a casa, e le leggeva con attenzione. Nei giorni seguenti, ogni volta che mi incontrava, lodava le mie qualità letterarie. — Come scrive bene, don Carlo! È un vero scrittore. Mi leggo le sue lettere a poco a poco: è una delizia. Quella di tre giorni fa, me la sto copiando; è un capolavoro —. Don Luigino copiava tutte le mie lettere, non so se davvero per ammirazione stilistica o per zelo poliziesco, o per tutte e due le cose insieme: questo lavoro richiedeva molto tempo, e la mia corrispondenza non partiva mai.

Carlo Levi, "Cristo si è fermato a Eboli"

---

28   *Dopo aver letto il brano, rispondi alle domande:*

1. Chi sono i protagonisti del brano di Carlo Levi?

2. Quali titoli onorifici vengono usati nei confronti di alcuni personaggi?

3. Come esercitano l'uso del potere i due diversi censori?

4. Cosa avevano in comune l'autore (io narrante) e l'uomo di Genova?

5. Per quali personaggi, secondo te, l'autore simpatizza, quali gli sono indifferenti e quali disprezza?

6. E tu?

29 **Attività** *Riconosci un trullo*

Osserva le immagini qui sopra: rappresentano tre costruzioni tipiche diffuse in alcune regioni italiane. Sapresti riconoscere fra le tre immagini quella che rappresenta un trullo?

30   *Alberobello e i trulli*
track   *Ascolta più volte il testo e segna le risposte corrette:*

1.	Ad Alberobello i trulli non sono dotati di nessun tipo di servizio.	⊙ vero	⊙ falso
2.	I trulli più antichi risalgono al 1600.	⊙ vero	⊙ falso
3.	Il trullo è una costruzione a cono.	⊙ vero	⊙ falso
4.	Il sistema di costruzione a volta, simile a quello dei trulli, è diffuso in tutto il Mediterraneo.	⊙ vero	⊙ falso
5.	Solo in un quartiere di Alberobello ci sono dei trulli.	⊙ vero	⊙ falso
6.	In passato nei trulli c'era il bagno.	⊙ vero	⊙ falso
7.	All'interno di un trullo non ci sono stanze come quelle di una casa normale.	⊙ vero	⊙ falso
8.	Il trullo può essere costituito da ambienti adiacenti che comunicano attraverso delle porte o aperture.	⊙ vero	⊙ falso
9.	Il trullo è sempre formato da un'unica costruzione a cono.	⊙ vero	⊙ falso
10.	I muri dei trulli di città sono molto colorati.	⊙ vero	⊙ falso
11.	I trulli di campagna spesso non sono intonacati né all'esterno né all'interno.	⊙ vero	⊙ falso

Ora leggi il testo seguente se vuoi approfondire le tue conoscenze su Alberobello

Bell'Italia

La valle d'Itria

CASE D'ALTRO MONDO

Trulli e masserie in una campagna che la fatica dell'uomo ha reso fiabesca

DI LINO PATRUNO - DISEGNI DI FLAVIO BASSANI

La valle d'Itria è l'unica campagna di Puglia abitata dai contadini. E si vede: fra Alberobello, Locorotondo, Cisternino, Putignano, Martina Franca, Fasano si dispiega la Murgia dei trulli, un itinerario romantico con pochi eguali. La Grande Madre Terra era infida tra briganti e malaria, e i contadini non avevano mai voluto restarci un minuto più

Bello anzi bellissimo

A sinistra: il centro storico di Alberobello, dichiarato monumento nazionale fin dal 1910, è composto interamente di trulli; sono oltre mille, disseminati lungo le stradine scoscese dei rioni Monti e Aia Piccola. Sotto: altri tipi di pinnacoli decorativi.

del loro lavoro. Qui no. Di questa bellezza e di questa fertilità la mano amorevole dell'uomo ha fatto un giardino, un paesaggio che sembra uscito dal mondo delle favole. Tenerissima è la valle d'Itria, e come un "girotondo di bimbi" sono i suoi celebri trulli. Questa è la Puglia agrituristica del rifugio segreto dei vip, che grandi agenzie internazionali portano qui finanche da Hollywood: la frescura incantata, gli odori tenui, il sapore d'antico a due passi dal mare.

È Alberobello la capitale dei trulli, patrimonio universale dell'umanità protetto dall'Unesco. Trulli che sono l'ingegno dell'adattamento e della sopravvivenza alla povertà dei materiali, alla scarsità dei mezzi, alle necessità del clima. Freschi d'estate e caldi d'inverno. Esempio mirabile di divisione degli spazi e di inserimento nell'ambiente. E sciamare fra i trulli di Alberobello è non meno emozionante di una scoperta dell'infanzia, lo stupore verso qualcosa unico al mondo.

Bell'Italia

Giorgio Oddi

I pinnacoli più antichi ricordano i primitivi adoratori del sole

Sopra: un ulivo dai rami contorti e un gruppo
di trulli isolati nella campagna, elementi
che caratterizzano il paesaggio delle Murge.
A destra: i pinnacoli che coronano il tetto
dei trulli sono uno dei pochi elementi decorativi
di questi edifici singolarmente sobri
e funzionali. Possono assumere le forme
più diverse, spesso ispirate a elementi
simbolici, mistici, religiosi o a motivi tradizionali.
I più antichi, a forma sferica o circolare,
sarebbero per esempio da collegare ai simboli
dei primitivi adoratori del sole
che vivevano nella penisola salentina.

Dopo aver vissuto una settimana in un trullo, e dopo aver visitato le spiagge pugliesi, Piero decise di riprendere il contatto con i sassi come gli aveva consigliato Augusto e decise che non avrebbe potuto finire il suo libro senza una visita ai sassi più famosi d'Italia: i Sassi di Matera.
La Basilicata era la terra mai varcata, la terra dove secondo Carlo Levi neanche Cristo era voluto scendere ("Cristo si è fermato a Eboli"[1]).

Sessant'anni dopo, però, la Basilicata, che alcuni ancora amano chiamare Lucania dal nome dell'antico popolo che la abitava, ospitava un polo industriale dove si producevano i divani italiani più famosi all'estero. Inoltre uno dei film più belli della stagione era stato girato proprio nella campagna lucana: "Io non ho paura" di Gabriele Salvatores.
Piero della Basilicata conosceva solo un liquore, l'Amaro Lucano, e un vecchio collega delle Ferrovie che gli diceva sempre, scherzando, che in Basilicata i treni si rifiutano di fermarsi.
Partì quindi alla volta di Matera.

Strada facendo, però, scoprì che, malgrado ciò che gli aveva detto il suo ex collega, in quel periodo i treni non solo non rifiutavano di fermarsi ma a volte si rifiutavano di partire e soprattutto c'era un gran fermento per bloccarli.
Non si trattava, tuttavia, di uno dei consueti scioperi di categoria ma di una protesta di un intero paese che faceva di tutto, scendeva in piazza, bloccava strade e rotaie per protestare contro la decisione di insediare una discarica di scorie nucleari nel paese.

---

[1] *titolo di un famoso romanzo di Carlo Levi. Eboli è una località della Campania al confine con la Basilicata.*

Certo quello non era l'interno della Basilicata, era la parte più vicina al mare, lo Jonio,
Matera era ancora lontana.
Quando vi giunse era ormai sera, la città era mezza illuminata da nuove insegne di bar,
caffè e locali alla moda. Ai tavolini, nel caldo afoso, sedevano un'elegante gioventù locale
e qualche turista avventuroso, giunto forse per vedere i "Sassi", uno di quei beni artistici
protetti come patrimonio dell'umanità.
Girando l'angolo ed addentrandosi per vie dove l'illuminazione si affievoliva, d'un tratto
gli sembrò di sentire la voce meravigliata di Carlo Levi che più di mezzo secolo prima, in
pieno periodo fascista, vi era giunto, confinato[2], quando tra quelle vie albergava una
medioevale miseria.
E proprio davanti ad un quadro di Carlo Levi, esposto per strada in una galleria,
Piero si fermò.

Si trovava proprio nella via dove aveva prenotato la sua pensione per quella notte.
Lì davanti all'uscio sedeva un uomo. Pensò, allora, che quello era il senso profondo
del sud, l'immagine più ricorrente: un uomo seduto eternamente a una sedia,
davanti ad un portone o a una bottega, fermo e instancabile, contro il fluire del tempo.

---

[2] *il confino è un provvedimento restrittivo che fu molto usato durante il periodo fascista
nei confronti di oppositori del regime. Consiste nell'obbligo di residenza in un luogo assegnato.*

1   **A.** *Dopo aver letto il testo segna la risposta corretta.*

1. Prima di andare a Matera Piero era stato in Liguria.   ⊙ vero   ⊙ falso

2. Piero era già stato molte volte in Basilicata.   ⊙ vero   ⊙ falso

3. La Lucania è una regione del sud che oggi si chiama Basilicata.   ⊙ vero   ⊙ falso

4. Un intero paese della Basilicata protestava bloccando strade
    e rotaie contro una discarica di scorie nucleari.   ⊙ vero   ⊙ falso

5. Piero arrivò nel centro di Matera alle prime luci dell'alba.   ⊙ vero   ⊙ falso

6. A Matera di sera ci sono molti locali frequentati
    da giovani e turisti.   ⊙ vero   ⊙ falso

7. I Sassi di Matera sono stati dichiarati patrimonio dell'umanità.   ⊙ vero   ⊙ falso

8. Carlo Levi era stato mandato in Basilicata al confino
    in pieno periodo fascista.   ⊙ vero   ⊙ falso

9. Davanti alla pensione dove Piero andava a dormire
    c'era una galleria con i quadri di Carlo Levi.   ⊙ vero   ⊙ falso

10. Davanti alla pensione di Piero non c'era nessuno.   ⊙ vero   ⊙ falso

B. Quali di queste cose sono legate per qualche ragione alla Basilicata?

⊙ l'Amarone

⊙ l'Amaro Lucano

⊙ il regista Gabriele Salvatores

⊙ lo scrittore Primo levi

⊙ lo scrittore Carlo Levi

⊙ Augusto il grafico

⊙ un collega di Piero che lavorava nelle ferrovie

C. *Rispondi alle domande.*

1. Perché Piero aveva deciso di andare a Matera?

2. Quali sono le attività industriali della Basilicata?

3. Cosa stava succedendo in Basilicata nel periodo
    in cui Piero vi arrivò?

4. Qual è il legame tra Carlo Levi e la Basilicata?

5. Cosa pensò Piero vedendo un uomo seduto davanti
    ad un uscio?

2 Lessico

Trova i sinonimi delle seguenti espressioni presenti nel testo.

1. Terra mai varcata	⊙ Dove nessuno osava andare ⊙ Dove non abitava nessuno	
2. Partì alla volta di	⊙ Partì in direzione di ⊙ Partì per la prima volta	
3. Strada facendo	⊙ Durante il cammino ⊙ Mentre attraversava la strada	
4. Un gran fermento	⊙ Molta agitazione ⊙ Vino in ebollizione	
5. Uno dei consueti scioperi	⊙ Uno sciopero come se ne fanno di solito ⊙ Uno sciopero insolito	
6. Faceva di tutto	⊙ Faceva tutto quello che poteva ⊙ Faceva cose per tutti	
7. Addentrandosi	⊙ Entrando verso l'interno ⊙ Chiudendosi dentro casa	
8. Il fluire del tempo	⊙ Il tempo che passa ⊙ La noia di aspettare	

FACCIAMO GRAMMATICA

Infinito passato

Nota, nel primo paragrafo del testo, come vengono espresse le relazioni temporali tra due azioni che si svolgono nel passato.

Dopo aver vissuto *una settimana in un trullo e* ***dopo aver visitato*** *le spiagge pugliesi, Piero* ***decise*** *di riprendere il contatto con i sassi…*

Per esprimere un'azione che si svolge in un tempo antecedente ad un tempo passato si può usare la struttura: **dopo + infinito passato**.

L'infinito passato si forma con l'ausiliare *essere* o *avere* + il participio passato del verbo da coniugare.

Mangiare	**Prendere**	**Dormire**
Aver mangiato	Aver preso	Aver dormito

Spesso all'ausiliare *essere* o *avere* si toglie la vocale finale *e*.

Lo stesso significato si può rendere con l'uso del trapassato remoto introdotto da **dopo che**.

 dopo ***aver mangiato***   *dopo che* ***ebbe mangiato***

La forma con l'infinito passato è più usata nella lingua parlata e dà un tono meno formale anche alla narrazione scritta.

3 Esercizio

Trasforma le seguenti frasi usando l'infinito passato e completa a piacere.

1. Dopo che ebbe mangiato…   *dopo aver mangiato uscì a fare una passeggiata*

2. Dopo che ebbe visto…   _____

3. Dopo che furono usciti…   _____

4. Dopo che ebbe capito…   _____

5. Dopo che avemmo scoperto…   _____

6. Dopo che ebbero fatto…   _____

7. Dopo che fu arrivato…   _____

8. Dopo che ebbe risolto…   _____

9. Dopo che ebbero venduto…   _____

10. Dopo che ebbe letto…   _____

4 Esercizio

Completa le seguenti frasi coniugando i verbi come nell'esempio.

ES Dopo (studiare) *aver studiato* molti anni, finalmente (lei-trovare) *trovò* un buon lavoro.

1. Dopo (parlare) ……………………………… con lui (io-capire) ………………………………
che non c'era niente da fare.

2. Dopo (scrivere) ……………………………… la lettera (lui-pensare) ………………………………
di strapparla.

3. Dopo (avere) ……………………… un colloquio col direttore (lei-ricevere) ………………………
un aumento di stipendio.

4. Dopo (raccogliere) ……………………………… mille punti (lei-potere) …………………………
scegliere uno dei tanti regali del catalogo.

5. Dopo (aspettare) ……………………………… l'autobus per mezz'ora (lui-incamminarsi)
……………………………… verso casa.

6. Dopo (lavare) ……………………………… i piatti (lui-sedersi) ………………………………
a guardare un film.

7. Dopo (litigare) ……………………………… (loro-fare) ……………………………… pace.

8. Dopo (mandare) ……………………………… decine di domande di lavoro finalmente (io-ottenere)
……………………………… una risposta positiva da una società di telecomunicazioni.

9. Dopo (pulire) ……………………………… tutta la casa (lei-uscire) ………………………………
con i suoi amici.

10. Dopo (pranzare) ……………………………… (loro-bere) ……………………………… un caffè
e (loro-andare) ……………………………… a dormire.

5 *Viaggio a Matera*

track *Dopo aver ascoltato la conversazione segna le risposte corrette:*

1. Ulisse è arrivato a Matera la mattina presto. ⊙ vero   ⊙ falso

2. Ha pranzato in un ristorante con vista sui Sassi. ⊙ vero   ⊙ falso

3. I Sassi sono abitazioni dove oggi è vietato vivere. ⊙ vero   ⊙ falso

4. I Sassi sono stati recuperati e ristrutturati. ⊙ vero   ⊙ falso

5. In un Sasso non si può svolgere nessun tipo
   di attività commerciale o professionale. ⊙ vero   ⊙ falso

6. I Sassi sono delle case costruite con una pietra speciale. ⊙ vero   ⊙ falso

7. Un Sasso ha molte porte e finestre. ⊙ vero   ⊙ falso

8. I Sassi all'interno sono abbastanza luminosi. ⊙ vero   ⊙ falso

9. I Sassi sono stati dichiarati patrimonio dell'umanità. ⊙ vero   ⊙ falso

10. Ulisse è soddisfatto della sua visita ai Sassi
    e del suo viaggio a Matera. ⊙ vero   ⊙ falso

11. I Sassi hanno ricordato ad Ulisse dei luoghi visti in Turchia. ⊙ vero   ⊙ falso

12. Ulisse ha avuto la possibilità, durante il suo viaggio,
    di vedere come vive la gente di Matera, oggi. ⊙ vero   ⊙ falso

13. A Matera non c'è l'università. ⊙ vero   ⊙ falso

Per saperne di più sui Sassi di Matera leggi il seguente articolo.

Bell'Italia

TORNA A PULSARE IL CUORE DEI SASSI

Matera

Dall'abbandono alla rinascita: la vita è tornata nei Sassi di Matera, quello straordinario complesso di case e edifici scavati nel tufo che l'Unesco ha dichiarato nel 1993 patrimonio mondiale dell'umanità. Il piano di recupero, finanziato dalla legge speciale 771 del 1986, mostra i suoi frutti: soprattutto da qualche anno a questa parte, nei Sassi sono nati abitazioni, alberghi e ristoranti, bar e luoghi di ritrovo, gallerie d'arte e botteghe artigiane. Oggi una nuova vita e una nuova animazione, soprattutto durante i mesi estivi, pervadono l'antico centro. E i Sassi, con le case restaurate e talvolta trasformate in strutture ricettive e di svago, offrono suggestivi itinerari di visita scanditi da decine di edifici di nuovo abitati, altri ancora abbandonati, e una serie di chiese ricche di storia e arte.

Matera e i Sassi: due entità urbane tenute insieme da una congiunzione, ma che di fatto costituiscono un'unica, inscindibile realtà. I Sassi, infatti, sono la parte più antica della città e almeno sino al '700 ne costituivano la quasi totalità. L'aspetto antico dell'abitato fu fortemente condizionato dalla conformazione del territorio: sull'alta collina, circondata da fertili pianure, sorse la Civita, con la cattedrale romanica e le case signorili, una vera cittadella fortificata con torri e mura di cinta; ai lati del colle, due valli scoscese dove si svilupperà la città.

Fin dalla preistoria, ma soprattutto nel Medioevo, nel tenero tufo di queste pendici si sono scavate umili stalle e povere casupole, ma anche chiese e conventi, tra un fitto susseguirsi e intersecarsi di strette viuzze: ed ecco nascere Sasso Barisano e Sasso Caveoso, divisi dallo sperone della Civita. Case e chiese si succedono dall'alto in basso senza alcuna preordinata disposizione, ma in numero tale che osservate da alcuni punti panoramici offrono una visione fantastica: un continuo variare di luci e ombre, un miscuglio di strade, parapetti, davanzali, comignoli e logge. Un singolare insieme che è stato abitato fino agli anni '50 del ventesimo secolo. Poi, il trasferimento della popolazione in nuove case se da un lato ha determinato la nascita della città moderna, dall'altro ha provocato l'abbandono della città antica.

Parlare di una città di caverne o di rupi o di case scavate nella roccia non rende la realtà di Matera, che è un complesso e articolato nucleo urbano, con apporti che dall'epoca tardo-medioevale si spingono, attraverso il Rinascimento e il Barocco, sino alla fase moderna.

In alto:
panorama dei Sassi di Matera visti da una grotta della Murgia Timone.
Svetta sull'abitato la mole della cattedrale dedicata alla Madonna della Bruna.

Qui sotto:
veduta delle terrazze sovrapposte della Locanda San Martino.

Trasporti: dopo la rabbia si torna a trattare

I Cobas: «Contratto da riaprire». Dal 15 assemblee di Cgil, Cisl e Uil su referendum e integrativo

Le previsioni sono state rispettate. Autisti e macchinisti romani hanno in gran parte aderito allo sciopero indetto dai sindacati autonomi: il metrò si è fermato, a ritmo ridotto le ferrovie locali, pochi i bus in circolazione e i pullman del Cotral che hanno viaggiato. Le fasce di garanzia, però, sono state rispettate. E, nonostante la pioggia e il traffico un po' più caotico del consueto, la città ha superato il suo «venerdì nero». Il primo ad esserne soddisfatto è stato il sindaco: «Una giornata che si annunciava difficile — ha detto Walter Veltroni — è trascorsa con qualche disagio ma senza grossi problemi. Ancora una volta Roma ha dato una prova di maturità». Per Veltroni si tratta di «un risultato che dobbiamo al senso di responsabilità dei lavoratori che, senza che si ricorresse alla precettazione come è avvenuto in altre città, hanno osservato rigorosamente le fasce di rispetto; alla professionalità dei vigili, che hanno fatto un grande sforzo per rendere più fluida la circolazione». Soddisfazione anche da parte del prefetto Serra: «Abbiamo avuto ragione a non precettare, gli scioperanti hanno rispettato i patti».

Un'occhiata ai dati della protesta: Atac e Trambus parlano di un'adesione pari al 77%; la Cotral del 75,48% a Roma (con la punta massima a Capannelle) mentre si raggiunge il record sul metrò. Secondo i sindacati autonomi si arriva per le linee A e B al 100%, all'80% per le ferrovie locali e Cotral, al 75% per Trambus al 95%, al 95% per la Sita.

«Sapevamo che c'era una gran rabbia — afferma Antonio Pronestì, il segretario regionale del Sult —. Adesso se il governo valuterà con attenzione i dati, dovrà riaprire la trattativa. Ma se resteranno sordi dopo uno sciopero come quello di ieri è chiaro che ci costringeranno a proclamarne altri». Proteste al di fuori delle regole? «Mi auguro che ci sia buon senso da parte di tutti», risponde Pronestì.

I sindacati confederali ammettono che le «percentuali di adesione allo sciopero dimostrano l'esasperazione della categoria» e Cgil, Cisl e Uil di Roma e Lazio rilanciano la vertenza del trasporto locale. Chiedono un riequilibrio dei trasferimenti nazionali che oggi penalizzano il Lazio con un trasferimento pari a 1,66 euro per chilometro-vettura, un confronto serrato con Comune e aziende. Confermano il referendum tra i lavoratori romani tra il 20 e il 23 gennaio. E da giovedì 15 assemblee nei depositi. «Speriamo di riuscire a farci capire dai lavoratori — afferma il segretario della Filt Cgil di Roma, Alessandro Capitani —. Il contratto firmato era il massimo che si poteva ottenere». Adesso, dopo la prima intesa con Trambus, si tratterà «il Premio di produttività 2004 — spiega Capitani — vista l'apertura dell'azienda, e una "strutturalizzazione" del salario con particolare attenzione ai giovani». Ma se il referendum dirà «no» al contratto? «È chiaro che molto andrà rivisto — dicono — compreso l'accordo raggiunto con Trambus».

Lilli Garrone

> Il sindaco Veltroni: «Rispettate le fasce protette, ancora una prova di maturità»

15
GENNAIO
È la data di inizio delle assemblee indette nei depositi dai sindacati confederali per discutere il contratto in vista del referendum

95
SU CENTO
Raggiungono questa percentuale le adesioni allo sciopero sulle linee private della Sita, 100% sul metrò e 75% su Trambus

1,66
EURO
È il trasferimento nazionale per chilometro vettura che oggi penalizza Roma e il Lazio e che i sindacati vogliono rivedere

310
EURO
Dovrebbero averli autisti e macchinisti da Trambus come premio di risultato 2003 secondo l'accordo firmato dai confederali

Corriere della Sera

SULLE STRADE

Da «Dovete morire» a «Hanno ragione»

**Viaggio nella città senza bus e metro
Da piazzale Clodio (ore 6.30) a Tor De'
Schiavi (ore 10), le reazioni dei cittadini
E a sorpresa prevale la solidarietà**

Il ragazzo nero col borsone di plastica non lo fanno salire: l'autobus è colmo, «e quella sacca occupa tre posti, 'ndo la metti?». La signora coi capelli gialli e bianchi glielo dice con un tono da mamma anziana, buono ma deciso: lui resta fermo sul marciapiede di via Casilina, guarda quelli che si accalcano e spingono, quasi fuori dal bus, aggrappati come alla vela di un windsurf, beffati da un ragazzino che per farsi largo usa gomiti e ginocchia; poi le porte stantuffano e, rallentate dai corpi, si chiudono; quando il «105» parte, il venditore ambulante porta una mano sulla testa, guarda in ogni direzione: la strada a sinistra e perfino, inutilmente, a destra; e anche la ferrovia, deserta. Ma sono quasi le 9. E piove.

Lo giornata dello sciopero dei mezzi pubblici è cominciata puntuale, alle 8.30. Non in anticipo, come si temeva per le minacce del Comitato di lotta: alle 6.30, infatti, a piazzale Clodio ci sono uomini in divisa Atac e mezzi pronti a partire. Uno degli autisti, nel buio, tranquillizza quelli che chiedono informazioni sull'inizio dell'astensione, e dice a tutti: «Siamo padri e lavoratori». Racconta, Lorenzo Desideri, di essersi alzato alle tre per «volantinare al deposito, a Grottarossa». Un ragazzo crede che quei volantini alimentassero azioni selvagge: «Il contrario esatto, invitavano a rispettare le fasce protette». Devono aver funzionato, quelli e tutti gli altri. Perché la città si muove lenta, con le ruote che annaspa-

CENTRO PER TUTTI Per lo sciopero dei mezzi, ieri il Comune ha aperto la ztl *(foto Benvegnù-Guaitoli)*

no nelle pozzanghere, i clacson sferrati come pugni, gli incroci paralizzati: ma gli autobus, anche se è ancora notte, ci sono e si vedono. Arancioni, coi vetri appannati, grandi, rassicuranti.

Il «30» parte semivuoto, e si allontana da una scritta fatta con una biro nera sull'avviso di sciopero affisso sul chiosco degli autisti: «Dovete morire». Chiunque l'abbia scritto, oggi, qui, soffrirebbe di solitudine: «Esco dall'ufficio alle cinque e vado anche a piedi — dice Simonetta Gualfucci, impiegata — perché qui stiamo parlando di persone che hanno moglie e figli, e uno stipendio da fame. E li capiscono in molti, in quest'Italia». Il

quarantenne Stefano Mugnolì, ad esempio: «Precario all'Istat, precario nella scuola, che devo fare? Loro hanno ragione, ma hanno anche un modo efficace di protestare. Non tutti hanno questa fortuna». Dice proprio così, fortuna.

Corso Rinascimento, largo Argentina con le fermate affollate, piazza Venezia, Testaccio. Piramide, la signora Serafina quasi aggredisce chi l'avvicina: «Lasciateme sta' che ho camminato un'ora. Ero sul 715 e mi hanno detto di scendere, che ero arrivata. Ho cominciato a camminare ma niente, nessuna traccia del 75». La metropolitana sembra l'arrivo di una corsa,

presa d'assalto: eppure sulle scale mobili, un uomo e una donna si incrociano in direzioni opposte, lui scende e lei sale. Si guardano gli occhi, si dicono «ciao»: ma in un modo che vuol dire altro. In galleria c'è Elisa, 19 anni del Dams, per arrotondare distribuisce free press. Ha certezze: «Primo, lo sciopero è un diritto. Secondo, oggi lavoro due ore in meno». Sorride. In direzione Termini, ressa. Una volta lì, stesse scene. Il «910» con le porte aperte e le persone in bilico. La voce del conducente: «Così non va». Il «105» verso la Casilina ha pochi passeggeri. Due donne tornano alla Borghesiana: «Protestare per lo sciopero? E perché? Lavoriamo alla pulizia della Prefettura: stamani, due ore in meno». Sarà per questo che a Roma si lamentano in pochi?

Prima di Tor de Schiavi, una ragazza mora e alta, Melina, 25 anni, molto siciliana, nei colori e nella dizione, arriva alla fermata: «Devo andare a lavoro». Alla Galleria Sordi, entro le dieci. Manca un'ora. «Il treno», urla: corsa nel sottopasso per attraversare, scale, «macché, è ripartito». Poi la salvezza: «L'autobus». A bordo, il naso sul finestrino semiappannato. Finalmente, la stazione: affollata, uomini e donne in attesa sotto pensiline, sotto la pioggia. La fila del taxi è lunga duecento aspiranti clienti. Metro sbarrata. E ora? «A piedi». Non è l'unica: i marciapiedi sono intasati di persone con l'ombrello. Chi ne è privo, cammina senza bagnarsi.

Alessandro Capponi

6

1. *La classe si divide in due gruppi, ogni gruppo legge uno dei due articoli sullo sciopero dei trasporti presentati nelle pagine precedenti.*
   Formate delle coppie con compagni che hanno letto un testo diverso.
   Confrontate le diverse versioni dei due giornalisti. Vi sembra di poter rilevare uniformità o differenze tra le due versioni?

2. *Che tipo di approccio hanno i due giornalisti nel raccontare la giornata di sciopero?*

3. *Leggendo i due articoli sei riuscito a capire:*
   • *quali sono le motivazioni dello sciopero?*
   • *chi sono i promotori dello sciopero?*
   • *chi sono gli scioperanti?*
   • *qual è la reazione del pubblico?*

7

Rileggi il testo "Trasporti: dopo la rabbia si torna a trattare" ed evidenzia tutto il lessico legato all'area sindacale, dello sciopero, della protesta.
Prova poi a reinserire alcune delle parole che hai trovato nelle seguenti frasi.

1. I .... hanno proclamato uno .... dei trasporti di 48 ore.

2. Domani tutti i tram, autobus e metro .... per quattro ore, rispettando le

   .... della mattina e del tardo pomeriggio.

3. Quasi tutti i macchinisti ed autisti .... allo sciopero ....

   dai sindacati autonomi.

4. Il governo non è dovuto ricorrere alla .... perché gli scioperanti hanno

   rispettato i patti, garantendo il servizio nelle prime ore della mattina e della sera.

5. Dopo il successo dello sciopero il governo dovrà riaprire la .... con i sindacati.

6. Sono state indette delle .... nei depositi per discutere il contratto.

7. L'obiettivo della vertenza era di raggiungere la firma del .... per la categoria

   degli autoferrotranvieri.

8 Attività *Sciopero*

Intervista un compagno sul tema dello sciopero.

• Hai mai partecipato ad uno sciopero?

• Per quanto tempo?

• Da chi era organizzato lo sciopero e quante persone vi hanno aderito?

• Quali erano le motivazioni dello sciopero?

• Lo sciopero ha avuto i risultati sperati?

• Ritieni che lo sciopero sia un valido strumento di lotta? Perché?

• Hai mai subíto le conseguenze di uno sciopero? Quale?

• In che modo lo sciopero di una categoria di lavoratori ha modificato le tue abitudini o i tuoi piani?

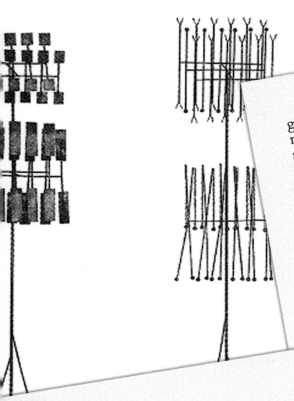

giungi che più l'arte di Leonia eccelle nel fabbricare nuovi materiali, più la spazzatura migliora la sua sostanza, resiste al tempo, alle intemperie, a fermentazioni e combustioni. È una fortezza di rimasugli indistruttibili che circonda Leonia, la sovrasta da ogni lato come un acrocoro di montagne.

Il risultato è questo: che più Leonia espelle roba più ne accumula; le squame del suo passato si saldano in una corazza che non si può togliere; rinnovandosi ogni giorno la città conserva tutta se stessa nella sola forma definitiva: quella delle spazzature d'ieri che s'ammucchiano sulle spazzature dell'altroieri e di tutti i suoi giorni e anni e lustri.

Il pattume di Leonia a poco a poco invaderebbe il mondo, se sullo sterminato immondezzaio non stessero premendo, al di là dell'estremo crinale, immondezzai d'altre città, che anch'esse respingono lontano da sé montagne di rifiuti. Forse il mondo intero, oltre i confini di Leonia, è ricoperto da crateri di spazzatura, ognuno con al centro una metropoli in eruzione ininterrotta. I confini tra le città estranee e nemiche sono bastioni infetti in cui i detriti dell'una e dell'altra si puntellano a vicenda, si sovrastano, si mescolano.

Più ne cresce l'altezza, più incombe il pericolo delle frane: basta che un barattolo, un vecchio pneumatico, un fiasco spagliato rotoli dalla parte di Leonia e una valanga di scarpe spaiate, calendari d'anni trascorsi, fiori secchi sommergerà la città nel proprio passato che invano tentava di respingere, mescolato con quello delle città limitrofe, finalmente monde: un cataclisma spianerà la sordida catena montuosa, cancellerà ogni traccia della metropoli sempre vestita a nuovo. Già dalle città vicine sono pronti coi rulli compressori per spianare il suolo, estendersi nel nuovo territorio, ingrandire se stesse, allontanare i nuovi immondezzai.

Italo Calvino, "Le città invisibili"

Le città continue. 1.

...à di Leonia rifà se stessa tutti i giorni: ogni ...na la popolazione si risveglia tra lenzuola fre...si lava con saponette appena sguisciate dal...lucro, indossa vestaglie nuove fiammanti, ...e dal più perfezionato frigorifero barattoli di ...e ancora intonsi, ascoltando le ultime filastroc...dall'ultimo modello d'apparecchio.

...ui marciapiedi, avviluppati in tersi sacchi di ...stica, i resti della Leonia d'ieri aspettano il carro ...llo spazzaturaio. Non solo tubi di dentifricio ...hiacciati, lampadine fulminate, giornali, conteni...ri, materiali d'imballaggio, ma anche scaldaba...ni, enciclopedie, pianoforti, servizi di porcellana: ...più che dalle cose che ogni giorno vengono fabbri...cate vendute comprate, l'opulenza di Leonia si mi...sura dalle cose che ogni giorno vengono buttate via per far posto alle nuove. Tanto che ci si chiede se la vera passione di Leonia sia davvero come dicono il godere delle cose nuove e diverse, o non piuttosto l'espellere, l'allontanare da sé, il mondarsi d'una ricorrente impurità. Certo è che gli spazzaturai sono accolti come angeli, e il loro compito di rimuovere i resti dell'esistenza di ieri è circondato d'un rispetto silenzioso, come un rito che ispira devozione, o forse solo perché una volta buttata via la roba nessuno vuole più averci da pensare.

Dove portino ogni giorno il loro carico gli spazzaturai nessuno se lo chiede: fuori della città, certo; ma ogni anno la città s'espande, e gli immondezzai devono arretrare più lontano; l'imponenza del gettito aumenta e le cataste s'innalzano, si stratificano, si dispiegano su un perimetro più vasto. Ag-

9 Attività orale

A. *Nella città fantastica di Leonia avvengono strane cose. Dopo aver letto il testo prova a rico-struire come si svolge la vita nella città seguendo la traccia proposta.*

- Ogni mattina…
- Sui marciapiedi della città…
- **Gli spazzaturai…**
- **Fuori dalla città…**
- Al di là dell'estremo crinale…
- I confini tra le città estranee e nemiche…
- Già dalle città vicine sono pronti con…

B. *Trova nel testo le frasi introdotte dalla struttura* Più… più *e trascrivile.*

1. ....

2. ....

3. ....

C. *Scrivi cinque frasi usando la stessa struttura.*

1. ....

2. ....

3. ....

4. ....

5. ....

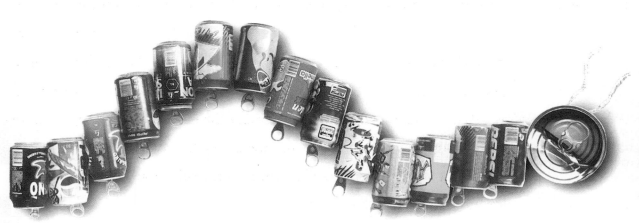

Ecocalendario del Comune di Ascoli Piceno

10 Cloze *Le città continue*

Reinserisci nel testo di Calvino le seguenti espressioni

Quella • aggiungi che • davvero • più che • il risultato è questo • o non piuttosto
tanto che • non solo • ma anche • certo è che • forse solo perché

Italo Calvino, "Le città invisibili"

Le città continue

Sui marciapiedi, avviluppati in tersi sacchi di plastica, i resti della Leonia d'ieri aspettano il carro dello spazzaturaio. .... tubi di dentifricio schiacciati, lampadine fulminate, giornali, contenitori, materiali d'imballaggio, ... scaldabagni, enciclopedie, pianoforti, servizi di porcellana: .... dalle cose che ogni giorno vengono fabbricate vendute comprate, l'opulenza di Leonia si misura dalle cose che ogni giorno vengono buttate via per far posto alle nuove. ....
ci si chiede se la vera passione di Leonia sia .... come dicono il godere delle cose nuove e diverse, ... l'espellere, l'allontanare da sé, il mondarsi d'una ricorrente impurità. .... gli spazzaturai sono accolti come angeli, e il loro compito di rimuovere i resti dell'esistenza di ieri è circondato d'un rispetto silenzioso, come un rito che ispira devozione, o .... una volta buttata via la roba nessuno vuole più averci da pensare.

Dove portino ogni giorno il loro carico gli spazzaturai nessuno se lo chiede: fuori dalla città, certo; ma ogni anno la città s'espande, e gli immondezzai devono arretrare più lontano; l'imponenza del gettito aumenta e le cataste s'innalzano, si stratificano, si dispiegano su un perimetro più vasto. .... più l'arte di Leonia eccelle nel fabbricare nuovi materiali, più la spazzatura migliora la sua sostanza, resiste al tempo, alle intemperie, a fermentazioni   e   combustioni.
È una fortezza di rimasugli indistruttibili che circonda Leonia, la sovrasta da ogni lato come un acrocoro di montagne. ....: che più Leonia espelle roba più ne accumula; le squame del suo passato si saldano in una corazza che non si può togliere; rinnovandosi ogni giorno la città conserva tutta se stessa nella sola forma definitiva: .... delle spazzature d'ieri che s'ammucchiano sulle spazzature dell'altroieri e di tutti i suoi giorni e anni e lustri.

11 Attività orale *Rifiuti di varia natura*

Come viene effettuata la raccolta differenziata nel tuo quartiere?

• Tipi di contenitori (forma, colore, funzione)
• Orari della raccolta e modalità
• Abitudini domestiche (cosa si raccoglie, dove, cosa si separa ecc.)
• Tipi di discariche presenti nel territorio

12 Attività orale *Comportamenti personali*

Discutete in coppia o in piccoli gruppi sulle vostre abitudini personali relativamente al risparmio energetico, al rispetto dell'ambiente, ai problemi ecologici in generale facendo riferimento agli ambiti indicati dai simboli sotto:

Carlo Levi

L'Orologio

— Gli orologi sono bizzarri, — mi rispose. — A volte si direbbe che hanno una volontà propria. Il mio povero padre, per esempio, che ora è morto, era orologiaio prima di me. Aveva questo negozio molti anni fa, e teneva in vetrina, lí, vede? uno splendido orologio d'oro svizzero, che era, per cosí dire, un pezzo unico: di quella marca aveva quel solo esemplare. Era molto costoso, per quei tempi, e perciò era rimasto per anni invenduto. Un giorno entrò in bottega un signore straniero, un cliente occasionale, di passaggio. Aveva visto in vetrina l'orologio, gli era piaciuto, e lo voleva a tutti i costi. Non stette a discutere sul prezzo, che aveva fino allora spaventato tanti altri: mio padre si rallegrava della vendita inaspettata. Ma al momento di consegnarlo, si accorse, dopo averlo caricato, che l'orologio non camminava. Lo aprí, lo guardò, e vide che la spirale era rovesciata: una cosa da nulla, ma bisognava smontarlo: avrebbe potuto consegnare l'orologio soltanto la mattina seguente. Lo straniero disse che partiva la sera stessa e che non poteva aspettare: con rincrescimento rinunciava all'acquisto. E se ne andò. Aveva appena passato l'uscio, che mio padre riprese in mano l'orologio, e lo scosse con rabbia: era molto irritato per la delusione della vendita mancata. L'orologio camminava perfettamente e la spirale era a posto. Mio padre corse subito fuori, per richiamare il cliente, ma era già scomparso e non ci fu modo di rivederlo. L'orologio si era rifiutato di andare con quel signore, non aveva voluto, aveva fatto un dispetto. Ne fanno spesso, gli orologi.

Dissi che sarebbe stato interessante sapere perché quell'orologio si fosse mostrato cosí ostinato. Non si era saputo chi fosse quello straniero?

— Non abbiamo saputo nulla di certo, — mi rispose, — ma quella sera stessa un forestiero, un ricco olandese, venne assassinato. La cosa fece chiasso, allora: fu un fatto misterioso, si parlò di spionaggio, di donne, di documenti, di diamanti. Mio padre si disse sempre persuaso e sicuro che si trattasse del suo mancato cliente. L'orologio venne venduto, poi, molti anni dopo, a un chirurgo di Roma.

Carlo Levi, "L'Orologio"

Un grande orologio Omega, appeso a un'asta orizzontale, sorgeva sopra una vetrina piena di cronometri, di braccialetti d'oro e di vasi d'argento. Entrai. L'orologiaio era un uomo ancor giovane, con dei piccoli baffetti biondi, e l'aria miope e melensa di chi è abituato a guardare con un occhio solo, quello che tiene incastrata la lente. Mi fece un risolino ossequioso, prese il mio involto, svolse la carta, aprí l'orologio, lo portò all'orecchio, lo ascoltò, lo scrutò con l'occhiale, toccò le lancette spezzate con una pinzetta, cercò invano di incastrare un vetro nuovo al posto di quello rotto, fece un gesto di desolazione, e me lo rendé.

— La cassa è ammaccata, — mi disse. — Bisogna ripararla prima, per poter poi rimettere il vetro e il quadrante. Non è un lavoro per me. Ce n'era uno buono, in via dei Prefetti, ma credo non ci sia piú. Lo cerchi. Vada da un cassaio, e poi torni da me per il resto. Se non lo trova, provi da un altro orologiaio. Se vuole, saprei darle un'altra indicazione.

Questa difficoltà mi infastidiva: ho sempre avuto a noia i piccoli ostacoli pratici. Ma non mi stupiva: anzi mi pareva quasi naturale, come una giusta conseguenza della vicenda che l'aveva determinata, e che mi aveva colpito per la sua stranezza. Ero ancora sotto l'influenza del sogno e del risveglio; quasi, in un certo modo, entusiasta per quello che era successo, e avevo una gran voglia di parlare. Cosí raccontai in breve all'orologiaio che mi era caduto poco prima, in seguito a un sogno, e gli chiesi se la cosa non gli paresse strana.

13   *Dopo aver letto il testo scegli tra i due riassunti quello che gli corrisponde:*

A

Un uomo porta il suo orologio in una orologeria per farlo riparare. Dopo un attento esame, l'orologiaio gli dice che comincerà col riparare la cassa che è ammaccata. Poi comincia a raccontargli un sogno che ha come protagonisti suo padre – anche lui orologiaio – e un signore straniero che voleva comprare un orologio svizzero d'oro. L'orologio, però, al momento della vendita aveva smesso di funzionare come se si rifiutasse di andare con quell'uomo, come se avesse una sua autonoma volontà. L'orologio non fu venduto. Dopo quel sogno, il papà dell'orologiaio morì in circostanze misteriose.

B

Un uomo porta il suo orologio rotto in una orologeria per farlo riparare. L'orologiaio dice che non può farlo perché la cassa dell'orologio è ammaccata. L'orologio si era rotto in seguito ad un sogno. L'orologiaio racconta al suo cliente uno strano episodio che riguardava suo padre, anche lui orologiaio: un signore straniero voleva comprare un orologio d'oro ma al momento della vendita l'orologio si era fermato, la vendita era andata a monte, ma l'orologio aveva ripreso a funzionare appena il signore era uscito. Il padre pensava che l'orologio si fosse rifiutato di andare con quell'uomo. La sera stessa si era appresa la notizia della morte di un ricco olandese. Il padre dell'orologiaio era certo che si trattasse del suo mancato cliente.

14 Attività orale

Ricostruisci il racconto seguendo queste indicazioni:

- Descrizione del negozio
- Descrizione dell'orologiaio
- Descrizione della sequenza di azioni dell'orologiaio
- Indicazioni dell'orologiaio sul da farsi per riparare l'orologio
- Reazioni del cliente (narratore)
- Racconto dell'orologiaio: i fatti, le supposizioni

15 Attività orale *Ora vi racconto di...*

Lavora in piccolo gruppo con altri compagni. Ognuno di voi, pensando alle proprie esperienze, sceglie uno o più argomenti fra quelli indicati nella lista sotto:

- **Un'occasione perduta**
- **Una grossa delusione**
- **Un guasto irreparabile**
- Un episodio bizzarro
- **Un sogno premonitore**
- **Un fatto inspiegabile e misterioso**
- Un oggetto con una lunga storia

R ientrando dal suo viaggio al sud, Piero trovò una casa torrida e triste, come sono tristi le case chiuse al ritorno dalle vacanze. Capì che l'idea di rintanarsi nel suo appartamento per cercare di finire il suo libro era seriamente ostacolata dal caldo afoso che imperversava in quei giorni su tutta l'Europa. No, il caldo non era un alibi, non aveva neppure un ventilatore!

Si era trasferito solo da pochi mesi a Roma e non aveva portato con sé tutte le sue cose, la maggior parte del tempo la trascorreva in ufficio o in giro per l'Italia.

Adesso però la casa editrice era chiusa e quel ventilatore sul suo tavolo non serviva a nessuno, mentre lui in casa moriva di caldo. Pensò che non ci fosse nulla di male ad andare a prenderselo in prestito per una settimana.

Quando infilò la chiave nella serratura notò che la porta non era chiusa a chiave con tre mandate come faceva lui.

Eppure era stato l'ultimo ad uscire perciò probabilmente, nella fretta, se n'era dimenticato. Accese la luce e si diresse verso la sua scrivania dove notò con grande stupore che non c'era più il ventilatore.

Non è possibile – pensò – sono stato io l'ultimo ad uscire, ricordo di aver spento il computer e subito dopo il ventilatore… qui gatta ci cova."

Piero esaminò il suo tavolo e tutto l'ufficio e notò che tutto era a posto, il computer, i libri, i cassetti, tutto tranne il ventilatore.

A parte la direttrice e la segretaria, che erano andate in vacanza prima di lui, nessun altro aveva le chiavi dello studio.

La direttrice era in barca in Sardegna, la segretaria era partita per un'isola greca e quindi era proprio un mistero,

le finestre erano chiuse come sempre, apparentemente nessuno aveva rubato niente.
Uscì sconsolato e confuso e decise che avrebbe telefonato a Elena Cori per parlarle di quello strano mistero del ventilatore.
La direttrice non si mostrò sorpresa più di tanto della scomparsa del ventilatore e raccontò che anche in Sardegna non si trovava più in commercio né un condizionatore né un ventilatore.
Alcuni suoi amici avevano subìto lo stesso furto in barca nottetempo ed era apparso un articoletto in cui si parlava della "Banda del fresco", un gruppo di soliti ignoti che facevano man bassa di ventilatori e condizionatori e li rivendevano a prezzi di mercato nero.

"A trovarne uno!" pensò Piero che in quel momento avrebbe pagato oro per un ventilatore qualsiasi e invece…
Non ce la faceva più, non aveva intenzione di rientrare a casa, doveva cercarsi un posto fresco. Passando davanti a un cinema fu attratto, più che dal titolo del film, dalla scritta "locale climatizzato" e decise di entrare.

1   **A.** *Dopo aver letto il testo segna le risposte corrette.*

1. Piero pensava di scrivere gli ultimi capitoli del suo libro nei locali
    della casa editrice. ⊙ vero   ⊙ falso

2. Per Piero sarebbe stato difficile finire il suo lavoro a causa
    della sua stanchezza. ⊙ vero   ⊙ falso

3. Piero aveva in casa un impianto di aria condizionata. ⊙ vero   ⊙ falso

4. Piero andò a prendere un ventilatore nell'ufficio della casa editrice
    ma trovò la porta chiusa in modo diverso dal solito. ⊙ vero   ⊙ falso

5. Nell'ufficio tutto era sottosopra. ⊙ vero   ⊙ falso

6. Dall'ufficio era scomparso il ventilatore. ⊙ vero   ⊙ falso

7. Piero telefonò alla segretaria per parlarle del ventilatore scomparso. ⊙ vero   ⊙ falso

8. In quel periodo di grande caldo era difficile comprare ventilatori
    e condizionatori. ⊙ vero   ⊙ falso

9. Altre persone avevano subito un furto di ventilatore in barca. ⊙ vero   ⊙ falso

10. Sui giornali si era parlato di una banda che rubava ventilatori
    e condizionatori. ⊙ vero   ⊙ falso

11. Piero entrò in un cinema dove proiettavano un film
    che gli piaceva molto. ⊙ vero   ⊙ falso

B. *Rispondi alle domande.*

1. Cosa pensava Piero della sua idea di restare a casa a finire il suo libro?

2. Cosa pensò di fare per difendersi dal caldo afoso?

3. Che situazione trovò Piero quando arrivò alla sua casa editrice?

4. Perché Piero telefonò alla direttrice?

5. Perché la direttrice non fu sorpresa del furto del ventilatore?

6. Dove andò Piero per rifugiarsi dal caldo?

Nota nel testo

"A trovarne uno!" pensò Piero che in quel momento avrebbe pagato oro per un ventilatore qualsiasi e invece…

"A trovarne uno" *significa* "magari potessi trovarne uno".

2 Esercizio

Trasforma le frasi secondo il modello.

 A trovarlo un ventilatore!   *Magari lo trovassi un ventilatore!*

1. Ad avercelo un lavoro così!   _____
2. A superarlo un esame così difficile!   _____
3. A saperla una lingua così difficile!   _____
4. A trovarle delle scarpe così belle!   _____
5. A saperle tutte queste cose!   _____
6. A poterla avere una casa così!   _____

Ecco alcune espressioni molto usate nella lingua corrente che contengono la struttura
a + *verbo all'infinito* con valore ipotetico.

A essere sinceri	(se vogliamo essere sinceri...)
A giudicare dall'aspetto	(se giudichiamo dall'aspetto)
A pensarci bene	(se ci pensiamo bene)
A dir la verità	(se diciamo la verità)
A ripensarci	(se ci ripensiamo)

---

3 Esercizio

Inserisci nelle frasi seguenti le espressioni della lista precedente:

1. Quanti anni avrà quel signore, secondo te?

   .... ne avrà almeno settanta.

2. Sei proprio sicuro di non voler uscire con noi stasera per continuare a studiare?

   Beh, ..., forse posso studiare anche domani, a che ora ci vediamo?

3. Mi stupisce che tu trovi Carlo poco simpatico. Io mi trovo così bene con lui!

   Beh, ..., io non solo lo trovo poco simpatico,

   ma penso anche che sia una persona disonesta.

4. Sei sempre convinta che quell'appartamento sia troppo caro?

   Ti dirò! Dopo averne visti tanti altri in questi giorni, ...,

   il prezzo non sembra così eccessivo

5. Allora, come va con la tua ragazza?

   .... va molto male: stiamo per lasciarci!

Nota nel testo

Qui gatta ci cova!

In questo caso Piero vuol dire che qualcosa nella situazione non è chiaro, che sotto c'è qualcosa di strano.

Spesso si usano nella lingua italiana espressioni, frasi idiomatiche, modi di dire che contengono riferimenti ad animali.

4 Lessico

*Collega gli aggettivi della colonna **A** con i sostantivi della colonna **B**.*

A	B
Muto come	un mulo
Scaltro come	una lumaca
Lento come	un leone
Forte come	un pulcino
Bagnato come	una volpe
Testardo come	una capra
Ignorante come	un pesce

5 Attività

Prova a spiegare che significano questi modi di dire riferiti a persone

ES   È una iena   *È una persona particolarmente cattiva*

1. È una pecora   _____

2. È un orso   _____

3. È un somaro   _____

4. È una volpe   _____

5. È un'oca   _____

6. È un maiale   _____

7. È una serpe   _____

8. È un pappagallo   _____

6 Attività

Completa le espressioni inserendo questi nomi di animali:

gallina • lupo • cavallo • leone • elefante • aquila

1. Una memoria da ....
2. Una vista da ....
3. Una febbre da ....
4. Una fame da ....
5. Una forza da ....
6. Un cervello da ....

7 Proverbi

Ecco alcuni proverbi usati in Italia. Prova ad abbinarli al rispettivo significato:

1. *Tanto va la gatta al lardo che ci lascia lo zampino*
2. *A caval donato non si guarda in bocca*
3. *Meglio un uovo oggi che una gallina domani*
4. *Can che abbaia non morde*
5. *Chi dorme non piglia pesci*
6. *Il lupo perde il pelo ma non il vizio*

a. Le persone inattive e pigre non concludono nulla.

b. È meglio accontentarsi di poco subito che aspettare qualcosa di meglio ma incerto per il futuro.

c. Talvolta le persone sembrano aggressive ma in realtà non lo sono.

d. I difetti peggiori di una persona restano anche se all'apparenza questa persona sembra cambiata.

e. Quando si insiste troppo nel fare qualcosa di illecito si rischia di essere scoperti e di pagarne le conseguenze.

f. Non si esprimono giudizi sulle cose ricevute in regalo.

Nota nel testo

" Facevano man bassa" di ventilatori.

"Facevano man bassa" significa "rubavano".

In italiano si usano molte espressioni, modi di dire che contengono riferimenti alle parti del corpo umano.

8 Attività

*Collega i modi di dire della colonna **A** con i relativi significati della colonna **B**.*

A
Fare piedino

Fare orecchie da mercante

Fare capolino

Fare spallucce

Fare l'occhiolino

B
Fingere di non aver sentito

Strizzare l'occhio in segno di intesa

Sporgersi con la testa per osservare qualcosa

Toccare lievemente il piede a qualcuno per richiamare l'attenzione

Tirare su le spalle per dire che non si sa rispondere, per segnalare che non si sa qualcosa

9 Attività

A. *Ecco alcune espressioni riguardanti parti del corpo che vengono usate in modo metaforico. Sapresti spiegarne il significato?*

1. Turarsi il naso
2. Allargare le braccia
3. Piegare la testa
4. Andarci con i piedi di piombo
5. Aprire gli occhi
6. Incrociare le dita
7. Incrociare le braccia
8. Puntare i piedi
9. Puntare il dito

B. *Ora prova a reinserirle nelle frasi che seguono al tempo e modo opportuno:*

1. Ma come fai a non capire che quell'uomo non fa per te? .... !
   È solo un egoista superficiale!

2. È una situazione delicata, bisognerà davvero .... se non
   vogliamo ferire la sensibilità di qualcuno.

3. Marco dovrà affrontare un'operazione chirurgica molto delicata:
   .... e speriamo che tutto vada bene.

4. Ora basta! Sono stufo di .... ! Domani parlerò con il direttore
   e se non accetta le mie richieste, mi licenzio!

5. Quelle scarpe a me non piacevano proprio ma mia figlia ....
   e ho dovuto comprargliele.

6. Fra i due candidati a sindaco non so proprio chi scegliere, non mi convince nessuno dei due.
   Credo proprio che .... e voterò per il meno peggio!

7. Troppo facile .... contro di me! Perché non cerchi piuttosto di capire chi è il vero responsabile di questa situazione?

8. Lui la guardava con l'aria di chi non capisce. All'ennesima domanda di lei con aria sconsolata .... e disse: "Non so proprio cosa dirti".

9. Fu uno sciopero memorabile: quel giorno la maggioranza dei lavoratori .... in segno di protesta.

Ecco alcuni verbi che si formano a partire da nomi di parti del corpo:

Sgomitare	Sgambettare	Sbracciarsi	Spalleggiare
Ancheggiare	Sgolarsi	Inginocchiarsi	…

---

10 Esercizio

Inserisci i verbi della lista precedente nelle seguenti frasi coniugandoli al tempo e modo opportuni:

1. Nel prato i bambini giocavano e .... liberi e felici.

2. Ho intravisto un amico in lontananza e nonostante .... per salutarlo, non sono riuscito ad attirare la sua attenzione.

3. Dopo averla offesa ripetutamente .... ai suoi piedi e le chiese perdono.

4. Allo stadio i tifosi .... urlando slogan per sostenere la loro squadra del cuore.

5. Alle sfilate di moda, le modelle .... sfilando in passerella.

6. Tutti quelli che fino a quel momento lo .... , in quell'occasione lo tradirono.

7. Marco ha dovuto .... molto per raggiungere la sua posizione.

Nota nel testo

Nottetempo...

"Nottetempo" significa "durante la notte".

11 Attività

Disponi nella giusta sequenza questi momenti di una giornata:

Al calar del sole

Alle prime luci dell'alba

Di buon mattino

All'imbrunire

Nel primo pomeriggio

A notte fonda

Al tramonto

Nel tardo pomeriggio

Nottetempo

A mezza mattinata

In tarda mattinata

A tarda sera

12 Attività *Quando?*

Prova a dire quando, di solito, accadono queste cose utilizzando le espressioni dell'attività precedente.

I ladri entrano in azione

Il cielo si tinge di striature rossastre

Il sole comincia ad alzarsi

Negli uffici si fa una pausa per il caffé

Molti rientrano a casa dal lavoro

Si dorme profondamente

Alcuni fanno una siesta

Il cielo comincia a scurirsi

Si svegliano tutti quelli che cominciano
a lavorare presto

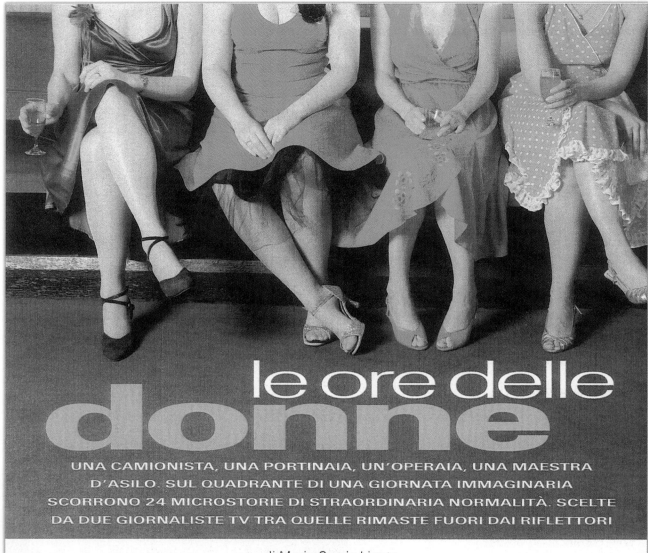

lo Donna

le ore delle
donne

UNA CAMIONISTA, UNA PORTINAIA, UN'OPERAIA, UNA MAESTRA
D'ASILO. SUL QUADRANTE DI UNA GIORNATA IMMAGINARIA
SCORRONO 24 MICROSTORIE DI STRAORDINARIA NORMALITÀ. SCELTE
DA DUE GIORNALISTE TV TRA QUELLE RIMASTE FUORI DAI RIFLETTORI

di Maria Grazia Ligato

Alle due di notte la camionista Elisabetta ha conosciuto suo marito. Alle tre del mattino suonava la sveglia per Rita, portinaia per trentaquattro anni in uno stabile, quando i rapporti umani erano, appunto, umani. Alle undici di una bella giornata d'aprile Giorgia, operaia della Fiat di Melfi, ha offerto fiori ai poliziotti durante una manifestazione e alle sei del pomeriggio Annalia è partita dall'Argentina, dove era maestra d'asilo, alla volta dell'Italia dove non era niente. Sono ventiquattro storie di donne, una galleria di ritratti femminili **scanditi ciascuno da un'ora del giorno**. Sono

raccolti in *Siamo così* (Tea), scritto a quattro mani da Carla Chelo e Alice Werblowsky. Il filo conduttore è quello di una "straordinaria normalità", dote che non ha spazio in tivù dove le due giornaliste lavorano, rispettivamente a *Studio Aperto* e *Verissimo*. In tivù approda la storia estrema, la bellezza da competizione, la vicenda tragica. E quasi tutti si piegano alle regole estetiche del tubo catodico. «Ricordo quando abbiamo realizzato un servizio in una clinica per obese: è stata intervistata la ragazza più carina, quella più telegenica anche se aveva ben poco da dire» esemplifica Alice Werblowsky.

13 **Attività scritta**

Il libro presentato nell'articolo precedente prende spunto da cose accadute in certe ore del giorno o della notte, per raccontare storie di donne. Prova anche tu a partire da un momento particolare. Pensa ad un avvenimento straordinario, particolare, determinante della tua vita che abbia avuto inizio in uno dei momenti della giornata indicati nell'attività precedente. Scrivi un racconto di questa esperienza che potrebbe iniziare ad esempio così:

Era notte fonda...

oppure

Quel giorno mi ero insolitamente svegliato/a alle prime luci dell'alba...

---

la Piazza ——— **PRIMO PIANO** ——— *30 aprile -31 maggio 2004* **3**

Preso dai carabinieri Pietro V., alias Piero Proietti, fantomatico dipendente del Comune in cerca di soldi

Il lupo perde il pelo ma non il vizio

Cinque mesi fà, era già stato denunciato a Tor Bella Monaca

di Matteo Alvisi

LO «SBARCO» A MILANO
L'altra scena cult

IN PIAZZA DEL DUOMO

Dunque, excuse me, bitte schòn... Noio... volevam... volevàn savoir... l'indiriss... ja... Dunque: noi vogliamo sapere, per andare dove dobbiamo andare, per dove dobbiamo andare? Sa, è una semplice informazione...

S tesso nome e stesso mestiere: truffatore. Pietro V., in arte Piero Proietti, deve avere avuto proprio un sogno da bambino: quello di raccogliere soldi per conto del Comune di Roma.
I carabinieri della stazione Quarto Miglio lo hanno però scoperto e arrestato in flagranza di reato e ora dovrà rispondere di truffa, falso e sostituzione di persona. Gli stessi reati per cui era stato denunciato a piede libero 5 mesi dagli agenti della polizia municipale dell'VIII municipio, a Tor Bella Monaca.
Il finto signor Proietti, quarantaduenne dall'aspetto distinto, ben vestito, e ancora in attesa di processo, si era semplicemente spostato a lavorare un po' più in là, nel X municipio, mantenendo il suo nome fittizio. E in 10 giorni era riuscito a mettere a segno ben 12 truffe.
Le sue vittime preferite: i commercianti del quartiere Appio, ai quali spiegava semplicemente che il X municipio stava organizzan-

do la manifestazione "Domenica in bicicletta" per sponsorizzare dei lavori di ristrutturazione della rete fognaria, condotta del gas e lavori di abbellimento delle strade pubbliche del quartiere.
Agli esercenti proponeva poi la possibilità di pubblicizzare la loro attività commerciale in occasione della manifestazione, versando un contributo di 150 euro più IVA. E così su palloncini e gadget vari, sarebbe comparso il nome del negozio, esattamente come 5 mesi fa.
<Il pagamento avveniva solamente in contanti, a seguito del quale il finto sig. Proietti rilasciava tanto di fattura con il 20% di IVA per un totale di 180 euro, anche que-

sta ovviamente falsa>, ha spiegato un ufficiale dell'Arma. Ma è stata proprio la non disponibilità di contante da parte di un commerciante che ha consentito l'arresto del truffatore.
Il finto impiegato comunale è ripassato a ritirare il corrispettivo di 180 euro, presso una ditta di allestimenti in Via Appia Pignatelli, ma è stato bloccato dai carabinieri che erano stati informati dal titolare. Pietro V., alias Proietti, vistosi scoperto ha riferito di essere il direttore di una rivista del X municipio. Ma tali giustificazioni non gli hanno evitato l'arresto e la restituzione della somma di 180 euro. Così Proietti ha dovuto rimettere il suo sogno nel cassetto.

14   *Dopo aver letto l'articolo "Il lupo perde il pelo ma non il vizio" segna le risposte corrette.*

1. Pietro Proietti è il vero nome della persona di cui si parla nell'articolo. ⊙ vero ⊙ falso

2. La persona di cui si parla è un borseggiatore. ⊙ vero ⊙ falso

3. Pietro V. è stato arrestato dai carabinieri mentre commetteva un reato. ⊙ vero ⊙ falso

4. Per gli stessi reati era già stato arrestato 5 mesi fa. ⊙ vero ⊙ falso

5. Pietro V. ha un aspetto sciatto e trasandato. ⊙ vero ⊙ falso

6. In 10 giorni Pietro V. ha realizzato 12 truffe ai danni di commercianti del quartiere Appio. ⊙ vero ⊙ falso

7. Pietro V. chiedeva denaro ai commercianti in cambio di una pubblicità nel corso di una manifestazione pubblica denominata "Domenica in bicicletta". ⊙ vero ⊙ falso

8. Era possibile pagare la somma richiesta con assegni o con carta di credito. ⊙ vero ⊙ falso

9. Pietro V. è stato arrestato mentre depositava i soldi in banca. ⊙ vero ⊙ falso

10. Al momento dell'arresto Pietro V. ha dichiarato di essere il direttore di una rivista del X Municipio. ⊙ vero ⊙ falso

15 Attività orale

Ricostruisci la notizia dell'articolo precedente a partire da queste domande

Chi?   Come?

Dove?   Quando?

Che cosa?   Perché?

16   *Rileggi il testo precedente ed evidenzia tutte le parole o espressioni che fanno riferimento all'area di significato della legge e della illegalità. Trascrivile nello spazio sotto.*

legge   **illegalità**

17 Lessico

Trova nel testo i sinonimi delle seguenti parole o espressioni:

Mentre commetteva l'azione
_____

Azione illecita punibile dalla legge
_____

Denunciato ma non arrestato
_____

(Nome) falso
_____

Portare a termine, realizzare
_____

Negozianti, commercianti
_____

Pagando una somma
_____

Con denaro liquido
_____

Documento, ricevuta di pagamento
_____

Il proprietario di un negozio
_____

18 Attività

A. *Associa ogni sostantivo che indica persone che commettono atti illegali con la spiegazione corrispondente:*

Ladro	persona che ruba servendosi di armi
Truffatore	persona che sottrae portafogli e denaro dalle tasche o dalle borse delle sue vittime
Borseggiatore	persona che ruba
Scippatore	persona che estorce denaro servendosi dell'inganno
Rapinatore	persona che fa prigioniero qualcuno per chiedere denaro in cambio della liberazione della vittima
Sequestratore	persona che ruba borse sottraendole con violenza alle vittime per la strada

B. *Forma per ognuno dei sostantivi che indicano la persona il rispettivo verbo e il sostantivo che indica l'azione commessa:*

Persona	Verbo	Azione commessa
Borseggiatore	*Borseggiare*	*Borseggio*
Rapinatore	....	....
Sequestratore	....	....
Scippatore	....	....
Truffatore	....	....
Ladro	....	....

19 *Intervista sulla Camorra*
Dopo aver ascoltato l'intervista, segna le risposte corrette:

1. All'interno della Camorra è in corso una faida tra due fazioni.   ⊙ vero   ⊙ falso

2. Gli scissionisti sono i seguaci del capoclan Di Lauro.   ⊙ vero   ⊙ falso

3. Salvatore Scarpino è un esperto del fenomeno mafioso.   ⊙ vero   ⊙ falso

4. Associa i nomi delle organizzazioni criminali alla rispettiva regione.

Puglia	'Ndrangheta
Calabria	Camorra
Campania	Sacra Corona Unita

5. Scarpino pensa che ci sono grosse novità nell'ambito
   delle guerre interne di mafia.   ⊙ vero   ⊙ falso

6. Le ragioni delle guerre interne alle organizzazioni criminali
   sono sempre di tipo economico.   ⊙ vero   ⊙ falso

7. Le società criminali sono il riflesso negativo della società civile
   e della sua economia.   ⊙ vero   ⊙ falso

8. Nella società civile i contrasti si risolvono con:
   ⊙ la repressione
   ⊙ la concorrenza
   ⊙ le armi
   ⊙ gli strumenti politici
   di mediazione

9. Lo stato moderno, secondo Scarpino, non ha strumenti
   per intervenire nella lotta alla criminalità.   ⊙ vero   ⊙ falso

20 *Ascolta più volte il testo e prova a completare.*

track

D.: Allora Le chiedo subito, proprio alla luce degli ultimi sviluppi, che idea si è fatto Lei di questa

nuova ...., di violenza all'interno del – appunto –

.... nel napoletano.

R.: Direi che non c'è nulla di nuovo. Come è stato ricordato, questi ....

.... alle ....

sono in un certo senso ciclico e possono dipendere da diversi fattori. Ci può essere - come in questo

caso sembra certo – una sorta di .... tra quelli

che sono .... o comunque vengono remunerati

come tali ...., i quali pretendono

...., ma ci possono essere anche

.... Più volte abbiamo sentito parlare nelle

varie mafie di ...., dove in realtà di nuovo non

c'è assolutamente nulla perché la .... e

.... rimangono uguali, ma c'è

.... ,

per usare una similitudine che vale per la ....

In effetti .... sono il riflesso speculare, negativo,

tenebroso, sotterraneo .... Sono il riflesso

....

con la loro .... E ci sono gli stessi contrasti che,

in una società civile si risolvono attraverso .... e

attraverso strumenti politici ....

In ....

finiscono sempre .... E... e poi bisogna dire

che quando ...., naturalmente in ogni stato c'è

.... e, in genere, lo stato moderno ha i mezzi,

l'invasività, la capacità per ...., per

.... Quindi è prevedibile che adesso ci sarà

.... – diciamo così – ....

e Napoli potrà respirare meglio.

Il problema vero è un altro: quanto tempo durerà questo accenno di quiete?

21 Cloze *Sì, ho acceso quelle fiamme*

Completa questi stralci tratti da un articolo di cronaca con i verbi al tempo e modo opportuni.
Considera che alcuni verbi sono da coniugare alla forma passiva.

fare • correre • confessare • distruggere • aiutare • aggiungere • sorprendere
notare • sorvegliare • incenerire • convincere • agire • potere • volere

Sì, ho acceso io quelle fiamme.
Mi piace giocare col fuoco

ROMA - "Sì sono stato io a appiccare il rogo in pineta. L'………… già …………………………… .
Mi piace giocare con il fuoco, vedere la gente che ……………………… a spegnere le fiamme…"
Antonio Di Martino, 63 anni, il piromane di Castelfusano, ………………………… ai carabinieri di Ostia di ………………………… sabato pomeriggio venti ettari di macchia mediterranea.
Neanche una parola, però, sulla presenza di un probabile complice o di eventuali mandanti. "Ho
fatto tutto da solo, senza che nessuno mi …………………………", ……………………………
manifestando anche un certo orgoglio.

[…]

L'arrestato che oggi verrà processato per direttissima a Roma con l'accusa di incendio doloso,
……………………………… sabato pomeriggio in via del Lido, strada che costeggia la pineta.
Lo ………………………………………… alcuni carabinieri in borghese che su una jeep
…………………………… il polmone verde della capitale per evitare il ripetersi del disastro di 3
anni fa, quando …………………………… dalle fiamme, sempre nella pineta di Castelfusano,
300 ettari di vegetazione. Un terzo del parco. Le sue parole non ……………………………… gli
investigatori che nutrono sospetti sul fatto che Di Martino …………………………… secondo
modalità programmate da una sapiente regia. La procura e la Direzione distrettuale antimafia stanno esaminando l'ipotesi che, dietro l'atto vandalico, …………………………… nascondersi un
racket che ……………………… mettere le mani sul rimboschimento delle aree incendiate. Un
giro di milioni di euro.

Corriere della Sera

Era una bella stagione l'estate, ma ora lo faceva sentire un po' come quel Marcovaldo[1] che cercava ruscelli e trovava laghetti azzurri di vernice. Lui, uomo urbano, per la prima volta nella sua vita sentiva una strana repulsione per tutta quella euforia di manifesti che proponevano refrigerio e comicità all'ombra di un Colosseo ritagliato da un cocomero, arene dove giravano i film già visti d'inverno con le zanzare tigri, concerti neppure eccezionali, eccezionalmente cari. Solo i parcheggi, quelli sì, si trovavano facilmente ma lui non doveva parcheggiare.

D'altronde per lui agosto non era mai stato il mese preferito dell'estate, avrebbe atteso settembre, intanto doveva finire il libro ma non c'era niente da fare doveva rimettersi in viaggio perché il suo libro parlava di luoghi e c'era un luogo dove non era stato da anni e dove gli premeva ritornare: Recanati, il luogo dove era stata composta la poesia *l'Infinito*, di Giacomo Leopardi.

Vi arrivò di buon mattino.

Mentre passeggiava per le antiche vie del borgo dove Leopardi aveva speso parte della sua breve ed infelice vita gli tornarono in mente gli anni del liceo, gli scherzi sui banchi di scuola, l'ansia dei compiti in classe, il tormento dell'acne e la spensieratezza di quegli anni così lontani.

Si ricordò della sua insegnante d'italiano che gli aveva inculcato l'amore per la poesia. Era una splendida mattinata estiva, il paese aveva appena iniziato a vivere e benché fosse passato molto più di un secolo, sembrava che sulla torre cinguettasse ancora il passero

solitario e che il colle oltre la vallata verde evocasse ancora all'orizzonte l'infinito, solo la donzelletta non veniva più su dalla campagna… al suo posto sciami di ragazzine che entravano o uscivano da scuola felici come sono felici i ragazzi il sabato.

Ed era sabato infatti, e Piero non poté che ripercorrere con la mente quei versi de "Il Sabato del Villaggio" sui quali anni fa a scuola avevano discusso sul senso della vita e sull'esistenza della felicità.

[1] *Protagonista di un noto libro di Ital Calvino.*

Era un concetto elementare, uno di quei barlumi di esistenzialismo che quella poesia offriva alle menti annoiate degli scolari e degli studenti che la ripetevano a memoria. Era felice in quel momento di ricordare parte di quei versi, felice di poterli rivivere sui luoghi che li avevano ispirati a Leopardi tanti anni prima.

S'interrogò di nuovo sul senso del sabato, come vigilia di una felicità sfuggente, si interrogò poi sul senso della poesia nella vita e pensò a quanto fosse stato importante che qualcuno gli avesse fatto memorizzare quelle parole che come ali staccavano l'anima da terra quando ce n'era bisogno.

Laggiù ai piedi di quella collina, nella valle dove un tempo contadini lavoravano la terra la vita scorreva oggi meno poeticamente ma con ritmi più veloci.

C'erano i calzaturifici e le fabbriche di mobili, di lampade, di abiti.

C'erano le Marche, la regione più industrializzata del centro Italia dove sebbene si produca molto, si mangia anche molto e molto bene e per qualche ragione si vive ancora in parte una filosofia della lentezza, una lentezza compiaciuta, non pigra ma rilassata. Il turismo sfiora questa regione e ne lascia intatte fette incontaminate, di colli non ce n'è solo uno, è una regione di mare e di colline, di industrie e di agricoltura, di borghi ancora medievali e torri e poi c'è un promontorio, una montagna che dà sul mare, il Conero. Più a nord, quasi al confine con l'Emilia Romagna, a Pesaro d'estate la città si riempie di manifesti d'opera e di turisti che affollano il piccolo bellissimo teatro di Rossini, musicista e buongustaio.

Poco distante da Pesaro, inoltrandosi all'interno e poi salendo su un'altra collina, si arriva al palazzo ducale di Urbino, che più che un palazzo sembra un castello. Lì, in un altro borgo sopra un colle dove il tempo si è fermato, tanti, tanti anni fa nasceva uno dei pittori più angelici d'Italia, Raffaello.

1 **A.** *Dopo aver letto il testo segna la risposta corretta.*

1. Piero si sentiva totalmente a suo agio in città.   ⊙ vero   ⊙ falso

2. Piero trovava molto piacevoli tutti quei manifesti
   che pubblicizzavano eventi culturali e spettacoli.   ⊙ vero   ⊙ falso

3. Per ragioni di lavoro, Piero doveva andare a Recanati,
   città dove Leopardi aveva composto la poesia "L'infinito".   ⊙ vero   ⊙ falso

4. A Recanati Leopardi era vissuto fino alla vecchiaia.   ⊙ vero   ⊙ falso

5. Passeggiando per le vie di Recanati, Piero si era ricordato
   dei tempi della scuola e di una sua insegnante che gli aveva
   fatto amare la poesia.   ⊙ vero   ⊙ falso

6. Ricordava anche la poesia "Il Sabato del Villaggio"
   e le discussioni a scuola intorno alla vita e alla felicità.   ⊙ vero   ⊙ falso

7. La zona intorno a Recanati era rimasta come un tempo.   ⊙ vero   ⊙ falso

8. Le Marche sono una regione con poco turismo e molte industrie.   ⊙ vero   ⊙ falso

9. Pesaro è una città delle Marche nota per eventi musicali.   ⊙ vero   ⊙ falso

10. Urbino è una città che si trova sul mare.   ⊙ vero   ⊙ falso

11. Ad Urbino nacque Raffaello.   ⊙ vero   ⊙ falso

B. *Dopo aver letto il testo rispondi alle domande:*

1. Come si sentiva Piero ad agosto in città?

2. Cosa portò Piero a Recanati?

3. Quali ricordi affiorarono alla sua mente, mentre passeggiava per le vie di Recanati?

4. Come sono le Marche oggi?

5. Quali sono i luoghi e i personaggi famosi citati nel testo?

2   *Leggi con attenzione questi brevi estratti dal testo che hai appena letto. Evidenzia tutte le frasi principali e le frasi dipendenti ad esse collegate. Osserva i verbi delle principali e prova a spiegare l'uso di tempi e modi verbali delle frasi dipendenti. Rifletti sulla relazione di tempo fra principale e dipendente. Prova a dire se le azioni espresse dalle dipendenti sono contemporanee, anteriori, o posteriori rispetto alla principale. Discuti con altri compagni i risultati delle tue osservazioni, poi provate insieme a formulare delle regole generali.*

Lui, uomo urbano, per la prima volta nella sua vita sentiva una strana repulsione per tutta quella euforia di manifesti che proponevano refrigerio e comicità all'ombra di un Colosseo ritagliato da un cocomero…

…doveva rimettersi in viaggio perché il suo libro parlava di luoghi e c'era un luogo dove non era stato da anni e dove gli premeva ritornare: Recanati, il luogo dove era stata composta la poesia "L'infinito" ….

Mentre passeggiava per le antiche vie del borgo dove Leopardi aveva speso parte della sua breve ed infelice vita, gli tornarono in mente gli anni del liceo…

Era una splendida mattinata estiva , il paese aveva appena iniziato a vivere e benché fosse passato molto più di un secolo, sembrava che sulla torre cinguettasse ancora il passero solitario e che il colle oltre la vallata verde evocasse ancora all'orizzonte l'infinito…

…e Piero non poté che ripercorrere con la mente quei versi de "Il Sabato del Villaggio" sui quali anni fa a scuola avevano discusso sul senso della vita e sull'esistenza della felicità.

Era felice in quel momento di ricordare parte di quei versi, felice di poterli rivivere sui luoghi che li avevano ispirati a Leopardi tanti anni prima.

Non poteva immaginare allora, tra i banchi della scuola, che avrebbe ripercorso con tanta gioia i passi del grande poeta.

… pensò a quanto fosse stato importante che qualcuno gli avesse fatto memorizzare quelle parole che come ali staccavano l'anima da terra quando ce n'era bisogno.

C'erano le Marche, la regione più industrializzata del centro Italia dove sebbene si produca molto, si mangia anche molto e molto bene e per qualche ragione si vive ancora in parte una filosofia della lentezza, una lentezza compiaciuta, non pigra ma rilassata.

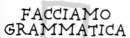

Concordanza dei tempi e dei modi

Per parlare della concordanza dei tempi e dei modi dobbiamo porci il problema del **tempo** in due accezioni: quella di **tempo assoluto** e quella di **tempo relativo**.

Il tempo assoluto è quello espresso dalla frase principale ed indica il tempo in cui si situano i fatti enunciati, il tempo relativo è espresso – invece – da frasi secondarie collegate alla frase principale da relazioni temporali. Queste relazioni possono essere di anteriorità, contemporaneità o posteriorità rispetto al tempo espresso dalla frase principale. Le regole della concordanza dei modi e dei tempi ci indicano quali forme verbali è necessario usare per esprimere queste relazioni nel tempo.

Ma è necessario anche osservare la natura del verbo nella frase principale per determinare il **modo** verbale che dobbiamo usare nella dipendente.

Quindi è necessario sempre porsi domande di questo tipo:

• Che tipo di verbo c'è nella frase principale? Quale modo devo usare dopo questo verbo?

• A quale tempo è il verbo della frase principale?

• L'azione espressa dalla frase secondaria avviene prima, dopo o nello stesso momento di quella espressa nella frase principale? È anteriore, contemporanea o posteriore a quella della principale?

Concordanza all'indicativo

La frase principale è al presente

		arriverà	*domani*	(azione posteriore)
ES	*So che Marcello*	*arriva*	*oggi*	(azione contemporanea)
		è arrivato	*ieri*	(azione anteriore)

La frase principale è al passato

	Sapevo *che Marcello*	*sarebbe arrivato*	*il giorno dopo*	(azione posteriore)
ES	*(ho saputo, seppi,*	*arrivava*	*quel giorno*	(azione contemporanea)
	avevo saputo)	*era arrivato*	*il giorno prima*	(azione anteriore)

N.B.

Qualche osservazione particolare va fatta nel caso in cui nella frase principale ci sia un verbo al passato prossimo. Questo tempo, infatti, in taluni casi perde le sue caratteristiche di tempo passato ed ha valore quasi di presente. Osserviamo le due frasi:

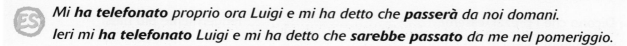

> *Mi **ha telefonato** proprio ora Luigi e mi ha detto che **passerà** da noi domani.*
>
> *Ieri mi **ha telefonato** Luigi e mi ha detto che **sarebbe passato** da me nel pomeriggio.*

Nel primo caso l'azione espressa al passato prossimo è molto vicina al **presente** e l'azione posteriore è espressa con il **futuro semplice**.

Nel secondo caso, invece, la distanza dal presente è molto più grande, entrambe le azioni – quella della principale e quella della dipendente – si situano nel **passato** e dunque l'azione della posteriore è espressa con il **condizionale passato**.

Concordanza al congiuntivo

La frase principale è al presente

Penso che Marcello	*arrivi (arriverà)*	*domani*	(azione posteriore)
	arrivi	*subito*	(azione contemporanea)
	sia arrivato	*ieri*	(azione anteriore)

In dipendenza da una frase principale al presente, possiamo usare anche il congiuntivo imperfetto per esprimere l'anteriorità ma solo in alcuni casi particolari:

Penso che l'anno scorso Marcello **arrivasse** ogni giorno in ritardo al lavoro.
(L'azione anteriore è ripetuta per abitudine.)

Penso che Marcello non **avesse** voglia di stare da solo e che non **sia uscito** con noi per questo motivo.
(L'azione espressa dall'imperfetto congiuntivo indica una condizione e non un fatto. Al contrario quella espressa al congiuntivo passato indica un fatto preciso.)

La frase principale è al passato

Pensavo che Marcello	*arrivasse (sarebbe arrivato)*	*il giorno dopo*
(ho pensato, pensai,	*arrivasse*	*quel giorno*
avevo pensato)	*fosse arrivato*	*il giorno prima*

La frase principale è al condizionale

In questo caso il verbo della frase dipendente è sempre al **congiuntivo imperfetto** o **trapassato**.

Vorrei che mio figlio **studiasse** di più.
*Quel giorno ero veramente giù! Mi **sarebbe piaciuto** che tu **fossi rimasto** con me.*

3 Esercizio

Completa le frasi con il verbo al tempo e modo appropriati:

1. Pensavamo che Luisa e Francesco (andare) .... d'amore e d'accordo e invece la loro unione è stata un vero disastro.

2. Dicono che i prezzi (essere) .... leggermente più bassi negli ultimi tempi.

3. È opinione comune che questo governo finora non (mantenere) .... nessuna delle promesse fatte ai cittadini.

4. Non so chi (progettare) .... questo palazzo, ma mi sembra veramente bello!

5. Ha telefonato poco fa Gianni e ha detto che (venire) .... da noi domani.

6. Ieri mio marito mi ha detto che (preparare) .... lui la cena e, strano a dirsi, ha mantenuto la promessa!

7. Vorrei che tu mi (ascoltare) .... veramente quando ti parlo!

8. Pensavo che mio figlio (andare) .... a scuola e invece l'ho visto che (gironzolare) .... per il centro con una sua fidanzatina.

9. Ci avevate detto che (venire) .... a trovarci e invece non vi siete più fatti sentire!

10. Non è giusto che i bambini (ricevere) .... così tanti regali per il loro compleanno; credo che in questo modo (perdere) .... anche la capacità di apprezzarli.

11. Tutti sappiamo che Marco (essere) .... pigro, ma devo dire che non immaginavo che lo (essere) .... fino a questo punto!

12. Credo che tua madre (avere) .... ragione quando ti diceva che quei tuoi amici (essere) .... poco raccomandabili.

4 Esercizio

Collega le frasi della colonna A con quelle della colonna B.

A	B
Non mi sembrava	che quella scuola sia di ottimo livello.
Si dice	che Luigi si fosse comportato nel modo migliore quella sera.
Tutti pensavamo	che quel maglione costi così poco, è di qualità pessima!
È ovvio	che tutto stia andando per il meglio, al contrario: la situazione va a rotoli!
Non mi sembra proprio	che Marco avesse già dato l'esame di fisica, invece lo sta ancora preparando.
Mia madre è convinta	che venissi più spesso a trovarmi.
Mi farebbe piacere	che io abbia sbagliato ad iscrivermi a questa facoltà.
Trovo veramente ingiusto	che saresti arrivato in orario e invece ti ho aspettato per mezz'ora!
Mi avevi promesso	che la ricchezza nel mondo sia distribuita in modo così squilibrato!
Dubito	che fosse necessario un profondo cambiamento politico.
La situazione era degenerata e tutti pensavano	che tu riesca a vivere con uno stipendio così basso.

5 Cloze *L'amante*

Completa il brano con i verbi coniugati ai tempi e modi opportuni.

Carla non poté accorgersi né della mia gelosia né del mio disprezzo. Soppressi le manifestazioni di gelosia ricordando come non (avere).............................. alcun diritto ad essere geloso visto che (passare) .... buona parte delle mie giornate augurandomi che qualcuno mi (portare) .... via la mia amante. Non v'era neppure alcuno scopo di far vedere il mio disprezzo alla povera giovinetta ormai che già mi baloccavo di nuovo col desiderio di abbandonarla definitivamente, e quantunque il mio sdegno (ingrandire) .... ora .... anche dalle ragioni che poco prima (provocare) .... la mia gelosia. Quello che occorreva era di allontanarsi al più presto da quella piccola stanzuccia non contenente di più di un metro cubo di aria, per soprappiù caldissima.

Non ricordo neppure bene il pretesto che addussi per allontanarmi subito. Affannosamente mi misi a vestirmi. Parlai di una chiave che (dimenticare) .... di consegnare a mia moglie per cui essa, se le (occorrere) ...., non (potere) .... entrare in casa. Feci vedere la chiave che non era altra che quella che io (tenere) .... sempre in tasca, ma che fu presentata come la prova tangibile della verità delle mie asserzioni. Carla non tentò neppure di fermarmi; si vestì e m'accompagnò fin giù a farmi luce. Nell'oscurità delle scale, mi parve ch'essa mi (squadrare) .... con un'occhiata inquisitrice che mi turbò: cominciava essa a intendermi? Non era tanto facile, visto ch'io sapevo simulare troppo bene. Per ringraziarla perché mi lasciava andare, continuavo di tempo in tempo ad applicare le mie labbra sulle sue guance e simulavo di essere pervaso tuttavia dallo stesso entusiasmo che m' (condurre) .... da lei. Non ebbi poi ad avere alcun dubbio della buona riuscita della mia simulazione. Poco prima, con un'ispirazione d'amore, Carla m' (dire) .... che il brutto nome di Zeno, che m'era stato appioppato dai miei genitori, non era certamente quello che (spettare) .... alla mia persona. Essa avrebbe voluto ch'io (chiamarsi) .... Dario e lì, nell'oscurità, si congedò da me appellandomi così. Poi s'accorse che il tempo (essere) .... minaccioso e m'offerse d'andar a prendere per me un ombrello. Ma io assolutamente non potevo sopportarla più oltre, e corsi via tenendo sempre quella chiave in mano nella cui autenticità cominciavo a credere anch'io.

6 Esercizio

Costruisci delle frasi su questo modello usando in modo appropriato il congiuntivo passato o imperfetto:

• *È stata una festa indimenticabile!*
• *Io invece penso che **sia stata** una festa di cattivo gusto e non mi sono divertito affatto.*

• *Il Professor Rossini era il miglior insegnante del nostro liceo!*
• *Io invece penso che **fosse** veramente troppo severo!*

Io invece penso che...

1. Luisa stava veramente bene ieri! essere / triste

2. Marco ha finito certamente quel lavoro! perdere tempo / e non finire affatto

3. Nerone era veramente un gran personaggio! essere / un pazzo

4. Carlo si è comportato molto signorilmente con la sua ex-moglie! comportarsi / da ipocrita

5. Marina era una ragazza straordinaria! non essere / molto simpatica

6. Quel film era stupendo! essere / terribilmente noioso

7. È stato un viaggio meraviglioso essere / molto faticoso

8. Gli ospiti sono stati soddisfatti della serata! qualcuno / annoiarsi un po'

9. Secondo me Carlo non ha fatto questo! essere / proprio lui / a farlo

7 Attività

Se ti dicessero che stai per ascoltare o per leggere una poesia che ha per titolo "L'infinito" quali parole immagineresti di sentire o di leggere?

8 Attività

A. *Ecco due liste di parole tratte dalla poesia "L'infinito" di Leopardi. Prova a combinarle per associazione od opposizione:*

naufragare	vento
stormire	spazi
interminati	voce
silenzio	sguardo
orizzonte	morte
eterno	mare

B. *Associa ad ogni aggettivo un sostantivo che ti sembra compatibile:*

ermo	stagioni
profondissima	silenzi
sovrumani	colle
interminati	quiete
infinito	spazi
morte	silenzio

Quella che segue è una famosa poesia di Giacomo Leopardi. Come puoi vedere mancano nel testo alcune parole che sono indicate qui sotto. Prova con l'aiuto dei tuoi compagni ad inserirle e a ricostruire la poesia. Rivolgete domande all'insegnante tutte le volte che alcune parole vi sembrano troppo difficili e tutte le volte che ne sentite il bisogno.

L'INFINITO

Sempre caro mi fu quest'ermo ....,

E questa ...., che da tanta parte

Dell'ultimo ...., il guardo esclude.

Ma sedendo e mirando, interminati

.... di là da quella, e sovrumani

......................, e profondissima ....

Io nel pensier mi fingo; ove per poco

Il cor non si spaura. E come il ....

Odo stormir tra queste piante, io quello

Infinito .... a questa voce

Vo comparando: e mi sovvien l'eterno,

E le morte ...., e la presente

E viva, e il suon di lei. Così tra questa

.... s'annega il pensier mio:

E il naufragar m'è dolce in questo ....

Giacomo Leopardi

spazi

colle

mare

silenzi

stagioni

immensità

orizzonte

silenzio

siepe

vento

quiete

Scriveva Leopardi:

È piacevolissima e sentimentalissima la stessa luce veduta nelle città, dov'ella è frastagliata dalle ombre, dove lo scuro contrasta in molti luoghi col chiaro, dove la luce in molte parti degrada appoco appoco, come sui tetti, dove alcuni luoghi riposti nascondono la vista dell'astro luminoso ec. ec. A questo piacere contribuisce la varietà, l'incertezza, il non veder tutto, e il potersi perciò spaziare coll'immaginazione, riguardo a ciò che non si vede. Similmente dico dei simili effetti, che producono gli alberi, i filari, i colli, i pergolati, i casolari, i pagliai, le ineguaglianze del suolo ec. nelle campagne. Per lo contrario una vasta e tutta uguale pianura, dove la luce si spazi e diffonda senza diversità, né ostacolo; dove l'occhio si perda ec. è pure piacevolissima, per l'idea indefinita in estensione, che deriva da tal veduta.

Giacomo Leopardi, "Zibaldone"

Scriveva Calvino:

Tocchiamo qui uno dei nuclei della poetica di Leopardi, quello della sua lirica più bella e famosa, *L'infinito*. Protetto da una siepe oltre la quale si vede solo il cielo, il poeta prova insieme paura e piacere a immaginarsi gli spazi infiniti. Questa poesia è del 1819; le note dello *Zibaldone* che vi leggevo sono di due anni dopo e provano che Leopardi continuava a riflettere sui problemi che la composizione dell'*Infinito* aveva suscitato in lui. Nelle sue riflessioni due termini vengono continuamente messi a confronto: *indefnito* e *infinito*. Per quell'edonista infelice che era Leopardi, l'ignoto è sempre più attraente del noto, la speranza e l'immaginazione sono l'unica consolazione dalle delusioni e dai dolori dell'esperienza. L'uomo proietta dunque il suo desiderio nell'infinito, prova piacere solo quando può immaginarsi che esso non abbia fine. Ma poiché la mente umana non riesce a concepire l'infinito, anzi si ritrae spaventata alla sola sua idea, non le resta che contentarsi dell'indefinito, delle sensazioni che confondendosi l'una con l'altra creano un'impressione d'illimitato, illusoria ma comunque piacevole. *E il naufragar m'è dolce in questo mare*: non è solo nella famosa chiusa dell'*Infinito* che la dolcezza prevale sullo spavento, perché ciò che i versi comunicano attraverso la musica delle parole è sempre un senso di dolcezza, anche quando definiscono esperienze d'angoscia.

Italo Calvino, "Lezioni americane"

9 Attività *Parole poetiche*

*Giacomo Leopardi sosteneva che
alcune parole sono
intrinsecamente poetiche.
Per esempio quelle
che indicano qualcosa dai
contorni sfumati, quelle
che ci portano a gustare
"l'indefinito e il vago",
quelle che lasciano spazio
alle sensazioni ed
all'immaginazione.
Prova ora a concentrarti,
a pensare alle tue esperienze
emotive, al tuo sguardo
sul mondo, alle tue percezioni
ed emozioni e scrivi su
un foglio bianco le "tue" parole
poetiche, quelle che per te hanno
la maggiore forza espressiva,
quelle che
ti portano in un mare dove
è dolce naufragare…*

*Se ti fa piacere, mostra
la tua lista ad altri compagni:
confrontate le vostre parole
poetiche, forse ne avevi
dimenticata qualcuna che
ti farà piacere inserire nella
tua lista.*

*Ora scegli dalla tua lista
la prima parola con cui senti
di voler scrivere un verso,
e continua così usando
le parole che vorrai senza
limiti e costrizioni: forse stai
scrivendo una poesia…*

*Togli, aggiungi, modifica
tutto quello che vuoi.*

*Se hai scritto una poesia potresti
anche darle un titolo: prova a
cercarne uno che
ti sembra il più adatto.*

Citazioni leopardiane

Le parole *lontano, antico* e simili sono poeticissime e piacevoli, perchè destano idee vaste, e indefinite, e non determinabili e confuse.

Zibaldone, 1789

Le parole *notte notturno* ec., le descrizioni della notte ec., sono poeticissime, perchè la notte confondendo gli oggetti, l'animo non ne concepisce che un'immagine vaga, indistinta, incompleta, sì di essa che quanto ella contiene. Così *oscurità, profondo* ec. ec.

Zibaldone, 1798

Le parole che indicano moltitudine, copia, grandezza, lunghezza, larghezza, altezza, vastità ec. ec. sia in estensione, o in forza, intensità ec. ec. sono pure poeticissime e così le immagini corrispondenti.

Zibaldone, 1825

Giacomo Leopardi, "Zibaldone"

«*Il poeta immagina:
l'immaginazione vede il mondo come non è, si fabbrica un mondo che non è, finge, inventa, non imita, non imita (dico) di proposito suo: creatore, inventore, non imitatore: ecco il carattere essenziale del poeta*» (Zibaldone di Pensieri, p. 4358, 29 agosto 1828).

L'INFINITO

*Sempre caro mi fu quest'ermo colle,
E questa siepe, che da tanta parte
Dell'ultimo orizzonte, il guardo esclude.
Ma sedendo e mirando, interminati
Spazi di là da quella, e sovrumani
Silenzi, e profondissima quiete
Io nel pensier mi fingo; ove per poco
Il cor non si spaura. E come il vento
Odo stormir tra queste piante, io quello
Infinito silenzio a questa voce
Vo comparando: e mi sovvien l'eterno,
E le morte stagioni, e la presente
E viva, e il suon di lei. Così tra questa
Immensità s'annega il pensier mio:
E il naufragar m'è dolce in questo mare.*

Giacomo Leopardi

Giacomo Leopardi, "L'infinito"

Famiglia Cristiana

Dalla parte dei lettori
Nuovi media

a cura di Angelo Bertani
angelo.bertani@stpauls.it

LA LETTERATURA AI TEMPI DELLA RETE

I CAPOLAVORI DELLA SCRITTURA SI DIFFONDONO SUL WEB NELLE BIBLIOTECHE DIGITALI: UNA "CONCORRENZA" CON I LIBRI CARTACEI PER LA CIRCOLAZIONE DEI SAPERI

«E il naufragar m'è dolce in questo mare»: l'immagine leopardiana potrebbe adattarsi tranquillamente alla ragnatela elettronica. Se provate a cercare con un motore come google.it l'ultimo verso di *L'infinito* leopardiano trovare ben 838 siti che riportano il testo del piccolo idillio scritto a Recanati nel 1819. Vale allora la pena viaggiare nei siti che si propongono di risolvere il dilemma che che accompagna Internet dagli albori: è meglio il libro elettronico o quello cartaceo?
In *http://www.letteratura-italiana.net/* la risposta è: libro cartaceo e in formato digitale viaggiano su due binari paralleli e mirano alla stessa meta: la circolazione dei saperi. È un sito che consente di accedere alle informazioni in tempi veloci e da qualsiasi luogo. Basta scorrere l'indice delle opere o quello degli autori per rendersi conto di come il web possa essere prezioso per i libri tradizionali, superandone i limiti: accanto alle poesie di Porta o Belli ci sono testi di Giordano Bruno, la Storia d'Italia di Guicciardini e i testi fondamentali della letteratura.
Maggiori ambizioni mostra *http://www.parchiletterari.com/* , un sito che ha lo scopo di presentare i luoghi della memoria, dove il tempo terrestre si è fermato ed è cominciato quello dello spirito, dove l'ispirazione ha avuto momenti di massima bellezza narrativa o poetica.

Così c'è la possibilita di visitare virtualmente i parchi letterari che si vanno diffondendo in Italia dopo il successo del leopardiano colle di Recanati. Il tutto gestito dalla Fondazione Ippolito Nievo, che si occupa appunto dell'istituzione e del funzionamento dei parchi letterari.
http://www.liber-liber.it/biblioteca/ è invece il più classico dei siti di biblioteca: elenco per autore, per opere, per argomento, con la manifesta ambizione, il cosiddetto progetto Manuzio (dal nome del grande umanista stampatore), di portare in formato elettronico tutto il sapere cartaceo.
Si cercano anche volontari che collaborino al progetto. Il progetto Manuzio, si legge nella presentazione, ha l'ambizione di concretizzare un nobile ideale: la cultura a disposizione di tutti.
Come? Capolavori della letteratura, manuali, tesi di laurea, riviste e altri documenti in formato elettronico, disponibili sempre, in tutto il mondo, a costo zero e con accorgimenti tecnici tali da garantirne la fruibilità anche a nonvedenti e portatori di handicap.
Segnaliamo, infine, un sito per classici stranieri, *http://www.classici-stranieri.com/* e, ancora, *http://www.crs4.it/HTML/Literature.html*, altra antologia frammentaria della letteratura italiana sul web.

10   *Dopo aver letto il testo, rispondi alle domande:*

1. Quale verso di Giacomo Leopardi è citato all'inizio dell'articolo?
Da quale componimento poetico proviene?

2. In quanti siti internet si può trovare la citazione di questo componimento poetico?

3. Qual è il dilemma cui fa riferimento il giornalista?

4. Qual è la risposta a questo dilemma che viene data nel sito www.letteratura-italiana.net?

5. Che cosa consente di fare questo sito?

6. Qual è invece lo scopo del secondo sito citato nell'articolo: www.parchiletterari.com?

7. Di che cosa si occupa la fondazione Ippolito Nievo?

8. Qual è l'ambizione del sito www.liber-liber.it/biblioteca/?

9. Qual è lo scopo del progetto Manuzio e in che modo viene realizzato?

11    *Cerca ed evidenzia nel testo tutte le parole che appartengono all'ambito informatico e all'ambito letterario e culturale. Confronta i tuoi risultati con quelli di altri compagni.*

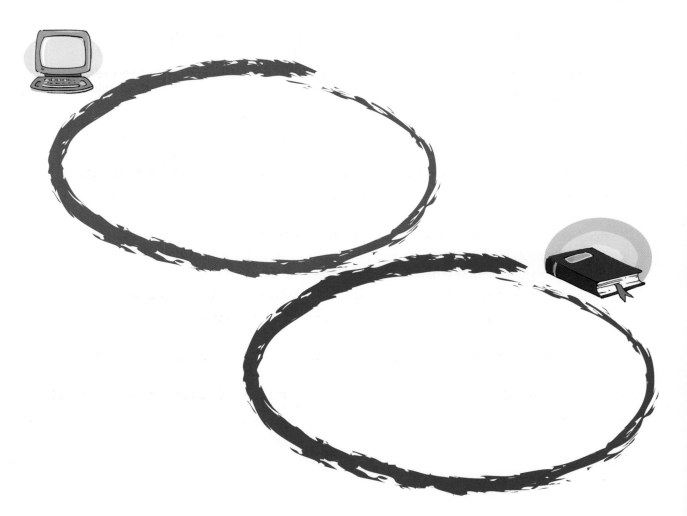

12 **Lessico** *Parole al computer*

Conosci queste parole? Prova a spiegarne il significato:

Cliccare	Stampante	Chiudere un file
Navigare	Salvare	Chattare
Sito	Digitare	Zippare
Pagina web	Cursore	Finestra
Motore di ricerca	Tastiera	Chiocciola
Schermo	Aprire un file	

13 **Esercizio**

Inserisci nelle frasi in modo appropriato le parole scegliendole dalla lista precedente:

1. Non capisco proprio quelli che passano il tempo a .... per trovare degli amici. Non è meglio fare amicizia di persona?

2. Ho visitato un .... sulla letteratura italiana veramente interessante e ben fatto!

3. I miei figli passano ore ed ore a .... in internet.

4. Devo cambiare questa ....! È così vecchia ed usata che i caratteri sono illeggibili!

5. Google è il più potente tra tutti i ....

6. Per stampare questo documento devi .... con il tasto sinistro del mouse l'icona "stampa" in alto a sinistra dello ....

7. Non posso farti avere una copia cartacea di questo mio scritto. La mia .... è rotta.

8. Per trovare le informazioni che cerchi su questo libro basta collegarti a Internet e .... il nome del sito della casa editrice.

9. Ho comprato un nuovo computer con uno .... ultrapiatto.

10. Ricordati sempre di .... ciò che hai scritto altrimenti molti dati andranno persi.

14 Attività

*Leggi questo estratto da un articolo
che parla di poesia.*

*Come vedi sono elencate dieci ragioni
per cui è giusto leggere poesia.*

*Dopo aver letto l'articolo, scegli tra
le dieci ragioni indicate:*

• quella con cui sei più d'accordo

• quella con cui sei meno d'accordo

*Poi, lavorando in coppia con un
compagno, confrontate le vostre
scelte.*

Poesia/Perché leggerla, perché non si legge
Attenti a quei dieci

di PATRIZIA VALDUGA

CI SONO almeno dieci ragioni per leggere Poesia, quella grande:

1. Perché bisogna saper dire, per sapere e per dire. Chi non legge Poesia è fatalmente un parlante banale.
2. Perché è solo cercando le parole che si trova il pensiero (Jourbert).
3. Perché la Poesia parla di tutto ciò di cui parla la prosa, ma ci mette meno tempo e dà più piacere: ogni peso desidera cadere al centro per la via più breve (Leonardo).
4. Perché la parola poetica è incantamento. Il lavoro del Poeta sui suoni e sui ritmi affascina le anime.
5. Perché seduce, se è di anime che ci si innamora veramente, e non di corpi che inverminiti ci aspettano alla fossa (Lubrano).
6. Perché chi non legge Poesia è invisibile. *Loquere ut te videam*, parla perché ti veda (Socrate).
7. Perché la poesia non si legge solo con la ragione, ma anche con l'inconscio, che impara.
8. Perché le parole poetiche sono già dei rimedi. Tutto il resto è lingua commerciale, giusto per ordinare un bicchiere di birra (Benn).
9. Perché la Poesia è emozione pensante o pensiero emozionato (Matte-Blanco) e realizza quest'indissolubile unità dell'uomo. La Poesia ci fa capire e sentire in un'unica perfetta contemporaneità.
10. Perché la parola poetica, così ignorata da questi tempi di impostura, è la sola verità che ci è rimasta.

---

15 Attività scritta

L'articolo che hai appena letto prosegue così:

> CI SONO almeno dieci ragioni per cui non si legge Poesia:

*Prova tu a completare l'elenco delle ragioni per cui non si legge Poesia.
Non è necessario che tu ne scriva dieci.
Dopo aver scritto le tue ragioni, confrontale con quelle degli altri
e provate ad integrare i vostri elenchi, se possibile.*

1. ....

2. ....

3. ....

4. ....

5. ....

6. ....

7. ....

8. ....

9. ....

10. ....

Dino Buzzati
Le notti difficili

...poesia

...ordo del suo *yacht*, Giorgio Kam, proprietario di ...iere, ebbe occasione di salvare un ragazzo che si ...atteva tra le onde. Era un giovanetto di bellezza ...ordinaria e risultò essere figlio di Dio. Il quale, sen-...dosi obbligato, mandò a chiamare il Kam e gli chiese ...le premio volesse.

...Ti sono grato dell'offerta » rispose il minerario « ma ...ché me la fai con quel tono risentito? »

...La vista dei ricconi del tuo stampo ha l'effetto di ...ttermi un poco fuori squadra. Ma non farci caso, cia-...no ha le sue fisime. Esprimi piuttosto un desiderio. ...arduo che sia, farò del mio meglio. »

...Il Kam, che si piccava di intellettuale e invitava ...sso alle sue serate filosofi, scrittori, pittori, musici-...volle fare bella figura:

...Mi piacerebbe tu mi facessi un dono di poesia ».

« Quale genere di poesia? »

« La poesia di Walter Tribolanti. » (Negli ultimi ...mpi aveva sentito parlare molto di questo giovane ...eta e ne aveva letto qualche cosa, senza però capirci ...nte.)

« È troppo poco » disse Dio. « Le poesie di Tribo-...ati si vendono in ogni libreria, al prezzo, se ben ri-...rdo, di millecinquecento lire. »

« Non intendevo questo. Mi piacerebbe tu mi conce-...ssi il godimento che certi amici miei giurano di rica-...re da quei versi e che io ho tentato invano di otte-...re. »

...Dio scosse il capo: « Non sono cose per te, credi-...i. Ti converrebbe altro regalo ».

« Che altro potrei chiedere? » fu la risposta del ma-

162

Dino Buzzati, "Le notti difficili"

gnate. « Tutto il resto io lo posseggo già. Soltanto la poesia mi è finora negata. »

« Quando è così » fece l'onnipotente « eccoti soddi-sfatto. » E di sotto il manto trasse un pacchettino av-volto in carta azzurra e legato da una funicella d'oro. « Qui dentro c'è la poesia che desideri. Ma non dolerti se non potrai avere il beneficio che speri. »

Il Kam, fatto un inchino, se ne andò col suo pac-chetto, il quale si sarebbe detto vuoto, tanto leggero. Risalì in macchina e via alla direzione generale. A mo-tivo della divina chiamata, aveva infatti dovuto rinviare molti impegni pressanti.

Difatti, come entrò nel suo studio, irruppe da una porticina il segretario con una montagna di pratiche, nello stesso istante suonò il telefono annunciandogli una frana nel pozzo n. 27, a cui sarebbe stato opportuno correre subito a dare un'ochiata. Ma di là, nel primo saloncino d'aspetto, già da un'ora attendeva Thaddeus Fantuskha, venuto apposta da Praga per sottoporgli un progetto di *trust*. E nel salotto numero due fremeva di impazienza un altro preoccupante personaggio, Mo-libio Saturp, plenipotenziario delle giunte sindacali, che nella sua cartella di cuoio aveva di che fare esplodere uno sciopero quinquennale senza esclusione di colpi.

Dimodoché il Kam, ficcato il pacchetto della poesia in un cassetto dello scrittoio, si lasciò travolgere dal pestilenziale uragano a cui egli stesso tanti anni prima aveva dato la prima esca, il giorno che, miserabile mi-natore, aveva tratto dalla profonda terra un diamante grosso così.

Gli impegni gli abboccamenti le telefonate gli incon-tri le trattative i *pour-parler* i *jet* da una parte all'altra del mondo i ricevimenti i contratti gli appuntamenti le telefonate gli incontri le telefonate via via a tamburo

163

battente e bang!, all'improvviso ecco noi lo ritroviamo, nel suo studio presidenziale, canuto e stanco, che si guar-da intorno smarrito perché egli è oggi l'uomo d'affari più forte del sistema planetario, eppure emette dei lun-ghi sospiri come se fosse (pardon) infelice. E della fac-cenda della poesia, con tante importantissime cose che gli sono passate attraverso la testa, non gli resta ombra di ricordo.

Allora, per cercare una pillola energetica americana di cui fa uso da qualche tempo, apre il secondo cassetto a destra. La mano incontra una cosa, è un pacchetto, al-quanto polveroso, avvolto in carta azzurra. Lo soppesa nella destra, perplesso, non ritrovando negli archivi cra-nici il più esile riferimento in proposito. Conclude: « Chissà chi ha imbucato qui 'sta cretinata ». E la sca-raventa nel cestino.

16   **A.** *Dopo aver letto il brano"La poesia" completa in modo appropriato il riassunto con le parole mancanti:*

Giorgio Kam era un uomo molto ...., proprietario di ....
Un giorno salvò un ragazzo che .... Si trattava in verità del
.... di Dio.
Dio per .... Kam, gli chiese che cosa volesse. Kam per darsi arie da
.... , disse che voleva in dono una ....
Dio cercò di convincere Kam che quello non era il .... adatto a lui e
che avrebbe fatto meglio a chiedere qualcos'altro.
Ma Kam insistette e spiegò che voleva che Dio gli concedesse il dono di ....
la poesia come succedeva ad alcuni suoi amici. Disse che lui ci aveva provato tante volte senza
....
E così Dio gli diede un .... con dentro una ....
Kam prese il .... e se ne tornò alle sue abituali occupazioni. Era un
uomo ricchissimo e pieno di impegni e così .... il pacchettino nella
sua scrivania per tanti lunghi anni. .... anche la storia della poesia.
Un giorno, Kam – ormai vecchio e affaticato – cercando una ....
nella sua .... , ritrovò il .... che conteneva
la .... ricevuta in dono da Dio. Purtroppo non ricordava nulla di quella
storia e .... via il pacchetto chiedendosi chi avesse potuto ....
lì quella sciocchezza.

B. *Ora rispondi alle domande:*

1. Chi era Giorgio Kam e che cosa aveva fatto per meritare un premio da Dio?
2. Dio aveva simpatia per i ricchi?
3. Quale desiderio aveva espresso Giorgio Kam? Era un desiderio sincero?
4. Quale piacere voleva trarre Giorgio Kam dal dono richiesto?
5. Perché Dio cercava di dissuadere Giorgio Kam dal chiedere in dono la poesia?
6. Che cosa disse Dio a Kam consegnandogli il pacchetto con la poesia?
7. Che cosa fece Kam dopo aver l'incontro con Dio?
8. Che fine fece il pacchetto con la poesia?
9. Chi è diventato Kam, ormai vecchio?
10. Ricorda la storia della poesia?
11. In che modo ritrova il pacchetto azzurro e che cosa fa dopo averlo ritrovato?

17 Cloze

Completa il brano con i verbi coniugati al tempo e modo opportuni:

A bordo del suo yacht, Giorgio Kam, proprietario di miniere, ebbe occasione di salvare un ragazzo che (dibattersi) .... tra le onde.(Essere) .... un giovanotto di bellezza straordinaria e (risultare) .... essere figlio di Dio.

Il quale, sentendosi obbligato, (mandare) .... a chiamare il Kam e gli chiese quale premio (volere) ....

"Ti sono grato dell'offerta" (rispondere) .... il minerario "ma perché me la fai con quel tono risentito?"

"La vista dei ricconi del tuo stampo ha l'effetto di mettermi un poco fuori squadra. Ma non farci caso, ciascuno ha le sue fisime. Esprimi piuttosto un desiderio. Per arduo che (essere) ...., farò del mio meglio."

Il Kam, che (piccarsi) .... di intellettuale e (invitare) .... spesso alle sue serate filosofi, scrittori, pittori, musicisti, volle fare bella figura:

"Mi piacerebbe che tu mi (fare) .... un dono di poesia".

"Quale genere di poesia?"

"La poesia di Walter Tribolanti." (Negli ultimi tempi (sentire) .... parlare molto di questo giovane poeta e ne (leggere) .... qualche cosa, senza però capirci niente.)

"È troppo poco" (dire) .... Dio. "Le poesie di Tribolanti si vendono in ogni libreria, al prezzo, se ben ricordo, di millecinquecento lire."

Non intendevo questo. Mi piacerebbe che tu mi (concedere) .... il godimento che certi amici miei giurano di ricavare da quei versi e che io (tentare) .... invano di ottenere."

Dino Buzzati, "Le notti difficili"

18    *Pubblicità*
track *Ascolta i tre messaggi pubblicitari e completa la griglia sotto.*

- Quali sono i prodotti reclamizzati?
- Qual è la marca o il nome dei rispettivi prodotti reclamizzati?
- Quali sono le qualità, le caratteristiche o i vantaggi dei tre prodotti reclamizzati? Cosa promettono al pubblico?

	Prodotto	marca o nome	qualità	vantaggi	promesse
Pubblicità 1					
Pubblicità 2					
Pubblicità 3					

19  **Pubblicità 1**
track *Completa il dialogo con le frasi pronunciate dalla cliente che telefona all'assicurazione.*

R: 848833888 ZURITEL. Buongiorno!

D: ....

R: Sì.

D: ....

R: Mmh.

D: ....

R: E il suo bambino quanti anni ha?

D: ....!

R: Capisco! Ha fatto bene a chiamare l'848833888, con "Zuritel" si risparmia davvero.

Pubblicità 2

Completa il testo del messaggio pubblicitario con le parole mancanti.

Si chiama Biatlon:

1. il robot a due .... di un famoso cartone .... giapponese;

2. un .... a due .... usato nella .... del Peloponneso;

3. uno sport .... in cui si percorre con gli .... da .... un'anello di .... per poi tirare con la ....

La risposta durante i .... per gli ....

Acquista subito il tuo .... per il Biatlon e vivrai .... dei ventesimi giochi .... invernali.

Informati presso le .... S. Paolo e delle .... del gruppo "Infotorino2006.org".

Pubblicità 3

Completa il testo del messaggio pubblicitario con le parole mancanti.

Eccoci qui: siamo tra i monti .... dell'Abruzzo dove .... l'acqua "........................". Ve lo dico sempre: l'acqua che beviamo è importantissima per .... e quindi, prima di .... una, leggete bene .... L'acqua "........................" oligominerale ha un giusto residuo fisso, un basso contenuto di .... e di .... e dunque è leggera e pura. .... con le altre e .... anche il prezzo!

Acqua "........................", ...

20 Attività orale

I tre messaggi pubblicitari che hai ascoltato hanno uno stile molto diverso, ripropongono il modello della telefonata, del quiz e del documentario.

• *Quale dei tre messaggi secondo te è più efficace per attrarre l'attenzione del pubblico e perché?*

• *Quale preferisci personalmente? Discutine con i tuoi compagni.*

Settembre è il mese in cui si fa il punto sull'estate trascorsa.
I colleghi riaffollano gli uffici, reduci da
vacanze ormai alle spalle, nelle
scuole si riaccendono discussioni
sui programmi e sugli orari del
nuovo anno scolastico.

Gli studenti si riversano con motorini e genitori lungo le intasate vie che li conducono
a scuola. Nei corridoi del Provveditorato alcuni insegnanti precari attendono il verdetto
per l'anno a venire: lavoro – disoccupazione.
Sembrano tanti imputati kafkiani in attesa di giudizio.
Anche la casa editrice Emisfero ha riaperto i battenti, il libro però non è ancora concluso. Piero
ha deciso che per concludere gli manca un viaggio, almeno uno, poi stop, finito veramente.
Scende dall'autobus dove è stato inscatolato per una buona mezz'ora e s'imbatte in un viso noto:

– Leonardo e tu qui?
– Io, io qui ci vivo da anni, tu piuttosto che ci fai a
Roma?
– Eh, mi ci sono trasferito da un anno.
– Davvero, e che fai?
– Lavoro in una casa editrice, sto anche scrivendo
un libro, poi vedrò, e tu?
– Io sono anni che insegno ma ogni anno è la
stessa storia, arriva settembre e non sai mai se
lavorerai o no… uno schifo.
– Ma è tuo figlio?
– No, è il figlio di una mia amica, lei è ancora
dentro al Provveditorato che aspetta di essere
chiamata, non aveva nessuno a cui lasciare il
bambino, mi ha chiesto se glielo portavo
fuori a bere qualcosa, là dentro è un inferno,

gente che litiga, gente che si dispera, una giungla, se non ci sei mai stato non ci puoi credere… altro che scuola.

– Ma dove insegni di solito?

– Licei, Istituti Tecnici, un po' qua un po' là.

– Non ti invidio, con i ragazzi di oggi.

– No, guarda i ragazzi, checché se ne dica, non sono il peggio, anzi loro vogliono parlare, sfogarsi, se li sai prendere, se li capisci sono anche interessanti. Il guaio sono i colleghi, la burocrazia, e a volte i genitori.

– Sai una cosa, a proposito di scuola, nella casa editrice dove lavoro è arrivato un manoscritto, una specie di diario di viaggio, di scuola in scuola, di un tipo che ha tenuto un diario di tutte le scuole in cui ha insegnato, senti il titolo "Memorie di un precario: dalle Alpi al Mediterraneo".

– E che materia insegnava?

– Sai che non sono sicuro?… il punto non era la materia, era la tipologia dei ragazzi, la vita, la società italiana, la geografia attraverso la sua esperienza da precario, un anno a Brescia, un anno a Cuneo, un anno a Cagliari.

– Beh almeno lui ha viaggiato più di me, io ho girato il Lazio, tutto qui, ma c'è già chi l'ha scritto un diario, l'ho appena letto, guarda: "Registro di classe" di Sandro Onofri.

– Non ho letto questo libro ma conosco l'autore… è morto vero?

– Purtroppo sì, era pure un bravo giornalista, sai?

– Anche lui…

– Come anche lui?

– No, no, niente dicevo così…

Leonardo volle sapere di più, non si accontentò delle parole allusive con le quali Piero gli aveva descritto il suo lavoro.
Si conoscevano da anni, da quando avevano frequentato un corso insieme ad Edimburgo. Avevano passato un mese bellissimo di quelli che anche a distanza di tempo restano impressi nella memoria, con aneddoti e ricordi sempreverdi.
Avevano in comune il piacere del viaggio, la curiosità ed una certa irrequietezza di fondo.

– "Ma raccontami un po', com'è andata, cos'è che ti ha fatto decidere di cambiare lavoro e trasferirti a Roma?"

– Dunque, tutto è cominciato con un incontro casuale sul treno, era una donna, che lavorava per un'agenzia per la tutela dei consumatori, lei era una ricercatrice…

– Ho capito, ti sei trasferito per amore, ma perché dici era… non è più una ricercatrice o è finita la storia?

– Non hai capito, corri troppo, lei è ancora una ricercatrice, non abbiamo mai avuto una storia e siamo ancora amici, ci sentiamo spesso.

– Va bene, scusa, adesso non ti interrompo più però se hai tempo allora andiamo a sederci al bar, ci prendiamo un caffè e così prendo qualcosa da bere anche al bambino.

Al bar

– "Allora ti dicevo, è successo un paio di anni fa. Io ero in un periodo un po' così, e forse cercavo un'occasione per cambiar vita, non sapevo bene cosa, ma quello che mi ha portato a lavorare per una casa editrice è stato frutto di una coincidenza fortunata, tutto però è partito da quell'incontro sul treno con quella donna. In realtà da quel giorno non sono più riuscito a lavorare come prima.

La coincidenza fu che in quei giorni c'era anche una serie di scioperi, che mi dettero il tempo di pensare e ripensare… e tu mi conosci, volevo fare il giornalista, ma non ne ero convinto. Lei però mi aveva aperto davanti agli occhi un caso molto interessante. Io avrei dovuto scrivere un articolo e lo feci ma in fondo ho capito che non ero tagliato per quel lavoro."

– Perché, mi avevi sempre parlato del fatto che prima o poi avresti iniziato a girare il mondo, a scrivere, era per questo che studiavi l'inglese, no?

– È vero, però in fondo non mi dispiacevano quei viaggi in treno quando facevo il controllore.

Avevo il mio tempo per scrivere, guardare, riflettere, pensavo che avrei potuto anche scrivere per un giornale e continuare a fare il controllore. Però, il giorno dopo quell'incontro mi ritrovai sul piazzale della stazione, senza ben sapere cosa fare o dove andare, faceva caldo, ricordo ancora come iniziai a farneticare in quei giorni a Milano. Mi dicevo: "Quando salirò su un treno, forse domani, non sarà mai più la stessa cosa, perché è chiaro che questo sciopero finirà, ma le cose stanno cambiando, e quando tra qualche tempo tutto sarà passato come passano tutte le cose, le notizie, gli allarmi, le guerre, io non avrò più lo stesso entusiasmo. Mettiamo pure che un giornale avrà pubblicato il mio articolo, beh, questo non cambierà il mondo, il giorno dopo io sarò di nuovo a controllare la regolarità dei viaggiatori, la mia vita non sarà cambiata affatto e neppure quella altrui. Certo, perché dopo che tutti avranno letto gli imbrogli di alcune marche, che avranno guardato con cautela e con sospetto gli ingredienti sui contenitori dei loro prodotti e avranno temuto blandamente di morire avvelenati, lentamente dimenticheranno ogni cosa, come Chernobyl, i coloranti cancerogeni, la mucca pazza, il buco nell'ozono... Ma non appena avranno dimenticato arriverà una nuova paura ed i giornalisti alimenteranno la loro avidità di informazioni, di rassicurazioni con servizi, dibattiti, statistiche, foto ed io... anch'io avrò solo contribuito per un po' a creare il polverone, nient'altro. Tanto vale fare il controllore."

– Senti, mi sembra che tu abbia ancora molto da raccontarmi e anch'io vorrei parlarti ma ora devo riportare il bambino alla mia amica. Perché non ci vediamo una di queste sere, andiamo a bere qualcosa insieme, mi farebbe piacere.

1 **A.** *Dopo aver letto il testo segna la risposta corretta.*

1. Settembre è un mese in cui molti sono ancora in vacanza
   e gli uffici sono vuoti. ⊙ vero ⊙ falso

2. La scuola inizia a settembre. ⊙ vero ⊙ falso

3. Molti insegnanti non hanno un lavoro fisso
   e aspettano ogni anno un nuovo incarico. ⊙ vero ⊙ falso

4. Piero ha appena finito di scrivere il suo libro. ⊙ vero ⊙ falso

5. Piero incontra un suo vecchio amico. ⊙ vero ⊙ falso

6. Leonardo è un insegnante. ⊙ vero ⊙ falso

7. Leonardo lavora da anni nello stesso liceo. ⊙ vero ⊙ falso

8. Piero pensa che sia divertente lavorare con i ragazzi. ⊙ vero ⊙ falso

9. Secondo Leonardo il problema principale degli insegnanti
   non sono gli studenti. ⊙ vero ⊙ falso

10. Piero parla di un libro dove un insegnante racconta
    le sue esperienze di precario. ⊙ vero ⊙ falso

11. Leonardo consiglia a Piero un libro dello scrittore Sandro Onofri. ⊙ vero ⊙ falso

12. Piero e Leonardo non avevano molte cose in comune. ⊙ vero ⊙ falso

13. Piero racconta all'amico una sua storia d'amore
    con una donna incontrata su un treno. ⊙ vero ⊙ falso

14. La donna incontrata sul treno aveva determinato
    una svolta nella vita di Piero. ⊙ vero ⊙ falso

15. Piero aveva sempre odiato il suo lavoro di controllore sui treni. ⊙ vero ⊙ falso

16. Piero racconta a Leonardo i suoi pensieri durante
    gli ultimi giorni di lavoro da controllore. ⊙ vero ⊙ falso

17. Piero pensava che se fosse diventato giornalista
    i suoi articoli avrebbero contribuito a cambiare il mondo. ⊙ vero ⊙ falso

2 Lessico

*Collega le espressioni della colonna **A** con i sinonimi appropriati della colonna **B**.*

A	B
Si fa il punto	persone in attesa di giudizio
Alle spalle	incontra per caso
Si riversano	ha riaperto l'attività
Il verdetto	è stato chiuso dentro
Imputati	si fa un bilancio, un'analisi della situazione
Ha riaperto i battenti	dietro di sé, nel passato
È stato inscatolato	il giudizio di una corte di giustizia
S'imbatte	vanno tutti insieme, in massa

3 Attività *Sai che ho incontrato Piero e mi ha detto che...*

Rileggi il testo della conversazione al bar tra Piero e Leonardo ed immagina che Leonardo racconti per lettera ad un comune amico la storia di Piero, i suoi cambiamenti, le coincidenze che lo avevano portato a Roma.
Usa esclusivamente il discorso indiretto.

Caro...,

FACCIAMO GRAMMATICA

Il discorso indiretto

Nel discorso indiretto si riferiscono gli enunciati altrui modificando la relazione emittente-destinatario.

ES *Sandra dice a Luigi: "Telefonami !"* ➡ ***Sandra dice a Luigi di telefonarle.***

In questo caso la relazione tra Sandra e Luigi non è più diretta, ma è mediata da una terza persona che riferisce il discorso. L'enunciato perde la sua funzione comunicativa primaria, nel nostro caso quella della richiesta.

Le frasi nel discorso diretto sono indipendenti mentre nel discorso indiretto sono subordinate ad un verbo della frase principale.

I verbi che introducono il discorso indiretto sono di solito: *dire, chiedere, domandare, rispondere, dichiarare, raccontare, aggiungere, ripetere, spiegare, obiettare,* eccetera.

Nel passaggio dal discorso diretto a quello indiretto avvengono alcune trasformazioni che riguardano i **pronomi** ed alcune **espressioni che riguardano il tempo e lo spazio:**

oggi	➡	*quel giorno*
domani	➡	*il giorno dopo (successivo)*
ieri	➡	*il giorno prima*
ora	➡	*allora*
poco fa	➡	*poco prima*
qui, qua	➡	*lì, là*
questo	➡	*quello*
venire	➡	*andare*
stamattina	➡	*quella mattina*
stasera	➡	*quella sera*

Frase principale è al presente

Quando il verbo della frase principale è al tempo presente i verbi della frase riferita non cambiano il tempo e il modo, eccetto il modo **imperativo** che viene reso con la struttura:

"di + infinito"

oppure con

"che + congiuntivo presente"

ES *Paolo dice a Laura: "**Chiudi** la finestra!"* ➡ *Paolo dice a Laura **di chiudere la finestra.***

oppure

*Paolo dice a Laura **che chiuda la finestra.***

Frase principale al passato

Quando il verbo della frase principale è al passato i verbi cambiano rispettando la concordanza dei tempi e dei modi secondo il seguente schema:

presente indicativo → **imperfetto indicativo**

Paolo disse: "È tardi!". → *Paolo disse che era tardi.*

passato prossimo → **trapassato prossimo**

Paolo disse: "Ho bevuto troppo". → *Paolo disse che aveva bevuto troppo.*

futuro semplice e anteriore → **condizionale composto**

Paolo disse: "Tornerò alle otto". → *Paolo disse che sarebbe tornato alle otto.*

Mi disse: " Quando sarò arrivato, ti chiamerò" → *Mi disse che quando sarebbe arrivato mi avrebbe chiamato.*

imperativo → **di + infinito o congiuntivo imperfetto**

Paolo disse: "Aspettatemi davanti al cinema". → *Paolo disse di aspettarlo davanti al cinema. Paolo disse che lo aspettassero davanti al cinema.*

condizionale semplice → **condizionale composto**

Paolo disse: "Vorrei cambiare vita". → *Paolo disse che avrebbe voluto cambiare vita.*

congiuntivo presente → **congiuntivo passato**

Paolo disse: "Penso che sia tardi". → *Paolo disse che pensava che fosse tardi.*

congiuntivo passato → **congiuntivo trapassato**

Paolo disse: "Penso che il film sia già iniziato". → *Paolo disse che pensava che il film fosse già iniziato.*

Nota bene

• Nella trasformazione dal discorso diretto al discorso indiretto **i periodi ipotetici** del primo, del secondo e del terzo tipo si trasformano tutti in periodi ipotetici del terzo tipo.

Paolo disse: "Se potrò andrò in vacanza a luglio".

Paolo disse: "Se potessi andrei in vacanza a luglio".

Paolo disse: "Se avessi potuto sarei andato in vacanza a luglio".

} *Paolo disse che **se avesse potuto sarebbe andato** in vacanza a luglio.*

Nota bene

Nella lingua parlata, di tono colloquiale, è frequente in questa struttura l'uso dell'imperfetto indicativo:

*Paolo disse che **se poteva andava** in vacanza a luglio.*

• Quando il discorso indiretto è introdotto da un verbo che richiede "se", come ad esempio il verbo *chiedere* si usa al posto dell'indicativo il rispettivo tempo del congiuntivo. Tuttavia l'uso del congiuntivo si può evitare se la frase è usata in un contesto informale, nell'uso colloquiale.

Paolo chiese: "Posso fare una telefonata?" → *Paolo chiese **se poteva/potesse fare una telefonata**.*

Paolo chiese: "Qualcuno mi ha cercato?" → *Paolo chiese **se qualcuno lo aveva/avesse cercato**.*

Nota:

• I verbi all'**infinito, gerundio** e **participio** non cambiano dal discorso diretto al discorso indiretto.

• Allo stesso modo non cambiano i verbi all'**imperfetto** e al **trapassato** sia indicativo che congiuntivo.

❝MALOFAIPER
DISPETTO?MACCHIE
DIKETCHUPSULLA
TOVAGLIACIOCCOLATO
SUIJEANSELA
MAGLIETTATUTTA
IMPATACCATA
DIRAGÙ!TANTOPOI
TOCCASEMPREAMELAVAR

Lo sapevi che ci sono tre tipi di macchie? Come farai a toglierle con un solo additivo? Da oggi è semplice, aggiungi al tuo detersivo **Omino Bianco Additivo 100,** che **elimina più di 100 macchie.** La sua formula innovativa **agisce già a 30°,** con la forza combinata di **tre Agenti Attivi** specifici: **l'ossigeno** per le macchie ossidabili, un esclusivo e unico **mix di enzimi** per quelle enzimatiche e i **tensioattivi** per quelle grasse.

Omino Bianco Additivo 100.
Nessuno toglie più macchie.

NUOVO additivo con ossigeno attivo
OMINO BIANCO additivo 100
Elimina più di 100 macchie diverse
Bianchi più luminosi

Elimina più di 100 macchie e innumerevoli litigate.

---

4   *Dopo aver letto la pubblicità rispondi:*

1. Qual è il prodotto pubblicizzato (tipo di prodotto e marca)?

2. Quali sono le qualità di questo prodotto?

3. Il testo della pubblicità consiste in una battuta e una parte esplicativa delle caratteristiche del prodotto, segmenta la battuta:

....

....

4. Secondo te chi sta parlando, con chi?

5. Trascrivi la battuta usando il discorso indiretto.

....

....

8 febbraio.   Quando ero studente, il mio professore di inglese aveva un modo tutto suo di fare e valutazioni di fine quadrimestre. Verso la fine di gennaio entrava in classe, apriva il registro e calcolava le medie di ognuno di noi. Tutto andava bene finché si trattava di una sufficienza piena, o un'insufficienza sicura (era il mio caso: tutti tre e quattro, non c'era problema). Ma se capitava un alunno (e capitava spesso) che aveva riportato, per esempio, un cinque e un sei, allora il nostro professore si trovava in una situazione di grande imbarazzo. Bisogna comprendere infatti il suo rovello: un conto è regalare o negare mezzo voto all'interno di un giudizio comunque sicuramente positivo, o decisamente negativo. Ma lí, in quel caso, il confine tra il cinque e il sei era una frontiera delicata, lí c'era la separazione di due mondi opposti. Quel confine tra il cinque e il sei è l'ossessione di molti insegnanti, è il canale di Otranto oppure peggio, la *borderline* tra la fame del Messico e l'opulenza del Texas. Bisogna capirli, poveracci, quei professori lí, mettiamoci nei loro panni. Non è mica da poco la decisione che si trovano a prendere. Un alunno da cinque e mezzo è la peggiore disgrazia che gli possa capitare, ha l'ambiguità di tutti i posti di frontiera, dove si parlano lingue miste, la gente è un po' di qua e un po' di là, e tutto è cosí inquietante. Il cinque e mezzo è il mondo anfibio di El Paso. Insopportabile.

Registro di classe

Cosa faceva dunque il mio professore per uscire dalle ambasce? Tirava fuori un fischietto. Tutti noi sapevamo cosa significava. Il prof. estraeva dalla tasca della sua giacca il minuscolo strumento, chiamava solennemente alla cattedra l'alunno il cui giudizio era oggetto di controversia, quindi fischiava, forte, lungo: – Calcio di rigore, – decretava infine. A quel punto faceva una domanda, una sola: se indovinavi, era sei, se sbagliavi, era invece un cinque sulla pagella. Nel primo quadrimestre. A fine anno, ovviamente la partita era piú grossa: se l'azzeccavi eri promosso, se facevi cilecca ti toccava passare l'estate a studiare il genitivo sassone.

Certo, sono passati tanti anni, professori cosí pittoreschi forse non ne esistono piú. I ragazzi ci hanno messo un po' di giudizio, a tutti quanti. Eppure, ancora adesso, quel cinque e mezzo di media finale è una maledizione, un tormento per molti insegnanti che ci tengono a fare le cose precise. Tutti quegli spazi bianchi, per esempio, che permangono sui registri fino al giorno dello scrutinio: si tratta di voti non riportati per l'indecisione che ha preso il docente in fase di giudizio finale. Dietro quel bianco c'è tutto un aggrovigliarsi di dubbi, ci sono i dilemmi posti dai sei meno meno, e anche dai cinque piú piú meno (giuro). Ah, quale mondo tormentato si nasconde dietro quel bianco, che neanche i tempi supplementari degli ultimi giorni sono riusciti a risolvere! Certo, con un calcio di rigore...

Sandro Onofri, "Registro di classe"

---

5   *Dopo aver letto il testo rispondi alle seguenti domande:*

1. Quale episodio della sua vita scolastica ricorda l'autore?

2. Qual era il problema che tormentava il suo insegnante d'inglese?

3. Quali metafore usa l'autore per descrivere i dubbi del suo insegnante?

4. Come risolveva il suo insegnante il problema della valutazione?

5. Quante volte durante l'anno si ripeteva l'espediente trovato dall'insegnante di inglese?

6. Cosa è cambiato oggi secondo l'autore dai tempi del suo insegnante?

6 *Cerca nel testo tutto il lessico relativo all'ambito della scuola e quello relativo all'ambito dello sport (calcio).*

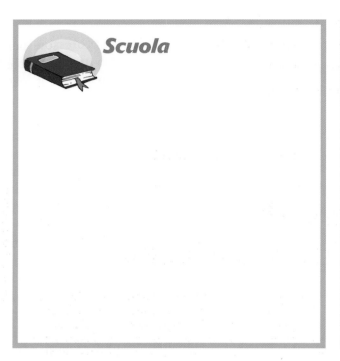

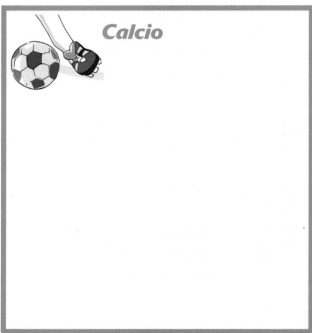

7 Lessico

*Combina le parole ed espressioni della colonna **A** con i sinonimi appropriati della colonna **B**.*

A	B
Se capitava	dovevi
Rovello	per loro è molto importante
Poveracci	sbagliavi
Mettiamoci nei loro panni	da una situazione imbarazzante, difficile
Non è mica da poco	se succedeva
(Per uscire) dalle ambasce	sfortunati, non felici
Estraeva	non è affatto poco importante
Decretava	problema che non dà pace
(Se) l'azzeccavi	immaginiamo di essere al posto loro
(Se) facevi cilecca	tirava fuori
Ti toccava	emetteva, dava un giudizio
Ci tengono	rispondevi esattamente

8 Attività orale *Voti, test, valutazioni*

Intervista una o più persone della tua classe su questi argomenti:

- Come venivano attribuiti i voti dai tuoi insegnanti durante l'anno?
- Hai mai subito un'"ingiustizia" nella valutazione dei tuoi insegnanti?
- Quali forme di valutazione preferisci o ritieni più obiettive?
- Quali sono secondo te i vantaggi ed i limiti dei test scritti?
- Sei mai stato bocciato?
- Hai mai ricoperto il ruolo di esaminatore?
  Se sì, che cosa hai provato: sicurezza, disagio, imbarazzo, incertezza o altro?

Nei momenti duri meglio affidarsi alle battute

Perché un semplice motto di spirito riporta tutto a situazioni umane. Esilaranti certe scene a scuola, sotto le armi... "

Corriere della Sera Magazine

Tempo di esami. Aveva ragione Eduardo: non finiscono mai. Ai miei tempi si prendevano certe pillole per restare svegli sui libri: la medicina eccitante si chiamava, se la memoria non mi tradisce, simpamina. Non curava l'ignoranza ma evitava il sonno.

Ricordo memorabili strafalcioni che hanno fornito materia all'aneddotica. Lo studente che, rispondendo a richiesta precisa del cattedratico, disse che i verbi erano di due specie: maschili e femminili. Invitato a indicarne uno femminile, rispose pronto: «Partorire».

Davanti alla stupefacente ignoranza di un altro allievo, un professore suonò il campanello per chiamare il bidello, e al rispettoso «collaboratore scolastico», come si direbbe adesso, disse: «Per favore, mi porti una manciata di fieno». Il giovanotto, ancora in attesa di essere rimandato al posto, intervenne prontamente: «Per me, niente. Grazie».

9   *Dopo aver letto il testo rispondi alle seguenti domande:*

- Cosa facevano gli studenti prima degli esami ai tempi di Enzo Biagi?
- L'autore cita due episodi avvenuti in occasione di due esami.
  Qual era la domanda e quale la risposta nel primo episodio?
- E nel secondo?

10 Lessico

Spiega le seguenti parole o espressioni presenti nel testo.

1. Se la memoria non mi tradisce
2. Strafalcioni
3. L'aneddotica
4. Il cattedratico

5. Stupefacente ignoranza
6. Una manciata di fieno
7. Giovanotto

L'imbianchino

Un uomo chiamò un imbianchino e disse:
– Vedi il soffitto?
– Certo che lo vedo, – disse l'imbianchino.
– Dipingilo d'azzurro.
L'imbianchino prese della vernice azzurra e dipinse il soffitto.
– Va bene, cosí? – domandò.
– No, non va bene, – disse l'uomo. – Questo azzurro non mi piace... Vorrei un azzurro davvero azzurro, capisci?
– Proverò, – disse l'imbianchino, con pazienza, e preparò una vernice azzurro brillante, e ridipinse il soffitto.
– Va bene, ora?
– No, non va bene... Io volevo un azzurro... un azzurro come quello del cielo, hai capito?
– Ho capito, – disse l'imbianchino, e preparò una vernice colore azzurro-cielo, e dipinse il soffitto una terza volta.
– Cosí va bene? – chiese alla fine.
– Non tanto, – disse l'uomo. – L'azzurro va bene, ma non ci sono le nuvole, gli uccelli...

L'imbianchino, che era anche un po' pittore, prese vernici di vari colori, pennelli piccoli, e dipinse sul soffitto le nuvole e gli uccelli in volo. Poi disse:
– Va bene, adesso?
– Non lo so... Non mi pare... – rispose l'uomo. – C'è qualcosa che non va: le nuvole sono troppo ferme, e gli uccelli non si muovono...
L'imbianchino, che era anche un po' muratore, prese gli strumenti, e cominciò a levare il soffitto, il tetto della casa.
– Cosa fai? – chiese l'uomo.
– Aspetta, e vedrai, – rispose l'imbianchino.
E schioda, scardina, strappa, sega, scalza: in poco tempo il tetto fu levato, e sopra si vedevano l'azzurro del cielo, le nuvole in movimento e gli uccelli in volo.
– Va bene cosí? – chiese l'imbianchino.
– Sí, va bene... Che belle nuvole! Quanti uccelli! È proprio il soffitto che volevo... Però...
– Però?
– Però, quando pioverà, come farò? – disse l'uomo.
– Ecco qua, – disse l'imbianchino, che era anche un po' ombrellaio, e gli diede un bellissimo ombrello azzurro: azzurro come il cielo, come l'acqua, come il mare quando è azzurro.

Roberto Piumini e Francesco Altan "Mi leggi un'altra storia?"

11   *Dopo aver letto il testo rispondi alle seguenti domande:*

1. Che cosa chiese un uomo ad un imbianchino?
2. Quante volte l'imbianchino provò a soddisfare la richiesta dell'uomo?
3. Quali doti artigianali o artistiche aveva l'imbianchino?
4. Con quali aggettivi potresti definire l'imbianchino? E il suo cliente?
5. Qual è secondo te la morale della favola?

12 Attività scritta *L'imbianchino*

Dopo aver letto la storia "L'imbianchino" di Roberto Piumini riscrivi il racconto usando esclusivamente il discorso indiretto.

13 Esercizio

Trasforma le seguenti frasi dal discorso diretto al discorso indiretto.

1. L'insegnante gli chiese: "È da molto tempo che studi l'italiano?"

   _____

2. Marina disse: "Preferisco prendere il sole sulla spiaggia piuttosto che abbronzarmi con la lampada solare".

   _____

3. Il cliente disse: "Se possibile vorrei una stanza tranquilla, con bagno e aria condizionata".

   _____

4. Il commissario disse: "Il fatto che non sia rientrato in casa quella sera mi insospettisce".

   _____

5. Mi chiese: "Ma come faremo a portare tutte queste valigie pesanti fino a casa?!"

   _____

6. Suo marito le disse: "Evita di portare tutti questi vestiti, in fondo staremo via solo due giorni!"

   _____

7. Ci chiese: "Siete andati a trovare Laura e Patrizio nella loro nuova casa?"

   _____

8. Risposero: "Non c'è nessuno, sono andati tutti via, tornate domattina dopo le nove".

   _____

9. Al ritorno da Venezia gli domandarono: "Ma almeno hai fatto un giro in gondola?"

   _____

10. Le chiesero: "Si ricorda chi era seduto nello scompartimento oltre a lei?"

    _____

15 **Attività** *Lupo Alberto*

Osserva le immagini, leggi le scritte nei fumetti e prova a reinserire le scritte mancanti nei fumetti appropriati. Lavora in coppia con un compagno e poi confrontate le vostre soluzioni con gli altri.

Silver, "Lupo Alberto"

14 Attività scritta

Trasforma questa pagina di fumetto in un racconto situato nel passato, modificando i dialoghi in discorso indiretto. Il racconto potrebbe iniziare così:

  Era una splendida notte di plenilunio e Lupo Alberto...

16 Esercizio

Trasforma le seguenti frasi dal discorso diretto al discorso indiretto.

1. Biancone disse: "Sono io, mi riconosci? Ma sì, che sono venuto l'altra settimana! Sono qui con un amico. Ci fai salire?"

2. Federica disse: "Perché non andiamo a fare il bagno?"

3. Rispose: "Ti dirò, avevo già pensato di telefonargli, ma poi mi sono trattenuta pensando che dopotutto era lui che si era comportato peggio e quindi non si meritava nessuna telefonata".

4. Alla sua proposta obiettò: "Mi sembra ingrato da parte vostra costringermi a licenziarmi dopo anni di lavoro in cui mi sono fatto in quattro per soddisfare le esigenze della ditta".

5. Tornando sull'argomento aggiunse: "Se io non fossi stato così flessibile sull'orario e sulle mansioni da svolgere, voi vi sareste trovati in seria difficoltà e soprattutto per anni mi avete pagato in nero, niente ferie, niente malattia, vi sembra onesto adesso dirmi che non vi servo più?".

6. Fausto esclamò: "Accidenti e adesso che facciamo, pensavo che il vino lo portaste voi, qui intorno non c'è neanche un negozio aperto".

7. Le rispose: "Vorrei vedere se toccasse a te, sicuramente non saresti così contenta di alzarti alle cinque di mattina per andare a prenderli all'aeroporto!"

8. Monica gli passò accanto e gli chiese: "Ce l'hai con me, che ti ho fatto? Guarda che io non c'entro niente con quello che ti è successo, se vuoi chiedilo a Rosa, lei ne è testimone".

9. Gli disse: "Adesso smettila di bere, esci, muoviti, giocarsi la vita con una bottiglia è da stupidi, hai tutto il mondo da scoprire, prenota un viaggio, non ti puoi rovinare per una donna che si è comportata in quel modo!"

10. Marta esclamò: "Oh, adesso smettetela di parlare di politica, tanto lo sappiamo tutti che la pensate in modo diverso, e non è il caso di azzuffarsi stasera qui davanti agli ospiti, non mi sembra rispettoso nei confronti di chi vi ha invitati."

17 *Compagne di scuola*

track **A.** *Dopo aver ascoltato più volte l'intervista segna le risposte corrette.*

1. Paola Spano ha scritto un libro dal titolo:
   "Compagne di viaggio: vent'anni in una scuola romana".　　○ vero　　○ falso

2. La prima esperienza di insegnamento di Paola Spano
   si è svolta a Roma.　　○ vero　　○ falso

3. Negli anni '60, a partire dalla Riforma del '62,
   si è sviluppata la scuola di massa in Italia.　　○ vero　　○ falso

4. Paola Spano ha insegnato materie scientifiche.　　○ vero　　○ falso

5. Nella scuola di Ceprano c'erano solo ragazzi
   provenienti da famiglie agiate.　　○ vero　　○ falso

6. A Roma, Paola Spano ha insegnato a Centocelle e a Tiburtino III.　　○ vero　　○ falso

7. Tiburtino III è un quartiere di Roma che fu costruito
   durante il Fascismo.　　○ vero　　○ falso

8. Tiburtino III è un quartiere　　○ borghese
   　　○ popolare

9. L'esperienza di insegnamento a Tiburtino III è stata molto　　○ coinvolgente
   　　○ frustrante

10. Paola Spano si è impegnata con le sue colleghe a promuovere
    l'istruzione dei ragazzi provenienti da realtà sociali difficili.　　○ vero　　○ falso

11. Paola Spano vede positivamente le più recenti riforme della scuola
    dei ministri Berlinguer e Moratti.　　○ vero　　○ falso

12. Secondo Paola Spano, la scuola deve dare una solida
    formazione generale, deve costruire educazione critica
    e non sviluppare solo capacità tecniche.　　○ vero　　○ falso

18 **Attività orale** *Storie di scuola…*

• *Prova a ricostruire il racconto di Paola Spano su Tiburtino III.*

• *Prova a spiegare le opinioni di Paola Spano sulla formula delle tre "i" e sul futuro della scuola oggi.*

19 **Attività scritta** *Una vita da insegnante…*

Utilizzando le informazioni contenute nell'intervista a Paola Spano, scrivi una sintetica biografia di questa insegnante. Puoi aggiungere anche elementi che non sono contenuti nell'intervista, ma provengono dalla tua immaginazione e che ti sembrano coerenti con il profilo del personaggio.

20 **Attività** *Frammenti letterari*

Dopo aver letto i seguenti brani tratti da varie opere di letteratura italiana, prova a rileggere i testi in terza persona, usando il discorso indiretto.

Ci vollero degli anni, ma alla fine, un giorno, presi il coraggio a quattro mani e glielo chiesi. Novecento, perché cristo non scendi, una volta anche solo una volta, perché non lo vai a vedere il mondo, con gli occhi tuoi, proprio i tuoi. Perché te ne stai su questa galera viaggiante, tu potresti startene sul tuo Pont Neuf a guardare le chiatte e tutto il resto, tu potresti fare quello che vuoi, suoni il pianoforte da dio, impazzirebbero per te, ti faresti un sacco di soldi, e potresti sceglierti la casa più bella che c'è puoi anche fartela a forma di nave, che ti frega?

(A. Baricco, *Novecento*)

Mi colse un'inquietudine enorme. Pensai: "Giacché mi fa male non fumerò mai più, ma prima voglio farlo per l'ultima volta."

(I. Svevo, *La coscienza di Zeno*)

"Noi ce ne andremo" ella disse umile e addolorata. "È questo il mio desiderio. Uomo vivo o fantasma che tu sia, abbi pazienza per qualche giorno: ce ne andremo".
"E dove vuoi andare? Qui o la è lo stesso. Piuttosto, da' retta a uno che se ne intende: lascia che adesso il tuo Paulo segua il suo destino. Lasciagli conoscere la donna: altrimenti gli accadrà come è accaduto a me. Finché sono stato giovane non ho voluto né donne, né altri piaceri. Volevo anch'io guadagnarmi il Paradiso, e non mi accorgevo che il Paradiso è in terra. Quando me ne accorsi era tardi; il mio braccio non arrivava più a cogliere i frutti dall'albero, e le mie ginocchia non si piegavano perché potessi dissetarmi alla fontana. Allora ho cominciato a bere vino, a fumare la pipa, a giocare alle carte coi giovinastri del paese. Giovinastri li chiamate voi; bravi ragazzi che si godono la vita come possono. La loro compagnia fa bene; dà un po' di calore e di allegria, come quella dei ragazzi in vacanza. Solo che essi sono sempre in vacanza, e per questo sono anche più allegri e spensierati dei ragazzi, i quali hanno il pensiero di dover tornare a scuola".

(Grazia Deledda, *La madre*)

"Si chiamava Damasceno Monteiro, disse Firmino, ventotto anni, lavorava come garzone alla Stones of Portugal di Vila Nova da Gaia, la famiglia la vado ad avvisare io, è nella Ribeira, poi vado all'obitorio".
"Sono le quattro, rispose il direttore con flemma, se ce la fai a mandarmi il servizio entro le nove domani usciamo con un'altra edizione straordinaria, quella di oggi è andata esaurita in un'ora, e pensa, oggi è domenica e molti chioschi sono chiusi".
"Tenterò" disse Firmino senza convinzione.
"È necessario – specificò il direttore – e mi raccomando, con molti dettagli pittoreschi, calca sul patetico e sul drammatico, come un bel fotoromanzo"

(A. Tabucchi, *La testa perduta di Damasceno Monteiro*)

Scherzi di classe

Bruno D'Alfonso e Francesco Cascioli, "L'anno dei gessetti maledetti"

Stamattina, quando arrivo, sono tutti lì che mi aspettano in crocchio sulla porta, che mi sembrano una squadra di rugby china sul povero pallone. Mi sento quel pallone. Non che abbia paura, però me ne resto un attimo paralizzato, e mezzo sorridente come un cretino. Allora si fa avanti Masonti, ottanta chili circa, capelli rasati, camicia aperta sul teschio della t-shirt, catena che pende dalla tasca dei pantaloni.

« Hai fatto le frasi per oggi? » mi fa.

« Sì, perché? » Domanda inutile e stupida.

« Prova un po' a indovinare! Perché io non le ho fatte le frasi, e sai perché non le ho fatte? »

« No » bisbiglio.

« Perché ci sono quelli come te che le fanno. Quindi che bisogno c'è, giusto? »

« Giusto. »

Rispondo così: giusto. Ma per me non è giusto per niente, io non voglio dare le mie frasi agli altri, sono mie, le ho fatte io. E gli altri hanno solo da mettersi a studiare così vanno bene anche loro di latino, e se non vogliono studiare, fatti loro, che non studino, ma poi non pretendano di andare bene lo stesso, no?

Poi di nuovo tutti i giorni, stessa scena. Masonti è lì che mi aspetta con la manaccia aperta. Gli dico solo:

« Non copiare proprio uguale, cambia qualcosa per piacere ».

Masonti mi risponde con un ghigno. Ha i denti gialli, e anche storti. E quattro anelli tutti di fila su un orecchio solo, sull'altro orecchio invece niente, chissà perché.

È così praticamente tutte le volte che c'è latino. E non solo Masonti. Anche gli altri, ormai è una processione. Vengono da me con la mano larga, otto meno cinque tutti in fila, e si passano veloci le mie frasi: il tempo che suoni la campanella, e se le sono copiate tutte.

Mi addosso al mio termosifone e vorrei che l'intervallo non finisse mai più.

Oggi c'è anche l'altro. Dico quell'altro tipo uguale a me ma più piccolo e occhialuto che se ne sta sull'altro termosifone anche lui appoggiato e non fa niente. Chissà cosa pensa. Chissà se per caso va bene anche lui di latino e anche a lui gli estirpano sempre le frasi. Potrei chiedergli come fa, se lascia copiare o no. Ma non lo voglio sapere perché a me di questo tale non mi interessa niente, ho altre cose a cui pensare, io. Ad esempio adesso mi sta venendo una specie di film mentale, tipo che io entro in classe e vedo Masonti impiccato alla lavagna: punito!

Punito. Che parola meravigliosa!

Paola Mastrocola, "Una barca nel bosco"

21   *Dopo aver letto il brano tratto dal libro "Una barca nel bosco" di Paola Mastrocola prova a rispondere alle seguenti domande.*

1. Dove si svolge la scena descritta dal protagonista della storia?

2. Chi è Masonti e quali sono le sue richieste?

3. Come viene descritto Masonti?

4. Qual è la reazione del protagonista rispetto alle richieste di Masonti?

5. Chi è il tipo vicino al termosifone?

6. Cosa pensi di questo episodio?

7. Cosa avrebbe dovuto o potuto fare il protagonista per sentirsi meglio?

8. Che titolo daresti a questo brano?

22   Attività scritta

Riscrivi la parte del dialogo tra il protagonista e Masonti usando esclusivamente il discorso indiretto e mantenendo lo stile narrativo del brano.

Io Donna

maschilefemminile
di Marina Terragni

Perché la scuola è femmina

Ci sono cose a cui sarebbe preferibile non fare l'abitudine. Per esempio al fatto, ne parlavamo la scorsa settimana, che da tempo i maschi a scuola sono molto meno bravi delle femmine. Ma forse la frittata è già fatta. «Come va tua figlia a scuola?». «Bene. Che vuoi, è una femmina...». Non si dice sempre così?
Provate a scorrere l'archivio fotografico online del celebre liceo Parini di Milano. Foto di classe primi Novecento, professori con i baffi a manubrio e studenti tutti maschi, ginnasiali robusti e già un po' grigi, quasi uomini fatti, come se a quel tempo crescessero più in fretta.

Imprevisto non calcolato, le ragazze arrivano a scuola in massa nella seconda metà del secolo. La scuola di massa, anzi, sono loro. Prima gruppetti sparuti di due-tre in grembiule nero, ospiti di un sistema educativo calibrato su corpi e menti maschili, ma diligentemente disposte a plasmare i loro talenti sulla forgia in uso. Via via sempre di più. Metà e metà, e sempre meno grembiuli. **Oggi nei licei, aristocrazia della scuola italiana, le femmine fanno la maggioranza per quantità e qualità**, e mantengono il loro primato anche all'università, sostenute da un fortissimo desiderio di sapere e fare. Almeno finché il programma di emancipazione non sarà completato. E allora forse anche loro, paritariamente, si metteranno a battere la fiacca. Gloriarsene è poco lungimirante. Quando un sesso non sta bene, anche l'altro passa i suoi guai. Siamo madri, figlie e compagne di maschi. Il loro malessere è anche il nostro. Che lo studio sia diventato una cosa da femmine, donne dietro e davanti alla cattedra, segnala un disturbo.

Salvo eccezioni, i ragazzi sono poco motivati, si defilano silenziosamente, seguono altre piste, si mettono alla prova altrove. Ma dove? Che cosa li emoziona più del sapere trasmesso a scuola - e se non c'è emozione, non c'è sapere - ? In che modo sviluppano la loro identità? Cos'è che gli piace veramente? Conterà anche il fatto, certo, di avere a che fare sempre e solo con donne, in ogni ordine e grado di scuola. Il distacco dal corpo della madre, che implica sempre un passaggio di svalutazione delle stramaledette femmine, con tante istitutrici diventa complicato. Mancano maschi adulti con cui fare muro, la scuola non agevola l'identificazione. I riti si consumano in altri luoghi. Quali? È lì che bisogna riacchiappare Lucignolo, è di lì che si ricomincia a fare scuola anche per lui. A me pare il problema più grande del nostro sistema educativo, altro che tempo pieno e corsi di computer. Come mai è così sottovalutato?

---

23   *Dopo aver letto il testo, rispondi alle domande:*

1. Cosa accade da tempo nella scuola?

2. Come appariva nelle vecchie foto del liceo Parini di Milano, una tipica classe degli inizi del Novecento?

3. Qual è stato *"l'imprevisto non calcolato"* nella scuola della seconda metà del Novecento?

4. Qual è la posizione delle ragazze, oggi, nei licei e nelle università?

5. Secondo la giornalista, bisogna rallegrarsi di questo primato femminile negli studi?

6. Quali domande si pone la giornalista Marina Terragni a proposito dei maschi?

7. Quali cause attribuisce alla sconfitta crescente dei maschi nella scuola?

8. Quale soluzione propone?

24 Lessico

Prova a spiegare le espressioni evidenziate riferendoti al contesto dell'articolo che hai appena letto:

1. Ma forse **la frittata è già fatta**

2. …si metteranno a **battere la fiacca**

3. …i ragazzi sono poco motivati, **si defilano silenziosamente**

4. … **seguono altre piste**

5. Mancano maschi adulti **con cui fare muro**

25 Attività orale *Uomini e donne*

Sei d'accordo con Marina Terragni quando dice che la motivazione allo studio delle ragazze durerà almeno…

> …"finché il programma di emancipazione non sarà completato. E allora forse anche loro, paritariamente si metteranno a battere la fiacca"?

Sei d'accordo con questa opinione?

> "Quando un sesso non sta bene, anche l'altro passa i suoi guai. Siamo madri, figlie e compagne di maschi. Il loro malessere è anche il nostro."

Rifletti su questi punti, poi esprimi e confronta le tue opinioni discutendone in piccoli gruppi con gli altri studenti.

Congedandosi dal vecchio amico Leonardo, Piero pensò che andare ad una mostra lo avrebbe ricaricato, dandogli forse qualche stimolo per concludere il suo libro con un'immagine, un pensiero, una frase da ricordare.

Essendo indeciso su un paio di luoghi dove dirigersi si fece guidare più che dal contenuto, dal contenitore, cioè dal luogo che ospitava l'evento. Voleva un posto dove poter passare un po' di tempo seduto ad un caffè, fare delle pause di riflessione e vedere un po' di gente tranquilla, di quella che si incontra nei musei dove il tempo e i passi sembrano rallentare.

L'Auditorium era una nuova struttura costruita da uno degli architetti italiani più famosi, Renzo Piano, e nel museo di antiquariato che era Roma quel grande spazio di contemporaneità gli dava un senso di armonia. Infatti, pur amando la città, vivendoci quotidianamente a volte sentiva quasi la nausea dell'arte, del passato, del turismo.

All'Auditorium non c'era quel traffico del centro, non vi passeggiavano moltitudini frettolose, c'era una sala da concerti o più di una, una libreria, un buon caffè ed una piccola sala per le mostre.

Arrivando decise di sedersi al bar a bere qualcosa e guardarsi intorno, poi raccolte un po' le idee, avrebbe visitato la mostra aspettando l'ora del concerto.

Scelse un tavolino accanto alla vetrata da cui poteva scorgere i giovani ulivi piantati da poco sulla collinetta in salita e la spaziosa piazza di cemento dall'ampia geometria.

Una vecchia lady dai capelli intonati alla collana d'avorio sedeva al tavolo di fronte al suo, regale come un ritratto di regina.

Due attendenti un po' meno anziane l'avevano lasciata lì con dei depliant da sfogliare e si erano dirette chissà dove, forse a ordinarle un cappuccino, forse a fare i biglietti.

La lady tambureggiando con le dita ossute sulla borsa elegantemente appoggiata alle ginocchia, cercava di mascherare tremolii parkinsoniani e nella solitudine riempiva l'aria di saggezza e di bellezza che fu.

A Piero venne voglia di alzarsi, di avvicinarsi alla signora e dirle: "Lei è bellissima, vorrei conoscerla". Ma come spesso gli accadeva non ebbe il coraggio di farsi guidare all'istinto: le due attendenti tornarono con un cappuccino e a lui restò la sensazione di non aver colto a pieno le potenzialità di incontro che la vita gli offriva. Se l'avesse incontrata sul treno, controllandole il biglietto avrebbe saputo almeno la sua destinazione e magari avrebbe trovato la parola giusta per scoprire la sua storia, invece fuori dal treno era tutto più difficile.

Lo sconforto durò poco, lo riportarono alla realtà del luogo la voce di due signore che nel frattempo s'erano sedute nel tavolo a fianco e discutevano delle loro situazioni finanziarie.

– Tanti sacrifici per che cosa? Lui basta che vende, intasca i soldi, non gliene importa niente.
– Ma dai, non te la prendere, i ragazzi sono tutti uguali oggi, sono abituati a trovare tutto pronto.
– Macché tutti uguali, è che suo padre ha fatto un errore a mettergli in mano quell'appartamento, e lui niente, prende, va, ci fa entrare chi vuole, se vedessi come l'ha ridotto…
– Ma adesso a che agenzia l'avete affidato per affittarlo?
– Niente agenzia, cioè ho visto un po' in giro ma non ne vale la pena, perciò ho messo un annuncio su *Porta Portese*.
– E a quanto lo affittereste?
– Sui tremila euro?
– È una bella cifra però!
– Ma non capisci è un appartamento signorile, in centro, c'è un marmo raffinatissimo.
– E avete avuto offerte finora?
– Tu non ci crederai, non ha chiamato neanche un privato, ma le agenzie, come avvoltoi, chiamano giorno e notte… guarda, non ti lasciano vendere in privato.
– Lo so, lo so, pensa che ogni tanto telefonano anche a me, anche se io non ho nessuna intenzione di vendere e sai perché, me l'ha detto uno del palazzo, quando muore un tipo loro prendono l'elenco e telefonano a tutte le persone con quel cognome per vedere se è quello l'appartamento che è rimasto vuoto.

– Pensa tu!

– Come fanno a saperlo non lo so, ma sai l'ho verificato con i miei occhi c'era una vecchietta che è morta nel mio pianerottolo, viveva sola. Beh, dopo due giorni è venuto un tipo di un'agenzia che ha suonato a tutti i campanelli e chiedeva dell'appartamento vuoto.

– A proposito ti volevo chiedere, come sta tua suocera, avete sempre la donna rumena?

– No, è più di un anno; adesso abbiamo trovato una donna russa, bravissima, di polso, tu lo sai con lei è difficile andare d'accordo ma Irena la fa rigare dritta, insomma ci sa fare, devo dire che siamo stati fortunati, con tutto quello che si sente in giro.

– Ma è nuova questa borsetta? Non te l'ho mai vista.

– No pensa che l'ho presa un anno fa al Borghetto ma non l'ho mai usata, però ho visto che quest'anno il coccodrillo è tornato di moda, ti piace?

– Sì è bella, ma è di Versace?

– Certo, guarda c'è l'etichetta dentro.

– Però è uno scandalo, ormai imitano tutto, hai visto, tu la paghi una cifra, poi te ne ritrovi dieci uguali sul marciapiedi a un centesimo del prezzo… e nessuno gli dice niente.

1   **A.** *Dopo aver letto il testo segna la risposta corretta.*

1. Piero voleva andare a vedere una mostra con il suo amico Leonardo. ⊙ vero   ⊙ falso

2. Piero era indeciso tra due mostre.   ⊙ vero   ⊙ falso

3. Per Piero non era importante il luogo che ospitava la mostra
   ma solo il suo contenuto.   ⊙ vero   ⊙ falso

4. L'Auditorium era un antico museo romano nel centro di Roma.   ⊙ vero   ⊙ falso

5. A Piero piaceva a volte andare in uno spazio architettonico
   più moderno.   ⊙ vero   ⊙ falso

6. Prima di entrare alla mostra Piero si fermò al bar per bere un caffè. ⊙ vero   ⊙ falso

7. Piero voleva anche ascoltare un concerto all'Auditorium.   ⊙ vero   ⊙ falso

8. Dal caffè dell'Auditorium Piero poteva vedere il piazzale interno
   e gli alberi.   ⊙ vero   ⊙ falso

9. Piero fu attratto da una giovane ragazza che sedeva accanto a lui. ⊙ vero   ⊙ falso

10. Piero si avvicinò alla signora che sedeva accanto a lui ed iniziò
    a fargli domande.   ⊙ vero   ⊙ falso

11. Piero ascoltò la conversazione tra due donne che erano andate
    a sedersi in un altro tavolo accanto al suo.   ⊙ vero   ⊙ falso

12. Le due donne parlavano del loro lavoro.   ⊙ vero   ⊙ falso

13. Una donna parlava all'altra di un suo appartamento
    che non riusciva ad affittare.   ⊙ vero   ⊙ falso

14. Le due donne dicevano che le agenzie immobiliari
    sono molto insistenti.   ⊙ vero   ⊙ falso

15. Una delle due donne parlava della persona che assisteva
    sua suocera.   ⊙ vero   ⊙ falso

16. Una delle due donne aveva comprato una borsetta
    di una marca contraffatta.   ⊙ vero   ⊙ falso

B. *Rispondi alle domande.*

1. Perché Piero pensava di andare ad una mostra e a che tipo di mostra?
2. Che tipo di luogo era l'Auditorium?
3. Cosa fece Piero quando arrivò all'Auditorium?
4. Cosa pensava Piero della persona seduta al tavolo di fronte al suo?
5. Ad un tavolo accanto al suo sedevano due donne, di che cosa parlavano?

2 Lessico

A. *Spiega il significato delle parole della colonna* **A**, *contenute nel testo, collegandole ad una delle definizioni della colonna* **B**.

A	B
dirigersi	occasioni, possibilità
moltitudini frettolose	vedere da lontano
scorgere	dello stesso tono, colore, che stanno bene insieme
intonati	tristezza, delusione, mancanza di speranza
attendenti	molte persone che vanno in fretta
potenzialità	andare in una certa direzione
sconforto	persone che aiutano, servono qualcuno

B. *Associa a ciascuna delle seguenti espressioni contenute nel testo uno dei sinonimi della lista sotto.*

ES Intasca i soldi — Prende, intasca i soldi

1. Non te le prendere
2. Mettergli in mano
3. Come l'ha ridotto
4. A chi l'avete affidato
5. Non ne vale la pena
6. La paghi (una bella cifra)
7. Non ho nessuna intenzione
8. La fa rigare dritta
9. Ci sa fare

Non voglio, non intendo
Dargli, affidargli
Lo ha fatto diventare brutto, vecchio, sporco
Le dà regole da seguire e lei le segue
Chi si prende cura di questa cosa

È brava, sa come ottenere ciò che vuole
La paghi molto cara
Non offenderti, non star male per qualcosa
Non serve fare questa cosa, non è utile

3 Esercizio

Reinserisci nel testo alcune delle espressioni dell'esercizio precedente.

1. Questo appartamento era nuovo e pulito ma gli studenti in sei mesi lo ....

   .... molto male.

2. L'impresa edile .... i soldi di tutte le persone che

   hanno comprato i nuovi appartamenti e poi hanno dichiarato bancarotta.

3. Lo so che ti dispiace che non hai superato il test di guida, ma non ....

   .... succede a molte persone.

4. Ho visto i prezzi dei biglietti, sono troppo cari, secondo me non ....

5. I genitori gli .... la loro ditta ma secondo me

   è ancora troppo giovane.

6. I ragazzi oggi sono davvero difficili, non rispettano nessuna autorità, sono molto svegli ma

   anche presuntuosi, però il nuovo insegnante è un tipo di polso e li ....

   ....

7. Maria spera che Tommaso la sposi ma io so che lui non ....

   di sposarsi per il momento.

8. Andrea è un tipo che riscuote molta simpatia nell'ambiente di lavoro perché ....

   ...., è gentile con tutti e sa come farsi apprezzare.

4 *Rileggi la prima parte del testo "All'Auditorium" (escluso il dialogo) e sottolinea tutti i verbi al gerundio spiegando il loro significato con frasi esplicite.*

FACCIAMO GRAMMATICA

Gerundio

Il **gerundio presente** si forma aggiungendo alla radice del verbo le desinenze **-ando** per i verbi del 1° gruppo, e **-endo** per i verbi del 2° e del 3° gruppo.

Guard-are	**guardando**
Ved-ere	**vedendo**
Part-ire	**partendo**

• Il gerundio presente è invariabile.

Il **gerundio passato** si forma con l'ausiliare **essere** o **avere** al gerundio presente + il participio passato del verbo da coniugare. Quando il verbo richiede l'ausiliare **essere**, il participio concorca con il soggetto.

Gerundio presente	**Gerundio passato**
Guardando	**avendo guardato**
Vedendo	**avendo visto**
Partendo	**essendo partito/a/i/e**
Svegliandosi	**essendosi svegliato/a/i/e**

Usi del gerundio

Il gerundio può avere molte funzioni.
Normalmente il verbo usato al gerundio ha lo stesso soggetto del verbo della frase principale.

Uso temporale	*Uscendo vide che pioveva.* (quando uscì, mentre usciva)
Uso modale	*Sbagliando si impara.* (come? con gli sbagli) *Arrivò a scuola correndo.* (come? di corsa)
Uso causale	*Avendo poco tempo, decise di prendere un taxi.* (siccome, poiché aveva poco tempo)
Uso condizionale (o ipotetico)	*Facendo più sport dimagrirai/dimagriresti.* (se farai, facessi più sport)
Uso concessivo (Pur + gerundio)	*Pur essendo stanco continuò a lavorare tutta la notte.* (anche se era / benché fosse stanco)

5 Esercizio

Forma il gerundio presente e passato dei seguenti verbi.

	Prendere	*prendendo*	*avendo preso*

1. Uscire
2. Studiare
3. Aspettare
4. Telefonare
5. Arrivare
6. Bere
7. Addormentarsi
8. Fare
9. Dare
10. Dovere
11. Leggere
12. Scrivere
13. Dormire
14. Finire
15. Guidare
16. Parcheggiare

Prova a formare una frase con ciascuno dei verbi della lista sopra al gerundio presente o passato.

6 Esercizio

Volgi al passato le seguenti forme verbali.

1. Cadendo
2. Correndo
3. Credendo
4. Aprendo
5. Rimanendo
6. Riempiendo
7. Incontrando
8. Avvicinandosi
9. Mettendosi
10. Sedendosi
11. Ricordandosi
12. Dicendo

7 Esercizio

Completa coniugando i verbi al gerundio presente o passato

1. (uscire) .... dimenticò di prendere le chiavi.

2. (camminare) .... si accorse che aveva lasciato la borsa al bar.

3. (leggere) .... il giornale aveva appreso la notizia.

4. (dormire) .... sotto il sole per un'ora si risvegliò tutto rosso e bruciato.

5. (ascoltare) .... quella musica gli tornò in mente il periodo in cui viveva a Madrid.

6. (ripensare) .... a quell'episodio gli venne da ridere.

7. (correre) .... inciampò, cadde e si fece male.

8. (finire) .... i soldi, decisero di tornare dalle vacanze qualche giorno prima.

9. (arrivare) .... in anticipo, ebbe il tempo di sedersi, e preparare bene la lezione.

10. I biglietti si possono comprare (telefonare) .... al teatro qualche ora prima.

11. (svegliarsi) .... notò che erano già le nove, la sveglia non era suonata.

12. Alcuni dicono che sia possibile mantenersi in forma (bere) .... almeno due litri d'acqua al giorno e (fare) .... sport regolarmente.

13. (viaggiare) .... molto in treno ho incontrato diverse persone con cui sono rimasto in contatto.

14. (cambiare) .... casa, non ci vediamo più così spesso.

15. Non (capire) .... nulla di quello che aveva spiegato il professore, decise che quella materia non faceva per lui.

8 Esercizio

Ecco due proverbi. Prova a completarne il senso con il verbo mancante al gerundio.

L'appetito vien ....

.... s'impara.

9 Esercizio

Coniuga il verbo tra parentesi al gerundio e poi trasforma le frasi da implicite in esplicite come nell'esempio.

ES (Mangiare) ....*mangiando*............ lentamente si digerisce meglio.

Se si mangia lentamente si digerisce meglio.
....

1. Alcuni pensano che (leggere) .... si impari anche a scrivere meglio.

   ....

   ....

2. (Fare) .... ginnastica quindici minuti al giorno ci si mantiene in forma.

   ....

   ....

3. (Vendere) .... il loro appartamento al mare, potrebbero ricavare
   la somma di cui hanno bisogno.

   ....

   ....

4. (Partire) .... alle sei ed anche (fare) ....
   due soste per prendere un caffè, potremmo arrivare a Milano per le undici senza problemi.

   ....

   ....

5. (Finire) .... presto, potremmo fare un salto al centro commerciale
   per comprare tutti i regali stasera, così domani siamo liberi.

   ....

   ....

6. (Affittare) .... il suo appartamento a studenti, potrebbe guadagnarci di più.

   ....

   ....

7. (Guidare) .... senza cintura, si perdono tre punti sulla patente,
   (passare) .... con il rosso, se ne perdono cinque.

   ....

   ....

10 Esercizio

Completa le frasi con uno dei seguenti verbi al gerundio:

scrivere • volare • mescolare • fare • eliminare • piangere
lavorare • riscuotere • scusarsi • giocare • vivere • tirare

1. Ha girato tutta l'Europa ………………………… l'autostop.

2. Ho imparato questa lingua semplicemente ………………………… due anni a Nizza e ………………………… in un ristorante dove c'era un cuoco francese.

3. È riuscita a dimagrire cinque chili in un mese ………………………… pasta e zuccheri.

4. Ha vinto una bella somma ………………………… all'Enalotto.

5. Ha segnato un goal ………………………… dal centro campo.

6. È tornata a casa ………………………… perché era caduta e si era fatta male.

7. Partecipò al primo film a soli diciotto anni ………………………… grande successo.

8. Telefonò ………………………… per il ritardo.

9. Le api trasportano il polline ………………………… di fiore in fiore.

10. Si deve lasciar bollire il sugo a fuoco lento ………………………… di tanto in tanto.

11. Compilare il modulo in tutte le sue parti ………………………… in stampatello.

11 *Tutte le strade portano a Roma*

track *Dopo aver ascoltato più volte il testo, rispondi alle domande.*

1. Alessandro è andato a Roma per sfuggire ad una dimensione un po' provinciale.   ⊙ vero   ⊙ falso

2. Prima di andare a Roma Alessandro studiava ingegneria a Venezia.   ⊙ vero   ⊙ falso

3. Secondo Alessandro, il turismo fa di Venezia una città in cui si vive in una dimensione cosmopolita.   ⊙ vero   ⊙ falso

4. A Venezia, il "tajut" e l'"ombra" indicano il bicchiere di vino bevuto in compagnia di amici.   ⊙ vero   ⊙ falso

5. Indica tra queste le ragioni per cui Alessandro è andato a Roma:
   - ⊙ perché aveva molti amici a Roma
   - ⊙ per studiare architettura
   - ⊙ perché detestava Milano
   - ⊙ perché aveva una passione per il cinema

6. Alessandro non vorrebbe abitare al centro di Roma perché troppo turistico.   ⊙ vero   ⊙ falso

7. Indica quale di questi monumenti o edifici Alessandro vorrebbe distruggere a Roma:
   - ⊙ Colosseo Quadrato
   - ⊙ Altare della Patria
   - ⊙ Palazzaccio

8. Alessandro vorrebbe rifare un piano del colore nel quartiere di Centocelle.   ⊙ vero   ⊙ falso

9. Centocelle è un quartiere caratterizzato da un'atmosfera molto paesana.   ⊙ vero   ⊙ falso

10. Secondo Alessandro, da un punto di vista architettonico Centocelle è una situazione disastrata.   ⊙ vero   ⊙ falso

11. Alessandro per modificare l'aspetto urbanistico di Centocelle prenderebbe spunto da un quartiere di Vienna.   ⊙ vero   ⊙ falso

12   *Ascolta più volte il testo e prova a completare.*

D.: Perché? Perché è un paese?

R.: Perché a Centocelle tu sei nel traffico e davanti ti si ferma la macchina che incrocia l'altra macchina, incontra l'amico, lo zio, il cugino, si mette a chiacchierare ....
.... in coda. Cioè c'è proprio questa...
si conoscono... c'è un quartiere, c'è proprio una cosa da paese, a Centocelle.

E ci rifarei un piano del colore, ovvero tutte 'ste palazzine mezze abusive o mezze no, però non una
situazione disastrata come – non lo so – borgate sulla Casilina. Comunque un tessuto... uno si riconosce che "io sono di Centocelle" e perciò anche il tessuto non è così male, ...
.... assolutamente una qualità
architettonica, però io ci rifarei un piano del colore, cioè un rifacimento dei recinti, intonaci, facciate,
.... – ad esempio –
Underwasser a Vienna.

D.: Sì!

R.: ....,
però ....
con un'idea di colore, di stile, di allegria, di cosa e quello mi sembrerebbe un quartiere interessante
per fare questo.

13 **Attività** *Facendo il possibile...*

Suggerisci delle soluzioni usando il gerundio.

• In che modo si potrebbe migliorare il tuo quartiere?

• In che modo si potrebbe evitare il traffico eccessivo nelle metropoli?

• In che modo si potrebbero eliminare le ingiustizie sociali?

• In che modo si potrebbe aiutare a risolvere il problema della fame nel mondo?

• In che modo si potrebbe favorire l'apprendimento di una lingua straniera?

• In che modo si potrebbe risolvere il problema della disoccupazione?

• In che modo si potrebbe garantire a tutti più tempo libero?

Ragazzi di vita

Faceva un caldo che non era scirocco e non era arsura, ma era soltanto caldo. Era come una mano di colore data sul venticello, sui muri gialletti della borgata, sui prati, sui carretti, sugli autobus coi grappoli agli sportelli. Una mano di colore ch'era tutta l'allegria e la miseria delle notti d'estate del presente e del passato. L'aria era tirata e ronzante come la pelle d'un tamburo; le pisciate anche appena fatte, che rigavano il marciapiede, erano secche; i mucchi d'immondezza si sfregavano abbrustoliti e senza più odore. A fare odore erano solo le pietre e i bandoni ancora caldi del sole: magari con attorno distese di stracci bagnati e poi risecchiti dal caldo. Negli orti che ancora restavano qua e là, gonfi di legumi che crescevano soli belli grassi come nel paradiso terrestre, non c'era un goccio di guazza. E nei centri delle borgate, nei bivii, come lì al Tiburtino, la gente s'ammassava, correva, strillava, che pareva d'essere nei bassifondi di Shanghai: pure nei posti più solitari c'era della confusione, con file di maschi che andavano in cerca di qualche zoccoletta, fermandosi a far due chiacchiere alle bottegucce dei meccanici ancora aperte, col Rumi di fuori. E passato Tiburtino, ecco Tor dei Schiavi, il Borghetto Prenestino, l'Acqua Bullicante, la Maranella, il Mandrione, Porta Furba, il Quarticciolo, il Quadraro... Altri centinaia di centri come quello lì al Tiburtino: con un mare di gente sotto il semaforo, che mano a mano andava sparpagliandosi nelle strade intorno, rumorose come androni, coi marciapiedi tutti rotti, e lungo ruderi colossali di mura con sotto file di tuguri. E bande di giovanotti che facevano a fugge coi loro motori, Lambrette, Ducati o Mondial, mezzi ubbriachi, con le tute unte aperte sul petto nero, oppure acchittati che parevano usciti da una vetrina di Piazza Vittorio. Tutto un gran accerchiamento intorno a Roma, tra Roma e le campagne intorno intorno, con centinaia di migliaia di vite umane che brulicavano tra i loro lotti, le loro casette di sfrattati o i loro grattacieli. E tutta quella vita, non c'era solo nelle borgate della periferia, ma pure dentro Roma, nel centro della città, magari sotto il Cupolone: sì, proprio sotto il Cupolone, che bastava mettere il naso fuori al colonnato di Piazza San Pietro, verso Porta Cavalleg-

geri, e èccheli llì, a gridare, a prender d'aceto, a sfottere, in bande e in ghenghe intorno ai cinemetti, alle pizzerie, sparpagliati poco più in là, in via del Gelsomino, in via della Cava, sugli spiazzi di terra battuta delimitata dai mucchi di rifiuti dove i ragazzini di giorno giocano a palla, in coppie tra le fratte coperte di pezzi di giornale abbandonati tra via delle Fornaci e il Gianicolo... E sotto, passato il traforo gocciolante, ecco tutto uguale, a Piazza della Rovere, dove file di turisti passano a testa alta, tenendosi a braccetto, coi calzoni alla zuava e le scarpe pesanti, cantando canzoni alpine in coro, mentre i giovinastri addossati alla spalletta del Tevere, presso una latrina intasata, coi calzoni a tubo e gli scarpini a punta, li guardano dicendogli dietro con un'espressione annoiata e sarcastica delle parole che se le capissero li farebbero morire di un colpo. E giù per i lungoteveri per dove passano scassati i rari tram sotto le gallerie dei platani, lungo selciati sconnessi, e le lambrette che se la sbroccolano in curva con sopra un giovanotto o due in cerca di rogna; verso Castel Sant'Angelo con ai piedi, sul pelo del fiume, il Ciriola tutto illuminato; verso Piazza del Popolo elegante come un gran teatro, il Pincio, e Villa Borghese, col ronzio dei violini e le sordine alle mignotte, o ai frosci che passano in frotta cantando con le palpebre abbassate e le bocche cascanti « Sentimental », e sbirciando con la coda dell'occhio per vedere se per caso non stesse arrivando il carrettone. Oppure, dalla parte opposta, verso Ponte Sisto, dove, sotto il Funtanone sporco e tutto luccicante, due squadre di giovincelli trasteverini stanno facendo una partita al pallone, urlando di brutto, e correndo come un branco di pecore tra le ruote delle millenove dei ganzi che vanno con la zoccoletta di Cinecittà a cenare all'Antica Pesa: mentre da tutti i vicoletti di Trastevere, lì dietro, giunge il brusio delle mascelle maschili e femminili che masticano la pizza o il crostino, all'aperto, in Piazza Sant'Egidio o al Mattonato, coi ragazzini che fanno la lagna o intorno i pischelli che litigano correndo sui selciati, leggeri come le carte sporche che il venticello trascina qua e là.

Pier Paolo Pasolini, "Ragazzi di vita"

14 **A.** *Dopo aver letto il brano tratto da "Ragazzi di vita" di Pier Paolo Pasolini rispondi alle seguenti domande.*

   1. A quale stagione fa riferimento Pier Paolo Pasolini?
   2. La sua descrizione riguarda il centro o la periferia della città?
   3. Quali quartieri di Roma vengono nominati?
   4. Le zone descritte sono semideserte o molto affollate?
   5. Che tipo di tessuto urbano viene descritto?
   6. Che tipo di costruzioni vengono nominate?
   7. Come viene chiamata la cupola di san Pietro?
   8. Qual è la differenza tra i turisti e i giovani ragazzi che li guardano passare?
   9. Quali sono i mezzi di trasporto di cui si parla?
  10. In che attività sono occupati i vari gruppi di bambini e ragazzi?

B. *La descrizione di Pier Paolo Pasolini è ricca di immagini che contengono odori, rumori, colori, voci. Cerca di scomporre le immagini trovando nel testo elementi che evocano:*

• sensazioni
• odori
• voci
• persone
• oggetti, cose
• vegetazione

15 Lessico

Pier Paolo Pasolini, introduce nei suoi romanzi parole gergali ed espressioni romanesche come le seguenti:

Zoccoletta: giovane prostituta, o ragazza di facili costumi
Facevano a fugge: facevano brusche partenze e corse
Éccheli lì: eccoli lì
A prender d'aceto: ad arrabbiarsi
Latrina: gabinetto pubblico
Mignotte: prostitute, donne di facili costumi
Urlando di brutto: urlando forte, con parole pesanti
Pischelli: ragazzini
Fanno la lagna: piangono, si lamentano

Giorni fa, a Roma, cenavo in un ristorante presso il Pantheon, insieme ad uno scrittore americano. Aveva portato con sé due giovani attori – marito e moglie – che non conoscevo. Il «sogno americano» della mia generazione ha subìto molte metamorfosi: ma, in quei due giovani, mi sembrava di cogliere l'immagine che cinquanta anni fa avevamo sognato sui libri di Fitzgerald: alti, belli, con un'allegria delicata e senza peso, una specie di disperata tenerezza, nascoste ali di angeli caduti, e un desiderio di giocare e di perdersi senza accettare nessuna delle apparenze del mondo. Amavano ogni pietra, ogni colore, ogni brezza di Roma.

Con qualche fatica, leggo Shakespeare: ma parlare inglese, avere la minima comunicazione verbale con un cameriere o un portiere, chiedere un pezzo di pane od un frutto, mi riesce – non so perché – impossibile. I due giovani attori parlavano soltanto inglese. Così, per tutta la sera, non ci fu nessuna conversazione tra noi: ci inviavamo sorrisi e gesti di simpatia attraverso il tavolo, mangiando gli asparagi, l'orata, e le fave col formaggio. Alla fine della

31

cena, uscimmo sulla piazza, dove il brillio notturno della giovane primavera faceva scintillare l'acqua della fontana e i primi, umidi fiori rosa e celeste sui tavoli del ristorante all'aperto. Discorrevo con il mio amico, dando le spalle ai due giovani attori. Ad un tratto, per due volte, con un grido meravigliato, essi richiamarono la nostra attenzione.

Ci voltammo. Vidi due ragazzi e una ragazza camminare lentamente verso di noi, mangiando un gelato, ad occhi chiusi, estatici, come se nessun piacere del mondo potesse eguagliare il piacere di impossessarsi a poco a poco di quei frutti trasformati. Ed ecco che, volgendo l'occhio, mi accorsi che tutta la piazza del Pantheon, e tutte le stradine che da ogni parte, tortuose e con cento rivolgimenti e pieghe, seguendo ogni piacere e capriccio delle case, dei negozi e degli abitanti, conducono a piazza del Pantheon, – erano piene di ragazzi col gelato. Erano arrivati insieme a decine, condotti da chissà quale parola d'ordine o da quale misterioso appuntamento. Sebbene sia un vecchio frequentatore di gelaterie e sorbetterie, non avevo mai visto gelati così enormi. Fragole e lamponi e limone e vaniglia e crema e cioccolato innalzati in lingue e tortiglioni fiammeggianti, che a malapena si reggevano su robuste architetture: colonne votive, piloni, picchi montani, gole rocciose, chiese barocche «innalzati alla gloria della Freschezza».

Erano i giovani borgatari. I terribili borgatari, i sinistri abitanti delle periferie, i feroci divoratori dei panini e degli hamburger di McDonald, – che inquietano i sogni degli avvocati, deputati, commercianti e scrittori che abitano il centro di Roma. In apparenza, non sembravano così tremendi. Non erano quei rappresentanti di un'«altra umanità», infima e violenta, quei «vermi appena visibili sotto la pietra», che trent'anni fa popolavano i romanzi di Pasolini. Erano vestiti come mio figlio: o come i giovani della piazza Rossa o di piazza Venceslao o dei piccoli bar sul castello di Praga. Amavano le fragole e i lamponi. E, nei loro gesti, non c'era nessuna idea di rivendicare o di occupare la città ricca e nemica. Dopo tanti anni di esclusione, Ro-

32

ra diventata finalmente la *loro* città. Sebbene fosse so... mercoledì e non sabato, avevano preso due ore prima la ...opolitana, scendendo a piazza di Spagna; e ora gode... ...o quei piaceri – i gelati, i bei palazzi, le belle vetrine, i ...i rosa e celesti, le piccole strade piene d'ombra gremite con ...i tempo – che forse i borghesi di Roma coltivavano con ...no passione.

...ieni di curiosità e di divertimento, i due giovani attori ...ericani mi trascinarono con loro. Volevano scoprire do... ...fosse la misteriosa sorgente dalla quale sgorgava quella ...lla di giovani. Arrivarono a piazza in Campo Marzio: poi ...rarono a destra per via Uffici del Vicario. E lì, finalmen... ..., scoprirono la Gelateria. Entrarono. Li seguii. Dietro il ...anco, con scrupolo e velocità, altri giovani preparavano ...uegli obelischi e quelle chiese barocche: impastando co... ...e pittori l'acuto verde pistacchio e il lampone quasi vio... ...etto e il languido limone e il «torbido» cioccolato, che ri... ...corda le sue origini americane, e il rosso incantevole della ...fragola, che porta con sé il lieve profumo delle foglie. In ...silenzio, o chiacchierando tra loro di piccolissime cose, i ...borgatari attendevano. Non avevano fretta. Sapevano che, ...fra poco, il flusso dei sapori, dei colori e dei profumi della ...natura si sarebbe fuso in fondo alle loro gole, «dissetando... ...li meglio di un'oasi».

Uscimmo. I due giovani americani erano felici. Non ave... ...vano mai visto nulla di così divertente, come questa folla di ...innamorati del gelato, che profumava il cuore di una città. ...Volevano dirmi qualcosa – ma che dire a uno sciocco che ...non capisce una parola di inglese? Così frugarono a lungo ...nella memoria, alla ricerca di una parola o di un frammen... ...to o di un relitto di italiano. Alla fine trovarono il ricordo ...di una vecchissima canzone, che avevano ascoltato chissà ...quando in una trattoria di Trastevere: «Arrivederci Roma». ...Me lo ripeterono tre volte, come un'enigmatica parola ...d'ordine, di cui soltanto noi tre conoscevamo il significato; ...e mi strinsero con forza la mano, per ringraziarmi di avere ...inscenato per loro uno spettacolo così delizioso.

33

Pietro Citati, "L'armonia del mondo"

16   *Dopo aver letto il testo "Il gelato dei borgatari" di Pietro Citati rispondi alle domande.*

1. Dove, in quale situazione e con chi si trovava l'autore del brano?
2. In che modo i due giovani attori americani corrispondevano all'immagine che l'autore e la sua generazione sognavano sui libri di Fitzgerald?
3. Perché, durante la serata, la comunicazione fu quasi impossibile?
4. Quale atmosfera descrive l'autore all'uscita dal ristorante?
5. Che cosa e chi aveva attirato l'attenzione dei due giovani americani e dell'autore stesso?
6. Cosa accadeva in piazza del Pantheon e nelle vie intorno?
7. Qual è l'immagine dei "borgatari" che hanno gli abitanti borghesi del centro di Roma?
8. Come li vede invece Pietro Citati, l'autore del brano?
9. Qual era la "misteriosa sorgente" che i due americani volevano scoprire? Come viene descritto ciò che accadeva lì dentro?
10. Perché uscendo dalla gelateria i due giovani americani erano felici? Come avevano cercato di dimostrare la loro felicità e la loro gratitudine?

17 Attività orale

Prova a ricostruire il racconto utilizzando queste tracce mnemoniche:

• Al ristorante

• La difficoltà di comunicare

• Nella piazza fuori dal ristorante

• I tre ragazzi che mangiavano un gelato

• A piazza del Pantheon e in tutte la stradine intorno

• I "borgatari"

• La ricerca della "misteriosa sorgente"

• Fuori della gelateria

18 Lessico

A. *Cerca nel testo l'equivalente delle parole o espressioni sottolineate:*

ha subito <u>molti cambiamenti</u>

<u>Le luci della notte</u>

Faceva <u>luccicare</u> l'acqua della fontana

<u>Parlavo</u> con il mio amico

<u>Girando lo sguardo</u>

(Stradine) <u>non dritte, piene di curve</u>

<u>A fatica si tenevano</u>

<u>Grandi mangiatori</u> dei panini

<u>Che rendono agitati</u> i sogni di....

Le piccole strade <u>non luminose e ricche di storia</u>

<u>Cercarono</u> a lungo nella memoria

Una <u>misteriosa</u> parola d'ordine

B. *Associa gli elementi della colonna* **A** *con quelli della colonna* **B.**

A	B
Tortiglioni	architetture
Robuste	montani
Colonne	rocciose
Picchi	votive
Gole	barocche
Chiese	fiammeggianti

19   Cloze

Completa questo estratto del brano "Il gelato dei borgatari" di Pietro Citati inserendo questi aggettivi:

altra • piene • bei • ricca • piccoli • nemica • terribili • gremite • belle • feroci
rosa • giovani • infima • tremendi • violenta • visibili • sinistri • celesti

Erano i .... borgatari. I ....
borgatari, i .... abitanti delle periferie, i ....
divoratori dei panini e degli hamburger di McDonald - che inquietano i sogni degli
avvocati, deputati, commercianti e scrittori che abitano il centro di Roma. In apparenza
non sembravano così .... Non erano quei rappresentanti di
un' "......................... umanità", ... e ....,
quei "vermi appena .... sotto la pietra", che trent'anni fa popolavano i
romanzi di Pasolini. Erano vestiti come mio figlio: o come i giovani della piazza Rossa o
di piazza Venceslao o dei .... bar sul castello di Praga.
Amavano le fragole e i lamponi. E, nei loro gesti non c'era nessuna idea di rivendicare o
di occupare la città .... e .... Dopo
tanti anni di esclusione, Roma era finalmente diventata la loro città. Sebbene fosse solo
mercoledì e non sabato, avevano preso due ore prima la metropolitana, scendendo a
piazza di Spagna; e ora godevano quei piaceri – i gelati, i ....
palazzi, le .... vetrine, i fiori
.... e .... le piccole strade
.... d'ombra .... di tempo
– che forse i borghesi di Roma coltivavano con meno passione.

Pietro Citati, "L'armonia del mondo"

20 Esercizio

Considera queste frasi tratte dal brano di P. Citati. Trasformale in esplicite quando contengono un gerundio e viceversa nel caso di frasi esplicite che possono essere trasformate usando il gerundio. In taluni casi è necessario usare la struttura "Pur + gerundio".

1. … ci inviavamo sorrisi e gesti di simpatia attraverso il tavolo, **mangiando** gli asparagi, l'orata e le fave col formaggio.

2. Discorrevo con il mio amico, **dando** le spalle ai due giovani attori.

3. Ad un tratto, per due volte, **con un grido meravigliato**, essi richiamarono la nostra attenzione.

4. Vidi due ragazzi e una ragazza camminare lentamente verso di noi, **mangiando** un gelato ad occhi chiusi…

5. Ed ecco che, **volgendo** l'occhio, mi accorsi che tutta la piazza del Pantheon…

6. **Sebbene sia** un vecchio frequentatore di gelaterie e sorbetterie, non avevo mai visto gelati così enormi.

7. … avevano preso due ore prima la metropolitana, **scendendo** a piazza di Spagna.

8. Dietro il banco, con scrupolo e velocità, altri giovani preparavano quegli obelischi e quelle chiese barocche: **impastando** come pittori l'acuto verde…

9. In silenzio o **chiacchierando** fra loro di piccolissime cose, i borgatari attendevano.

10. Sapevano che, fra poco, il flusso dei sapori, dei colori e dei profumi della natura si sarebbe fuso in fondo alle loro gole, "**dissetandoli** meglio di un'oasi".

21 Attività *Ricostruisci l'intervista*

Leggi l'intervista alla filosofa Elisabeth Badinter ed associa ad ogni risposta una delle seguenti domande/affermazioni dell'intervistatrice:

- *E adesso?*
- *Come mai?*
- *Perché?*
- *Prenoterebbe una camera al piano women-only di un hotel?*
- *Oggi una donna di 30 anni non sa più lottare?*
- *E se fosse soltanto una trovata di marketing?*
- *Ma è un discorso moderno dire che la donna si afferma in quanto donna?*
- *È un desiderio legittimo…*
- *Così ritorniamo all'idea della donna fragile, che ha bisogno di essere protetta.*

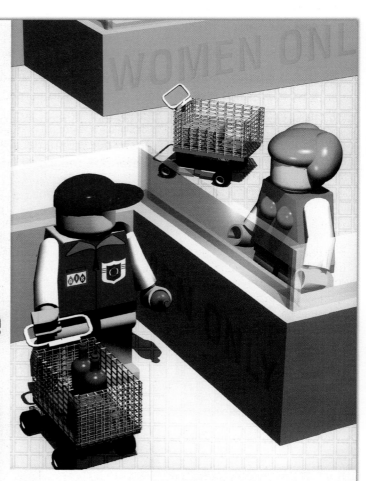

D, la repubblica delle Donne

Maschi di qua femmine di là

NUOVI APARTHEID Dall'hotel con un piano solo per signore alla fine annunciata delle classi miste a scuola: dopo tante lotte contro le discriminazioni, l'Occidente riscopre la separazione per sesso. Così, in nome del bisogno di sentirsi protetti stando tra simili, la parità può attendere
di Maria Grazia Meda Illustrazione di Air Studio

Elisabeth Badinter: «Si torna indietro»

La filosofa e femminista Elisabeth Badinter (in Italia sono stati pubblicati L'uno e l'altra e L'amore in più. Storia dell'amore materno entrambi da Longanesi) è da anni in prima linea per denunciare le lacune di un sistema che promuove la nozione di parità tra i sessi, aumentando di fatto le discriminazioni.

Cosa vuol dire un piano riservato alle donne?
Cos'è questa paura di condividere lo spazio con gli uomini? Sono stupefatta dall'ipocrisia di un discorso che rivendica una totale libertà sessuale per le femmine e al contempo vuole mostrarle come esseri impauriti, che non osano stare in compagnia dei maschi.

Certo, possiamo anche interpretarla come una tendenza passeggera, però credo che dietro tutto questo ci sia la volontà, a livello più o meno conscio, di toccare la questione dell'identità sessuale, e di dire:dividiamo il mondo, separiamo i generi. Separiamoli a scuola, in hotel.

Per comodità, per facilità. Perché si accetta questa idea: i due sessi sono così diversi e, e le loro realtà così inconciliabili, che si ha bisogno di stare con i propri simili, ammettendo implicitamente l'impossibilità di stare insieme. Insomma, per dire che la convivenza tra i generi è violenta, brutale, insopportabile.

Infatti. Anche qui assistiamo a una fortissima contraddizione. Parallelamente all'idea della fragilità, promuoviamo l'immagine di ragazze forti, guerriere, "virili": il prodotto di un certo tipo di femminismo che ha voluto costruire una figura ricalcata sull'uomo, negando la femminilità. L'identità delle donne ha sì bisogno di essere ricostruita, ma non avvalendosi della separazione tra i sessi. Partire da questo presupposto ci farebbe ripiombare in un prototipo di donna del passato, per l'appunto quella fragile del XIX secolo.

È un discorso falsamente nuovo. Dire che il vero progresso è la donna che si afferma in quanto donna, quindi in opposizione all'uomo, ci riporta alla costruzione di un "ghetto sessuale". Come se volessimo riaffermare, come in passato, la nostra identità "per opposizione". Era, certo, un'identità più facile: oggi le donne sembrano rimpiangerla.

Anzitutto, le nuove generazioni femminili sono deluse dal modello universalista che è stato loro proposto. Le giovani hanno pensato che le loro madri avevano fatto tutto, ma non è così: la parità non è ancora stata conquistata, la disuguaglianza tra i sessi è reale. E gli uomini non hanno fatto la loro parte. La mia generazione è stata abituata a lottare per affermarsi, ma oggi…

Sono stupita di vedere tante giovani brillanti, pluridiplomate e con un buon lavoro che sognano una sola cosa: tornare a casa e avere figli.

Certo. Ma bisognerebbe capire da cosa è indotto. Negli anni Novanta abbiamo assistito a una grave crisi economica: tante donne sono rimaste disoccupate per due tre anni, e allora una percentuale elevata ha deciso di cambiare strada, scegliere la vita di famiglia, occuparsi meglio dei figli. Per poi concludere che anche quella è una bella vita: le eroine sono stanche, e sono tornate a un ruolo più tradizionale. Gli uomini non hanno potuto farlo, perché per loro non c'era alternativa.

Visto che dobbiamo vivere insieme, maschi e femmine, è meglio cominciare presto, dalla scuola appunto. Forse un secolo fa la separazione tra i sessi aveva una sua logica, perché i ruoli erano predeterminati; le donne a casa, gli uomini al lavoro, due esistenze parallele. Ma oggi… Conduciamo la stessa vita, abbiamo le stesse ambizioni: dobbiamo imparare a condividere, non a dividere.

Maria Grazia Meda

22 Attività scritta

Trasforma l'intervista ad Elisabeth Badinter in un articolo giornalistico in cui si riassumano le sue teorie.

23 Attività orale

• *Quali luoghi conosci o hai frequentato in cui si applica la separazione tra maschi e femmine?*

• *Quali pensi che siano i vantaggi e gli svantaggi della divisione in base al sesso?*

L'autunno è tempo di funghi e castagne, di vini novelli e termosifoni.
La nebbia ritorna in pianura e nei bollettini del traffico padano.
Le foglie cadute tappezzano i marciapiedi e attutiscono i passi incappottati delle città. In campagna invece la natura si veste di cromature da mezza età e s'imbelletta di tinte calde per sopperire al verde che fu.
In quale borgo era il poeta Giosuè Carducci quando sentiva l'odore del vino nelle vie che bucava la tristezza della nebbia in collina?
Ecco a cosa serviva la poesia – pensava Piero – a rivivere il tempo con parole che dessero forma alle emozioni. Parole spesso incomprese quando la scuola le presenta e le impone alla memoria, parole ripescate inaspettatamente più avanti negli anni, come trite invocazioni di una antica preghiera che torna a galla nei momenti più bui.
Qualcosa quel mattino gli aveva fatto ritornare in mente quei versi, forse l'aria autunnale, forse le foglie ingiallite che già ostruivano i tombini, o quel commerciante sulla porta del suo

negozio che se ne stava "su l'uscio a rimirar tra le rossastre nubi stormi di uccelli neri, come esuli pensieri…"
Forse il negoziante guardava il cielo per vedere se il clima sarebbe stato favorevole agli acquisti quel giorno mentre
Piero lo scrutava affascinato dal raduno coreografico di uccelli migratori.
Doveva migrare anche lui, questo era un sentimento che gli staccava i piedi da quel selciato, il problema era: a sud o a nord?
L'autunno lo portava controcorrente, forse perché il nord era una gran fetta della sua vita, ma non a Milano, aveva bisogno di ritornare sulle colline piemontesi dove da piccolo lo conduceva il padre, a raccogliere funghi, a passeggiare tra i boschi, e da grande era tornato con le pagine dei romanzi di Cesare Pavese.
Tra quelle vigne in collina non avrebbe trovato angeli, ma odori, sapori, versi di animali dimenticati nel frastuono cittadino, in quella pace avrebbe concluso forse l'ultimo capitolo del suo libro.

1   **A.** *Dopo aver letto il testo, segna le risposte corrette.*

1. La descrizione dell'autunno nel testo riguarda solo la natura.   ⊙ vero   ⊙ falso

2. In autunno c'è nebbia nella pianura padana.   ⊙ vero   ⊙ falso

3. In autunno i colori della campagna sono di tonalità forti e accese.   ⊙ vero   ⊙ falso

4. Il poeta Carducci fa riferimento in una sua poesia all'odore del vino.   ⊙ vero   ⊙ falso

5. Piero riflette sul valore evocativo della poesia.   ⊙ vero   ⊙ falso

6. A scuola i ragazzi imparano sempre volentieri le poesie a memoria.   ⊙ vero   ⊙ falso

7. A Piero quella mattina erano tornati in mente dei versi di Carducci
    per l'atmosfera autunnale che lo circondava.   ⊙ vero   ⊙ falso

8. Piero pensava di andare nella direzione in cui andava
    la maggioranza delle persone.   ⊙ vero   ⊙ falso

9. La sua meta erano le colline del Piemonte.   ⊙ vero   ⊙ falso

10. Piero aveva frequentato quei luoghi da bambino.   ⊙ vero   ⊙ falso

11. Piero pensava che a contatto con la natura si sarebbe distratto
    e non avrebbe avuto la concentrazione per finire il suo libro.   ⊙ vero   ⊙ falso

B. *Rispondi alle domande.*

1. Che cosa caratterizza l'autunno?

2. Che cosa succede in città e in campagna?

3. Che cosa si domanda Piero a proposito del poeta Giosuè Carducci?

4. A che cosa serve la poesia secondo Piero?

5. Che cosa aveva portato Piero a ricordare quei versi di Carducci?

6. Quale analogia stabiliva Piero tra sé e gli uccelli migratori?

7. Dove decide di andare Piero?

8. In che modo Piero era legato alle colline piemontesi?

9. Cosa si aspettava Piero da quei luoghi?

2 Lessico

A. *Trova dei verbi che abbiano lo stesso significato di quelli sottolineati.*

Le foglie cadute <u>tappezzano</u> i marciapiedi e <u>attutiscono</u> i passi….

Le foglie ingiallite che gia <u>ostruivano</u> i tombini…

Piero lo (il cielo) <u>scrutava</u> affascinato….

B. *Ora inserisci in modo appropriato i verbi dell'attività precedente nelle seguenti frasi.*

1. I manifesti pubblicitari ……………………………………………… i muri delle città.

2. I marinai, dopo il naufragio, ……………………………………… l'orizzonte sperando di avvistare la terra.

3. Sulla banchina della metro, c'era una folla di turisti che …………………………………………… l'uscita dei passeggeri.

4. Nelle automobili c'è l'air-bag che serve ad …………………………………………… il colpo in caso di incidente.

C. *Ritrova nel testo le seguenti parole e scegli la definizione giusta tra le due proposte:*

Tinte	⊙ colori
	⊙ vernici
Incomprese	⊙ non capite
	⊙ sconosciute
Ripescate	⊙ riprese da una situazione del passato
	⊙ pescate in mare
Trite	⊙ vecchie, usate, ripetute,
	⊙ fatte a pezzi
Raduno	⊙ riunione all'aperto di molte persone
	⊙ unione tra due persone
Selciato	⊙ pavimentazione stradale
	⊙ prato
Controcorrente	⊙ in senso opposto alla maggioranza
	⊙ senza elettricità
Frastuono	⊙ rumore caotico, chiasso
	⊙ tuono molto forte

D. *Prova a spiegare queste espressioni usate con valore metaforico o figurato nel testo:*

1. …i passi incappottati delle città.

2. …la natura si veste di cromature da mezza età e si imbelletta di tinte calde per sopperire al verde che fu.

3. …l'odore del vino che bucava la tristezza della nebbia in collina?

4. …parole ripescate più avanti negli anni come trite invocazioni di un'antica preghiera…

5. …era un sentimento che gli staccava i piedi da quel selciato, …

3 Attività scritta

Riscrivi queste parti del testo mantenendo lo stesso significato.

L'autunno è tempo di funghi e castagne, di vini novelli e termosifoni.

In autunno _____

_____

La nebbia ritorna in pianura e nei bollettini del traffico padano.

I bollettini del traffico _____

_____

Le foglie cadute tappezzano i marciapiedi e attutiscono i passi incappottati delle città.

I marciapiedi _____

e le persone _____

_____

In campagna, invece, la natura si veste di cromature da mezza età e s'imbelletta di tinte calde per

sopperire al verde che fu.

La campagna si colora _____

_____

La luna e i falò

C'è una ragione perché sono tornato in questo paese, qui e non invece a Canelli, a Barbaresco o in Alba. Qui non ci sono nato, è quasi certo; dove son nato non lo so; non c'è da queste parti una casa né un pezzo di terra né delle ossa ch'io possa dire "Ecco cos'ero prima di nascere". Non so se vengo dalla collina o dalla valle, dai boschi o da una casa di balconi. La ragazza che mi ha lasciato sugli scalini del duomo di Alba, magari non veniva neanche dalla campagna, magari era la figlia dei padroni di un palazzo, oppure mi ci hanno portato in un cavagno da vendemmia due povere donne da Monticello, da Neive o perché no da Cravanzana. Chi può dire di che carne sono fatto? Ho girato abbastanza il mondo da sapere che tutte le carni sono buone e si e-quivalgono, ma è per questo che uno si stanca e cerca di mettere radici, di farsi terra e paese, perché la sua carne valga e duri qualcosa di più che un comune giro di stagione.

Se sono cresciuto in questo paese, devo dir grazie alla Virgilia, a Padrino, tutta gente che non c'è più, anche se loro mi hanno preso e allevato soltanto perché l'o-spedale di Alessandria gli passava la mesata. Su queste colline quarant'anni fa c'erano dei dannati che per ve-dere uno scudo d'argento si caricavano un bastardo dell'ospedale, oltre ai figli che avevano già. C'era chi prendeva una bambina per averci poi la servetta e co-mandarla meglio; la Virgilia volle me perché di figlie ne aveva già due, e quando fossi un po' cresciuto spe-ravano di aggiustarsi in una grossa cascina e lavorare tutti quanti e star bene. Padrino aveva allora il casotto di Gaminella – due stanze e una stalla – la capra e quella riva dei noccioli.

Così questo paese, dove non sono nato, ho creduto per molto tempo che fosse tutto il mondo. Adesso che il mondo l'ho visto davvero e so che è fatto di tanti pic-coli paesi, non so se da ragazzo mi sbagliavo poi di mol-to. Uno gira per mare e per terra, come i giovanotti dei miei tempi andavano sulle feste dei paesi intorno e ballavano, bevevano, si picchiavano, portavano a casa la bandiera e i pugni rotti. Si fa l'uva e la si vende a Canelli; si raccolgono i tartufi e si portano in Alba. C'è Nuto, il mio amico del Salto, che provvede di bigonce e di torchi tutta la valle fino a Camo. Che cosa vuol di-re? Un paese ci vuole, non fosse che per il gusto di andarsene via. Un paese vuol dire non essere soli, sa-pere che nella gente, nelle piante, nella terra c'è qual-cosa di tuo, che anche quando non ci sei resta ad a-spettarti. Ma non è facile starci tranquillo. Da un anno che lo tengo d'occhio e quando posso ci scappo da Ge-nova, mi sfugge di mano. Queste cose si capiscono col tempo e l'esperienza. Possibile che a quarant'anni, e con tutto il mondo che ho visto, non sappia ancora che cos'è il mio paese?

Cesare Pavese, "La luna e i

A. *Dopo aver letto il testo, segna le risposte corrette.*

1.	Il protagonista è tornato al suo paese natío.	◉ vero	◉ falso
2.	Il protagonista era stato lasciato da qualcuno sui gradini di una chiesa.	◉ vero	◉ falso
3.	Il protagonista era tornato perché sentiva il bisogno di mettere radici.	◉ vero	◉ falso
4.	Virgilia e Padrino erano i suoi veri genitori.	◉ vero	◉ falso
5.	Il protagonista era stato adottato da persone benestanti.	◉ vero	◉ falso
6.	L'ospedale di Alessandria pagava uno scudo d'argento al mese a chi adottava un bambino.	◉ vero	◉ falso
7.	Virgilia avrebbe preferito adottare una femmina.	◉ vero	◉ falso
8.	Virgilia e Padrino vivevano in una piccola casa in campagna.	◉ vero	◉ falso
9.	Il protagonista era tornato al luogo della sua infanzia dopo aver girato il mondo.	◉ vero	◉ falso
10.	Secondo il protagonista il mondo è fatto di tanti piccoli paesi dove il senso della vita è lo stesso.	◉ vero	◉ falso
11.	Secondo lui avere un paese significa avere radici, amici, riconoscersi.	◉ vero	◉ falso
12.	La gente del paese lo vedeva come un ricco tornato per sposarsi ed investire dei soldi.	◉ vero	◉ falso
13.	A lui non piacciono gli altri luoghi, ama solo il suo paese natío.	◉ vero	◉ falso
14.	Il suo amico Nuto lo ha accompagnato nei suoi giri per il mondo.	◉ vero	◉ falso
15.	Nuto da ragazzo suonava il clarino in vari paesi.	◉ vero	◉ falso

5 Cloze *La luna e i falò*

Inserisci nel brano i verbi coniugati al tempo e modo opportuno.

Pareva un destino. Certe volte (chiedersi) .... perché, di tanta gente viva, non (restare) .... adesso che io e Nuto, proprio noi. La voglia che un tempo (avere) .... in corpo (un mattino, in un bar di S. Diego, c'ero quasi ammattito) di sbucare per quello stradone, girare il cancello tra il pino e la volta dei tigli, ascoltare le voci, le risate, le galline, e dire "Eccomi qui, (tornare) ....
................................." davanti alle facce sbalordite di tutti – dei servitori, delle donne, del cane, del vecchio – e gli occhi biondi e gli occhi neri delle figlie mi (riconoscere) .... dal terrazzo – questa voglia non me la sarei cavata più. (tornare) ....,
(sbucare) ...., (fare fortuna) ....
.... – dormivo all'Angelo e discorrevo col Cavaliere – ma le facce, le voci e le mani che (dovere) .... toccarmi e riconoscermi, non (esserci) .... più.
Da un pezzo non (esserci) .... più, quel che (restare) .... era come una piazza l'indomani della fiera, una vigna dopo la vendemmia, il tornar solo in trattoria quando qualcuno ti (piantare) .... Nuto, l'unico che restava, (cambiare) ...., (essere) .... un uomo come me.
Per dire tutto in una volta, (essere) .... un uomo anch'io, (essere) .... un altro – se anche (ritrovare) .... la Mora come l'(conoscere) .... il primo inverno, e poi l'estate, e poi di nuovo estate e inverno, giorno e notte, per tutti quegli anni, magari non (sapere) .... che farmene. Venivo da troppo lontano – non (essere) .... più di quella casa, non (essere) .... più come Cinto, il mondo mi (cambiare) ....

Cesare Pavese, "La Luna e i falò"

San Martino

La nebbia agli irti colli
Piovigginando sale,
E sotto il maestrale
Urla e biancheggia il mar;

Ma per le vie del borgo
Dal ribollir de' tini
Va l'aspro odor de i vini
L'anime a rallegrar.

Gira su' ceppi accesi
Lo spiedo scoppiettando:
Sta il cacciator fischiando
Su l'uscio a rimirar

Tra le rossastre nubi
Stormi d'uccelli neri,
Com' esuli pensieri,
Nel vespero migrar.

Giosuè Carducci, "Rime nuove"

Comunque vada sarà un successo. Di vino

Gli esperti giurano: grazie al caldo record estivo, il 2003 sarà un'annata memorabile. Per tutti? Gli appassionati lo scopriranno al Salone di Torino. Che per la prima volta apre i lavori anche ai non addetti /di **Francesco Bucchieri**

Il Venerdì di Repubblica

Chi può dimenticare l'estate 2003? L'estate della canicola da record, delle zucchine più care della storia, della caccia all'ultimo condizionatore. Eppure, tra tanti che boccheggiavano, c'era anche chi, ogni sera, scrutava in cielo incrociando le dita nella speranza che la siccità non finisse. Anzi, a dar retta ai dati raccolti dal centro studi Promotor, questa sorta di stregoni della danza della pioggia al contrario erano un popolo intero, oltre sei milioni di eno-appassionati convinti che tutto quel sole avrebbe sicuramente prodotto vini di qualità eccelsa.

Dell'eno-appassionato abbiamo anche la carta d'identità: prevalentemente maschio, istruito, con una decisa propensione a spendere, ama i rossi ma inizia ad apprezzare i bianchi, si fida delle guide e dei consigli dell'enoteca ma preferisce scegliere personalmente i vini che metterà in cantina, dopo averli attentamente degustati dal produttore. Appena può si riunisce in branco dando vita a eno-club privati, come quelli che già da tempo esistono in Germania e Gran Bretagna. Alla domanda «quale vino salveresti» risponde prevalentemente: Chianti Classico (22 per cento), Brunello di Montalcino e Barolo (entrambi 12 per cento).

Un soggetto nuovo l'eno-appassionato, da coccolare, al punto che anche una manifestazione ultratecnica come il Salone del Vino (16-19 novembre al Lingotto Fiere di Torino: 1300 espositori su una superficie di 50 mila metri quadri) capitola e quest'anno apre i battenti al pubblico, a cui offre degustazioni ma anche chiacchiere, cabaret, musica e seminari colti.

Anche il vino, così come gli ortaggi e gli altri prodotti agricoli, ha registrato quest'anno un sensibile calo della produzione, in media del 18 per cento. Ma i danni sono distribuiti a macchia di leopardo. C'è anche chi ha raccolto di più, come l'azienda Villa Orsini, di Cerreto Guidi, in Toscana, ma sono eccezioni. Meno vino quindi, e probabilmente più caro, ma sulla qualità dell'annata nessuno ha dubbi.

6 *Dopo aver letto l'articolo rispondi alle seguenti domande.*

1. Nel titolo dell'articolo è presente un doppio senso, quale?
2. Di quale anno si parla nel testo e perché?
3. Chi sperava che non piovesse e perché?
4. Qual è il profilo tipico dell'eno-appassionato?
5. Perché il vino del 2003 sarà forse più caro?

7 Lessico

Prova a spiegare queste espressioni contenute nel testo.

- Boccheggiavano
- Incrociando le dita
- Danza della pioggia
- Propensione
- Si riunisce in branco
- Da coccolare
- Capitola
- Apre i battenti

8 Attività *Che foto!*

Seguendo il modello testuale del profilo dell'eno-appassionato traccia la carta d'identità di uno dei seguenti tipi:

- il cacciatore
- il collezionista
- lo sportivo
- il buongustaio
- l'intellettuale

- il pescatore
- il vegetariano
- il tifoso
- il lupo di mare
- il dongiovanni

IN ITALIA

Nel nostro Paese esiste una varietà incredibile di vini dolci. Ad esempio in Piemonte, precisamente tra le province di Asti, Alessandria e Cuneo, nascono sia la denominazione di origine controllata e garantita Asti o Asti Spumante che il Moscato d'Asti. Questi due vini sono ottenuti dall'uva moscato e si differenziano per la presenza o meno delle caratteristiche "bollicine". L'Asti Spumante è un vino in cui troviamo la caratteristica effervescenza data dall'anidride carbonica, unita a quella freschezza che lo rende unico ed inimitabile. Il Moscato d'Asti, invece, identifica un vino "fermo" dal gusto moderatamente dolce.

Continuiamo il nostro *excursus* tra i vini dolci d'Italia. Sempre in Piemonte troviamo un'altra Docg: il Brachetto d'Acqui. Passando al Veneto, non si può non ricordare il Recioto di Soave, recente Docg, ottenuto principalmente con uve Garganega lasciate ad appassire sui graticci.

Nel Friuli-Venezia Giulia troviamo invece il Picolit. Ci sono poi esempi di vini dolci sempre più rari e che vengono prodotti in quantità sempre minori, come lo Sciacchetrà delle Cinque Terre, in Liguria. In Toscana troviamo uno dei vini dolci più popolari d'Italia, il Vin Santo, prodotto mediante l'appassimento su graticci di uve Trebbiano toscano e Malvasia. La maggior parte delle aziende vinicole ha il proprio Vin

Finire
in dolcezza

Tra un Vin Santo e un Sauternes, ecco come allietare il momento del dessert

di Beatrice Rivolti

Santo, ma attenzione a non confonderlo con il "vino liquoroso", versione più economica ma decisamente "lontana" dal vero Vin Santo. La produzione di vini da dessert del sud Italia, infine, riguarda per buona parte l'uva moscato. La troviamo fra l'altro in Puglia, con il Moscato di Trani, sull'isola di Pantelleria col celebre Passito, in Sicilia con il Moscato di Noto e la Malvasia delle Lipari, ed in Sardegna con il Moscato di Sorso-Sennori. Insomma, non c'è che l'imbarazzo della scelta per finire il pasto in dolcezza. ●

Come sceglierli

Le bottiglie di vino dolce devono essere conservate in posizione orizzontale, in un luogo fresco, buio e non soggetto a vibrazioni. La decantazione non è necessaria. Ottimi se gustati da soli, questi vini accompagnano in maniera eccellente i dolci di fine pasto.

Nell'abbinamento, la prima regola è quella della "concordanza", un'espressione tecnica utilizzata dai sommelier per indicare che ad un determinato dolce occorre abbinare un particolare tipo di vino, più o meno aromatico, caldo o fresco a seconda del dessert che abbiamo davanti. Quindi, nessuna contrapposizione di sapori. Facciamo qualche esempio. I dolci tipici della tradizione natalizia, prevalentemente a pasta lievitata, si abbinano bene con il Brachetto o il Moscato rosa.

Un Vin Santo andrà bene con il panforte di Siena, i cantucci di Prato o la piccola pasticceria a base di pasta di mandorle. Se il dolce è a base di pan di Spagna, magari bagnato con liquore o arricchito con creme, l'ideale è un Picolit. Il millefoglie si abbina con i passiti, i dolci a base di frutta fresca con i vini bianchi dolci e morbidi, mentre quelli con marmellate stanno meglio con un Sagrantino Passito.

Per i dolci serviti caldi, come crêpe e soufflé, l'ideale è il Sauternes. Per crème caramel e bavaresi, lo Sciacchetrà.

State per entrare in un mondo davvero speciale, dorato, magico e ricco di profumi: quello dei vini dolci, in assoluto i più costosi e i più apprezzati. Ma anche i più difficili da produrre perché una non perfetta armonia tra gli elementi può portare a risultati grossolani.

9 **A.** *Dopo aver letto il testo prova a collocare ogni vino nella sua regione d'origine o di produzione.*

1. Asti
2. Asti spumante
3. Moscato d'Asti
4. Brachetto d'Acqui
5. Picolit
6. Sciacchetrà
7. Vin santo
8. Moscato di Trani
9. Moscato di Noto
10. Malvasia delle Lipari
11. Moscato di Sorso-Sennori

B. *Rispondi alle domande:*

1. Cosa hanno in comune i seguenti vini: Asti, Asti spumante e Moscato d'Asti?
2. Quanti tipi di uve vengono nominati nell'articolo?
3. Come vanno conservate le bottiglie di vino dolce?
4. Che significa l'espressione "concordanza" in ambito enologico?

C. *Abbina ad ogni dolce il suo vino ideale.*

1. Panforte di Siena _____
2. Cantucci di Siena _____
3. Dolce ripieno con creme _____
4. Millefoglie _____
5. Dolci a base di frutta fresca _____
6. Dolci con marmellate _____
7. Crepe e soufflé _____
8. Crème caramel _____

10 Cloze *Per finire il pasto in dolcezza*

Inserisci nel testo le seguenti parole ed espressioni:

ci sono poi • invece • insomma • ad esempio • continuiamo • infine
ma attenzione • sempre • invece • questi • passando al • fra l'altro

Nel nostro paese esiste una varietà incredibile di vini dolci. .... in Piemonte, precisamente tra le province di Asti, Alessandria e Cuneo, nascono sia la denominazione di origine controllata e garantita Asti o Asti Spumante che il Moscato d'Asti. .... due vini sono ottenuti dall'uva moscato e si differenziano per la presenza o meno delle caratteristiche "bollicine". L'Asti Spumante è un vino in cui troviamo la caratteristica effervescenza data dall'anidride carbonica, unita a quella freschezza che lo rende unico ed inimitabile. Il Moscato d'Asti, ..., identifica un vino "fermo" dal gusto moderatamente dolce.

.... il nostro excursus tra i vini dolci d'Italia. .... in Piemonte troviamo un'altra Docg: Il Brachetto d'Acqui. .... Veneto, non si può non ricordare il Recioto di Soave, recente Docg, ottenuto principalmente con uve Garganega lasciate ad appassire sui graticci.

Nel Friuli Venezia Giulia troviamo .... il Picolit. ....
esempi di vini dolci sempre più rari che vengono prodotti in quantità sempre minori, come lo Sciacchetrà delle Cinque Terre, in Liguria. In Toscana troviamo uno dei vini dolci più popolari d'Italia, il Vin Santo, prodotto mediante l'appassimento su graticci di uve Trebbiano toscano e Malvasia.

La maggior parte delle aziende vinicole ha il proprio Vin Santo, ... a non confonderlo con il "vino liquoroso", versione più economica ma decisamente "lontana" dal vero Vin Santo. La produzione di vini da dessert dal sud Italia, ..., riguarda per buona parte l'uva moscato. La troviamo .... in Puglia, con il Moscato di Trani, sull'isola di Pantelleria col celebre Passito, in Sicilia con il moscato di Noto e la Malvasia delle Lipari, ed in Sardegna con il Moscato di Sorso-Sennori.

..............................., non c'è che l'imbarazzo della scelta per finire il pasto in dolcezza.

lo Donna

italia eccellente / 2

la bacchetta magica?
a Ivrea la fanno

SALVARE IN UN LIBRETTO D'ORO GLI SMS PIÙ PREZIOSI. ACCENDERE LA TV SFIORANDO LA CARTA DA PARATI. INVIARE E-MAIL CON LA MACCHINA PER SCRIVERE. SEMBRANO GIOCHI, MA NELL'ISTITUTO PER IL DESIGN INTERATTIVO HANNO IN MENTE UNA COSA SERIA: IL FUTURO. COMPETITIVO

A vete sms preziosi che non vorreste buttare e, anzi, vi piacerebbe stampare? La soluzione è a Ivrea. È il Goldenbook che il tedesco **Jan-Christoph Zoels** ha sviluppato con la Sony europea. Forse non sapete che il vostro gestore telefonico deve, per legge, conservare i "messaggini" per tre anni. E, allora, ecco il libricino d'oro. Quando cancellate l'sms, dovete dare un codice. A fine anno, vi arriverà un libretto: 365 pagine, un messaggio al giorno.
Questa è la conclusione di una storia. L'inizio va raccontato. A mezzanotte per le strade di Ivrea non c'è anima viva. Ma nella palazzina che, ai bei tempi, ospitava il centro ricerche Olivetti, le luci sono accese. In un angolo del laboratorio al primo piano, tra montagne di chips e minuscoli relais, **Dario Buzzini sta lavorando, dice, ma sembra che giochi.** Più in là **Valentina Novello** è concentrata su qualcosa di non ben chiaro. In fondo, dietro un bancone spunta il norvegese **Ivar Lyngve**, occhi fissi su una strana bacchetta. Ma che cosa fanno veramente questi giovani - tutti di secondo pelo, età media sui trenta anni - tra computer smembrati, manichini sezionati, giocattoli fatti a pezzi, monitor accesi

su filmati misteriosi o dati ancora più indecifrabili? Per rispondere bisogna prima sapere che questo è **il nuovissimo Interaction design institute di Ivrea**. Anticipiamo che design interattivo significa, più o meno, tentare di integrare in modo semplice e piacevole le nuove tecnologie nella vita e nella cultura quotidiane. La sigla è brutta: Idii. Ma è la sola cosa stonata di un'organizzazione che, per cominciare, si è dotata di un bellissimo sito web (*interaction-ivrea.it*) dove navigare affascinati per quante idee si trovano. Che "idee" sia il femminile di Idii?

Soltanto idee? A che cosa e a chi serve ciò che fanno questi ragazzi? Buzzini, che cincischia con i relais senza spiegare il perché, si è inventato una carta da parati interattiva: la sfiori e accende tv, radio, luce. Novello ha messo a punto **un programma audio che illustra ai ciechi il paesaggio che stanno attraversando in auto.** Lyngve il norvegese ha smontato un gioco e ora, con alcuni dei suoi componenti, cerca di costruire una "bacchetta magica" che permetta ai bambini, con un movimento, di avviare la televisione e con un altro di spegnere la luce o chiamare mamma al cellulare. La illustra **Simona Maschi, docente di service design**, anche lei in piedi a quest'ora («Ci sarebbe un orario, ma qui è aperto 24 ore su 24. **Il motto è: se hai un'idea, realizzala. A qualunque ora**»). L'indiana **Aparna Rao** si studia ancora il suo "telefono dello zio pigro": rosso e lungo fuori misura, è stato uno degli oggetti più ammirati alla recente Triennale dove il padiglione dell'Idii ha fatto il pieno. «Quando ero bambina mio zio viveva a casa con noi» racconta. «Sprofondato in poltrona costringeva noi piccoli a fare tutto per lui. E tra i compiti c'era di portargli in continuazione il telefono. Mi è venuta l'idea che se ne avessi avuto uno lungo e semovibile, fissato da un lato a un piedistallo, la mia vita sarebbe stata migliore». E, sempre pensando a un parente anziano, ha messo a punto con lo svedese **Mathias Dalhström** la 22Pop, ovvero una macchina da scrivere, la mitica Lettera 22, che invia direttamente e-mail via internet. **Rikako Sakai**, ragazza giapponese, ha lasciato la Canon per concentrarsi su **un progetto di coprisedia interattiva: segna i minuti in cui si sta seduti e lo segnala a un computer lontano**. Roba da rabbrividire, ma una manna per gli uffici del personale.

---

11   *Dopo aver letto il testo rispondi alle seguenti domande*

1. Cosa contiene il Goldenbook?
2. In che città si trova l'IDII?
3. Cosa c'era prima nella stesso edificio?
4. Che significa Design Interattivo?
5. Quali sono i progetti dei seguenti studenti:
   - Dario Buzzini
   - Valentina Novello
   - Ivar Lyngve
   - Aparna Rao
   - Mathias Dalhström
   - Rikako Sakai

Sette

BIBLIOTECA ITALIANA di Ranieri Polese

E MENTRE TUTTI SOGNAVANO
la California, De Carlo ci andò

Anche se incitati e stimolati da Arbasino a compiere almeno una «gita a Chiasso», gli scrittori italiani sono sempre stati molto restii ad andare all'estero. Per cui fece davvero un grande effetto, nel 1981, l'uscita di *Treno di panna*, primo romanzo di Andrea De Carlo, scritto e ambientato a Los Angeles quasi in presa diretta. Sì, perché Giovanni Maimeri, il protagonista del libro, è l'alter ego dello scrittore, e come lui sopravvive facendo lavoretti vari (comparsa, cameriere, insegnante), incrociando bionde ragazze disponibili e sognando le piscine di Beverly Hills, dove s'incontrano i divi del cinema. L'oggetto del suo desiderio è la bellissima Marsha Mellows, il cui film *Cream Train* dà il titolo al libro; a lei impartisce lezioni di italiano, poi l'accompagnerà a una festa, a piedi nudi sui prati con vista sulla Città degli Angeli, l'«immenso lago nero pieno di plancton luminoso, esteso fino ai margini dell'orizzonte».

E intanto si ripercorre con scrupolosa esattezza la geografia della metropoli, su e giù da Santa Monica per il Sunset Boulevard, il lungomare di Venice, le colline di West Hollywood, le librerie di Westwood, le case sotto gli ingressi delle freeways.

Annoiato da Milano e dall'Italia in genere, De Carlo ha passato i suoi anni Settanta in giro per il mondo: Australia, Hawaii, Stati Uniti (e negli Ottanta, con Fellini, andò in Yucatán). Tornato a casa, pubblicato il romanzo, si è ritrovato circondato da un culto che non sembra aver fine. Buon per lui. Ma gli altri scrittori, giovani e no, come si sono comportati? Ci sono stati i viaggiatori di professione, come la Fallaci e Parise, i cui reportage giornalistici diventavano libri. Così pure Tiziano Terzani, che dai Sessanta ci ha raccontato il Vietnam, la Cina, il Giappone, la Siberia. Anche il Moravia africano lavorava per i giornali. Mentre i sopralluoghi di Pasolini in Palestina, nei Paesi Arabi, in Africa e in India rispondevano spesso all'esigenza di trovare set per i suoi film.

Ma di scrittori che vivono in altri Paesi, e che di là scrivono e là collocano le loro storie, quanti ce ne sono? Pochi. Primo fra tutti, Antònio Tabucchi, forse il più cosmopolita con i suoi romanzi portoghesi e il suo *Notturno indiano*. E naturalmente Claudio Magris, esploratore del Danubio. Ma poi? Fra i giovani, curiosamente, c'è un forte radicamento nei borghi e nelle periferie, seguendo le inclinazioni di Pier Vittorio Tondelli, che s'interessava solo di persone e luoghi della grande provincia italiana. Così i Cannibali, per esempio, preferiscono Rimini e Tradate. I giallisti come Lucarelli o il fiorentino Vichi si appassionano di storie locali; unico controcorrente, l'esordiente Giorgio Faletti con il suo *Io uccido*, tutto girato a Montecarlo e dintorni. Lontani da casa si sta male, il caso di Francesca Marciano che vive in Kenya e scrive in inglese il suo primo libro, *Cielo scoperto*, è praticamente unico. Per gli altri, il grado di curiosità per climi diversi è uguale a zero. Con due lodevoli eccezioni, Sandro Veronesi ed Eraldo Affinati, il primo con *Occhio per occhio* sulla pena di morte in America e in altri Paesi, l'altro con *Campo di sangue* sul Lager di Auschwitz. Il massimo spostamento che ci si può concedere è l'appartamento a Parigi, Quartiere Latino, a due passi dai caffè dove ci sono solo italiani.

Molto più coraggiosi i musicisti che incidono in America (Zucchero) e si affermano nelle discoteche internazionali (Alexia). E anche i cinematografari come Neri Parenti o i Vanzina, che tra crociere sul Nilo e sciate ad Aspen provano a rinnovare la geografia popolar-nazionale. Altrimenti è sempre il solito ritornello, di quelli che sognando la California (versione Dik Dik) restano qua. De Carlo in California c'era andato davvero. E scusate se è poco. ∎

12   **A.** *Dopo aver letto l'articolo "E mentre tutti sognavano" rispondi alle seguenti domande.*

1. Qual è la critica principale che viene mossa agli scrittori italiani?

2. Chi fa eccezione alla regola e perché?

3. Di cosa parla il libro *Treno di Panna*?

4. In quali paesi ha viaggiato Andrea de Carlo?

B. Abbina i seguenti scrittori o registi ai paesi che hanno visitato o nei quali hanno ambientato le loro storie.

	Cina	Palestina	Africa	Vietnam	Yucatan	Portogallo	Auschwitz	Montecarlo	America
Fellini									
Moravia									
Pasolini									
G. Faletti									
T. Terzani									
F. Marciano									
S. Veronesi									
E. Affinati									

13   *Rileggi la prima colonna dell'articolo "E mentre tutti sognavano" e sottolinea tutti i i verbi al participio passato.*
Prova a trasformarli nella forma esplicita spiegando il loro valore di passato prossimo o passato remoto attivo o passivo, o gerundio causale.

FACCIAMO
GRAMMATICA

Usi del participio passato

Il participio passato, usato da solo, può avere valore causale o temporale, può esprimere una causa o stabilire relazioni di tempo.

 Finiti i compiti uscì (dopo aver finito i compiti, dopo che ebbe/aveva finito i compiti) valore temporale

Pagati i suoi debiti, si sentì sollevato (avendo pagato i debiti, poiché aveva pagato i debiti) valore causale

Se il verbo è transitivo il participio si accorda con l'oggetto.

 Finita la torta…

Finiti i compiti…

Finite le prove di danza…

Finito l'esercizio…

Se il verbo è intransitivo il participio concorda col soggetto.

 Uscito di casa, Marco si diresse verso la stazione.

Uscita di casa, Luigina si diresse verso la stazione.

Usciti di casa i due ragazzi si diressero verso la stazione.

Uscite di casa, le due ragazze si diressero verso la stazione.

Alcune espressioni tipiche

detto fatto	*considerato il prezzo*
visto l'andazzo	*considerata l'età*
vista l'ora	*tutto sommato*
capita l'antifona	*detto tra noi*
considerata la stagione	

14 **Esercizio**

Inserisci in modo appropriato le espressioni tipiche con il participio passato.

1. ...., le capacità di questo bambino sono davvero sorprendenti!

2. Senti, Marco è veramente strano in questo periodo. ...., sembra davvero matto!

3. ...., non mi sembra il caso di cenare all'aperto stasera.

4. Devi dire a tuo figlio di impegnarsi di più nello studio perché .... di quest'ultimo periodo, rischia di farsi bocciare.

5. .... questo ristorante non è poi così male, costa poco, la qualità è accettabile e il servizio è soddisfacente.

6. .... sarebbe il caso che io rientrassi, mia moglie potrebbe essere in pensiero.

7. Carlo e Marina non hanno fatto altro che parlarmi dei loro problemi economici. E tu come hai reagito? Beh! .... gli ho chiesto se avevano bisogno di un prestito.

8. Questo cappotto non sarà bellissimo ma .... lo compro lo stesso.

9. Mio marito mi ha proposto un viaggio, non aspettavo altro e, ..., siamo andati in un'agenzia di viaggi e abbiamo prenotato l'aereo.

15 **Esercizio**

Inserisci i verbi al participio passato nelle seguenti frasi.

ES (aprire) ....*Aperta*......... la porta, si accorse che la luce della camera ere accesa.

1. Una volta (riattaccare) .... il telefono, fu presa dalla strana sensazione che Marco le avesse mentito.

2. (mettere) .... a dormire i bambini, si stese sul divano, stanchissima, accese la TV e si addormentò dopo pochi minuti.

3. (fare) .... i conti, si rese conto che aveva comprato solo piccole cose e aveva speso assai più del previsto.

4. (finire) .... la spesa, tornò a casa ed iniziò a preparare la cena.

5. (lasciare) .... l'ufficio, si ricordò che non aveva spento il computer.

6. (spedire) .... le ultime e-mail, si sentì finalmente sollevato e decise che per quel giorno poteva bastare col lavoro.

7. (passare) .... l'estate, la loro storia finì ed ognuno tornò alla propria vita di sempre.

8. (scendere) .... dall'autobus, Marco si accorse che per la fretta aveva dimenticato l'ombrello sotto il sedile

9. (arrivare) .... all'aeroporto, Paolo cercò un ufficio di cambio; non aveva neanche i soldi per un taxi.

10. (tornare) .... dalle vacanze, tutti i bambini erano molto distratti e non riuscivano a concentrarsi durante le lezioni.

Il venditore di matite

Uscendo in strada alla solita ora, il venditore di matite alzò gli occhi a controllare il grigio pacco del cielo e constatò che da ieri non s'era mosso. Gli parve soltanto che il freddo fosse più intenso e che lo stato di brina sui tetti rivolti a nord fosse più fitto. S'avviò in fretta verso la pensilina, mettendosi a correre quando sentì alle sue spalle il fruscìo del filobus che arrivava. Salì, scese dopo tre sole fermate e, tornato indietro di un centianio di metri, infilò una stradetta laterale.

Forse oggi avrebbe nevicato, pensò, chinandosi con un certo sforzo per aprire il lucchetto e alzare la saracinesca arrugginita, dietro la quale lo aspettava la vecchia Volkswagen con i suoi scatoloni di matite Jucca.

Ebbe qualche difficoltà a mettere in moto, ma la scintilla finì per scoccare, la macchina cominciò a sussultare, e il venditore – portata fuori l'auto, richiusa la saracinesca – restò ancora qualche momento con le mani guantate sul volante ad aspettare che il motore si scaldasse. Infine ingranò la prima e partì per il suo giro.

Fruttero e Lucentini, "A che punto è la notte"

16 Esercizio

Dopo aver letto il brano "Il venditore di matite" sottolinea tutte le frasi implicite al gerundio e al participio e trasformale in esplicite.

17 Attività orale *Luoghi letterari*

Lavora in coppia con un compagno ed intervistatevi sui seguenti punti.

1. Ci sono opere letterarie o cinematografiche ambientate nel tuo paese o che ne descrivono alcuni aspetti sia del presente che del passato?

2. Secondo te queste opere contribuiscono a formare un'immagine positiva del tuo paese?

3. Leggi letteratura tradotta da altre lingue? Di quali paesi soprattutto?

4. Leggi libri in lingua originale? In che lingua? Ricordi qualche opera?

5. Di solito guardi film in lingua originale o doppiati? Quali preferisci e perché?

6. Durante i tuoi viaggi tieni o hai tenuto mai un diario di viaggio? Di quali luoghi?

7. Hai fatto leggere mai i tuoi scritti, le tue descrizioni a qualcuno?

estate

Le lunghissime estati in Sardegna sono scandite da momenti che i sapori ed i profumi rendono indimenticabili. Gustare i prodotti del suo mare dalla purezza ineguagliabile preparati con sapiente semplicità, è un piacere che è impossibile dimenticare.

inverno

Cogliere momenti di intenso piacere nel chinarsi a sfiorare il muschio del sottobosco e scoprire una natura dalla bellezza struggente. L'inverno in Sardegna ha il gusto intenso dei formaggi di pecora, il profumo delicato dei funghi preziosi, il colore d'oro del primo olio vergine d'oliva.

Pubblicità Ente Sardo Industrie Turistiche

autunno

Per le campagne i profumi di vendemmia appena conclusa, odori di legni antichi nelle tante cantine dei borghi vocati alla cultura del vino. La natura in Sardegna si appresta a vestirsi dei colori dell'autunno: l'isola delle magie vi attende con i suoi doni unici.

Sardegna, un'isola di profumi e sapori da scoprire tutto l'anno.

primavera

Tempo di mille sagre, tempo di profumi nuovi, tempo del pane delle feste dalle tante forme augurali. La primavera in Sardegna ha il colore del miele di corbezzolo, del bianco delle ricotte fragranti, del rosso rubino dei giovani vini, dell'oro dell'olio vergine sulle fresche verdure di stagione.

un mare di vacanze

Ente Sardo Industrie Turistiche
Via Mameli 97, Cagliari
Sardegna - Italia
Regione Autonoma della Sardegna

Per informazioni turistiche:
numero verde 800-013153
0039/070/6023341

www.esit.net
e-mail:esiturismo@tiscalinet.it

J.&Co. Gestioni & Pubblicità - www.jeco.it

18   **A.** *Osserva lo slogan di questo testo pubblicitario sulla Sardegna, regione di mare dove milioni di italiani si recano d'estate. Secondo te che scopo ha?*
Perché si dice: "… da scoprire tutto l'anno"?

B. *Ora leggi tutto il testo pubblicitario e poi prova a ricostruirne il senso utilizzando le tracce di riferimento per ogni stagione.*

estate

Momenti resi indimenticabili dai...

È impossibile dimenticare il piacere di...

autunno

Profumi di ...

Colori...

inverno

Intenso piacere

Ha il gusto...

del...

il profumo...

il colore...

primavera

Tempo di ...

Ha il colore

del bianco...

del rosso rubino...

dell'oro...

19   **Attività scritta** *Pubblicità: Luoghi e stagioni*

Pensa alla tua città, al tuo paese, al tuo villaggio, alla tua regione o, comunque, ad un luogo che ami e che conosci bene. Immagina di scrivere un testo pubblicitario seguendo lo schema di quello che hai appena letto, riguardante la Sardegna, che contiene uno slogan centrale e quattro brevi testi descrittivi. La pubblicità dovrà focalizzare le caratteristiche del luogo che hai scelto nelle diverse stagioni. Osserva che i testi pubblicitari sono sempre brevi ma densi di informazioni. Cerca, perciò, di inserire nel tuo testo pubblicitario quegli aspetti e quelle informazioni fondamentali che secondo te possono maggiormente attrarre il lettore.

20 🔲 *Pubblcitià: LAV*

track **A.** *Ascolta il messaggio pubblicitario e indica la risposta corretta.*

1. Questa pubblicità ha lo scopo: ⊙ di reclamizzare un prodotto per promuoverne la vendita

⊙ di sensibilizzare l'opinione pubblica su un problema

2. Lo scenario presentato nella pubblicità è   ⊙ estivo

⊙ primaverile

3. Quali fra questi elementi naturali vengono citati nel messaggio pubblicitario:

⊙ fiume   ⊙ cielo

⊙ colline   ⊙ spiaggia

⊙ bosco   ⊙ alberi

⊙ mare

4. Associa gli aggettivi ai sostantivi:

verdeggiante

italiano

rigogliosi

azzurro

cielo

alberi

bosco

5. Un uomo   ⊙ sta camminando

⊙ sta passeggiando

⊙ sta correndo

6. Il suo cane   ⊙ scodinzola festoso

⊙ trotterella festoso

7. La LAV è un'associazione contro   ⊙ la caccia

⊙ l'abbandono degli animali

8. Secondo la LAV, la caccia è   ⊙ un crimine legalizzato

⊙ uno sport tradizionale

9. Il messaggio pubblicitario si chiude con un appello: ⊙ Aiutaci a fermarla!

⊙ Aiutaci a limitarla!

⊙ Aiutaci a bloccarla!

10. Per avere informazioni sulla LAV è possibile telefonare
    o visitare un sito in Internet.   ⊙ vero   ⊙ falso

21   Attività orale

Nel tuo paese è proibita o ammessa la caccia?

Ci sono associazioni che combattono contro la caccia?

C'è l'abitudine di abbandonare gli animali dopo averli tenuti in casa?
Si fanno campagne attraverso i mezzi di informazione contro questi comportamenti?

Cosa pensi di tutti questi argomenti?
Possiedi degli animali in casa?
Qual è il tuo rapporto con loro?

Discuti di tutto questo in piccoli gruppi con i tuoi compagni.

22   Lessico

A. *Associa le espressioni ai significati:*

Un albero rigoglioso	senza foglie
Un albero spoglio	pieno di fiori
Un albero in fiore	pieno di foglie, con una folta chioma
Un cane abbaia	agita la coda
Un cane scodinzola	emette il suo verso
Un cane trotterella	avanza in un modo che ricorda il trotto di un cavallo, con un'andatura non veloce, ma sostenuta.

B. *Disponi in sequenza dal positivo al negativo i seguenti aggettivi che si possono riferire al cielo:*

terso   azzurro   grigiastro   nuvoloso   limpido   plumbeo   coperto   grigio

positivo negativo

il questionario di io donna

liberamente ispirato al famoso gioco di Marcel Proust
di Paolo Di Stefano

risponde

Andrea De Carlo

Il tratto principale del suo carattere?
L' immaginazione.

La qualità che preferisce in un uomo?
La curiosità.

E in una donna?
L'attenzione.

Il suo migliore amico?
Non l'ho ancora trovato.

Il suo principale difetto?
Rimandare.

La persona a cui chiederebbe consiglio in un momento difficile?
Mia figlia.

Il suo sogno di felicità?
In un villaggio su un altopiano, vicino all'acqua, con le persone e gli animali che amo.

Il suo rimpianto?
Il tempo usato male.

L'ultima volta che ha pianto?
Ieri, guardando una pubblicità televisiva.

Il giorno più felice della sua vita?
Domani.

E il più infelice?
Il primo giorno di scuola.

La persona scomparsa che richiamerebbe in vita?
Leonardo da Vinci.

Quale sarebbe la disgrazia più grande?
Dover rispondere a un altro questionario.

Il fiore preferito?
Un fiorellino di campo che ho fotografato, di cui non conosco il nome.

Città preferita?
Amsterdam, Sydney, Urbino.

L'uccello preferito?
L'oca.

Il suo piatto preferito?
La pizza.

Il suo primo ricordo?
Una tana nel bosco.

Se avesse a disposizione qualche milione di euro?
Finanzierei una campagna contro la distruzione dell'ambiente.

Libro preferito?
I tre moschettieri di Alexandre Dumas.

Autori preferiti in prosa?
Tolstoj, Stendhal, Kafka, Scott Fitzgerald, Fante.

Poeti preferiti?
Ungaretti, Eluard, Neruda, Bob Dylan.

Il suo cantante?
Bob Dylan in *Blonde on Blonde*.

Sport preferito?
L'equitazione.

Il suo eroe?
Marco Antonio.

Eroina?
Cleopatra.

I pittori che ama di più?
Leonardo, Paolo Uccello, Renoir, Matisse, Hopper, Hockney.

La trasmissione televisiva più amata?
Nessuna.

Attore preferito?
Marlon Brando ne *Gli ammutinati del Bounty*.

Biografia

Andrea De Carlo è nato a Milano nel 1952. Il suo primo romanzo, *Treno di panna*, pubblicato nel 1981, fu accettato all'Einaudi da Italo Calvino. Altri libri: *Uccelli da gabbia e da voliera, Macno, Yucatan, Due di due, Arcodamore, Tecniche di seduzione, I veri nomi*. È stato assistente di Oliviero Toscani, occupandosi di fotografie pubblicitarie d'interni, e di Federico Fellini per la lavorazione de film *E la nave va*. Poi, co-sceneggiatore con Michelangelo Antonioni e regista. Ha scritto e messo in scena, insieme al musicista Ludovico Einaudi, i balletti *Time Out* e *Salgari*, e ha composto le musiche del cd *Alcuni nomi* e del film *Uomini, donne, bambini e cani*. I suoi libri sono tradotti in 21 paesi. È in libreria il suo ultimo romanzo, *Giro di vento*, edito da Bompiani.

23   Attività

Ricomponi l'ultima parte mancante dell'intervista allo scrittore Andrea De Carlo collegando le domande e le risposte.

A

B

*La canzone che fischia
più spesso sotto la doccia?*

Disintegrato.

Film cult?

Nestor Makno.[1]

*Se dovesse cambiare qualcosa nel
suo fisico che cosa cambierebbe?*

Gli eccessi in legittima difesa.

Personaggio storico più ammirato?

A Bush di tornarsene nel suo ranch,
risolvere una volta per tutte i problemi
con suo padre, e magari leggersi qualche libro.
Al Papa di smetterla con la propaganda
anticoncezionale in paesi sovrappopolati
e devastati dall'AIDS.

E il più detestato?

In movimento.

Quel che detesta di più?

Heinrich Himmler.[2]

*Se potesse parlare a quattr'occhi
con l'uomo più potente del mondo,
che cosa gli direbbe?*

Il dono di natura che vorrebbe avere?

C'è sempre un nuovo angolo da cui guardare le cose.

Come vorrebbe morire?

Se proprio fossi costretto, tutto.

Stato d'animo attuale?

Parlare tutte le lingue del mondo.

*Le colpe che le ispirano maggiore
indulgenza?*

Otto e mezzo di Fellini.

Il suo motto?

In questi giorni Dimbke dal mio ultimo disco.

Note [1] Rivoluzionario anarchico ucraino
[2] Figura di spicco del Nazismo

24   Attività orale *Dimmi chi sei*

Lavora con un compagno. Intervistatevi a turno utilizzando lo schema proposto nell'intervista allo scrittore Andrea De Carlo.

Passarono giorni di assoluto riposo alternati a giornate di stress, giorni di entusiasmo che sfociavano in settimane di insoddisfazione, il problema era che Piero non riusciva a scrivere la parola fine sul suo libro.

Gli sembrava di aver lasciato fuori così tanti luoghi, si chiedeva se aveva scelto quelli giusti, a volte immaginava un lettore complimentoso a volte uno ironico che sghignazzava, vedeva il suo libro sommerso da altri mille libri, a volte persino si pentiva di aver regalato a quel volume alcuni dei suoi sentimenti più intimi.

L'autunno s'irrigidì ben presto, sfociando nelle luci colorate dell'inverno.
Mentre il Soratte, s'imbiancava e Piero lo guardava con gli occhi antichi di Orazio:
"Vides ut alta stet nive candidum Soracte..."[1] la capitale si preparava alle feste natalizie.
La gente ripeteva instancabilmente la difficoltà del vivere coi prezzi in salita ed il potere d'acquisto dei salari dimezzato. Scioperavano tutti. Ma subito dopo aver scioperato tutti si fiondavano a comprare, attratti da offerte stagionali e promesse di acquisti con pagamenti dilazionati negli anni successivi.
I marciapiedi nelle vie più commerciali della città si intasavano di bancarelle in cui improvvisati venditori dai quattro angoli del mondo smerciavano l'inutile ai passanti sgomitanti.
Nella metro bambini d'altre culture cercavano di intenerire il cuore dei passeggeri ammassati nei vagoni con melodie natalizie.

[1] *Vedi come si erge il (monte) Soratte, candido per l'alta neve.*

Al cinema i soliti registi di cassetta si preparavano ad accogliere famiglie e comitive evase dai pranzi festivi con commedie su Babbo Natale a lieto fine.

Negli uffici e nei supermercati, oltre alle decorazioni e alle piramidi di prodotti stagionali, circolavano le solite dicerie su un probabile attentato terroristico nei luoghi cruciali durante le sante feste.

Si riesumavano aneddoti già smerciati nei mesi successivi all'11 settembre[2], come quello della signora che avrebbe aiutato uno straniero ricevendo in cambio una rivelazione "Signora non prenda la metro e non la faccia prendere ai suoi cari nel giorno tal dei tali…"

Come la favola del pesciolino d'oro, pensava Piero… tu mi hai salvato ed io ti premio. Non era cambiato nulla, come sempre l'umanità si serviva di favole per dar forma ai propri sogni ed esorcizzare le proprie paure.

Quelle favole un tempo si erano intrecciate alla storia ed avevano dato vita a rappresentazioni dell'esistenza in cui generazioni e generazioni si erano riconosciute. Quali saranno le favole del nostro tempo che noi passeremo al futuro? Quali saranno i versi che sedimenteranno nell'anima degli alunni di oggi da rievocare insieme in futuro, nella memoria collettiva che unisce le generazioni? Quali saranno i reperti di questa parte di tempo che cavalca all'impazzata due millenni senza traguardi?

Dopo i fori, gli anfiteatri, i castelli, le cattedrali, le torri, i palazzi, le piazze, le ville, gli stadi l'ingegno umano stava tornando agli embrioni dell'architettura costruendo nuovi menhir, sempre più alti, sempre più armati, trasparenti, luccicanti, inebrianti, spogli, senza un vaso o un panno steso, piantati nel cuore di molte città dai nuovi sacerdoti dello spazio.

[2] *11 settembre 2001: giorno in cui un attentato terroristico distrusse le torri Gemelle a New York.*

1   **A.** *Dopo aver letto il testo segna le risposte corrette.*

1. Piero aveva passato un periodo fatto di giornate tutte uguali.   ⊙ vero   ⊙ falso

2. Piero si poneva molti problemi relativi al libro che stava terminando.   ⊙ vero   ⊙ falso

3. Con l'arrivo dell'inverno, Roma si preparava al Natale.   ⊙ vero   ⊙ falso

4. In generale la gente era soddisfatta delle proprie condizioni di vita.   ⊙ vero   ⊙ falso

5. A causa degli aumenti dei prezzi la gente disertava i negozi.   ⊙ vero   ⊙ falso

6. I marciapiedi delle città erano vuoti.   ⊙ vero   ⊙ falso

7. In città circolavano storie legate a paure metropolitane.   ⊙ vero   ⊙ falso

8. Piero paragonava queste storie alle favole di un tempo
    che servivano ad allontanare le paure.   ⊙ vero   ⊙ falso

9. Piero non si poneva alcun problema riguardo al futuro.   ⊙ vero   ⊙ falso

10. Piero rifletteva sulle implicazioni dello sviluppo verticale delle città.   ⊙ vero   ⊙ falso

B. *Rispondi alle domande.*

1. Perché Piero aveva passato un periodo carico di sensazioni contrastanti?

2. Che cosa non lo soddisfaceva nel lavoro di scrittura del suo libro?

3. Di quale periodo dell'anno e di quale atmosfera si parla nel testo?

4. Di cosa la gente parlava instancabilmente e perché protestava?

5. Ricordi che cosa accadeva in città: per le strade, nella metro, al cinema, negli uffici
    e nei supermercati? Prova a descrivere tutto questo.

6. Di che cosa la gente aveva paura e come cercava di esorcizzare queste paure?

7. Quali riflessioni faceva Piero a proposito delle favole del nostro tempo e del futuro?

2 **Lessico**

Cerca nel testo le espressioni sinonime e trascrivile accanto ad ogni definizione:

Ridacchiava esprimendo disprezzo e derisione   _____

Prezzi aumentati   _____

Valore reale delle retribuzioni   _____

Andavano in massa, con irruenza   _____

Pagamenti riportati nel tempo   _____

Si riempivano eccessivamente   _____

Vendevano oggetti di poca utilità   _____

Passanti che cercano di farsi largo tra la folla　_____

Autori di film commerciali, di scarso valore artistico　_____

Voci che si diffondono fra la gente　_____

Si ripescavano dalla memoria passata, si ritiravano fuori　_____

Allontanare le proprie paure　_____

Resteranno stabilmente, lasceranno un segno nell'anima　_____

Riportare alla memoria　_____

Il ricordo che diventa patrimonio collettivo di generazioni　_____

Alle forme iniziali dell'architettura　_____

Che fanno passare la luce　_____

Che brillano　_____

Che provocano una sensazione di ebbrezza　_____

3　*Cerca nel testo tutti i sostantivi in* -ione *e indica da quale verbo derivano.*

sostantivi in -ione	verbi

4　Esercizio

Forma il sostantivo a partire dai seguenti verbi:

ES　Affermare　　*affermazione*

Amministrare	_____	Giustificare	_____
Apparire	_____	Improvvisare	_____
Assicurare	_____	Limitare	_____
Autorizzare	_____	Negare	_____
Benedire	_____	Operare	_____
Convincere	_____	Punire	_____
Definire	_____	Rimuovere	_____
Distrarre	_____	Sottrarre	_____
Donare	_____	Tentare	_____
Emozionarsi	_____	Valutare	_____

5 Esercizio

Reinserisci alcuni dei sostantivi dell'attività precedente nelle seguenti frasi:

ES Un ricco industriale ha fatto una cospicua ....*donazione*........... ad un istituto religioso.

1. In Italia la Pubblica .... non è sempre molto efficiente

2. Amleto una notte ebbe un' ...., era il fantasma di suo padre.

3. Devo rinnovare l'...................................... della mia automobile perché è scaduta.

4. Non c'è nessuna .... per quello che ha fatto.
   Rubare in casa di un amico!

5. Per le macchine che sostano nel centro storico non c'è solo la multa ma rischiano anche
   la ....

6. Marcello ha portato a casa una brutta pagella e i genitori l'hanno messo in
   .... Non potrà guardare la TV per una settimana.

7. Si dice che il teatro di Totò fosse frutto di molta ....,
   spesso l'attore inventava le battute sul palcoscenico.

8. Non conosco il significato di questa parola, devo cercare la .... esatta
   sul dizionario.

9. Non sono errori gravi, sono piuttosto piccoli errori d'ortografia dovuti alla ....

10. Sono a dieta ma questo gelato per me è una grossa ....

11. Si è rotto una gamba giocando a calcio e deve farsi un' ....

12. È difficile fare una veloce .... dei danni causati dal terremoto.

13. La pioggia è stata una vera .... per il prato del giardino,
    che nessuno aveva innaffiato per giorni e giorni.

14. I minorenni non possono sposarsi senza l'...................................... dei genitori.

6 *Rileggi il testo "Ultimo capitolo" e sottolinea tutti i verbi preceduti dal pronome "si". Definisci l'uso del pronome come "si" riflessivo, o passivante.*

 Si chiedeva - chiedersi - riflessivo

7 Esercizio

Scegli tra le seguenti frasi solo quelle passive ed impersonali e trasformale evitando l'uso del "si".

1. A Natale si mangia di più e si sta molto tempo in casa.

   _____

2. I biglietti della metro si vendono presso tutti i tabaccai o le edicole.

   _____

3. I ragazzi si incontrano spesso all'interno dei grandi centri commerciali.

   _____

4. Eugenio si comporta in modo strano negli ultimi tempi.

   _____

5. In questa città si parcheggiano le macchine in doppia fila e sui marciapiedi, e così si intasa il traffico.

   _____

6. Il torrone è un dolce che si mangia quasi esclusivamente durante le feste natalizie.

   _____

7. Ornella si trucca in modo eccessivo, sarebbe più carina al naturale.

   _____

8. Alla fine di quest'anno si eleggerà un nuovo sindaco.

   _____

9. Pare che questo videogioco si venda moltissimo, piace a tutti i ragazzi.

   _____

10. Mi hanno detto che il guasto non si può riparare, devo comprare una nuova lavatrice.

    _____

Io Donna

l'uomo del sabato di Beppe Severgnini
Attenti a quel pannolone

Tempo fa, in questo spazio, sotto gli occhi vigili della Gabanelli, abbiamo affrontato il problema dei diminutivi. Abbiamo spiegato perché, **ascoltando parole che finiscono in "ino" o "ina", dobbiamo cominciare a preoccuparci: quasi sempre nascondono una fregatura** (attimino, manovrina, programmino, giochino, seratina). **Per gli accrescitivi, è diverso.** Rappresentano anch'essi una piaga della lingua italiana, ma multicolore, quasi allegra. Quando un vocabolo finisce in "one" dobbiamo, sì, prestare attenzione. Ma non è detto che finiamo a testa in giù in un burrone. Partiamo dall'alimentazione. Il *bibitone* è sospetto: di solito è un intruglio e non si sa cosa ci sia dentro (ormai neppure i calciatori lo buttano giù senza farsi domande). Mentre il *pannolino* è simpatico, il *pannolone* è malinconico (chiedere agli utenti: si divertono solo nella pubblicità). Il *bambinone* è, sostanzialmente, un adulto cretino (così come il *ragazzone* è un adolescente non particolarmente sveglio). Non a caso, una mente pronta si dice «una bella testa» non un testone. Il *regalone* è un dono di cui non si sentiva alcun bisogno, ma abbiamo dovuto accettare per le insistenze del donatore (ditta, collega, amico, parente). Lo *scooterone* piace a chi non sa andare in motocicletta e il *macchinone* è un'auto inutile (troppo grande, troppo potente, troppo cara). Il *portellone*, però, è stato una grande invenzione: il baule non era altrettanto sexy, e non serviva per far salire il cane. Avanti? D'accordo. Il *professorone* è un professionista molto caro, oppure un po' arrogante (in qualche caso, entrambe le cose). Lo *squadrone* è una squadra che perderà la prossima partita (a quel punto sarà una squadretta, poi vincerà di nuovo e diventerà una squadra). Il *borsone* è una valigia che cerchiamo di spacciare per bagaglio a mano. Il *librone* è un volume che nessuno leggerà (si può anche acquistare, se l'autore è sufficientemente di moda: ma questo è un altro discorso). Infine, c'è la televisione. Come? Non è un accrescitivo? Be', per colpa sua alcuni di noi erano superficiali e sono diventati stupidi. Non vi basta?

www.corriere.it/severgnini

---

8 *Dopo aver letto l'articolo, rispondi alle domande:*

1. **Quale argomento relativo alle parole della lingua italiana, è stato già trattato dal giornalista nella sua rubrica ?**

2. **Qual è, invece, l'argomento dell'articolo che hai letto?**

3. **Che cosa dice il giornalista Beppe Severgnini dei vocaboli che terminano in *-one*?**

4. **Nell'articolo vengono citate molte parole che terminano in *-one*. Prova a ricordare come vengono definite le parole elencate qui sotto:**

   - il pannolone
   - il ragazzone
   - il regalone
   - lo scooterone
   - il macchinone
   - il portellone

   - il bambinone
   - il librone
   - il borsone
   - lo squadrone
   - il professorone

5. **Cosa pensa Beppe Severgnini della televisione?**

9 Lessico

A. *Indica tra le parole elencate sotto quelle alterate con il suffisso accrescitivo -one, e quelle che terminano in -one ma non sono sostantivi alterati. Trascrivile nei rispettivi spazi:*
Nella categoria degli alterati prova distinguere quelli "veri" da quelli "falsi".

Pallone	Plotone	Provolone	Cotone
Lettone	Piumone	Piattone	Ombrellone
Figurone	Cartone	Salone	Pedone
Palazzone	Campione	Stanzone	Bacione
Schiaffone	Cartellone	Moscone	Pentolone
Cenone	Stallone	Montone	Tifone
Buffone	Barone	Bastone	Ciclone
Portone	Barbone	Minestrone	

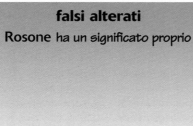

veri alterati	**falsi alterati**	**non alterati**
Ragazzone *ragazzo grosso*	Rosone *ha un significato proprio*	Burrone

B. Prova a spiegare il significato di queste parole alterate derivate da verbi, nomi o aggettivi:

 Dormiglione: *che dorme molto*

1. Tirchione _____

2. Riccone _____

3. Spendaccione _____

4. Pasticcione _____

5. Chiacchierone _____

6. Brontolone _____

7. Pigrone _____

8. Imbroglione _____

9. Fannullone _____

10. Musone _____

11. Scroccone _____

12. Nasone _____

13. Testone _____

14. Cervellone _____

Roma in botticella

Paolo Stoppa

La botticella romana mi ricorda un tempo a cui penso con nostalgia: non è un tempo trascorso e consumato nei decenni, ma più recente. Un tempo in cui in questa Roma ci si poteva incontrare, ci si poteva vedere, anche senza indire una riunione coi manifesti e annunzi radio. Ci s'incontrava, si coltivavano delle amicizie, anche se in una cerchia allora ristretta si parlava di "café society" e di "conoscenze sociali". Ci s'incontrava, per esempio, al caffé Rosati in via Veneto, anche senza un preciso appuntamento, due anche tre volte al giorno, tutte le volte che capitava di "passare da Rosati", con Flaiano, De Feo, Contini, Saragat (prima che fosse diventato presidente della Repubblica), Vincenzino Talarico. Non c'era bisogno di organizzare l'incontro. Ma che c'entra la botticella con tutto questo? Era un tempo, ripeto, non remoto, in cui la botticella poteva ancora circolare per Roma. E quando ne vedevo una, anche se ridotta a supporto d'una famigliola di turisti per la foto ricordo sullo sfondo dell'Hotel Excelsior, di San Pietro, del Colosseo, anche allora rivedevo Trilussa sulla botticella, Trilussa col cappello a larghe tese, da artista, come si usava una volta. Un cappello di quella stessa foggia lo portava mio zio, Augusto Jandolo, antiquario e poeta. Che si sia compiuto e consumato il tempo delle amicizie e del ritrovarsi tra amici mi viene ricordato e ribadito quando vedo passare, in questi giorni una botticella, col cavalluccio che sbuffa tra i vapori pestilenziali dei motori e degli impianti d'ogni sorta. Mi ha fatto tenerezza pochi giorni fà, in una mattinata di pioggia, la botticella numero 10 che passava per via Nazionale: con quel numero appiccicato dietro pareva un corridore rimasto in coda alla gara e rassegnato ad uscire fuori gara. Mi veniva fatto di domandarmi come potrebbe trovare posto una botticella in una città dominata dal frastuono e dal fetore d'una meccanizzazione che ha distrutto i contatti umani.

I fedelissimi della botticella

Io ho personalmente 50 anni di ricordi delle botticelle. Dico 50 anni per non spaventarvi: ma sono più di tanti. La prima volta che salii su una botticella era il 1926. Arrivavo per la prima volta a Roma, dalla Basilicata. Alla Stazione Termini c'erano i taxi, naturalmente, ma lo zio Ernesto, buonanima, impiegato del Genio Civile, si diresse deciso verso una botticella. "Prendiamo la carrozzella?" chiesi, ingoiando la mia delusione, perché i taxi mi apparivano come macchine meravigliose. E lo zio mi corresse: "Si chiama botticella - disse - le carrozzelle ci sono a Napoli. A Roma si chiamano botticelle"

10 *Dopo aver letto il testo, rispondi alle domande:*

1. Che cosa ricorda a Paolo Stoppa la botticella romana?

2. Come descrive Paolo Stoppa la vita e le relazioni umane a Roma al tempo in cui le botticelle potevano circolare?

3. A chi pensava Paolo Stoppa quando vedeva passare una botticella?

4. Che cosa è cambiato oggi secondo Paolo Stoppa e perché?

11 *Rileggi il testo "Roma in botticella" ed evidenzia tutte le forme impersonali o passivanti. Nota quali pronomi accompagnano il verbo.*

FACCIAMO GRAMMATICA

Forma impersonale di verbi riflessivi, reciproci e pronominali

Per costruire la forma impersonale di un verbo riflessivo, reciproco o pronominale si usa la particella pronominale "ci" poiché il pronome "si" è già contenuto nella forma verbale:
si vergogna, si lava, ecc...

*In genere **ci si accorge** troppo tardi di aver sbagliato (accorgersi: pronominale)*
*Quando non **ci si vede** da troppo tempo è difficile ritrovarsi (vedersi: reciproco)*
*In una città sconosciuta **ci si perde** facilmente senza l'aiuto di una mappa (perdersi: riflessivo)*

12 Esercizio

Trasforma le frasi alla forma impersonale:

1. Per cerimonie importanti la gente si veste di scuro. _____

2. Gli esseri umani si abituano a tutto. _____

3. La gente si fa il bagno. _____

4. La gente si incontra per la strada. _____

5. Molti si curano con medicine omeopatiche. _____

6. Oggi molti si conoscono attraverso Internet. _____

7. Nessuno si scandalizza più di niente. _____

8. Molti si allenano in palestra per ore. _____

9. La gente si stanca facilmente. _____

10. Lavorando al computer molti si rovinano la vista. _____

13 **Attività orale** *Ieri e oggi: cosa è cambiato?*

Discuti in piccoli gruppi con i tuoi compagni sugli argomenti indicati sotto, evidenziando le differenze tra il presente e il passato. Prova ad usare la forma impersonale con la particella "ci".

- Salutarsi con una stretta di mano
- Baciarsi in pubblico
- Fidanzarsi ufficialmente
- Separarsi dopo pochi anni di matrimonio
- Fidarsi degli altri
- Darsi del "lei"
- Fermarsi a parlare per strada
- Curarsi con l'agopuntura, omeopatia, ecc…

- Sposarsi col rito religioso
- Iscriversi all'università
- Spostarsi in aereo
- Interessarsi di politica
- Curarsi del proprio aspetto esteriore
- Accontentarsi di ciò che si ha
- Preoccuparsi per il futuro

Economy

DI GIORGIO TRIANI*

A Natale la nostalgia del torroncino vince sul *take away* cinese

Un'immagine dell'ultimo spot Condorelli.

Tutti noi viviamo di illusioni. Di idee che ci piace coltivare, anche quando ipotetiche o palesemente irreali. Massimamente quelle che ci riportano all'infanzia, ai sapori di una volta, ai salumi e ai dolci che mangiavamo per le feste o in villeggiatura e il cui sapore era fantastico. Su questo tasto emotivo-sentimentale battono da tempo le marmellate della nonna, gli stracchini dello zio, le antiche salumerie e gelaterie. Al pari di tutti i prodotti e marchi che vantano antiche origini e ricette inimitabili. Come i **Condorelli** che nell'ultima campagna ribadiscono la loro missione di dolce tradizionale, affidandosi al testimonial territoriale di sempre, **Leo Gullotta**. Lo spot è ambientato in una tipica casa italiana, per l'occasione altrettanto tradizionale del cenone di Natale. Attorno al tavolo è radunata tutta la famiglia: nonni, anziane zie, mamma, figli e, a capotavola, il papà. L'iconografia non potrebbe essere più classica: fuori nevica, la casa è addobbata a festa, la tavola è apparecchiata perfettamente. Però la cucina è ferma, di pietanze non si vede nemmeno l'ombra e i commensali si scambiano sorrisi imbarazzati. Non sanno che dirsi. Ma, finalmente, si sente suonare alla porta e tutti sperano che arrivi qualcuno a sbloccare la situazione. Ma è un ragazzo orientale: che ci fa? È venuto a portare un *take away* cinese. Tutti si stupiscono tranne il padre che, visibilmente soddisfatto, comincia a distribuire porzioni di cibo esotico. È a questo punto che da dietro la finestra compare Gullotta, che in tono complice e addentando un torroncino dice: «Il Natale è cambiato… per fortuna il torroncino Condorelli è rimasto com'era!». Il claim è malinconico. Ma di questi tempi, e soprattutto in questo periodo, la nostalgia si vende molto bene nei supermercati.

*Docente di Sociologia della comunicazione all'Università di Verona.

14   *Dopo aver letto l'articolo, rispondi alle domande:*

1. Su quali emozioni e sentimenti fanno leva le pubblicità di alcuni prodotti?
2. Di quale spot pubblicitario si parla nel testo?
3. Ricordi l'ambientazione?
4. Perché i commensali si scambiano sorrisi imbarazzati?
5. Che cosa succede quando si sente suonare alla porta?
6. Come si conclude la pubblicità?
7. A quale sentimento fa appello questa pubblicità?

15 **Attività orale** *Che spot!*

Pensa ad uno spot televisivo che ti è piaciuto particolarmente e descrivine il contenuto.
Se vuoi prova a descrivere anche o alternativamente uno spot che hai trovato particolarmente
sgradevole, brutto o irritante seguendo i parametri indicati sotto.

- prodotto reclamizzato e marca del prodotto
- personaggi protagonisti
- ambientazione
- musica
- testo
- tipo di pubblico al quale viene diretto
- sentimenti o sensazioni sui quali vuole far leva
- motivi per cui ti è piaciuto / non ti è piaciuto

16 **Cloze**

Completate il brano tratto dal testo "A Natale la nostalgia del torroncino vince sul take away *cinese" con i verbi mancanti:*

si vende • si scambiano • si vede • si stupiscono • si sente • dirsi

Però la cucina è ferma, di pietanze non .... nemmeno l'ombra e i commensali

.... sorrisi imbarazzanti. Non sanno che .... Ma finalmente

.... suonare alla porta. È un ragazzo orientale: che ci fa? È venuto a portare

un take away cinese. Tutti .... tranne il padre che, visibilmente soddisfatto,

comincia a distribuire porzioni di cibo esotico.

[…]

Il claim è malinconico. Ma di questi tempi, e soprattutto in questo periodo, la nostalgia

.... molto bene nei supermercati.

Io Donna

l'aria che tira di Gianni Riotta

Elogio alla perfezione degli oggetti quotidiani

LI ABBIAMO SEMPRE SOTTO GLI OCCHI: LA VECCHIA 500, MA ANCHE UN PIATTO DI PASTA, O UNA SAPONETTA. POSSIEDONO UN'ELEGANZA CHE NULLA PUÒ ALTERARE. QUALI SONO I VOSTRI PREFERITI?

C i sono oggetti la cui semplice perfezione ci è evidente, eppure ci sorprende. Non parlo dei capolavori d'arte, la *Cappella Sistina*, un taglio di Lucio Fontana, un bisonte affrescato a Lascaux. Parlo di cose, utensili, macchine che pure sono così belli da meravigliarci se ci fermiamo a osservarli e da ingentilire la nostra giornata con la loro grazia, se ci limitiamo a far passare lo sguardo di sfuggita. Tra le automobili, una Fiat 500, una Renault R5, la vecchia Mini Minor, la 124 Spyder, l'Alfa Duetto, le MG inglesi color verde bottiglia: è possibile vederne una nel traffico e non notarla? Le moto? Una Gilera 124 argentata, una Harley cromata, la Bonneville, la Triumph, le Spitfire o Norton Commando, una Vespa bianca.

Ma dietro c'è il design, un architetto, il gusto. Potete osservare. D'accordo, allora scendo ancora. Prendete in mano una palla da tennis, ieri color crema, oggi gialla. Una polo di cotone bianco o blu senza logo alcuno. Un orologio da uomo con le cifre

da sveglia. Un bicchiere da Martini, vetro soffiato a cono rovesciato. Una barra di sapone senza profumo. Una manciata di biglie colorate. Ecco: ognuno di questi oggetti ha una sua interna eleganza, un equilibrio, che nulla può alterare. Come potete migliorarli? Cosa volete aggiungere? Ogni "in più" li peggiora.

La stessa regola vale in gastronomia. Quando andai a studiare negli Stati Uniti, i veterani del ristorante "Cesaretto" di Roma, Antonello Marescalchi e Piero Accolti Gil, mi misero in guardia: «Esiste solo un prosciutto mangiabile in America, il Virginia ham». E io mi attenni alla regola, imparando però che era impossibile avere un panino con il prosciutto: il salumaio insisteva per caricarlo di mezzo etto di formaggi, maionese, pomodoro, lattuga e magari qualche alice e burro. Adesso all'aeroporto Kennedy hanno aperto un chiosco che si chiama "Panini" e prepara sandwich italiani, tre fette di prosciutto, un po' di mozzarella e basta. Il rigore paga. Cosa c'è di graficamente migliore di un piatto di pastasciutta, coperto di salsa al pomodoro e con un ciuffo di basilico in cima? La ricetta moderna consiglia di pasticciare gli spaghetti in tegame, ma si perde così il gusto estetico, cui tanti, per esempio mio padre, non intendono rinunciare. Se mi scriverete a *www.corriere.it/riotta* potrete indicarmi i vostri oggetti perfetti: un paio di jeans, scarpe da tennis di tela bianca alla Jannacci, un lapis con la gomma sotto, una stilografica, una macchina da scrivere Valentina, un libro (per me la Bur Rizzoli grigia e povera, la Nue Einaudi e la collana bianca di poesia, la Medusa e gli Oscar classici di oggi ispirati ai Penguin, la Biblioteca Blu di Franco Maria Ricci, i Simenon gialli della Adelphi), una minigonna, un rossetto.

È la semplicità abbinata all'uso che rende equilibrati questi oggetti quotidiani. I maestri compongono spinti e consumati dal genio, ma anche noi comuni mortali possiamo attingere alla perfezione, attraverso il lavoro artigianale, esercitato con pazienza, disciplina, intuito e amore. Ecco cosa nutre gli oggetti che ammiriamo, il genio amoroso della quotidianità.

www.corriere.it/riotta

Sopra, una vecchia Fiat 500 e, a sinistra, la "bellezza" senza confini di un piatto di spaghetti al pomodoro e basilico.

17 *Dopo aver letto l'articolo di Gianni Riotta "Elogio alla perfezione degli oggetti quotidiani" rispondi alle seguenti domande.*

1. Qual è secondo Riotta il valore delle belle cose?

2. Da cosa deriva il fascino di alcuni oggetti?

3. Che legame esiste, secondo il giornalista, tra gli oggetti e la gastronomia?

4. Che tipo di panini preferisce Riotta?

5. Perché sconsiglia di pasticciare gli spaghetti in padella?

6. Qual è il segreto della perfezione di alcuni oggetti quotidiani?

18 Attività scritta

Trasforma le frasi date in altre che abbiano lo stesso significato seguendo lo schema proposto.

1. Ci sono oggetti la cui semplice perfezione ci è evidente, eppure ci sorprende.

   Alcuni oggetti .... ma ....

   che ....

2. Ecco: ognuno di questi oggetti ha una sua interna eleganza, un equilibrio.

   Come potete migliorarli? Cosa volete aggiungere? Ogni "in più" li peggiora.

   Penso che .... Non ....

   .... e non ....

   Se ....

3. Cosa c'è di graficamente migliore di un piatto di pastasciutta, coperto di salsa al pomodoro

   e con un ciuffo di basilico in cima?

   Non c'è ....

4. È la semplicità abbinata all'uso che rende equilibrati questi oggetti quotidiani.

   Questi oggetti ....

   ....

5. Ecco cosa nutre gli oggetti che ammiriamo, il genio amoroso della quotidianità.

   Gli oggetti che ammiriamo ....

19 Attività orale *Oggetti prediletti*

Pensa ad alcuni dei tuoi oggetti preferiti, che possiedi o ti piacerebbe possedere. Descrivi agli altri il motivo per cui questo oggetto ti piace e lascia indovinar loro di che oggetto si tratta.

20 Attività orale *Intervista sulla lettura*

- Quanti libri compri ogni anno?
- Dove li compri di solito?
- Regali molti libri?
- Li ricevi in regalo?
- Ne ricordi uno regalato?
- Ne ricordi uno ricevuto in regalo?
- Prendi mai libri in prestito in biblioteca?
- Leggi mai ad alta voce per qualcuno?

- Vai spesso alle presentazioni di libri?
- Segui trasmissioni radiofoniche o televisive che parlano di libri?
- Presti mai i tuoi libri a qualcuno?
- Ci sono libri che hai prestato e non hai mai riavuto?
- Hai un genere letterario preferito?
- Dove e quando preferisci leggere?

Corriere della Sera

Folla nei nuovi supermarket
LA FURIA PER I LIBRI
di Raffaele La Capria

In questi giorni nelle strade del centro ancora scintillano i negozi e le vetrine e un flusso di gente continua a muoversi in cerca di qualcosa da comprare.

Ma, anche se questo è un pretesto, la gente sembra muoversi ancor più per un'ansia, l'ansia di spendere, spendere, come se un ordine superiore lo imponesse dall'alto. Sono anch'io mescolato in questa folla e ho l'aria ansiosa e disincantata e a volte sgomenta di chi è in attesa di una festa che sia una vera festa, e anche se ne vede i segni e gli addobbi, non ci crede più.

Tra i fenomeni più curiosi legati alle feste di fine anno metto anche l'afflusso nelle due grandi librerie del centro storico, la Feltrinelli di piazza Argentina e quella di Galleria Colonna, recentemente inaugurate. È davvero incredibile, se non lo si è visto con i propri occhi, la frenesia di acquisto librario che si è impossessata della gente, si fa la coda per pagare alla cassa e le povere cassiere stanno lì a battere tasti e a incassare soldi dalla mattina alle otto, alla sera alle otto, senza un momento di sosta. La gente afferra i libri e ne compra non uno o due alla volta, ma sette, otto, dieci, tutt'insieme, e con una furia, una fretta, un'agitazione incredibile.

Mi fanno pensare a un amico della mia lontana adolescenza che s'era talmente infervorato di letteratura che entrava in libreria e chiedeva: datemi tre "Moby Dick", due "Billy Bud" e qualche "Lord Jim"! Senza arrivare a tanto ho visto però gli scaffali e i banchi coi libri assaliti letteralmente, e i libri piluccati come il grano dai piccioni in piazza San Marco a Venezia. Come si spiega tutta questa furia? Con un'improvvisa folata di amore per la lettura?

21   Dopo aver letto l'articolo, esprimi la tua opinione: come si spiega, secondo te, la nuova frenesia per i libri? Cosa spinge le persone in libreria?
Confrontate in gruppo le vostre opinioni.

22 Cloze

Reinserisci nell'articolo "La furia per i libri" i seguenti sostantivi:

attesa • soldi • flusso • addobbi • furia • folata • ordine • libreria
scaffali • coda • ansia • cassiere • afflusso • frenesia • piccioni • folla

In questi giorni nelle strade del centro ancora scintillano i negozi e le vetrine e un ....
di gente continua a muoversi in cerca di qualcosa da comprare. Ma, anche se questo è il pretesto, la
gente sembra muoversi ancor più per un'ansia, l'...................... di spendere, spendere come se
un .... superiore lo imponesse dall'alto. Sono anch'io mescolato in questa
.... e ho l'aria ansiosa e disincantata e a volte sgomenta di chi è in ....
di una festa che sia una vera festa, e anche se ne vede i segni e gli .... , non ci crede
più.

Tra i fenomeni più curiosi legati alle feste di fine anno metto anche l' .... nelle due
grandi librerie del centro storico, la Feltrinelli di piazza Argentina e quella di Galleria Colonna, recentemente inaugurate. È davvero incredibile, se non lo si è visto con i propri occhi, la
.... di acquisto librario che si è impossessata della gente. Si fa la ....
per pagare alla cassa, e le povere .... stanno lì a battere tasti e a incassare
.... dalla mattina alle otto, alla sera alle otto, senza un momento di sosta.

La gente afferra i libri e ne compra non uno o due alla volta, ma sette, otto, dieci, tutt'insieme, e con
una .... , una fretta, un'agitazione incredibile.

Mi fanno pensare a un amico della mia lontana adolescenza che s'era talmente infervorato di letteratura che entrava in .... e chiedeva: datemi tre "Moby Dick", due "Billy Budd" e qualche "Lord Jim"! Senza arrivare a tanto ho visto però gli .... e i banchi coi libri assaliti
letteralmente, e i libri piluccati come il grano dai .... in piazza san Marco a Venezia.
Come si spiega tutta questa furia? Con un'improvvisa .... di amore per la lettura?

23 🎧 *Non ho problemi di comunicazione*
track *Dopo aver ascoltato il brano segna le risposte corrette:*

1. Il protagonista è un traduttore dall'italiano all'inglese.   ⊙ vero   ⊙ falso

2. Il suo lavoro è molto complicato.   ⊙ vero   ⊙ falso

3. Il protagonista dice che la gente accetta facilmente
   di rinunciare a qualcosa.   ⊙ vero   ⊙ falso

4. Per avere successo nella comunicazione basta promettere
   di soddisfare un bisogno senza rinunce.   ⊙ vero   ⊙ falso

5. Il panettone non si può confondere con nessun altro tipo di dolce.   ⊙ vero   ⊙ falso

6. Il protagonista lavora per un'agenzia di comunicazione, la EM,
   diretta da Elio Marali.   ⊙ vero   ⊙ falso

7. L'agenzia EM offre poche prestazioni in un numero
   limitato di settori.   ⊙ vero   ⊙ falso

8. I servizi della EM sono gratuiti.   ⊙ vero   ⊙ falso

9. Elio Marali è un uomo indifferente al successo.   ⊙ vero   ⊙ falso

24 🎧 🔍 *Riascolta il brano e completa gli slogan.*
track

Vuoi .... ?

L'avrai e in tutta ....!

Una .... ?

Eccola e per farne parte non è necessario ....!

Un .... ?
Mangialo e ....!

L'orizzonte orizzontale.

Cosa c'era di così bello nel suo libro? – pensava Piero. C'era l'Italia orizzontale, combattiva e innocente, quella delle ombre e delle voci registrate nel tempo, sui laghi, sui castelli, sulle colline, dalla memoria e dall'arte, quella che da sempre attirava moltitudini di viaggiatori da ogni parte del mondo. Il motivo per cui aveva smesso di scrivere era un forte bisogno di capire se quella Italia di cui parlava non fosse altro che una visione nostalgica del suo paese che resisteva solo nei sogni suoi e di tutti quelli che l'attraversavano come si attraversa un museo all'aria aperta, mentre pian piano, parallelamente avanzavano nuovi conflitti, nuove visioni verticali dell'esistenza che lui non riusciva a descrivere.

Forse, forse aveva passato troppo tempo dietro quel libro.

Una sera Piero decise che avrebbe dovuto mettere la parola fine.

Aprì la finestra, era una serata calma, di quelle che spalancano la mente e le speranze.

Sotto di lui scorreva il Tevere che rifletteva le luci della città eterna. Gli tornarono nell'aria dei versi che aveva molto amato, versi del poeta Sandro Penna che aveva come lui trascorso un periodo della sua vita a Roma.

> Mi nasconda la notte e il dolce vento.
> Da casa mia cacciato e a te venuto
> mio romantico amico fiume lento.
> Guardo il cielo e le nuvole e le luci
> degli uomini laggiù così lontani
> sempre da me. Ed io non so chi voglio
> amare ormai se non il mio dolore.
> La luna si nasconde e poi riappare
> – lenta vicenda inutilmente mossa
> sovra il mio capo stanco di guardare.

Il mattino seguente Piero scese di corsa le scale e quasi volò sul lungofiume, attraversò il ponte, salutò uno degli angeli del Bernini e gli disse che finalmente il suo libro era finito, l'avrebbe consegnato proprio quel giorno. L'angelo lo scrutò dall'alto in basso, ma nel volto gli si leggeva bene un sorriso che si traduceva in un sincero: "Grazie!"

Trascrizioni delle registrazioni

Episodio 1
12 (track 2)
Buongiorno a tutti da Gabriella Chiaregatti.

Sveglia con black-out per tanti romani. Questa mattina il provvedimento che ha investito tutto il territorio nazionale è stato adottato dal gestore della rete di trasmissione dell'energia elettrica che nei giorni scorsi aveva lanciato l'allarme sui consumi eccessivi di elettricità dovuti all'uso di condizionatori.

Molti i disagi nonostante il piano messo a punto dalla Prefettura. Ce ne parla Antonio Jovane.

Centocelle, Portonaccio, Talenti, Bufalotta, Parioli, Forte Bravetta fino a Castel di Decima. Sono stati molti i quartieri coinvolti nell'interruzione di energia elettrica decisa dal gestore nazionale per fare fronte al consumo eccessivo di questi giorni dovuto al caldo.

Tra i disagi: cittadini chiusi in ascensore, semafori in tilt, problemi all'ospedale Villa San Pietro.

La corrente è stata interrotta a macchia di leopardo a partire dalle 9.00 di questa mattina e mancherà fino alle 18.00.

Sulla carta il funzionamento di ospedali e altre strutture cosiddette sensibili dovrebbe essere garantito, ma per venti minuti all'ospedale Villa San Pietro solo il corretto funzionamento dei gruppi elettrogeni di emergenza ha scongiurato questa mattina problemi più gravi. Nel quartiere Montesacro-Talenti molte persone sono rimaste chiuse in ascensore. Altre zone coinvolte nei disagi sono state il quartiere Collatino, la Città universitaria, il Nuovo Salario, Tor Marancia e Forte Bravetta.

Quattrocento pompieri sono comunque al lavoro per scongiurare altri problemi.

E abbiamo sentito i disagi.

Allertate le forze di polizia e i vigili del fuoco e nonostante il poco tempo a disposizione, secondo il prefetto Emilio Delmese il piano di sicurezza avrebbe funzionato bene.

Positiva anche la reazione dei romani all'emergenza. Sentiamo dai nostri microfoni.

I romani, come al solito, si sono dimostrati di grande intelligenza e quindi, se possibile, hanno fatto… utilizzato a scendere gli ascensori. E quindi abbiamo avuto molto meno richieste di aiuto di quante ce ne immaginavamo. Ma, d'altra parte, Roma è abituata alle emergenze ed è abituata anche a rispondere con intelligenza a queste – diciamo pure – micro-emergenze.

Prima di tutto, voglio dire che ha funzionato il sistema GEA, per cui tutti gli ospedali e tutti quelli che vengono considerati obiettivi sensibili, da un punto di vista anche sociale, quindi soprattutto cliniche, ospedali, uffici importanti non sono stati toccati dal black-out. Diciamo questo sistema di preallarme che noi avevamo… avevamo attivato ha funzionato.

Episodio 2
17 (track 3)
D.: Senti, Caterina, io non so neanche… Quanti anni hai?

R.: Venti compiuti un mese fa, 1° dicembre.

D.: Ok, e che cosa studi?

R.: Lingue e culture straniere, sto al secondo anno.

D.: All'università?

R.: Sì.

D.: Senti, cosa t'ha portato a scegliere diciamo questa facoltà?

R.: Mah… diciamo che già dalle scuole medie ho avuto sempre molto interesse per le lingue. Studiavo inglese ed ero appassionatissima. Poi ho iniziato a fare delle vacanze studio all'estero, quindi a conoscere anche realtà culturali diverse e questo mi ha portato a scegliere una facoltà che mi permetta un domani di lavorare in un ambito interlinguistico, ma soprattutto interculturale.

D. E quando tu pensi al tuo futuro professionale dove ti immagini come… diciamo… dove vorresti lavorare, cosa ti piacerebbe fare con…

R.: Mah, non ho un'idea molto precisa di una professione ben definita, sicuramente qualcosa che comporti il viaggio e il contatto con il pubblico, quindi…

D.: Per esempio?

R.: Mi piacerebbe molto lavorare nell'ambito delle pubbliche relazioni, per esempio per un'azienda, per… qualunque… qualunque cosa che mi permetta soprattutto di spostarmi e di… di parlare le lingue.

D. Quindi tu, per esempio, ti immagini a lavorare in un altro paese?

R. Sì, quello mi piacerebbe molto, fare un'esperienza di vita proprio in un altro paese, anche di qualche anno, sarebbe bello, sì!

D. E che Paese… Hai pensato a qualche Paese in particolare?

R. Beh, io nel cuore ho la Francia: quindi Parigi sarebbe il mio sogno, però…

D.: Perché?

R. È proprio un amore irrazionale e totale che… da quest'estate sono stata un mese a Parigi e m'è scattata proprio la… il colpo di fulmine…

D. Non è partito da conoscenze letterarie o personali…?

R.: Mah, un po' sì, però diciamo che è proprio la realtà della città di Parigi che mi ha colpito così tanto. Avevo sicuramente già nel mio immaginario un'idea bella, ecc.. Però Parigi proprio è stato un impatto molto emozionante.

D.: Mh, senti, tu vivi da sola da poco tempo: cosa t'ha portato a – diciamo – ad uscire di casa, perché tu la… diciamo… fai l'università nella stessa città in cui sono i tuoi genitori, la tua famiglia, e normalmente la maggior parte delle persone resta in casa durante lo studio, almeno se vive nella stessa città. Quando hai deciso di andare a vivere da sola e perché?

R.: Innanzitutto è un progetto che ho già da un po' di anni, nel senso che io, a differenza – magari – di altri ragazzi nella situazione che tu hai descritto, lavoro in maniera sempre, diciamo, part-time, ecc. già da quando ho quattordici, quindici anni, ho cominciato a fare i primi lavoretti.

D. Che cosa?

R. Ho iniziato come baby-sitter, segretaria part-time, lettrice per la casa editrice Mondadori Ragazzi e così via… piccole cose, anche collaborazioni sporadiche che mi permettevano non dico un'autonomia completa ma parziale. Poi, piano piano queste attività si sono incrementate e, proprio per un desiderio mio di indipendenza, di libertà, ho deciso di provare a fare quest'esperienza.

D.: E ne sei felice?

R.: Sì, ne sono molto felice, è quattro mesi che vivo sola e ogni giorno sono sempre più felice…

D. E sei anche invidiata, immagino, da molti tuoi coetanei.

R.: Sì, ma non del tutto perché ci sono poi degli aspetti di difficoltà e di fatica che vengono sottovalutati quando si lascia la casa da ragazzi…

D.: Per esempio?

R.: Beh, per esempio ci sono cose nella gestione domestica di cui non ci si rende conto finché si vive con i genitori: il cambio delle lenzuola, stirare, cucinare, fare la spesa, lavare i bagni… In realtà toglie moltissimo tempo e moltissima energia.

D. Cose che tu prima non facevi in casa…

R.: Mah, facevo in maniera sicuramente diversa, magari davo una mano, però – ovviamente – adesso se lascio un bicchiere sul tavolo lo ritrovo e questo mi stupisce ogni volta.

Episodio 3
11 (track 4)
D.: Stefano Lugli, capo-redattore del quotidiano Metro.

La prima domanda che vorrei farle è un po' banale. Come si diventa giornalisti? O forse, mettendola più sul piano personale, come lei è diventato giornalista?

R.: Beh! Non è una domanda banale perché si diventa giornalisti con tanta voglia di farlo. L'Italia è uno dei paesi al mondo dove l'accesso alla professione è ancora delegato all'editore che può aprire o non aprire il praticantato per chi aspira a diventare giornalista professionista. Il che significa che il percorso – diciamo – previsto dalla legge è che chi proprio vuole fare questo mestiere, trovi un editore disposto a dargli fiducia, a farlo lavorare e quindi ad assumerlo a tutti gli effetti in redazione per 18 mesi almeno. Dopo questi 18 mesi, si passa un esame di stato, si diventa professionisti e a quel punto si è diventati dei giornalisti a tutti gli effetti.

Eh, ovviamente questo lascia: grande discrezionalità all'editore che può scegliere o no chi ha accesso alla professione e… fa sì che… eh… possa scegliere di diventare giornalista chi ne ha molta voglia, ha i mezzi per poter… sì, insomma… per poter tentare questa avventura, può bussare alle porte giuste.

È un sistema molto discrezionale. Il nostro ordine per cercare di mettere – diciamo così – un po' di trasparenza in questo settore ha aperto delle scuole al termine delle quali si può dare l'esame professionale e si diventa poi dei disoccupati a tutti gli effetti.

(Risata)

…avuto l'editore che ha dato questa fiducia si deve cominciare a bussare alle porte eccetera.

D.: Certo! Quindi è un po' complesso.

R.: È un… questo è per quello che riguarda l'ufficialità. Nella storia di ognuno di noi c'è appunto la voglia di aver… fatto, di riuscire a fare questo mestiere, che comunque è un mestiere che ancora è appassionante. Anni… per tutti, anni di tentativi, di articoli scritti, non pagati o sottopagati, di promesse fatte e non mantenute, poi in genere c'è un colpo di fortuna: si sta al posto giusto nel momento in cui si ammala una persona, o che viene fatto il contratto, in genere è una sostituzione, poi se si crea uno spazio in redazione perché c'è un po' di movimento la sostituzione diventa più lunga e poi alla fine si accede a questo praticantato.

D.: Quindi c'è, insomma una gavetta da fare.

R.: C'è una gavetta, indiscutibilmente ed è anche una gavetta utile perché… così… si ha… mette un po' al riparo da quelle che sono le insidie classiche di questo mestiere.

Episodio 4

8 *(track 5)*

Intervistatrice: Fabrizio Paladini, direttore del quotidiano *Metro*.
Lei è direttore di un quotidiano. Questa professione corrisponde a quello che avrebbe voluto fare da sempre?… diciamo.

F. Paladini: Mah!, la professione del direttore di quotidiano no, la professione del giornalista in parte, nel senso che io, in realtà, volevo fare tutt'altro.

Volevo fare… finito il liceo, ho provato a fare l'università, non mi piaceva, allora ho trovato un modo per… per scappare come spesso capita e avevo trovato un bellissimo imbarco su una barca a vela che sarebbe andata a lavorare ai Caraibi.

Lì contavo di rimanere a bordo di questa barca meravigliosa che era una goletta di 36 metri, che si chiamava "Aurora" – ancora me la ricordo – e sarei dovuto rimanere qualche mese lì e poi chissà… hai visto mai…, no? da cosa nasce cosa, insomma… quello. Il disegno della mia vita era questo: fare un pochino l'avventuriero, no? come capita penso a tutti quanti a 20 anni, 22 anni.

Poi un po' una tempesta nel Mediterraneo, un po' una…, un grande litigio tra i proprietari della barca. La barca non partì più e io mi trovai a Roma. A quel punto avevo perso l'università, mio padre mi disse: "Ora o lavori o te ne vai fuori dalle scatole", fondamentalmente e allora cominciai a fare… siccome mi piaceva scrivere… ho detto, bah! vabbè!, come ripiego proviamo a fare questa cosa.

Questa cosa andò bene e tutto sommato allora – quando cominciai, 25 anni fa – credo che fosse il lavoro più bello. Oggi penso sia molto cambiato e quindi rimane la realizzazione di un sogno con gli occhi di allora, ma se oggi dovessi consigliare a qualcuno di fare questo lavoro non lo consiglierei.

[…]

Intervistatrice: Bene! E… potendo, se potesse, a cosa vorrebbe dare più spazio nel giornale di cui lei è direttore?

F. Paladini: Mah, se potessi, darei… vorrei avere il doppio – se non il triplo – dello spazio. Purtroppo questa cosa costerebbe tanti soldi in più e quindi non ce lo potremmo permettere.

Ma se potessi io darei più spazio ancora… darei ancora più spazio alla parte che secondo me oggi ha più spazio di tutti su *Metro*, ovvero la rubrica delle lettere. Perché la rubrica delle lettere che è la parte più viva in cui i nostri lettori interagiscono, ci chiedono, ci sgridano, ci attaccano, ci difendono, ci applaudono ma insomma è il segnale della nostra popolarità, è il segnale del nostro successo.

E quindi io credo che se è vero – come penso – che questo giornale appartenga soprattutto ai lettori perché è un giornale che si regge esclusivamente sul consenso del lettore… eh… appunto mi piacerebbe potergli dare ancora più spazio nelle nostre rubriche.

[…]

Intervistatrice: Capisco. Ultima domanda, forse.
Se lei dovesse dare consigli ad un giovane aspirante giornalista oggi, cosa gli consiglierebbe?

F. Paladini: Di prendere quella famosa barca, di fare in modo che non ci sia una tempesta e di trovare dei proprietari che non litighino e di andare il più lontano possibile.

Intervistatrice: Grazie.

Episodio 5

11 *(track 6)*

D.: Allora, Monica c'è qualcosa che avrebbe potuto cambiare il corso della tua vita se tu ripensi al tuo passato?

R.: Emh… sì… ero molto brava nel mio sport, ero molto giovane e mi avevano proposto la serie A e…

D.: Che sport, scusa?

R.: Calcio femminile. E… praticamente se loro mi avessero preso io non avrei continuato sicuramente a studiare, non avrei fatto le superiori e, quindi, non sarei andata all'università.

D.: Ah, perché, quanti anni avevi?

R.: 15 anni.

D.: Mmh, e come mai non ti hanno preso?

R.: E… praticamente non c'è stato un accordo tra la società dove dovevo andare e la mia vecchia società, a livello economico. L'accordo è saltato.

D.: E ripensandoci adesso ti dispiace che non sia successo?

R.: No, no, sono molto contenta di aver studiato e di fare quello che faccio.

D.: E che cosa fai?

R.: Sono insegnante di educazione fisica, insegno ai bambini e… niente… sono contenta, ecco, fotografo e, infatti all'università ho fatto l'istituto d'arte e quindi, insomma, faccio entrambe le cose.

D.: Caterina, dunque, se tu ripensi un po' al tuo passato, c'è qualcosa che hai fatto o che non hai fatto che avrebbe potuto cambiare il corso della tua vita?

R.: Se non avessi conosciuto Alessandro, il mio attuale compagno, non mi sarei trasferita a Roma e quindi la mia vita sarebbe sicuramente cambiata notevolmente.

D.: Ah, e dove vivevi?

R.: A Palermo.

D.: Ah! E dove hai conosciuto Alessandro?

R.: Telefonicamente, ci siamo conosciuti via cavo.

D.: Spiegami un po' di più, non è chiaro… se vuoi!

R.: Allora, lavoravamo insieme, facevamo parte di due… di una stessa, di una stessa società, lui nella sede di Roma e io nella sede di Palermo. E quindi il nostro rapporto è iniziato proprio telefonicamente.

D.: Ho capito. E… sei contenta di questo cambiamento?

R.: Sì, tanto.

D.: Guido, ti volevo chiedere: c'è qualcosa che hai fatto o non hai fatto nel tuo passato che avrebbe potuto cambiare il corso della tua vita? […]

R.: Sì, se non ci fosse stata una donna, che era un amore impossibile, probabilmente, tanti anni fa, una ventina d'anni fa sarei rimasto negli Stati Uniti e chissà oggi la vita mia…

D.: E, io sono curiosa, raccontami un po' di più! Chi era questa donna impossibile?

R.: Mah, era un amore giovanile e, quindi, era un po' mitizzato come tutti gli amori giovanili, e non corrisposto.

D.: E perché era impossibile?

R.: Perché era una donna che non si poteva avere… insomma, tutto qua. Una donna che non era… non so… era forse anche alla mia portata. Cioè l'ho anche avuta come donna, abbiamo avuto anche una storia, però non poteva diventare più di quello che era, soltanto un… non poteva diventare una storia importante, quello che per lo meno uno reputa che sia una storia importante.

D.: E hai mai pensato a come sarebbe stata la tua vita se tu fossi rimasto, invece, negli Stati Uniti?

R.: No, su questo non mi sono mai soffermato, però devo dire che, vabbè, un piccolo rimpianto c'è, insomma: perlomeno di non aver fatto quest'esperienza. Poi non dico che avrei costruito lì il mio futuro, la mia vita, anzi, probabilmente no. Però poteva essere l'inizio di un, che ne so, di una… di un viaggio più grande che avrei…. che mi sarebbe piaciuto fare.

Episodio 6
15-16 (track 7)

"Allora ti volevo raccontare una storia che ieri mi ha colpito molto: Come sempre sono andata a prendere Lavinia, lo sai, a scuola, e mi sono fermata poi con Lavinia e la sua amichetta al parco, e c'erano delle altre bambine che loro conoscono che giocavano con stelle filanti, coriandoli e tutto quello che i bambini generalmente usano a Carnevale. Le bambine mi hanno detto: "Ma sì, sì, sì vogliamo anche noi le stelle filanti" quindi sono andata un po' velocemente al negozietto che è lì vicino a comprare un po' di queste cose. E devo dire che ne ho comprate abbastanza, le bambine avevano due bombolette di stelle filanti, due sacchetti di coriandoli e poi le stelle filanti in carta. Siamo ritornate al parco e loro hanno cominciato a giocare con le amichette e tutto sembrava procedere tranquillamente, hanno anche condiviso con altre amichette queste cose ecc.. Ad un certo punto, io ero seduta alla panchina e si è avvicinata una bambina con fare, diciamo piuttosto… vogliamo dire la parola? "ladronesco"! Un atteggiamento da ladruncola di professione! La bomboletta, che io avevo regalato a Marisabella, l'amica di Lavinia, era in una busta di plastica attaccata al passeggino del fratellino e la mamma era vicino a me, e la bomboletta era stata usata, insomma, in grossa parte la bambina l'aveva già quasi consumata, esaurita. La bimba, che ti dicevo, che secondo me aveva più o meno nove anni, si è avvicinata e con aria furtiva ha preso la… la bomboletta dalla busta, quindi entrando proprio in uno spazio altrui, e ha cominciato ad usarla a spruzzarla, così. Devo dirti che il gesto mi è dispiaciuto veramente perché aveva un non so che di non innocente, che in un bambino disturba sempre. Ho fatto notare a Wanda, la mia amica, questa cosa e anche lei… Ho deciso, insomma, di alzarmi e di parlare con questa bambina e le ho detto "Ma senti, guarda, io avevo regalato questa bomboletta a

Marisabella – dico – forse avresti dovuto chiedere a lei il permesso di usarla!" E lei con una gran facciatosta e con prontezza, ma una prontezza che mi ha lasciata un po' di stucco, mi ha detto: "Io ho trovato la bomboletta per terra" e io con altrettanta prontezza devo dirti le ho risposto che no, che io l'avevo vista prendere la bomboletta dalla busta, però ecco ti confesso che nonostante il mio essere generalmente una mamma chioccia e sempre molto dolce con i bambini ecc., ho avuto un istinto rabbioso e la voglia di mollarle uno schiaffo, uno di quegli schiaffi di un tempo, quelli, insomma, senza spiegazioni e senza perché, naturalmente non l'ho fatto pena l'essere considerata una persona incivile, però veramente, ribadisco e confesso il desiderio… di aver provato il desiderio di farlo.

20-21 (track 8)

D.: Allora, Imanuel tu frequenti la scuola elementare; ti volevo chiedere: nella tua scuola hai mai incontrato dei bambini che sono dei bulli?

R.: Sì! Ehm, secondo me…

D.: Come si riconosce un bullo, cosa fa un bullo?

R.: Ecco, il bullo è un bambino che si sente che non viene molto… ascoltato dagli altri, si sente insomma… vuole far vedere agli altri che lui ha qualcosa in più e vuole dimostrare di essere più forte e un po' più tutto. E allora in questa cosa che lui vuole dimostrare agli altri, inizia ad avere, ad assumere l'atteggiamento un po' di un bullo. Allora bullo significa un bambino o una persona qualsiasi che… possono partire da semplici cose tipo dire o rubare delle penne, fare delle cose del genere, anche da dire delle… anche da dire delle bugie. Per esempio, insomma… per far vedere che loro sono più grandi degli altri, fino a partire a fare delle cose non tanto belle.
I bulli, i bambini fanno sempre vedere che sono più forti, e per questo gli altri bambini delle classi dove si trova un bullo hanno quasi sempre paura di lui e quindi non possono reagire. Per… allora, se vogliamo, se si vuole che il bullo non sia più bullo o che non si senta più così tanto forte…

D.: Eh, che si può fare?

R.: Non ci vuole uno ancora più bullo perché là – è vero che smetterebbe – ma ce n'è un altro. O ci si mette tutti contro di lui e si deve farglielo capire che quest'atteggiamento non è l'atteggiamento corretto o si deve – possiamo dire – isolarlo e che nessuno gli dia ascolto e se si avvicina a te di allontanarti da lui.

D.: Perfetto! Quindi questa è la soluzione. Ti è mai capitato di assistere, di vedere un episodio di bullismo?

R.: Sì, anche su di me e sui compagni.

D.: Per esempio?

R.: Per esempio a un bambino della nostra classe il bu…. è stato costretto un mio amico di andare dentro la classe – dicendo alla maestra una bugia, cioè di andare al bagno – e andare a rubare delle carte dalla borsa di un mio amico.

D.: Ah, ma questo mi sembra bello grave, eh? E poi chi se n'è accorto?

R.: E… Alla fine questo bambino non l'ha fatto. Però, insomma l'abbiamo scoperto: lui l'ha detto a me, lo abbiamo detto al bambino che aveva le carte e s'è arrabbiato con questo bullo e insomma alla fine la maestra non ha dato la colpa a nessuno perché non sapeva proprio la storia vera. Ecco, i bulli, la maggior parte delle volte riescono sempre, riescono sempre un po' a rigirare i fatti.

Episodio 8
21 (track 9)

Un cordiale saluto a tutti voi all'ascolto. Alla febbre del gioco d'azzardo e delle lotterie abbiamo recentemente dedicato una puntata – fra l'altro – molto seguita. Ci sono, però, altri tipi di ossessione che – magari – non mandano in bancarotta economica le famiglie ma che, da un punto di vista psicologico, sono ormai studiate come una materia a se stante. Si tratta delle cosiddette dipendenze tecnologiche, quelle che vedono instaurarsi un rapporto morboso e ossessivo con alcuni strumenti – straordinari del resto – insomma, strumenti che, però, usiamo nella vita di tutti i giorni come il computer o il telefonino. Ci sono persone che passano ore e ore su internet a giocare, a scaricare materiale di ogni tipo, a cercare nuove amicizie o addirittura l'amore della propria vita. C'è chi, invece, è preda di un rapporto compulsivo con il proprio telefonino e quando non parla sta lì magari a giocare o a inviare SMS a raffica. E poi ci sono i videogiochi sempre più veloci, difficili, affascinanti, che catturano naturalmente l'attenzione di grandi e bambini, col rischio – però – di trasformarsi in un'ossessione. Oggi ci interrogheremo sulle conseguenze fisiche e psicologiche di queste nuove mode, ma anche sulle ragioni che conducono a questo uso esagerato di strumenti per molti irrinunciabili come il computer e il telefonino.

800.05.0001 è il numero verde, radioanchio@rai.it l'indirizzo di posta elettronica, 335.699.29.49 il cellulare per gli SMS.

Uno studio che ha inquadrato bene dal punto di vista giovanile il fenomeno del quale parliamo stamani è quello svolto recentemente dall'istituto di ricerca Demoskopea. E noi abbiamo al telefono Elisabetta Brambilla che è la curatrice di questa indagine.

D. : Buongiorno!

R.: Buongiorno!

D.: Allora, anche per una questione di costi e di rapidità, normalmente i sondaggi coinvolgono poche centinaia di persone. In questo caso invece dobbiamo dire la Demoskopea ha intervistato quasi 13.400 ragazzi fra i tredici e i diciotto anni, quindi – insomma – ne è uscito uno spaccato piuttosto significativo. Allora cosa è emerso da questa ricerca per quanto riguarda le dipendenze di tipo, di tipo psico... di tipo tecnologico?

R.: Mah, le risposte date dai ragazzi – appunto – intervistati hanno messo in luce una consapevolezza dei giovani rispetto alle nuove forme di dipendenza, prima fra tutte – appunto – la tecnologia. I giovani riconoscono nelle tecnologie la prima causa alla base di comportamenti di abuso non correlati a sostanze.

Ben 88 ragazzi su cento la pensano in questo modo e la classifica vede al 1° posto i videogames, indicati dal 49% dei ragazzi intervistati, soprattutto dai più giovani fra i tredici e i quindici anni, seguito dal computer citato dal 44% dei ragazzi, dalla TV e dal cellulare indicati nella stessa percentuale. E queste forme di dipendenza sono, fra l'altro, ritenute anche molto diffuse fra i giovani, dai giovani, sono citate – appunto – dal 54% degli intervistati.

Episodio 9
16-17 (track 10)

D.: Allora, Davide Di Pietro, coordinatore degli scambi internazionali... per il volontariato dell'associazione *Lunaria*. Innanzitutto grazie per esserti prestato a questa intervista e ovviamente la prima domanda che io vorrei farti è questa: "Che cos'è l'associazione *Lunaria*?" A me personalmente il nome mi fa pensare alla luna e quindi anche a qualcosa che guardiamo con... con aria di sogno, con voglia di qualcosa d'altro. È così?

R.: Ed è esattamente così. *Lunaria* nasce nel 1992, ad opera di alcuni visionari se vogliamo... che, appunto, pensavano ci potesse essere ancora spazio per... per... per migliorare, per migliorare le cose, e noi ci occupiamo di diverse cose, fra le nostre attività c'è... c'è quella della promozione del volontariato internazionale... che noi realizziamo attraverso uno strumento che ci è proprio, che è quello dei campi di lavoro.

D.: E che cos'è un campo di lavoro? E soprattutto che cosa si fa in un campo di lavoro? E con quale scopo?

R.: Un campo di lavoro, e io aggiungerei internazionale, è un'attività che dura dalle due alle tre settimane e che coinvolge un numero di volontari che vengono da tutti i Paesi del mondo, un numero di circa 10-15 volontari che vengono da tutti i Paesi del mondo.

D.: Quindi un'attività di gruppo.

R.: Precisamente, e di solito si viene ospitati da una... da una comunità locale e si... e per appunto, per tutto... per tutto questo periodo si intraprendono delle attività di... a carattere ambientale, sociale, culturale che sono poi di beneficio per... per tutta quanta la comunità locale.

D.: Benissimo, Davide, qualcos'altro di più generale al di là delle attività dell'associazione a cui tu partecipi. Negli ultimi anni, l'associazionismo, il volontariato, il cosiddetto terzo settore hanno avuto uno sviluppo notevole in Italia. Quale pensi che sia e sarà il futuro di questo mondo e perché questo è accaduto, che... un fenomeno che appare anche contrastivo rispetto all'individualismo imperante. Che cos'è che fa che la gente si impegni e dia delle energie per... per un interesse collettivo?

R.: Beh... secondo me, gente che si è impegnata per l'interesse collettivo c'è sempre stata anche nel passato, però quello che io penso e penso che tu abbia ragione – diciamo – nella breve analisi che hai delineato, è che sono un po' cambiate le forme dell'impegno collettivo delle persone. Laddove prima ci si... si era militanti nei partiti politici piuttosto che...

D.: ...nei movimenti...

R.: ...nei sindacati, nei movimenti eccetera, adesso, diciamo, questo, l'impegno che resta e quindi l'attenzione verso le altre persone, il voler fare qualche cosa per gli altri, che resta comunque genuino e valido, ha assunto delle forme differenti e soprattutto quelle del volersi impegnare in prima persona in maniera concreta, quindi facendo delle attività di volontariato, per gli altri ma anche io direi con gli altri nel senso che poi, in questo momento effettivamente, tu parlavi giustamente dell'individualismo imperante, c'è in realtà sotto sotto un bisogno di... di socialità molto molto importante...

D.: ...molto grande .

R.: ...e io penso che questo... che il tipo di attività che proponiamo noi naturalmente insieme a moltissime altre associazioni... soddisfi un po' questo bisogno.

Episodio 10
16 (track 11)

D.: Senti, tu, come, diciamo, appartenente a una generazione, ti riconosci nella generazione a cui appartieni o ti senti diversa? Ti riconosci in un gruppo in particolare o in generale, hai dei valori in comune, dei progetti in comune, qualcosa che tu puoi definire come generazionale o no?

R.: Mah, io personalmente trovo che, ormai, il termine generazionale sia un po' difficile da inquadrare nella mia generazione, perché già parlare di generazione è difficilissimo nel mio caso.

D.: Perché?

R.: Siamo talmente diversi, proprio, cioè ci sono delle differenze tra i ragazzi della mia età talmente forti che è molto difficile pensare a una generazione che ha dei valori comuni o delle aspettative, dei valori. Sicuramente ho delle cose in comune con la mia generazione, ad esempio nell'educazione che ho ricevuto dai miei genitori.

Una cosa che ci accomuna molto è di aver ricevuto un'educazione particolarmente libera, democratica e... da genitori che hanno avuto un'adolescenza molto forte, un'esperienza di impegno politico e... più in generale l'utopia di cambiare il mondo, che sicuramente ha influito poi nel loro... nella loro maniera di educare i figli.

D.: E ti è passata questa utopia, nel senso... ti è stata passata?

R.: Mi è passata la disillusione di questa utopia, ovviamente. Perché poi i nostri genitori, della mia generazione, sono stati disillusi nella loro utopia. E, quindi, se per molti versi, ci sono stati dei cambiamenti grandi e importanti nella società, per molti altri rimane comunque una nostalgia di un'adolescenza che non c'è più e di valori che non si sono realizzati, quindi...

D.: E quindi tu avresti qualcosa da criticare alla generazione dei tuoi genitori? Qualcosa che adesso, da lontano, tu vedi come un errore? C'è stato un errore, ci sono stati degli errori di valutazione o di azione nella generazione dei tuoi genitori nel costruire quest'utopia, secondo te?

R.: Mah, io penso che sia, si tratti di un'utopia che è stata bellissima e che, anzi, invidio proprio l'esperienza che hanno vissuto da giovani. E sicuramente, probabilmente hanno investito troppo in quest'utopia, molti sono finiti male, come sappiamo e… Per esempio, non condivido assolutamente il generale abuso che c'è stato di sostanze stupefacenti, oppure in alcuni casi la violenza, la lotta armata. Ci sono molte frange estremiste che non condivido, però la linea generale di questa utopia mi piace molto ancora.

D.: E la tua utopia o la vostra utopia come la definiresti? Cioè il futuro per te è un futuro piuttosto ricco di speranze, o – se vogliamo – di paure o di incognite?

R.: Beh, un po' tutte e tre. Speranze sicuramente moltissime… Come tutti i giovani della mia generazione, mi sembra di avere moltissime possibilità perché posso studiare, posso lavorare, posso non lavorare… cioè, in generale, abbiamo molte più possibilità di quante ne avessero le generazioni precedenti. Paure altrettante perché, come sempre, più si hanno possibilità, più si hanno porte aperte e più si hanno, ovviamente, paure dell'ignoto.

D.: Ma quando tu parli, parli sempre in prima persona, quindi mi sembra che tu ti riferisca a delle cose che riguardano te come persona. Io pensavo piuttosto te come… appunto persone che avranno di fronte anche la storia, nel senso che potranno determinare dei cambiamenti. Tu aspiri a dei cambiamenti, partecipi ad azioni che potrebbero modificare lo stato di cose? Ti immagini un futuro diverso e in che senso? Cioè dove vorresti… cosa vorresti che cambiasse rispetto a quello che tu hai trovato, che ti è stato dato?

R.: Mah, io in molti altri miei coetanei vedo che c'è un po' un senso di impotenza, cioè mentre i nostri genitori pensavano veramente di poter cambiare le cose, noi – forse anche per questa disillusione che c'è stata – pensiamo che, invece, più di tanto non possiamo fare e sentiamo che ci sono delle forze politiche molto più grandi di noi e che non ascoltano più di tanto l'opinione pubblica.

Questo è un forte sconforto per la mia generazione, è un forte senso di impotenza che da giovani non bisognerebbe provare, secondo me. Io personalmente, come membro appunto di una generazione, penso che, spero – anzi – che ci siano dei cambiamenti grandi soprattutto riguardo i valori portanti della politica. Però, più che… cioè rimane più che altro una speranza.

D.: Tu fai politica?

R.: No, non faccio politica, non mi riconosco attualmente in nessun partito politico, però ho un mio orientamento di valori.

Episodio 11
30   (track 12)

D.: Ma… vivere in un trullo, io non lo so… ho sentito che non c'è luce elettrica, non c'è acqua, è vero?

R.: Allora, anche lì il discorso è questo: Alberobello ormai nell'abitato ci sono tutti i servizi. Chiaramente è complicato mettere un bagno in un trullo perché in origine non ce l'aveva. Sono edifici che – diciamo – i più antichi sono del 1600 e si sono fatti, si sono costruiti i trulli più o meno fino a… al primo dopoguerra, i più recenti. Però i più antichi, appunto, risalgono a – credo – la seconda metà del '600.

D.: Pensa che io li avevo immaginati come una cosa preistorica, non lo so…

R.: No, no sono abbastanza recenti…

D.: Recenti, sì!

R.: E anche se – cioè stiamo parlando sempre di… diciamo… di un luogo dove il trullo è diventato sistema costruttivo, cioè perché il trullo come tipo, diciamo, di edificio a cono… come tipo di costruzione è

una cosa che esiste in tutto il Mediterraneo e risale a quando… cioè all'invenzione delle volte, perché sostanzialmente è una… è una… è una eccezione di una costruzione a volta. Quindi tutto il Mediterraneo è disseminato di edifici che sembrano dei trulli o sono fatti col sistema costruttivo dei trulli. In quella zona, questa è diventata la regola costruttiva in un determinato periodo e poi, ad Alberobello in particolare, è diventato il sistema costruttivo col quale è nato l'intero abitato, insomma.

D.: Infatti tutti conoscono Alberobello e i trulli di Alberobello, cioè l'associazione è immediata.

R.: Perché sono… sono urbani, diciamo.

D.: Sì.

R.: E comunque anche quelli più recenti nascono in un periodo in cui non era normale, il bagno era una cosa…

D.: Non c'era…

R.: Non c'era per cui non erano dotati dei servizi come li intendiamo noi oggi. Però quelli che sono dentro Alberobello, cioè nell'abitato di Alberobello, ormai hanno tutto: hanno fogna, hanno luce, hanno telefono, hanno tutti i servizi.

D.: E sono divisi per stanze o è un ambiente unico interno?

R.: E… sono molto complessi, c'è… c'è di tutto. Diciamo, non esiste la stanza come la intendiamo noi canonicamente. Esistono degli ambienti che possono comunicare fra di loro o attraverso solo una porta oppure attraverso un'apertura più grande. Possono essere più ambienti adiacenti più o meno comunicanti fra di loro. Diciamo, l'elemento minimo è una parte di costruzione coperta da una, da… da una – appunto – da una eccezione di volta. Una volta molto particolare che, dall'esterno, ha l'aspetto di un cono. Questa è l'unità minima.

D.: L'unità di trullo.

R. : Esatto. E che può essere poi… può crescere, cioè possono essere più coni uniti. Poi si ampliano successivamente con l'aggiunta di altri coni. E poi, a seconda del periodo e quindi anche della tecnica costruttiva con cui sono realizzati, possono avere un'apertura più o meno grande con il cono adiacente, insomma. O con l'esterno.

D.: I colori sono sempre più o meno bianco, il grigio il tetto o no? O ci sono anche variazioni cromatiche?

R.: No, allora… i colori sono quelli perché sono i colori… Allora, il tetto ha – diciamo – un grigio che è la pietra che poi però, col tempo, si ossida. Per quanto riguarda invece i muri – diciamo – normalmente nel centro abitato tutti questi edifici, come in genere in tutte le città vecchie della Puglia, i muri erano intonacati e dipinti a calce cioè dipinti, insomma trattati con la calce che disinfettava, che dava un bianco che, in qualche modo, aiutava rispetto al sole e quant'altro. I trulli di campagna normalmente, che in genere non sono fatti per un'abitazione, cioè per una… per abitarci in modo continuo…

D.: Stabile.

R.: …stabile, in genere non sono intonacati sull'esterno e quasi sempre non sono intonacati neanche all'interno. Dipende, no quasi sempre, spesso non sono intonacati all'interno. Dipende dall'uso per il quale nasceva il trullo. I trulli di campagna, spesso, erano solo degli edifici di supporto a una gestione del terreno, ma che venivano utilizzati periodicamente.

Potevano essere, anche essere abitati per qualche giorno di seguito, ma non in modo continuato.

D.: Tu ci andrai a vivere in quello che hai comprato? D'estate?

R. Spero di sì.

Episodio 12
5   (track 13)
[…]

Ulisse: Matera, ci siamo arrivati dopo un lungo viaggio, dopo una lunga giornata. Arrivati a Matera siamo andati a pranzo.

L.: Prima cosa…

U: La prima cosa…

L: Tipico no?

U: che è importante, tipico sì, il viaggio…

L.: e il pranzo.

U.: il pranzo… il pranzo era in questo ristorante con affaccio sui Sassi, quindi… […] i Sassi… che sono i Sassi? I Sassi sono questa situazione abitativa della… della gente di Matera.

L.: Ci vivono ancora?

U.: No! per legge…

L.: Ah!

U.: Per legge…

L.: è vietato…

U.: …per legge è vietato vivere nei Sassi, c'è un recupero dei Sassi, si stanno ristrutturando i Sassi però vengono utilizzati oggi per attività commerciali, quindi ci sono dei negozi…

L.: …negozi, sì…

U.: …quindi ci sono dei negozi o per attività professionali quindi ci sono degli studi e degli uffici. Però non ci si può vivere.

L.: Ah non ci si può vivere? Non lo sapevo.

U.: No, non ci si può vivere.

[…]

E i Sassi che sono? I Sassi sono delle case che non sono case perché non sono costruite ma sono scavate.

L.: …sono scavate…

U.: sono scavate all'interno delle rocce, della roccia che è una roccia calcarea, ma abbastanza facile da lavorare e…

L.: buie dentro – immagino – perché da come tu ne parli io immagino qualcosa di scuro, poche finestre, o no?

U.: Mah, diciamo che sì, la finestra è una…

L.: Una finestra, la finestra…

U.: C'è una porta d'ingresso e c'è…

L.: …una finestra…

U.: …una finestra che si trova sopra la porta d'ingresso

L.: …classico!

U.: Classico, eh sì perché poi tutto si sviluppa in profondità.

L.: Ma dentro la luce come arriva allora? Nelle altre stanze, quando tu entri dalla porta poi hai una sola finestra, entrando, entrando, entrando, la luce?… Niente!

U.: Diciamo che se non c'è un'illuminazione che può essere quella elettrica o che può essere quella artificiale c'è buio.

L.: Buio.

U.: Non esiste un'illuminazione, cioè non esistono prese di luce…

L.: …dall'esterno…

U.: …come le prese di luce che tu puoi avere in una qualsiasi altra situazione abitativa che… in una qualsiasi altra situazione abitativa che può essere un appartamento in un condominio o che può essere una capanna o una casa semplice di campagna.

L.: Certo!

U.: E l'interno di un Sasso o l'interno abitativo di un Sasso, principalmente, consiste in una unica stanza.

L.: Una stanza.

U.: In una unica stanza dove si svolge tutta… tutto l'ambiente e la vita familiare.

L.: Secondo te è giustificato tutto questa… è giustificata questa rivalutazione che c'è: l'hanno reso patrimonio dell'Unesco, patrimonio dell'umanità.

U.: Sì.

L.: È veramente così attraente, bello, oppure è stata un po' una delusione?

U.: No!

L.: No…

U.: No, no, non è stata sicuramente una delusione e rivederlo forse mi ha fatto… mi ha fatto o mi ha ricordato dei dettagli che, magari, potevo avere, in un certo senso, dimenticati o che non erano così fre-

schi nella mia memoria… […] Eh… ma la cosa comunque che mi ha per certi versi fatto piacere nel ritornarci è quello dell'aver rivisto qualcosa che avevo vissuto in Turchia due anni fa.

L.: Ah, e cioè?

U.: In Turchia c'è una… ci sono delle, delle chiese rupestri o ci sono dei conventi o dei luoghi di eremitaggio scavati nella roccia. E i Sassi di Matera mi hanno ricordato questo e a Matera tra i Sassi e tra queste varie… perché i Sassi sono praticamente le case; un Sasso è una casa, e tra questi Sassi ci sono anche delle chiese rupestri che sono state restaurate. E… quindi è anche bello da un punto di vista artistico vedere l'espressione artistica all'interno di quello che è una chiesa-sasso con un sasso in più.

L.: Certo, hai trovato che c'è una vita notturna giovanile oppure è una città un po' morta? Com'è – diciamo – la vita oggi di questa città?

U.: Questo non te lo posso dire perché noi siamo stati veramente poco a Matera. A Matera noi siamo stati il tempo del pranzo e della visita dei Sassi principalmente, non della Matera attuale. Della Matera dove si vive abbiamo visto solamente il corso e la piazza, ma niente di più. Essendo tardo pomeriggio, c'era gente a passeggio, questo sì!

L.: Come in tutte le province italiane…

U.: Come in tutte le province italiane…

L.: L'ora del passeggio…

U.: Non ti saprei dire se c'è una vita notturna. Da quello che ci diceva la guida, hanno una università e l'università – comunque – ha con sé quello che poi è un… una vita o un nucleo di studenti con tutto il loro contorno.

Episodio 13
19-20 *(track 14)*
Giornalista:

E andiamo avanti parlando, appunto, di questa faida di camorra, di questa guerra di camorra che vede opposto, appunto, Paolo Di Lauro e… i suoi accoliti, ai cosiddetti scissionisti. Si riapre un capitolo, quello della criminalità organizzata che si riassesta facendosi la guerra al suo interno, che pensavamo fosse ormai passato, uscito di scena e, invece, torna con tutta la sua violenza. Ne parliamo per capirne meglio i contorni con Salvatore Scarpino, autore tra l'altro di una ricca storia – appunto – della camorra e conoscitore più in generale del fenomeno dell'organizzazione criminale, quella di stampo mafioso che, a seconda delle nostre regioni italiane, prende poi dei nomi diversi, come sapete: la 'Ndrangheta in Calabria, la Sacra Corona Unita in Puglia e appunto la Camorra in Campania. Buonasera Scarpino!

R.: Buonasera!

D.: Allora Le chiedo subito, proprio alla luce degli ultimi sviluppi, che idea si è fatto Lei di questa nuova esplosione di lotte, di violenza all'interno del – appunto – clan organizzato della Camorra nel napoletano?

R.: Direi che non c'è nulla di nuovo. Come è stato ricordato, questi regolamenti di conti interni alle organizzazioni criminali sono in un certo senso ciclico e possono dipendere da diversi fattori. Ci può essere – come in questo caso sembra certo – una sorta di lotta di classe tra quelli che sono i manovali o comunque vengono remunerati come tali nell'organizzazione criminale, i quali pretendono una fetta più larga di… di denaro, ma ci possono essere anche contrasti di natura generazionale. Più volte abbiamo sentito parlare nelle varie mafie di scontri fra vecchie e nuove mafie, dove in realtà di nuovo non c'è assolutamente nulla perché la mentalità e il ricorso alla violenza rimangono uguali, ma c'è l'emergere di nuovi gruppi dirigenti, per usare una similitudine che vale per la società civile. In effetti le società criminali sono il riflesso speculare, negativo, tenebroso, sotterraneo della società civile. Sono il riflesso dell'economia pulita con la loro economia sporca. E ci sono gli stessi contrasti che, in una società civile si risolvono attraverso la concorrenza e attraverso strumenti politici di mediazione. In una società criminale finiscono sempre nell'uso delle armi. E… e poi bisogna dire che quando scoppiano queste guerre, naturalmente in ogni stato c'è un allarme fortissimo e, in genere, lo stato moderno ha i mezzi, l'invasività, la capacità per imporre la sua legge, per fare rispettare la legge. Quindi è prevedibile che adesso ci sarà una vigorosa controffensiva – diciamo così – delle forze dell'ordine e Napoli potrà respirare meglio.

Il problema vero è un altro: quanto tempo durerà questo accenno di quiete?

Episodio 14
18-19   (track 15)
Pubblicità Zuritel
(Squillo di telefono)
R: 848833888 ZURITEL. Buongiorno!
D: Senta il mio bambino tra poco compie gli anni.
R: Sì?
D:Io e mio marito vogliamo regalargli un auto.
R: Mmh.
D: Ma l'assicurazione, quanto costa!
R: E il suo bambino quanti anni ha?
D: Va per i 35. Eh beh! Ormai è un ometto!
R: Capisco! Ha fatto bene a chiamare l'848833888, con "Zuritel" si risparmia davvero.
Voce maschile: Assaggia "Zuritel" all'848833888 oppure "Zuritel.it"!

Pubblicità Olimpiadi invernali di Torino
Si chiama Biatlon:
1. il robot a due teste di un famoso cartone animato giapponese;
2. un mezzo a due ruote usato nella guerra del Peloponneso;
3. uno sport invernale in cui si percorre con gli sci da fondo un'anello di neve per poi tirare con la carabina.
La risposta durante i consigli per gli acquisti.
Acquista subito il tuo biglietto per il Biatlon e vivrai l'emozione dei ventesimi giochi olimpici invernali. Informati presso le filiali S. Paolo e delle banche del gruppo EssoTorino2006.org.

Pubblicità Acqua minerale Santa Croce
Eccoci qui: siamo tra i monti incontaminati dell'Abruzzo dove sgorga l'acqua "Santa Croce". Ve lo dico sempre: l'acqua che beviamo è importantissima per l'organismo e quindi, prima di sceglierne una, leggete bene l'etichetta. L'acqua "Santa Croce" oligominerale ha un giusto residuo fisso, un basso contenuto di sodio e di nitrati e dunque è leggera e pura. Confrontatela con le altre e confrontatene anche il prezzo! Acqua "Santa Croce", qualità trasparente.

Episodio 15
17   (track 16)
D.: Allora, Paola Spano, tu hai una lunga storia da raccontare sulla scuola. E, in parte, questa storia l'hai già narrata in un libro che si intitola "Compagne di viaggio: vent'anni in una scuola romana". Come sei approdata alla scuola? Dove hai insegnato, e cosa ci puoi raccontare di questa tua esperienza?
R.: Io sono approdata alla scuola per caso perché, appena laureata, sono partita per la Russia, per l'Unione Sovietica per studiare il russo e invece poi, subito dopo, è morto mio padre e sono ritornata e, mentre ero a Roma per i funerali, mi è arrivata la telefonata di un preside di un paese che si chiama Ceprano a 90 Km da Roma per offrirmi un incarico, una supplenza annuale.
… era la scuola media della Riforma del '62, quindi si era molto estesa e per questo c'era lavoro per tutti.
D.: Che significa per chi non conoscesse questa Riforma che – diciamo – che cosa portava per l'Italia?
R.: Questa Riforma ha sostanzialmente abolito – ma non del tutto – il latino… E… era una scuola … è stata … è stata la prima scuola di

massa che c'è stata perché prima c'era la scuola media con molto latino e la scuola di avviamento al lavoro che non aveva il latino e che – comunque – chiudeva la possibilità di continuare gli studi dopo i 14 anni.
D.: Tu cosa insegnavi?
R.: Io insegnavo Lettere: Italiano, Storia e Geografia e Latino perché ancora un po' di latino si insegnava in seconda e in terza media.
D.: Quindi questa è una scuola – diciamo – di periferia?
R.: Beh! Il paese… Ceprano non è tanto piccolo e però io avevo dei ragazzini figli… c'era la figlia del maestro, la figlia del dottore, la figlia del farmacista ma c'era anche un ragazzino, per esempio, che arri… s'alzava la mattina alle quattro per dare da mangiare alle mucche e poi veniva a scuola da fuori Ceprano perché venivano anche da paesini vicini.
D.: Quindi uno spaccato sociale che oggi non s'incontra quasi più no, nelle scuole, direi …
R.: Sì, e poi ho fatto altri anni fuori perché ho insegnato ad Anzio, a Marino … a Nettuno, a… e poi a Tivoli e poi finalmente sono approdata a Roma. Prima in una scuola di Centocelle e poi a Tiburtino III e avevo una cattedra divisa tra Tiburtino III e Casal Bruciato che sono due quartieri vicini sulla… sulla Tiburtina.
[…]
D.: Tiburtino III è un nome che – diciamo – è un quartiere che significa qualcosa. Che tipo di quartiere, che tipo di realtà sociale c'è?
R.: Era … Era … Dunque Tiburtino III era un quartiere costruito durante il Fascismo, per sistemarci le persone espulse dal centro storico, dalle case che erano state distrutte nel centro storico per costruire via dei Fori Imperiali e così via… E… tra l'altro è buffa questa cosa perché queste persone sono state mandate ai quattro capi di Roma per cui ci sono persone di Tiburtino III che avevano parenti a Primavalle. Era una realtà composita nel senso che c'erano artigiani, c'erano ladroni, come li chiamavano loro, c'era un po' di tutto. Però – come poi ho verificato molti anni dopo – perché adesso stiamo facendo delle interviste ai no.. ai miei… alle mie ex-alunne, ai miei ex-alunni di Tiburtino III, c'è una fortissima identità di quartiere a Tiburtino III, un senso proprio di appartenenza grandissimo. E i ragazzini erano abbastanza scatenati, a quell'epoca – era l'inizio degli anni '70 – rubavano gli stereo dalle macchine e facevano le acrobazie non in motorino ma in bicicletta sollevando la ruota di sopra, ecc… no? E però – diciamo – questo ventennio di cui abbiamo parlato con la mia amica nel libro è cominciato lì perché è stata un'esperienza molto coinvolgente, un po' perché i ragazzini erano coinvolgenti, un po' perché erano gli anni della lotta contro la selezione di classe nella scuola, insomma della maturità della Riforma del '62, quindi appunto la lotta contro le bocciature, il tentativo però di non fare una lotta contro le bocciature puramente burocratica, ma di promuovere veramente insomma l'istruzione, l'educazione nei ragazzini più svantaggiati – no? – il famoso articolo della Costituzione. E quindi… poi in quella scuola dove stavo io piano piano ci siamo aggregate.
[…]
D: Tu come vedi il futuro della scuola da questo momento in poi? Come lo immagini?
R. : Io lo immagino come un futuro molto scardinato… non so come dire… cioè… Io penso che il tempo pieno sia buono nella scuola perché è un tempo educativo in cui si vive insieme in qualche modo e questo è educativo. Penso che – a partire dalla riforma di Berlinguer a arrivare alla Moratti – l'errore è pensare di dare un'educazione immediatamente spendibile…
D.: …pragmatica…
R.: Sì, pragmatica cioè… la, la insomma… il simbolo delle tre "I" è una stupidaggine perché…
D.: Diciamo quali sono queste "I".
R.: Eh, Impresa, Inglese e…

D.: Informatica se non sbaglio.

R.: Informatica, sì. Naturalmente bisogna che i ragazzini sappiano usare il computer ma lo sanno usare per conto loro, non c'è bisogno di insegnarglielo. L'inglese sarebbe importante insegnarlo, però bisognerebbe avere degli insegnanti che lo sanno, cosa che non c'è… quindi bisognerebbe spendere dei soldi per aggiornare gli insegnanti, cosa che non si fa e l'impresa poi non c'entra niente con la scuola… E poi, in realtà, tutti gli educatori si convincono sempre più che una formazione generale, l'educazione a pensare, l'educazione critica è molto più importante delle capacità tecniche.

Episodio 16
11-12 *(track 17)*

D.: Niente io ti volevo dire una cosa: tutte le strade portano a Roma… a te che strada t'ha portato a Roma?

R.: Allora… la strada che porta a Roma, diciamo, non quella che ti ci fa rimanere è la strada che uno vuole uscire, dalla sua piccola città, dalla sua cosa e vuole andare in una città che sia in una dimensione che non è quella del… insomma quella a cui uno è abituato ovvero la piccola città italiana di provincia.

D.: Ma tu avevi iniziato a Venezia a fare architettura, no?

R.: Sì, sì, ma Venezia è più o meno la stessa cosa, nel senso che c'è un grande flusso turistico, una cosa, però alla fine il circoletto è sempre quello appunto del baretto, degli amici, dell'ombra o del tajut, quello che sia, però è sempre questa cosa così… invece.

D.: Il tajut? Che cos'è il tajut?

R.: Il tajut è il bicchiere di vino in compagnia, come l'ombra, a Venezia l'ombra è la stessa cosa, lo stesso concetto: il bicchiere di vino in compagnia. Mentre uno s'aspetta da una città più grande – che poi forse Roma non lo è – però uno s'aspetta che sia qualche cosa di più – così – di più metropolitano, di diverso da questa cosa ecco…

D.: Senti, ma tu sei venuto a Roma proprio per fare architettura o no?

R.: Sì, io sono venuto a Roma per fare architettura, però con una passione per il cinema all'inizio e perciò… Per quello forse è caduta anche la scelta su Roma e non su Milano, ad esempio.

[…]

D.: E il tuo quartiere ideale a Roma?

R.: Il mio quartiere ideale a Roma… ci sono tanti quartieri, magari uno ha qualche aspetto migliore… Diciamo, per dirne uno o due, possono essere, non so, alcune parti del centro, comunque tutto sommato.

D.: Dove vorresti vivere? Diciamo, dove tu vorresti vivere, abitare come abitabilità?

R.: Sì, se dovessi abitare in centro diciamo a Roma città, alcune parti del centro proprio, cioè quelle meno turistiche, però quelle più caratteristiche forse, o sennò anche tipo questi quartieri che si sentono – poi bisognerebbe provare: la Garbatella, Monteverde, non lo so, ecco.

[…]

D.: E se tu potessi fare qualcosa, tipo distruggere e rifare a Roma, cosa distruggeresti e cosa rifaresti?

R. Allora, probabilmente avevo sempre detto anche da tanti anni che distruggerei l'Altare della Patria.

D.: Tu sei uno di quelli!

R.: Sì! Proprio per andare sul banale. Però lo distruggerei in effetti perché non c'entra proprio niente. Anche se vedo che ha assunto un qualche valore di sacralità per questa Italia così assurda, anche per recenti fatti. Non so, c'è un qualcosa che alla fine questo posto fa… Io vorrei fare una cosa: vorrei prendere Centocelle e rifargli un piano del colore. Cioè vorrei trasformare tutto il paese… stavo per dire "paese" ho detto "paese" ed è giusto dire "paese" perché è un paese.

D.: Perché? Perché è un paese?

R.: Perché a Centocelle tu sei nel traffico e davanti ti si ferma la macchina che incrocia l'altra macchina, incontra l'amico, lo zio, il cugino, si mette a chiacchierare fregandosene di tutti quelli che stanno dietro in coda. Cioè c'è proprio questa… si conoscono… c'è un quartiere, c'è proprio una… una cosa da paese, a Centocelle.

E ci rifarei un piano del colore, ovvero tutte 'ste palazzine mezze abusive o mezze no, però non una situazione disastrata come – non so – borgate sulla Casilina. Comunque un tessuto… uno si riconosce che "io sono di Centocelle" e perciò anche il tessuto non è così male, anche pur non essendo assolutamente una qualità architettonica, però io ci rifarei un piano del colore, cioè un rifacimento dei recinti, intonaci, facciate, prendendo a spunto – ad esempio – Underwasser a Vienna…

D.: Sì!

R.: Non caricandolo fino a quegli estremi, però connotando un quartiere intero con un'idea di colore, di stile, di allegria, di cosa e quello mi sembrerebbe un quartiere interessante per fare questo.

Episodio 17
20 *(track 18)*

Aaah…! È primavera! In un verdeggiante bosco italiano, il cielo è azzurro, gli alberi rigogliosi, la natura è un tripudio di suoni e di colori. Un uomo sta passeggiando e il suo cane gli trotterella accanto festoso.

Questo è il loro sport preferito.

Per qualcuno la caccia è solo uno sport. Per noi della LAV è un crimine legalizzato.

Aiutaci a fermarla. Per informazioni: 06.44.61.325 oppure: www.info-lav.org

Episodio 18
23-24 *(track 19)*

Sono traduttore dall'italiano all'italiano. A me danno un foglio con scritto: "Il vostro strumento electrico ha strongly paura di acqua o umidore. Stipare in luogo libero da acqua o umidore, in alternativa può occorrere scottatura o morte. Con i complimenti, Sony" e io traduco: "Teme l'umido. With compliments, Sony."

Il mio è un lavoro semplice. Nell'autunno 2002, la comunicazione funziona secondo un principio elementare, la gente guarda con raccapriccio alla prospettiva di rinunciare a qualcosa. Tutto qua. Noi del settore abbiamo la strada spianata. Per avere successo basta promettere il soddisfacimento di un bisogno e, allo stesso tempo, del bisogno opposto.

"Vuoi l'avventura? L'avrai e in tutta sicurezza!"

"Una religione? Eccola! E per farne parte non è necessario crederci."

"Un quintale di panettone? Mangialo e dimagrirai!"

Il panettone è un dolce da forno tipico milanese, gli stranieri tendono a confonderlo con alcune forme di muffin (Inghilterra) o di kugelhupf o di kranz (Germania) o di strudel (Austria), o altri dolci a pasta lievitata con frutta candita e uvette.

Elio Marali è il titolare dell'agenzia per cui lavoro, la EM. Marali è il mio capo. La EM è un'agenzia di comunicazione globale, un *service* lo chiama Marali, che offre un'infinità di prestazioni. Pubbliche relazioni, pubblicità, internet, tv, ma anche servizi per l'editoria, pezzi di giornale per tutti i tipi di giornali, ideazioni di eventi, contenuti per telefonia, lancio di tutto, promozioni di aziende, di persone, di groups, di negozi, di qualunque aggregazione di antropoidi in grado di pagare una fattura.

Marali non si ferma davanti a niente. Di ogni cosa che ha successo dice: "È mia. L'ho inventata io. Io la facevo già quindici anni fa".

Fonti

episodio 1 *L'avventura di un artista*, da "Corriere della Sera", 04/11/2002
Estratto da "Le città invisibili" di Italo Calvino, © 1972, Mondadori, Milano
Gli italiani sono partiti per le vacanze, da "City" 28/07/2003
Ascolto: notizia dal radiogiornale, © 2003, Radio Città Futura, Roma 97.700

episodio 2 *Brevi di cronaca*
Avrei voluto essere Anna Kuliscioff, la pasionaria del socialismo italiano, da "Sette", n. 5, 2004
Sempre più duro staccarsi dalla famiglia, da "Il Messaggero", 14/02/2004

episodio 3 Estratto da "Seta" di Alessandro Baricco, © 1996, Rizzoli, Milano
Estratto da "Le parole sono pietre" di Carlo Levi, © 1955, Einaudi, Torino
Brevi di cronaca da "Metro", 13/02/2004, 18/02/2004 e "Corriere della Sera", 15/02/2004

episodio 4 *Blue tango*, di Sergio Staino, dal "Corriere della Sera Magazine", n. 8, luglio 2004
Estratto da "Cinque scritti morali", di Umberto Eco, © 1997, Bompiani, Milano
Intervista a Enzo Biagi, da "Voci che contano" di Alfredo Barberis, © 1978, Il Formichiere, Milano
Il lessico di Alberoni, da "Io Donna", n. 29, 2004
Se il frigo potesse parlare, da "Donna Moderna", 07/07/2004

episodio 5 *Se avessi scelto una vita diversa*, dal "Corriere della Sera Magazine"
Se mia nonna avesse le ruote… i paradossi dell'intelligenza, dal "Corriere della Sera", 18/09/1997

episodio 6 Estratto da "Caro Michele" di Natalia Ginzburg, © 1973, Mondadori, Milano
Forse è la volta buona che le «bulle» non si fanno fregare, da "Sette"
Questa casa è un albergo, da "Donna Moderna"

episodio 7 Estratto da "Marcovaldo" di Italo Calvino, © 1963 Mondadori, Milano
Una domenica a Castel Sant'Angelo, da "Corriere della Sera", 23/01/2004
Tosca, la passione tradita, da "Chi", 11/08/2004
Ostia: stessa spiaggia, nuove lingue, da "Corriere della Sera", 04/07/2004

episodio 8 *Quel triangolo del lago di Como*, da "TV Sette", n. 2, 2004
Quando Verga tacque per dar voce ai vinti, da "Il Venerdì di Repubblica", 16/01/2004
La TV compie 50 anni, da "Sette", n. 1/2, 2004
Quel dialetto incomprensibile musica per le nostre orecchie, da "Il Venerdì di Repubblica", 13/08/2004
Estratto da "I Promessi Sposi" di Alessandro Manzoni
«Scaricare», «scannare», «processare»: così il computer cambia la nostra lingua, da "Corriere della Sera", 28/09/2004

episodio 9 *La chance di un timido tra tanti «machi»*, da "Il Venerdì di Repubblica", 11/11/2003
Sostieni Lunaria, da "Le attività di Lunaria", 2003
Pubblicità *Autostrade per l'Italia*, 2004
Pubblicità *Divina Commedia di Dante Alighieri*, da "Corriere della Sera", 2004
14 febbraio, S. Valentino, da "Corriere Adriatico", 14/02/2004
Gli incontri nella rete, da "Mente e cervello", settembre-ottobre 2003

episodio 10 *Olivia Magnani*, da "Io Donna", 18/09/2004
Estratto da "Passaggio in ombra" di Maria Teresa Di Lascia, © 1996, Feltrinelli, Milano
Un Tiziano firmato Zorzi, da "Il Venerdì di Repubblica", 14/11/2003
Pensieri scaldacuore per il nuovo anno, da "Io Donna", 10/01/2004
Editoriale, da Next Exit, maggio 2003
L'uomo che lavorava il cioccolato ad arte, da "Il Venerdì di Repubblica", 14/11/2003

episodio 11 *Festa rave infinita. «Ce ne andremo domenica»*, da "Corriere della Sera", 02/01/2004
Estratti da "Circhi e stadi di Roma antica", di Luigi Devoti, © 1997, Newton & Compton, Roma
Estratto dal regolamento di Trenitalia
Lettera di Trenitalia, 2004
Estratto da "Cristo si è fermato a Eboli" di Carlo Levi, © 1945, Einaudi, Torino
Case dell'altro mondo, da "Bell'Italia", giugno 2000

episodio 12   *Torna a pulsare il cuore dei Sassi*, da "Bell'Italia", ottobre 2003
                  Trasporti: dopo la rabbia si torna a trattare, da "Corriere della Sera", 10/01/2004
                  Da «Dovete morire» a «Hanno ragione», da "Corriere della Sera", 10/01/2004
                  Estratto da "Le città invisibili" di Italo Calvino, © 1972, Mondadori, Milano
                  Estratto da "L'Orologio" di Carlo Levi, © 1950, Einaudi, Torino

episodio 13   *Le ore delle donne*, da "Io Donna", 19/02/2005
                  Il lupo perde il pelo ma non il vizio, da "La Piazza di Cinecittà", 30/04/2004
                  Sì, ho acceso io quelle fiamme. Mi piace giocare col fuoco, da "Corriere della Sera", 11/08/2003

episodio 14   Estratto da "La coscienza di Zeno" di Italo Svevo, © 1923, Cappelli, Bologna
                  Estratto di "Zibaldone" di Giacomo Leopardi, 1817-1832
                  Estratto da "Lezioni americane" di Italo Calvino, © 1988 Garzanti, Milano
                  L'infinito, di Giacomo Leopardi, 1819
                  La letteratura ai tempi della rete, da "Famiglia Cristiana", n. 7, 2004
                  Attenti a quei dieci
                  Estratto da "Le notti difficili" di Dino Buzzati, © 1971, Mondadori, Milano
                  Ascolto: Pubblicità radiofoniche "Zuritel", Olimpiadi invernali Torino 2006", Acqua minerale Santa Croce"

episodio 15   Pubblicità *Omino Bianco*, 2004
                  Estratto da "Registro di classe" di Sandro Onofri. © 2000, Einaudi, Torino
                  Nei momenti duri meglio affidarsi alle battute, da "Corriere delle Sera Magazine", 15/07/2004
                  Estratto da "Mi leggi un'altra storia?" di Roberto Piumini e Francesco Altan, © 1998, Altan/Quipos ed Edizioni EL,
                      San Dorligo della Valle
                  Estratto da "Lupo Alberto. Ma questa è vita?" di Silver, © 2004, Panini, Modena
                  Estratto da "Novecento" di Alessandro Baricco, © 1994, Feltrinelli, Milano
                  Estratto da "La coscienza di Zeno" di Italo Svevo, © 1923, Cappelli, Bologna
                  Estratto da "La madre" di Grazia Deledda,
                  Estratto da "La testa perduta di Damasceno Monteiro" di Antonio Tabucchi, © 1997, Feltrinelli, Milano
                  Estratto da "L'anno dei gessetti maledetti" di Bruno D'Alfonso e Francesco Cascioli, © 1994, Rizzoli, Milano
                  Estratto da "Una barca nel bosco" di Paola Mastrocola, © 2004 Guanda, Parma
                  Perché la scuola è femmina da "Io Donna"

episodio 16   Estratto da "Ragazzi di vita" di Pier Paolo Pasolini, © 1955 Garzanti, Milano
                  Estratto da "L'armonia del mondo" di Pietro Citati, © 1998, Rizzoli, Milano
                  Maschi di qua, femmine di là, da "D, la Repubblica delle Donne", 01/11/2003

episodio 17   Estratto da "La luna e i falò" di Cesare Pavese, © 1950 Einaudi, Torino
                  San Martino, di Giosuè Carducci, 1861/1887
                  Comunque vada sarà un successo. di vino, da "Il Venerdì di Repubblica", 14/11/2003
                  Tra un Vin Santo e un Sauternes, ecco come allietare il momento del dessert, da "Delizie", n. 4, dicembre 2003
                  La bacchetta magica? A Ivrea la fanno, da "Io Donna", 08/05/2004
                  E mentre tutti sognavano la California, De Carlo ci andò, da Sette", n. 5, settembre 2003
                  Estratto da "A che punto è la notte" di Fruttero e Lucentini, © 1979, Mondadori, Milano
                  Pubblicità *Ente Sardo Industrie Turistiche*, 2003
                  Risponde Andrea De Carlo, da "Io Donna", 02/10/2004
                  Ascolto: Pubblicità radiofonica "LAV"

episodio 18   *Attenti a quel pannolone*, da "Io Donna", 13/11/2004
                  Estratto da "Roma in botticella" di Massimo Antonelli, © 1980, Edizioni Enne, Roma
                  A Natale la nostalgia del torroncino vince sul take away *cinese*, da "Economy", 16/12/2004
                  Elogio alla perfezione degli oggetti quotidiani, da "Io Donna"
                  La furia per i libri, da "Corriere della Sera"

Elenco alfabetico degli elementi grammaticali

A + *infinito* con valore ipotetico ⟶ *episodio 13*

Altre forme passivanti ⟶ *episodio 11*

Come se + *congiuntivo* ⟶ *episodio 10*

Concordanza dei tempi e dei modi all'indicativo e al congiuntivo ⟶ *episodio 14*

Condizionale composto usato per esprimere il futuro nel passato ⟶ *episodio 2*

Congiunzioni e connettivi *(mentre, anzi, ebbene, appunto, intanto, tanto che, infatti, dunque)* ⟶ *episodio 8*

Connettivi testuali ⟶ *episodio 4*

Cosa c'è di meglio di… ⟶ *episodio 7*

Discorso diretto e indiretto ⟶ *episodio 15*

Forma del condizionale composto dei verbi delle tre coniugazioni ⟶ *episodio 2*

Forma impersonale di verbi riflessivi, reciproci e pronominali ⟶ *episodio 18*

Forma passiva ⟶ *episodio 11*

Formazione degli aggettivi in *-abile, -ibile* ⟶ *episodio 7*

Formazione degli aggettivi in *-oso* ⟶ *episodio 7*

Formazione degli avverbi di modo con il suffisso *-mente* ⟶ *episodio 6*

Formazione del gerundio presente e passato ⟶ *episodio 16*

Forme del congiuntivo presente e passato dei verbi ausiliari, dei verbi delle tre coniugazioni regolari e dei principali verbi irregolari ⟶ *episodio 9*

Forme del congiuntivo trapassato dei verbi ausiliari e dei verbi delle tre coniugazioni ⟶ *episodio 5*

Infinito passato ⟶ *episodio 12*

Marcatori temporali ⟶ *episodio 8*

Non c'è niente di meglio che… ⟶ *episodio 7*

Periodo ipotetico del primo e del secondo tipo ⟶ *episodio 4*

Periodo ipotetico del terzo tipo ⟶ *episodio 5*

Posizione del pronome con i verbi all'infinito e all'imperativo ⟶ *episodio 6*

Preposizioni semplici e articolate ⟶ *episodio 1*

Presente storico ⟶ *episodio 8*

Pronomi combinati *ci, ne* ⟶ *episodio 6*

Purtroppo, quindi ⟶ *episodio 4*

Si passivante, **andare** + *participio passato,* preposizione *da* con valore passivante ⟶ *episodio 11*

Sostantivi in *-ione* derivati da verbi ⟶ *episodio 18*

Sostantivi in *-logo* e *-logia* ⟶ *episodio 10*

Trasformazione dei verbi dalla forma implicita alla forma esplicita ⟶ *episodio 17*

Usi del gerundio con valore temporale, modale, causale, ipotetico e concessivo ⟶ *episodio 16*

Usi dell'ausiliare *essere* e del verbo *venire* nella forma passiva ⟶ *episodio 11*

Usi del condizionale composto per esprimere il futuro nel passato ⟶ *episodio 2*

Usi del congiuntivo imperfetto e trapassato in proposizioni dipendenti ⟶ *episodio 10*

Usi del participio passato ⟶ *episodio 17*

Usi del trapassato prossimo dei verbi ausiliari e dei verbi delle tre coniugazioni ⟶ *episodio 3*

Uso del congiuntivo presente e passato in proposizioni dipendenti ⟶ *episodio 9*

Uso della struttura **di** + *infinito* in sostituzione del congiuntivo ⟶ *episodio 9*

Uso dell'imperfetto indicativo nella costruzione di un'ipotesi di tipo impossibile ⟶ *episodio 5*

Verbi che reggono preposizioni ⟶ *episodio 2*

Verbi derivati da parti del corpo *(sgomitare, sgambettare, ecc.)* ⟶ *episodio 13*

Verbi monosillabici all'imperativo seguiti da pronomi ⟶ *episodio 6*

Veri e falsi alterati ⟶ *episodio 18*

L'italiano per stranieri

Amato
Mondo italiano
testi autentici sulla realtà sociale
e culturale italiana
• libro dello studente
• quaderno degli esercizi

Ambroso e Di Giovanni
L'ABC dei piccoli

Ambroso e Stefancich
Parole
10 percorsi nel lessico italiano
esercizi guidati

Avitabile
Italian for the English-speaking

Balboni
GrammaGiochi
per giocare con la grammatica

Barki e Diadori
Pro e contro
conversare e argomentare in italiano
• 1 livello intermedio - libro dello studente
• 2 livello intermedio-avanzato - libro dello studente
• guida per l'insegnante

Barreca, Cogliandro e Murgia
Palestra italiana
esercizi di grammatica
livello elementare / intermedio

Battaglia
Grammatica italiana per stranieri

Battaglia
Gramática italiana
para estudiantes de habla española

Battaglia
Leggiamo e conversiamo
letture italiane con esercizi per la conversazione

Battaglia e Varsi
Parole e immagini
corso elementare di lingua italiana
per principianti

Bettoni e Vicentini
Passeggiate italiane
lezioni di italiano
livello avanzato

Blok-Boas, Materassi e Vedder
Letture in corso
corso di lettura di italiano
• 1 livello elementare e intermedio
• 2 livello avanzato e accademico

Buttaroni
Letteratura al naturale
autori italiani contemporanei
con attività di analisi linguistica

Camalich e Temperini
Un mare di parole
letture ed esercizi di lessico italiano

Carresi, Chiarenza e Frollano
L'italiano all'Opera
attività linguistiche
attraverso 15 arie famose

Chiappini e De Filippo
Un giorno in Italia 1
corso di italiano per stranieri
principianti · elementare · intermedio
• libro dello studente con esercizi + cd audio
• libro dello studente con esercizi (senza cd audio)
• guida per l'insegnante + test di verifica
• glossario in 4 lingue + chiavi degli esercizi

Chiappini e De Filippo
Un giorno in Italia 2
corso di italiano per stranieri
intermedio · avanzato
• libro dello studente con esercizi + cd audio
• libro dello studente con esercizi (senza cd audio)
• guida per l'insegnante + test + chiavi

Cini
Strategie di scrittura
quaderno di scrittura
livello intermedio

Deon, Francini e Talamo
Amor di Roma
Roma nella letteratura italiana del Novecento
testi con attività di comprensione
livello intermedio-avanzato

Diadori
Senza parole
100 gesti degli italiani

du Bessé
*PerCORSO GUIDAto guida di **Roma***
con attività ed esercizi di italiano per stranieri

du Bessé
*PerCORSO GUIDAto guida di **Firenze***
con attività ed esercizi di italiano per stranieri

du Bessé
*PerCORSO GUIDAto guida di **Venezia***
con attività ed esercizi di italiano per stranieri

Gruppo CSC
Buon appetito!
tra lingua italiana e cucina regionale

Gruppo META
Uno
corso comunicativo di italiano - primo livello
- libro dello studente
- libro degli esercizi e grammatica
- guida per l'insegnante
- 3 audiocassette

Gruppo META
Due
corso comunicativo di italiano - secondo livello
- libro dello studente
- libro degli esercizi e grammatica
- guida per l'insegnante
- 4 audiocassette

Gruppo NAVILE
Dire, fare, capire
l'italiano come seconda lingua
- libro dello studente
- guida per l'insegnante
- 1 cd audio

Humphris, Luzi Catizone, Urbani
Comunicare meglio
corso di italiano - livello intermedio-avanzato
- manuale per l'allievo
- manuale per l'insegnante
- 4 audiocassette

Istruzioni per l'uso
dell'italiano in classe
- **1**: 88 suggerimenti didattici
  per attività comunicative
- **2**: 111 suggerimenti didattici
  per attività comunicative
- **3**: 22 giochi da tavolo

Jones e Marmini
Comunicando s'impara
esperienze comunicative
- libro dello studente
- libro dell'insegnante

Maffei e Spagnesi
Ascoltami!
22 situazioni comunicative
- manuale di lavoro
- 2 audiocassette

Marmini e Vicentini
Passeggiate italiane
lezioni di italiano
livello intermedio

Marmini e Vicentini
Ascoltare dal vivo
manuale di ascolto
livello intermedio
- quaderno dello studente
- libro dell'insegnante
- 3 cd audio

Paganini
ìssimo
quaderno di scrittura
livello avanzato

Pontesilli
I verbi italiani
modelli di coniugazione

Quaderno IT - n. 4
esame per la certificazione
dell'italiano come L2 - livello avanzato
prove del 2000 e del 2001
- volume + audiocassetta

Quaderno IT - n. 5
esame per la certificazione
dell'italiano come L2 - livello avanzato
prove del 2002 e del 2003
- volume + cd audio

Radicchi
Corso di lingua italiana
livello intermedio

Radicchi
In Italia
modi di dire ed espressioni idiomatiche

Stefancich
Cose d'Italia
tra lingua e cultura

Stefancich
Tracce di animali
nella lingua italiana tra lingua e cultura

Svolacchia e Kaunzner
Suoni, accento e intonazione
corso di ascolto e pronuncia
• manuale
• set 5 CD audio

Tettamanti e Talini
Foto parlanti
immagini, lingua e cultura

Totaro e Zanardi
Quintetto italiano
approccio tematico multimediale
livello avanzato
• libro dello studente con esercizi
• libro per l'insegnante
• 2 audiocassette
• 1 videocassetta (PAL System)

Ulisse
Faccia a faccia
attività comunicative
livello elementare-intermedio

Urbani
Senta, scusi...
programma di comprensione auditiva
con spunti di produzione libera orale
• manuale di lavoro
• 1 audiocassetta

Urbani
Le forme del verbo italiano

Verri Menzel
La bottega dell'italiano
antologia di scrittori italiani del Novecento

Vicentini e Zanardi
Tanto per parlare
materiale per la conversazione
livello medio-avanzato
• libro dello studente
• libro dell'insegnante

Linguaggi settoriali

Ballarin e Begotti
Destinazione Italia
l'italiano per operatori turistici
• manuale di lavoro
• 1 audiocassetta

Cherubini
L'italiano per gli affari
corso comunicativo di lingua
e cultura aziendale
• manuale di lavoro
• 1 audiocassetta

Spagnesi
Dizionario dell'economia e della finanza

Dica 33
il linguaggio della medicina
• libro dello studente
• guida per l'insegnante
• 1 cd audio

L'arte del costruire
• libro dello studente
• guida per l'insegnante

Una lingua in pretura
il linguaggio del diritto
• libro dello studente
• guida per l'insegnante
• 1 cd audio

Classici italiani per stranieri
testi con parafrasi a fronte* e note

1. Leopardi • *Poesie**
2. Boccaccio • *Cinque novelle**
3. Machiavelli • *Il principe**
4. Foscolo • *Sepolcri e sonetti**
5. Pirandello • *Così è (se vi pare)*
6. D'Annunzio • *Poesie**
7. D'Annunzio • *Novelle*
8. Verga • *Novelle*

9. Pascoli • *Poesie**
10. Manzoni • *Inni, odi e cori**
11. Petrarca • *Poesie**
12. Dante • *Inferno**
13. Dante • *Purgatorio**
14. Dante • *Paradiso**
15. Goldoni • *La locandiera*
16. Svevo • *Una burla riuscita*

Libretti d'Opera per stranieri
testi con parafrasi a fronte* e note

1. *La Traviata**
2. *Cavalleria rusticana**
3. *Rigoletto**
4. *La Bohème**
5. *Il barbiere di Siviglia**

6. *Tosca**
7. *Le nozze di Figaro*
8. *Don Giovanni*
9. *Così fan tutte*
10. *Otello**

Letture italiane per stranieri

1. Marretta • *Pronto, commissario...? 1*
   *16 racconti gialli con soluzione
   ed esercizi per la comprensione del testo*
2. Marretta • *Pronto, commissario...? 2*
   *16 racconti gialli con soluzione
   ed esercizi per la comprensione del testo*

3. Marretta • *Elementare, commissario!*
   *8 racconti gialli con soluzione
   ed esercizi per la comprensione del testo*

Mosaico italiano

1. Santoni • *La straniera*
2. Nabboli • *Una spiaggia rischiosa*
3. Nencini • *Giallo a Cortina*
4. Nencini • *Il mistero del quadro
   di P. Portese*
5. Santoni • *Primavera a Roma*
6. Castellazzo • *Premio letterario*

7. Andres • *Due estati a Siena*
8. Nabboli • *Due storie*
9. Santoni • *Ferie pericolose*
10. Andres • *Margherita e gli altri*
11. Medaglia • *Il mondo di Giulietta*
12. Caburlotto • *Hacker per caso*

Pubblicazioni di glottodidattica

Pallotti - A.I.P.I. Associazione Interculturale Polo Interetnico
Imparare e insegnare l'italiano come seconda lingua
un percorso di formazione
• DVD + libro

Progetto ITALS

Progetto ITALS
La formazione di base del docente di italiano per stranieri
a cura di Dolci e Celentin

Progetto ITALS
L'italiano nel mondo
a cura di Balboni e Santipolo

Progetto ITALS
CEDILS. Certificazione in didattica dell'italiano a stranieri
a cura di Serragiotto

Progetto ITALS
Il 'Lettore' di italiano all'estero
a cura di Pavan

I libri dell'arco

1. Balboni
Didattica dell'italiano a stranieri

2. Diadori
L'italiano televisivo

3. *Test d'ingresso di italiano per stranieri*
a cura di Micheli

4. Benucci
La grammatica nell'insegnamento dell'italiano a stranieri

5. AA.VV.
Curricolo d'italiano per stranieri

6. Coveri, Benucci e Diadori
Le varietà dell'italiano

www.bonacci.it

Bonacci editore

Finito di stampare nel mese di luglio 2005 dalla Petruzzi Stampa, Città di Castello (Pg)